中国社会科学院年鉴

一九九四年

中国社会科学出版社

（京）新登字 030 号

图书在版编目（CIP）数据

中国社会科学院年鉴　1994 年/吴介民主编. —北京：中国社会科学出版社，1997.6

ISBN 7-5004-2097-8

Ⅰ. 中…　Ⅱ. 吴…　Ⅲ. 中国社会科学院-年鉴-1994　Ⅳ. G322.22-54

中国版本图书馆 CIP 数据核字（97）第 09076 号

中国社会科学出版社出版发行
（北京鼓楼西大街甲 158 号）
北京兆成印刷厂印刷　新华书店经销
1997 年 6 月第 1 版　1997 年 6 月第 1 次印刷
开本：787×1092 毫米 1/16　印张：24.5　插页：8
字数：587 千字　印数：1—1200 册
定价：65.00 元

1990年2月，江泽民、邓小平等同志接见香港基本法起草委员会委员，我院院长、香港基本法起草委员会副主任胡绳同志参加接见。

1993年9月18日，江泽民、李铁映同志在人民大会堂接见参加由我院与国家体改委、国家外专局联合举办（数量经济与技术经济研究所具体承办）的“市场经济与中国”国际研讨会部分中外代表，我院王忍之、刘国光、李京文等同志出席。

1993 年 2 月 23 日，我院 1993 年工作会议隆重开幕，丁关根同志到会祝贺并发表重要讲话。

1993 年 12 月 15 日，我院举行隆重颁奖仪式，表彰 1977～1991 年间的优秀科研成果。胡绳院长在仪式上作重要讲话。王忍之、汝信、刘国光、王洛林、龙永枢、浦寿昌同志出席。

1993年7月3日，我院第四届学位委员会召开第一次全体会议，会议由主任委员胡绳和副主任委员汝信主持，委员王忍之、滕藤、王洛林、刘吉、刘国光、江流同志到会。会议全票通过我院新增11个博士和10个硕士学位授权点。

1993年9月3日，胡绳院长在北京会见韩国精神文化研究院院长李贤宰并共同签署《中国社会科学院与韩国精神文化研究院学术交流议定书》，汝信同志出席。

1993年9月16日，瑞典王国副首相本特·韦斯特贝里来我院西欧研究所访问，并作关于瑞典社会福利制度的学术报告，王忍之同志出席并致欢迎词。

1993年11月14～16日，我院国际社科学术交流服务中心与中国未来研究会、中国国际战略研究基金会、日本将来世代国际财团、日本京都论坛共同举办"面向21世纪——探讨东亚发展新道路国际研讨会"。汝信同志出席并作了讲话。

1993年10月19～22日，我院农村发展研究所与国际劳工组织及瑞典斯德哥尔摩经济学院在北京联合召开“中国农村工业化”国际研讨会。

1993年4月20日，我院在学术报告厅举行《1992～1993年中国：社会形势分析与预测》(社会蓝皮书)首发式暨研讨会，江流同志主持会议，吴介民同志出席。

1993 年 5 月 26 日，我院文学研究所在院学术报告厅召开建所 40 周年纪念大会，汝信同志出席。

1993 年 7 月 14 日，我院外国文学研究所在北京召开《世界文学》杂志创刊 40 周年纪念会，滕藤同志出席。

1993年9月9日，我院日本研究所与日本松下政经塾在院学术报告厅联合举办题为“国际新秩序中的中日关系”国际学术讨论会。

1993年8月12～14日，我院民族研究所在北京举行首次“海峡两岸中国民族史学术研讨会”。应邀到会的大陆代表36位，台湾、香港代表15位。图为杜荣坤所长致开幕词。

1993 年 4 月 27 日，我院亚洲太平洋研究所召开“中国亚洲太平洋学会”成立大会，吴介民同志出席。

1993 年 12 月 9～10 日，我院拉丁美洲研究所在北京举办 1993 年拉美形势讨论会。

1993 年 6 月 14 日，胡绳同志出席在郭沫若故居举行的“郭沫若著、译版本展”开幕式。

1993 年 4 月 25 日，我院语言研究所与商务印书馆联合举办《现代汉语词典》出版发行 20 周年学术讨论会，胡绳同志出席。

1993 年 5 月，我院历史研究所在院学术报告厅举行顾颉刚先生诞辰一百周年纪念会。

1993 年 10 月 20 日，我院语言研究所和中国语言学会共同举办庆祝吕叔湘先生 90 华诞学术讨论会，胡绳同志到会祝贺。

1993年12月7日，我院文献信息中心和中央党校图书资料中心在北京举办“社会科学信息理论与实践”研讨会。

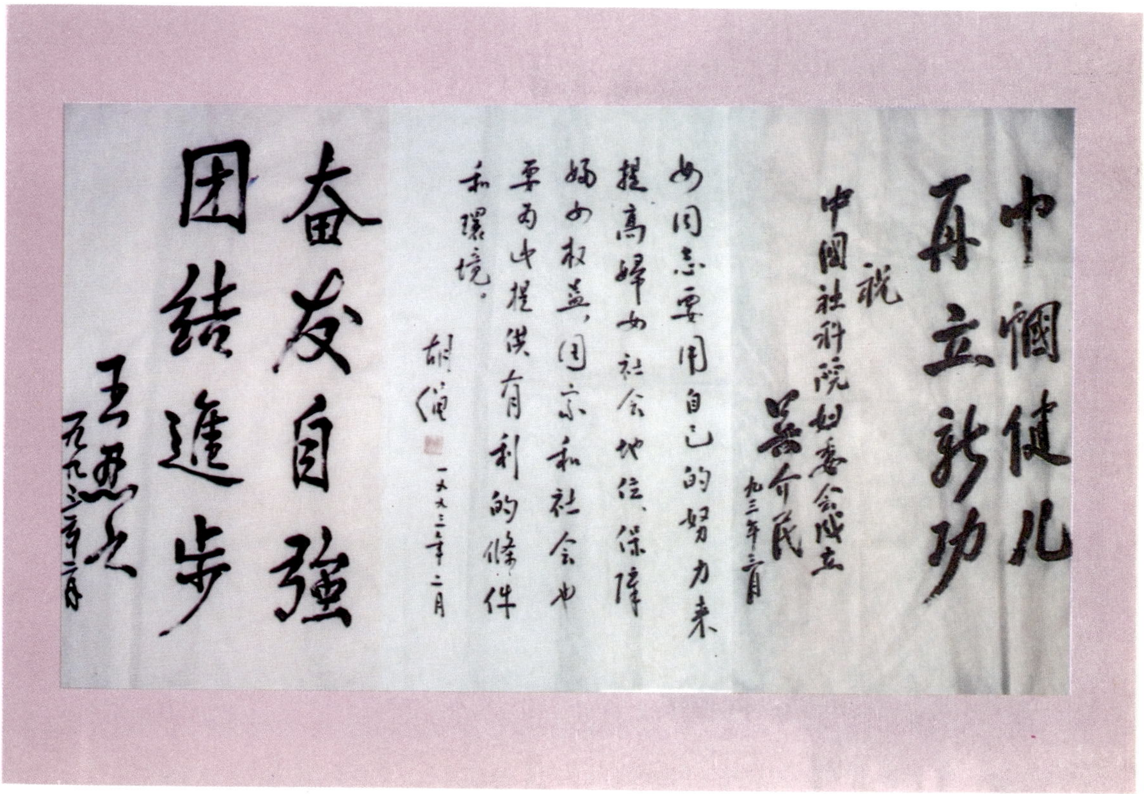

1993年3月5日，我院妇女工作委员会召开成立大会，图为会前胡绳、王忍之、吴介民同志给大会的题词。

1993 年 9 月 1 日，我院研究生院举行九三届研究生开学典礼升旗仪式。

扬州唐城水涵洞全景（由北向南看） 近景木头上的眼，为木栅柱眼，共两排。两侧涵洞壁为砖砌，基下垫有楠木木板。我院考古研究所主持了此项发掘，该遗址被评为 1993 年全国十大考古新发现之一。

编 辑 说 明

一　《中国社会科学院年鉴》(1994) 收录了我院 1993 年的组织机构以及科研、对外学术交流、行政后勤、党务等工作和活动情况的综合性资料，较全面、系统地反映了全院以学术研究活动为中心的各项工作的进展状况。因此，它是了解中国社会科学院 1993 年全貌的一部内容丰富翔实的综合性资料书。

二　全书共分为八编，即：综述、组织机构、工作概况、科研成果、学术人物、重要规章条例、统计资料、大事记。第一、六编收录了本院年度工作会议文件和政策性管理资料；第二编介绍了本院机构设置及其领导人，同时将院专业技术职务评审委员会名单列入这一部分；第三、四、五编分别收录了院属各部门（包括研究所、院机关、院直属单位）的工作概况、研究所的科研成果（含主要的学术会议）、建院以来的博士生导师名单和本年度晋升正高级专业技术职务人员情况；第七编收录了本年度主要的统计资料；第八编是本年度大事记。

三　本卷与 1993 年卷本相比，在结构上作了某些必要的调整，如删去了附录地方社会科学院简介，将社会科学学会、学术刊物的活动及出版情况并入研究所工作概况中介绍。本卷加大了科研活动及其成果的篇幅，尤其重要的是刊录了本院首届优秀科研成果奖获奖成果简介，比较充分地反映了本院建院以来至 1992 年的科研成就。

四　本卷的编辑工作是在院领导的关心和指导下进行的，并得到编委会和全院各研究单位及各职能部门的关注和支持。各类资料的提供本着谁主管、谁负责的原则，院属各所局单位分别指定了供稿人和审稿人。在此我们对各方面的大力支持和合作表示衷心的感谢。

五　编辑出版《中国社会科学院年鉴》仍属草创阶段，缺乏经验，疏漏和不妥之处谨请读者批评指正。我们一定要总结经验，做好工作，把《中国社会科学院年鉴》一本比一本编得更好、出得更好。

《中国社会科学院年鉴》编辑部

一九九六年十二月

目　录

第　一　编

综　述

一 一九九三年基本情况

1993年末全院局级单位43个，未定规格单位6个。其中科研所30个，职能局8个，院直属单位9个，代管单位1个，派驻单位1个。

1993年末全院总人数6337人。其中在职人员4683人，离退休人员1654人。在职人员中专业人员3674人，占在职人员的78.4%；行政人员500人，占在职人员的10.7%；正式工人509人，占在职人员的10.9%。

专业人员3674人中，研究人员2067人，编辑人员599人，翻译人员153人，教学人员74人，财会人员140人，工程技术人员85人，图书资料人员481人，其他专业人员75人。专业人员中高研人员1541人，占专业人员的41.9%；中研人员1459人，占专业人员的39.7%。

1993年度全院完成科研成果中专著477部，论文3570篇，译著162部，调研报告532份，教材及普及读物96部，工具书146种，合计总字数33426万。院各出版社出版图书645种，新出版图书367种，总定价5739万元。全院共出版各类学术刊物78种。全院各图书馆藏书533万册。到1993年底由我院主管的社会科学学术团体106个。

1993年我院对外学术交流总规模790批2026人次。其中，出访交流项目485批975人次，来访交流项目305批1051人次。公派研修人员65人。1993年度举办国际学术会议14个。截至1993年末，全院长期在国外留学、研修人员267人。

1993年院事业行政经费实际支出合计9647万元。其中人员经费支出3246万元，占总支出的33.65%；公务费支出1142万元，占总支出的11.84%；设备购置费1387万元，占总支出的14.38%；修缮费支出1559万元，占总支出的16.16%；业务费支出1980万元，占总支出的20.52%；其他费用333万元，占总支出的3.45%。

1993年末，全院固定资产原值20861万元，其中房屋和建筑物20585万元。到1993年末，我院拥有房屋总面积39万平方米。

1993年基建投资实际完成额3415万元。竣工面积1.8万平方米，其中住宅竣工面积1.5万平方米。

1993年末，院、所两级开发创收实体29个。

二　一九九三年院工作会议文件

丁关根同志在我院工作会议上的讲话

（一九九三年二月二十三日）

同志们：

今天，我和社会科学院的同志们第一次见面。请允许我向社科院的全体同志并通过你们向全国从事哲学社会科学工作的同志们致以亲切的问候。

这次中国社会科学院召开全院工作会议，主题是深入贯彻落实十四大精神，调动全院科研人员、干部、职工的积极性，推进体制改革，围绕科研工作的主攻方向，部署今年的工作。希望这次会议开成一个团结、鼓劲、务实的会议。

党的十四大确定了用邓小平同志建设有中国特色社会主义的理论武装全党，这对于我国社会主义事业的发展具有极其重大的现实意义和深远的历史意义。建设有中国特色社会主义的理论，是马克思主义同中国实际相结合的最新成果，是当代中国的马克思主义，是指引我们实现新的历史任务的强大思想武器。当前，哲学社会科学战线最根本、最主要的任务，就是学习、宣传、研究建设有中国特色社会主义的理论，用这个理论统一思想，指导社会科学的全部工作。社会科学工作者对邓小平同志的战略思想、理论观点、科学态度和创造精神，应该学习得更好，理解得更深刻，把握得更准确。社会科学工作者还要为干部群众学习理解建设有中国特色社会主义的理论，进行科学的、有说服力的阐述，回答人们在学习中提出的各种思想认识问题，给奋进中的建设者、开拓者们以强大的理论支持和理论力量。社会科学院的同志以及社会科学界的同志，担负着光荣而又重要的任务，工作大有可为，要进一步增强历史使命感和社会责任感，充分发挥聪明才智，肩负起时代赋予的重任。

理论联系实际是发展社会科学的根本方针，也是我们党一贯倡导的优良学风。在我们伟大祖国的广阔土地上，社会主义改革和现代化建设实践，蓬勃发展，生机盎然。建立社会主义市场经济体制，发展社会主义民主政治，建设社会主义精神文明，是空前的创举，有一系列重大课题，需要我们精心研究，勇敢探索。理论由实践赋予活力。生气勃勃的创造性的改革和建设实践，为理论的发展提供了丰富的源泉。实践呼唤着哲学社会科学的大繁荣、大发展。实践激励着哲学社会科学工作者深入实际生活，面向经济建设、改革开放的主战场。我们要运用马克思主义的世界观方法论，到生动的实践中去捕捉层出不穷的新情况、新问题、新矛盾，进行卓有成效的理论研究、应用研究和预测研究，总结新鲜经验，概括出有科学价值的新结论。我们殷切期望哲学社会科学工作者，以高水平的研究成果，为这场伟大的实践提供精神动力和智力支持，为党和国家的有关重大决策提供切合实际的思路和建议，有力地推动建设有中国特色的社会主义事业更好地发展。

我国哲学社会科学研究的领域十分宽广。中国社会科学院是我国社会科学研究人才集中的地方，是社会科学的一个研究中心。要充分调动各个学科、各个专业研究力量的积极性和创造性，使国内问题和国际问题的研究，现状和历史的研究，都富有成效地开展起来，获得全面发展。要做到既有主攻方向、又能实现社会科学诸学科的共同繁荣。

为了促进我国社会科学的繁荣和发展，我们必须坚持党的“一个中心、两个基本点”的基本路线，在思想上、政治上和党中央保持一致。我们必须坚持“为人民服务、为社会主义服务”的方向和“百花齐放、百家争鸣”的方针，保障学术自由，促进学术繁荣。我们必须坚持解放思想，实事求是，以实践作为检验真理的唯一标准。我们要大力提倡顾全大局，团结奋斗，积极向上，潜心研究，出好成果，多做贡献的风气，为社会科学研究创造和保持团结、民主、和谐、融洽的环境。社会科学研究是一种复杂的精神劳动，是一个艰辛的探索过程。在这个过程中，出现不同思路、不同见解，是正常的；出现一些失误，也是难免的。一个科学的结论，往往要经过多次实践和反复认识才能获得。在科学研究工作中，应当提倡立足实践，尊重事实，平等讨论，服从真理，相互切磋，共同提高。

我国社会科学界，有一支好的、有创造力的、老中青相结合的研究队伍。十几年来，这支队伍在改革开放和现代化建设的进程中，做出了很多贡献，党和人民给予了充分肯定；瞻望未来，党和人民更寄予厚望。为了适应新的形势，担当起繁重的任务，一方面，党和国家应对社会科学战线给以更多的关心和支持，进一步改善科研人员的工作条件和生活条件；一方面，广大社会科学工作者要增进团结，齐心协力，振奋精神，真抓实干，不断提高科研成果的质量和水平，不断创造新的业绩。

前不久，中央决定王忍之同志担任中国社会科学院党委书记兼副院长，加强了社会科学院的领导力量。王忍之同志曾任中央宣传部部长，在主持中宣部的工作中，坚持党的基本路线，贯彻中央关于宣传、思想、文化战线有关指示精神，态度是认真的，工作是努力的。几年来，他还多次参与起草中央一些重要的文件，较好地完成了中央交给的任务。对此，中央是肯定的。

同志们！当前理论路线、大政方针、目标任务都已明确，关键是抓住时机，扎扎实实地工作。符合十四大精神的事要放手去干，大胆去干。我相信，在以江泽民同志为核心的党中央领导下，广大哲学社会科学工作者一定能够以更多、更好的科研成果为社会科学的繁荣，为建设有中国特色的社会主义做出更大的贡献。

预祝社会科学院工作会议圆满成功！

胡绳同志在院工作会议上的工作报告

（一九九三年二月二十三日）

同志们：

在全党、全国人民全面贯彻、落实党的十四大精神，我国改革开放和现代化建设蓬勃发展的大好形势下，中国社会科学院1993年度工作会议召开了。这次工作会议的主题是，继续在我院贯彻落实党的十四大精神，深化体制改革；围绕科研工作的主攻方向，部署今年的科研工作，充分调动全院科研人员、干部、职工的积极性，开创我院工作的新局面，以高水平的研究成果，为加快改革开放、加快有中国特色社会主义事业的建设步伐做出新贡献。

下面，我代表院党委和院务会议做工作报告。

（一）

我院的上一届工作会议是在1991年12月召开的。在那次会议上，我们根据中央领导同志关于社会科学的一系列重要指示，确定了我院在“八五”期间的“坚持方向、稳定规模、突出重点、提高水平、改善条件”的工作方针，提出了“八五”期间我院建设的主要目标，部署了1992年必须集中力量认真做好的六个方面的主要工作。李铁映同志还到会做了重要讲话。一年来，全院各级党组织认真组织广大党员、干部、职工紧密结合我院工作实际，学习邓小平同志视察南方重要谈话、三月政治局会议精神和党的十四大文件，振奋精神，真抓实干，各方面的工作都有新的发展。

——围绕主攻方向，组织科学研究，完成了一批具有较高学术水平的重大科研成果。根据邓小平同志视察南方重要谈话和三月政治局会议精神，修订和调整了院“八五”科研规划，增补了38项重点研究课题；研究、审批了31个研究所和院属单位的“八五”科研计划，并通过审议、选择，对一批所重点课题给予了经费资助。加强了科研管理，制订了《中国社会科学院研究所科研计划工作条例（试行）》、《中国社会科学院研究课题管理条例（试行）》；对我院承担的422项“七五”国家重点课题、院重点课题、社科基金课题执行情况进行了全面检查。为拓宽研究领域，成立了第三世界、城市发展等七个研究中心。一年来，全院科研人员围绕科研工作的主攻方向开展科学研究，完成了一大批重大研究成果。经济学科对社会主义市场经济理论进行了深入探讨，为我们党将社会主义市场经济体制作为经济体制改革的目标模式的决策做出了一定的理论贡献。各有关学科在继续加强“对经济形势的分析和预测”、“对国际形势的分析和预测”，以及改革和发展战略、对策研究的同时，开始进行“对社会形势的分析和预测”研究。由院里直接组织实施的《论有中国特色的社会主义经济、政治、文化》、《苏联演变的历史教训》、《当代资本主义论》、《工资改革问题研究》、《世界战略格局和国际新秩序研究》、《关于民主、自由、人权问题研究》等六个重点科研项目，全部按预定计划进行，其中有些重要成果即将面世。由我院牵头、组织和协调全国两千多名理论工作者参加的百县市经济社会调查，在1991年出书5卷的基础上，去年又出书15卷，这批成果被学术界誉为“有现实意义和历史意义的浩大工程”。据初步统计，1992年全院共完成专著396部，论文3581篇，译著135部，调研报告502份，教材及普及读物57部，工具书124种。以上五类成果总数达24162万字。1992年完成的科研成果，无论在数量上还是在质量上，同前几年相比，均有较大进步。

——继续抓了向党委领导下的所长负责制体制过渡的工作。1992年，又有9个单位成立了新党委。到目前为止，全院除工经、文学、宗教等7个研究所外，其余27个单位均已完成向党委领导下的所长负责制体制的过渡。一年来，绝大多数单位的新党委和行政领导，认真实践《研究所党委工作条例》、《研究所所长工作条例》，在分工负责、治党治所方面积累了宝贵经验。研究所党委集中精力抓政治方向问题，抓干部的教育、考察、使用和管理，抓党组织的建设和思想政治工作，初步形成研究所的政治核心，并为行政领导集中主要精力组织领导科研工作创造了条件。

——加强了科研队伍建设，对中青年科研人员的培养、教育和提高工作已初见成效。为建立优升劣汰的竞争机制，1992年先后于年初和年底进行了两次业绩考核，将考核结果同专业职务聘任、享受政府特殊津贴相结合。根据考核结果，有6人因业绩突出而破格晋升高级专业职务，有370余人因业绩优良而被专业职务评委会评审通过晋升高级专业职务，有686人（含部分离休退休学者）成为第三批政府特殊津贴享受者。

根据1991年底院工作会议的部署，1992年在培养、教育中青年研究人员方面采取了以下措施：(1)加强对中青年科研人员的马克思主义基本理论教育。院党校举办了两期进修班，对73名局处级骨干（其中大多数是中青年）进行了短期脱产培训。(2)坚持并完善下基层锻炼制度。去年，组织了76名青年科研人员到陵县、迁西等县挂职锻炼，取得了较好效果。(3)在工作和生活条件上对中青年科研骨干实施倾斜政策。在落实“八五”院重点项目时，对中青年骨干的申请优先考虑；在房源十分紧张的情况下，院里预留下20套住房，采取特批办法，解决了部分中青年科研骨干的居住困难。(4)大胆提拔使用中青年科研骨干，为他们早日脱颖而出创造条件。去年调整处室领导干部，任用了一大批中青年骨干。(5)举办了我院第一届青年优秀成果评奖活动，对取得优秀科研成果的90名青年科研人员给予了表彰和奖励。这些措施，对创造有利于青年科研人员健康成长的良好环境，发挥了一定的作用。

——对外学术交流在稳定规模的基础上，注重提高效益，力求促进学科建设和科学研究。1992年全院派出710人次，接待来访者783人次。总规模同1991年基本持平，派出人次为建院以来最多的一年。去年有些派出项目同我院的“八五”科研项目结合得比以前紧密，如中亚东欧考察和英、法等国人权问题考察等出访项目，有力地促进了有关院重点科研项目的顺利进行。

——行政后勤部门为进一步改善科研条件和职工生活条件做出了新的努力。1992年后勤部门进一步增强服务意识。为全院职工办了以下几件实事：(1)全年完成基建投资额3200万元，是建院以来最多的一年，其中用于住宅的投资占75%。去年7月份已交付方庄小区住房五千平米，另有一万平米即将交付。今年我院又将有相当部分职工的住房状况得到改善。(2)文献图书大楼的设计、报批工作已经完成，项目规划设计条件通知单已于年初下达，不久即可动工。(3)在辽宁省海城市投资280万元建立副食基地。(4)调整经费包干节余奖金标准。(5)改善食堂经营管理方式，职工伙食补贴由暗补改为明补，等等。

——对深化我院体制改革做了大量的调查研究工作。去年初邓小平同志视察南方重要谈话和三月中央政治局会议精神传达后，院党委多次召开会议，进行了学习和讨论；并联系我院实际，对深化我院改革问题进行了反复议论和研究。年中，正式成立了院深化改革领导小组，以及深化改革研究工作小组和开发创收领导小组，对我院的改革问题进行调查研究，对开发创收问题进行统筹规划。几个月来，深化改革研究工作小组先后召开各种类型的座谈会11次，听取关于我院改革的意见和建议，并在此基础上，着手草拟《关于我院深化改革的意见》。

在过去的一年里，我院其他方面，如纪检、监察、审计、保卫，以及老干部、工会、共青团等部门围绕科学研究这个中心做了大量工作，都取得了很大成绩，为实现我院在“八五”期间的主要奋斗目标做出了贡献。

总之，1992年是我院建设继续向上、向好的方面发展的一年。但又必须看到，我们的工作还存在不少问题，存在着许多薄弱环节，距离党和国家对我们的期望和要求尚有相当大的距离。例如：我院的学科布局和科研力量的配置不尽合理，在某些环节上制约着科研工作的主攻方向；摊子过大、过散的局面没有改观，有的研究所研究方向长期不明确，有些研究所研究力量单薄，没有规模效益，形不成学科优势；不少学科研究力量青黄不接，老化严重，优势正在丧失；科学研究方法、观念、手段陈旧，更新迟缓，落后于形势的要求；院部权力过于集中，机构臃肿，研究所机构设置“小而全”，人浮于事，效率低下；管理粗放，奖勤罚懒、优升劣汰的竞争机制至今没有真正形成，长期不出成果、混日子的人得不到严肃处理；科研人员和党政管理人员待遇低，影响队伍稳定，等等。当然，上述问题并不是1992年才出现的，有些问题多年来我们一直企图解决，但收效甚微。为什么这些问题长期得不到解决呢？我们认为，原因是多方面的，其中一个重要原因，就是我们对深化我院改革的问题研究不够，改革的措施不力。为了实施我院在“八五”期间的主要奋斗目标，以尽快适应我们国家改革开放和现代化建设的需要，我们必须进一步改进工作方法和工作作风，下决心深化我院改革，从深化改革中寻找解决上述问题的出路。

（二）

改革开放十四年来，我国的经济体制已经发生了深刻的变革。去年初邓小平同志视察南方重要谈话和三月政治局会议精神，将我国改革开放和现代化建设事业推进到一个新的阶段。党的十四大明确确定用邓小平同志建设有中国特色社会主义理论武装全党，明确确定我国经济体制改革的目标是建立社会主义市场经济体制。在实际生活中，沿着建设有中国特色社会主义的道路，经济体制的改革，经济和社会发展正在加快进行。这种形势向社会科学战线提出了双重的紧迫任务：

第一方面的任务是，实践生活正在层出不穷地提出许多新的问题，社会科学必须研究和答复这些问题。为建立社会主义市场经济体制，加强经济发展速度，社会科学工作者必须大力加强对社会主义市场经济理论、市场运行规律、宏观调控手段与力度，以及伴随社会主义市场经济的发展而出现的一系列新问题、新现象的探索与研究。建立和完善社会主义市场经济体制，又必然影响到政治、法律、社会生活、社会意识形态等各个方面，而且需要其他各个领域内的变革和发展来配合经济领域的改革和发展。比如，在发展市场经济和扩大对外开放的条件下，如何帮助人们确立正确的人生观、价值观、道德观，就是社会主义精神文明建设中的重要问题。社会科学的各学科应该对经济领域和其他社会领域的新问题作出使人信服的、经得起实践检验的理论说明，为改革开放和现代化建设事业提供精神动力、思想保证和良好的舆论环境。为此，社会科学研究工作者需要在马克思主义指导下，进一步解放思想，用实事求是的精神，冲破落后的传统观念和主观偏见的束缚，改变因循守旧、不接受新事物的精神状态，去完成改革开放的现时代赋予的科学研究使命。

第二方面的任务是，稳妥解决社会科学事业的管理体制同社会主义市场经济体制相适应

的问题。社会主义市场经济体制的建立，必然会影响到社会科学事业的建设和发展。这就要求我们必须按照社会科学自身的特点和发展规律改革社会科学管理体制，使之同正在建立和完善的社会主义市场经济体制相适应。一般说来，社会科学研究成果是精神产品，大多数不可能作为商品直接进入市场。国家办的社会科学研究机构不是政府机关，但也不是企业，不能像企业那样推向市场，由市场来决定其方向和命运。如果那样做，对社会科学研究工作是不利的，不仅会导致科学研究水平的降低，甚至会危及某些领域的科学研究工作。但另一方面，社会科学事业的管理体制又必须从具体情况出发，利用或者引入市场体制的某些优点。在这方面有以下几点是可以考虑的：(1) 国家办的社会科学事业除国家财政拨款外，还可以开辟其他财源。(2) 社会科学研究机构提供的咨询服务、经济和社会发展战略等研究报告，逐步实行有偿服务。(3) 为提高科研人员的待遇，除应制定一套基本的工资制度外，还应实行对研究项目经过选择予以资助和对优秀研究成果经过鉴定予以奖励这样一种促进激励与竞争的制度，使研究人员的收入取决于研究成果的多少和优劣，而不是采用平均主义、吃“大锅饭”的办法。(4) 改进社会科学书籍出版事业，使好的研究成果能够出版，而且通过出版来引导研究工作、激励研究工作。(5) 在科研人员中实行必要的淘汰制度和必要的流动，等等。在社会主义市场经济条件下，如果社会科学管理体制不及时充分利用市场体制的优点，就难以建立一支高水平的研究队伍，难以多出高质量的研究成果，在改革开放的大潮中，社会科学事业的发展就会举步维艰。所以，我院各级领导，全院职工，务必增强改革意识，增强对于深化改革所必然会引发的某些震动的承受力，根据我院的具体情况，同心协力，把我院的改革推向深入。

为保证我院改革的健康、顺利进行，院党委和院务会议认为，有必要进一步明确以下几点：

1. 我院各个方面的改革，要始终紧紧围绕贯彻执行党的基本路线，贯彻落实十四大精神，有利于发展科学研究，多出成果、快出人才来展开。我院是一个科研单位，主要任务是科学研究，用高质量的研究成果为两个文明建设服务，当好中央和国务院的参谋和助手。因此，深化我院改革，只能加强而不能削弱科学研究工作；我们所采取的每一项改革措施，都必须有利于促进社会科学的发展，提高研究水平，加强社会科学研究工作在改革开放和经济社会发展中的作用。

2. 调整好学科布局和科研力量的配置，是我院改革的重要环节。为适应建设有中国特色社会主义事业的需要，要继续重视基础理论研究，更要大力加强应用理论和应用研究、对策研究；大力加强以至增设为改革开放和现代化建设所迫切需要的战略性、综合性研究学科。通过调整，使我院科研工作的主攻方向更加明确，学科布局、研究力量的配置更加合理，研究重点更加突出。

3. 坚持理论联系实际的方针。提倡面向社会、开门办所，通过建立调查研究基地、下基层挂职、同实际工作部门合办研究机构和合作进行研究、定期组织科研人员去基层考察等办法，为科研人员深入实际、研究现实问题创造条件。

4. 管理体制改革的重点是构造并且强化激励机制和竞争机制。在改革过程中，切实完善课题责任制、重点项目成果鉴定制度、业绩考核制度、优秀科研成果评奖制度、专业职务聘任制度等科研、人事管理制度，实行优升劣汰，促进人才流动。

5. 院机关改革的重点是转变职能，简政放权、提高工作效率、增强研究所的活力。

院直机关设置不搞上下对应，按照“小管理、大服务”原则，合并职能相近部门，革除院部机构臃肿、人浮于事的弊端。院部尽可能抓大事、议大事，强化宏观调控和检查监督职能，下放科研、人事、外事等管理权限。

严格控制党政、工勤人员编制，其总量不超过总编制的12%，院部机关编制控制在总编制的6%左右。职能部门在严格定编定岗的基础上实行工资总额包干，提倡一职多能、兼职兼薪，达到精简、高效的目的。

6. 行政后勤改革按照服务职能与管理职能分开的原则进行。以服务职能为主的部门和单位，调整为经营实体，对内实行有偿服务，对外实行经营服务，财务独立核算、自负盈亏，并逐步向社会化过渡；以管理职能为主的部门和单位，本着精简、高效原则进行调整、撤并。

7. 我院作为社会科学研究单位，办院经费今后仍主要依靠国家财政拨款。但为改善科研工作和职工生活条件，必须在促进科研、保证科研的前提下，搞好开发创收工作。

创收工作实行院、所两级开发。开发创收的重点是开展有偿咨询服务，也可实行一业为主多种经营。院里要在办好现有的经济与技术发展咨询公司、人文科学发展公司和服务总公司的基础上，再陆续开办其他经营性实体。

8. 分阶段、稳步推进。社会科学改革是一项极为复杂的工作，诸方面的改革不可能一步到位，只能分阶段、分步骤进行。我们既要解放思想、大胆试验，又要实事求是，扎实稳妥，以避免过大的震动。

根据上述指导思想，院改革领导小组草拟了《关于我院深化改革的意见》(征求意见稿)，经院党委和院务会议同意，提交院工作会议讨论。这个《意见》还只是初步设想。在听取与会同志的意见、建议后将进行修订，然后颁发实施；在实施的过程中，也还要不断总结经验，逐步地将我院改革引向深入。

(三)

1993 年是“八五”期间的第三个年头，对完成我院的“八五”科研规划、实现我院在“八五”期间的主要奋斗目标来说，是极为关键的一年。我们除了抓好改革工作外，还必须扎扎实实地做好以下几个方面的工作：

第一，院所领导要集中精力，抓好科研这项中心工作。要以邓小平同志关于建设有中国特色社会主义理论武装我院全体人员，用这一理论作为开展科研工作的指导思想。

我院是一个科研单位，中心任务是科学研究。所谓院长治院、所长治所，最基本的，就是要集中精力抓好科研工作。党的十四大提出的许多重大理论问题，需要我们去阐释、去丰富；改革开放和现代化建设提出的许多重大理论问题和实践问题，等待着我们去探索、去回答。要按照党的十四大报告对建设有中国特色社会主义理论的新概括，紧密联系改革开放和现代化建设的实际，加强我们的科研工作，增补部分“八五”院所重点项目。1992 年院里直接抓了几个重点项目，效果是好的，今年应继续坚持这种做法，以尽快拿出一批有影响的、学术水平较高的科研成果。据统计，目前全院正在组织实施的国家重点项目、院重点项目、国家社科基金项目达 510 个，科研局及各所领导要对这些项目的进展情况定期进行检查督促。为活跃科学研究，要认真贯彻执行“双百”方针，创造团结、民主、和谐、融洽的气氛和环境。要积极参与组织全国性重大理论讨论会，并发动我院主办的各种学术刊物就一些重大理论和学术问题展开讨论。应加强对研究成果的评论工作，通过严肃的评议、批评，提高我们的研究水平。

今年12月26日是毛泽东同志诞辰一百周年纪念日。经中宣部批准，届时我院将同湖南省社会科学院联合举办“毛泽东对马克思主义发展的贡献”的学术讨论会。有关单位应通力合作，抓紧筹备，确保会议成功。

第二，做好领导班子换届工作。

今年，是院、所领导班子换届的年度。院领导班子的换届工作中央会有考虑，在此只谈谈所局领导班子的换届问题。

所局班子换届，关系到我院未来五年乃至更长一段时期的建设，要在广泛听取群众意见的基础上，过细地做好这件工作。所局领导班子换届应特别注意以下两点：一是新老班子要交接好，不要因为换届而影响科研工作及其他各项工作的正常运行。对此，在座的同志责任重大。在座的同志中可能有部分会因为年龄等原因从领导岗位上退下来，但不管是否退下来，目前都要坚守岗位，安心工作，要有站好最后一班岗的精神。我们党的干部交替工作历来有“扶上马，送一程”的好传统，老班子要把这些年的工作经验、体会留下来，传下去，为新班子创造良好环境。二是要按照干部队伍“四化”方针和德才兼备的原则，组建好新班子。要十分注意解决好所局领导班子年龄偏高、年龄梯次结构不合理的问题，下决心提拔一批政治素质和业务素质好、有一定组织管理能力、受群众拥护、改革意识较强的中青年干部，使下届所局领导班子在年龄梯次结构上成为能够跨世纪的领导班子。

第三，要继续抓好中青年科研人员的培养、教育和提高工作。

1992年我院这方面的工作已经迈出了可喜的步伐，但应该清醒地看到，我们在这方面的任务仍十分艰巨，而且各所之间的工作也很不平衡，有些研究所还没有将这项工作提高到应有的高度，培养、教育措施很不落实；青年人进所以后，没有人关心他们，没有人具体指导他们的业务工作，甚至常年将不见兵、兵不见将。这样是很不利于青年人成长的。这次工作会议结束后，各所领导要对这项工作进行专题总结，制定出规划和具体措施。院里在今年适当时候（“五四”青年节前后）将进行一次具体检查，总结、交流、推广好的经验，使这项工作取得更大成效。

在普遍做好对中青年科研人员的培养、教育和提高工作的同时，对那些政治素质较好、业务上崭露头角的中青年科研骨干应给予更多的关注，要在承担院所重点项目、成果出版、专业职务评聘（包括破格晋升）、分配住房等方面，继续实施倾斜政策，为他们尽快成长为学术带头人创造条件。为此，院党委和院务会议决定，从1993年开始，从每年300万元的院重点项目经费中划出30万元，作为青年科研基金，专门用于资助35岁以下的青年科研骨干的科研项目和科研成果的出版。

第四，举办好“中国社会科学院第一届优秀科研成果评奖”活动。

我院每年完成二三百部专著、数千篇论文和研究报告，成果数量相当大。但是它们的学术价值和社会效益如何，却缺少相应的介绍和评价。为了改变这种状况，并对科研工作实施正确的导向，院党委和院务会议决定，从1993年起，每隔两年或三年在全院范围内开展一次优秀成果评奖活动。1993 年举办“中国社会科学院第一届优秀科研成果评奖”，展示我院建院十几年来的科研成果，奖励在科研工作中做出突出贡献的学者，这对我院数千名科研人员来说，无疑是一件大事。这项工作初步定于 5 月开始进行，10 月底以前基本完成，年底在纪念毛泽东同志诞辰一百周年时召开颁奖大会。举办这样一次活动，工作量很大，院有关部门要及早动手拟定实施方案，尽快部署实施。各所应同院部紧密配合，保证这次评奖活动顺利进行。

第五，加强党的思想建设和组织建设，提高党组织的战斗力、凝聚力。

党的十四大对“加强党的建设，改善党的领导”做了全面部署。根据党的十四大精神，结合我院党的建设实际，1993 年我院各级党组织应着重做好以下几个方面的工作：(1) 组织党员、干部和科研人员认真学习邓小平同志建设有中国特色社会主义的理论。这一理论是马克思主义基本原理与当代中国实际和时代特征相结合的产物，是毛泽东思想的继承和发展，是指引我们实现新的历史任务的强大思想武器。我院各级党组织要将组织广大党员、干部和科研人员学习这一理论，并努力运用这一理论去观察、研究和解决现实中出现的一系列新问题作为最重要的任务。学习形式要灵活多样、生动活泼、注重实效。要引导党员联系改革开放和现代化建设的实际以及思想实际，加深对这一理论的理解，以提高坚持党的基本路线的自觉性。(2) 加强所党委班子的建设，进一步巩固和完善党委领导下的所长负责制。要通过领导班子换届，将各所的新党委全部组建起来。所党委应真正成为研究所的政治核心，为此就要切实加强自身的思想建设，带头学好邓小平同志建设有中国特色社会主义的理论，在政治上、思想上、行动上同中央保持高度的一致；要不断改进思想方法和工作方法，善于同行政领导协调共事；要注意提高工作层次，把主要精力放在研究和解决带全局性的重要问题上；要认真学习、贯彻执行党的知识分子政策及关于社会科学研究的一系列方针政策，广泛同科研人员交朋友，在政治上爱护他们，科研上支持他们，生活上关心他们。(3) 结合改革和科研工作实际，做好思想政治工作。改革，必然涉及利益的调整。不论是实行考核制、聘任制，还是调整学科、精简机构，都会触及部分人的利益，产生各种思想障碍。各级党组织要有针对性的做疏导工作，尽可能化解阻力，为深化改革提供思想保障。当前，有些研究所队伍不稳。我们除了通过各种办法（如开发创收等）改善科研人员的生活条件外，更重要的，还是要加强思想政治工作，提倡为繁荣社会科学而献身的奉献精神，以稳定科研队伍，特别是科研骨干队伍。(4) 要注意做好团结工作。首先要加强各级领导班子的团结。要提倡正确运用批评与自我批评（尤其是各自多做自我批评）的武器，顾全大局，主动搞好团结，团结一切可以团结的力量，调动一切积极因素，化消极因素为积极因素。要通过各级党组织的艰苦细致的思想政治工作，在全院创造一种安定团结、积极向上的良好氛围。

同志们，经过党的十四大，中央大政方针已定，我国改革开放和现代化建设事业进入了一个新的阶段。现在全国政治稳定、社会稳定、经济繁荣，建设有中国特色的社会主义事业充满了生机与活力，为社会科学研究创造了良好的环境。社会科学大有可为。我们要抓住这一良好的机遇，奋发精神，勇于探索，为深化我院改革，为繁荣社会科学，为改革开放和现代化建设事业做出新的更大的贡献！

王忍之同志在院工作会议上的讲话

（一九九三年二月二十五日）

铁映同志今天本来是要来的，但因病来不了。他向大家表示歉意，并要我转达几句话：祝贺社科院工作会议的召开，希望开得成功；支持社会科学院的工作，社科院要求国务院和有关部门解决的一些问题，以后将认真研究，尽可能解决。

根据会议的日程安排，结束时让我讲几句话。我刚来没几天，情况了解得很少很少，要讲话实在很难。我想简短地讲三点：

（一）这次工作会议是开得好的

这样说的根据有四条：

1. 工作会议主题确定得对。胡绳同志在报告中讲，我们这次会议是要继续贯彻落实十四大精神，充分调动全院研究人员、干部、职工的积极性，深化体制改革；围绕科研工作的主攻方向部署今年的工作，努力做出高水平的研究成果，为建设有中国特色的社会主义做出新的贡献。会议开得好不好，主题选得对不对至关重要。现在看来，主题是选择得对的。

2. 丁关根同志到会作了讲话，指出了哲学社会科学战线最根本的任务和哲学社会科学研究的指导方针，对社会科学院的工作提出了很高的要求，寄予了殷切的希望。这对于开好这次会议，对振奋精神、做好我院今后的工作具有重要作用。

3. 对于胡绳同志代表院党委、院务会议作的工作报告和院里提出的深化改革意见，在讨论中大家提出了一些意见和建议，虽然还有不满意的地方，但总的来说，大家给予肯定的评价。对于胡绳同志报告中对上次院工作会议以来社科院工作成绩的估计，对我院改革的指导思想，对今年要做好的五个方面的工作，大家是赞成的，认为是“符合实际的”、“正确的”、“务实的”。对《关于我院深化改革的意见》，绝大多数同志认为，方向、思路、原则、基本内容是“正确的”、“切实的”，“有所突破、又比较稳妥”。因此可以说，我们院今年的工作部署得到了大家的认可，工作有了遵循。至于讨论中提出的意见，院党委要认真地研究、听取。院部各职能局首先要对会议上提出的各种各样的意见，进行分类的、专门的研究。关于科研方面的，由科研局研究；关于人事工资方面的，由人事局研究；有关外事方面的，由外事局研究；有关行政管理方面的，由管理局研究；有关开发创收方面的，由院开发创收领导小组研究。要一条一条地研究。对的、可行的，或者是基本可行的，就吸取，并且进一步具体化。做不到的，或者不可取的，也要作出说明，是由于什么原因、什么理由，现在还做不到或者还没法做，总得有个交待。在研究过程中要继续听取大家和有关同志的意见，提出一个看法来，哪些行，哪些不行，交院党委和院务会议讨论确定。

4. 会议的气氛是积极进取的。在小组讨论和大会发言中，大家谈到社科院工作中遇到许多困难，存在许多问题。比如，经费投入不足，人浮于事、优升劣汰机制没有形成，人才青黄不接等。这些都是多年来存在的老大难问题。也谈到一些新的问题，比如在建立社会主义市场经济体制过程中有些同志不想在社科院干了，这种情况将来可能还会发展。同志们谈到的许多新、老困难和问题都是客观存在的。重要的是，在谈这些困难和问题的时候，大家都希望能够解决它，并且提出了很多积极的意见和建议。也就是说，同志们采取的是一种积极的态度，而不是消极的态度。问题和困难是处处有、年年有的，也可能社科院比有些单位更多一些，重要的是采取什么样的态度来对待问题和困难。态度不一样，结果就大不一样。如果消极、泄气，那么就必定会被困难所压倒，就没有希望；如果积极进取，就有可能解决一些问题。会上表现出来的积极进取的精神是很可贵的。

根据以上四条，我觉得这次会议是开得好的。如果还说一点感受，就是我们的会务工作还组织得不错。大家反映我们的办事效率比较低，我觉得，可能有效率低的方面，但也有高的，会议每天的《情况反映》，今天开完会，明天一早就能看到。根据我在小组中听到的意见和看到的《情况反映》，摘报的内容还是比较准确的，可以说又准确又及时。做这个工作的同志团结协作夜以继日。我们的会务人员、后勤人员辛苦了。

总之，这次院工作会议，有丁关根同志的讲话，有胡绳同志的报告，有《关于我院深化改革的意见》，我们院今年和以后的工作就有了遵循，就比较好办了。会后，我们要努力贯彻会议精神，逐项落实，真抓实干，在干中继续完善。

（二）社会科学大有可为，社科院的研究工作应当有新的进步和发展

马克思主义指导下的社会科学研究，在建党建国以来的历史上曾经发挥过巨大的作用，这是大家熟知的，不用逐一列举，现在更面临着繁重的任务。我们正在从事的事业是建设有中国特色的社会主义，这在社会主义的发展史上是前所未有的伟大事业。大家都知道，十一届三中全会以来，随着改革开放和现代化建设的开展，积累了丰富的经验，同时也提出了许多崭新的问题，这就为社会科学研究提供了极为广阔的用武之地。理论总是由概括实践的经验而取得。实践没有发展，理论也难有大的发展；实践发展了，理论的概括就应该及时跟上，并反过来指导实践。我们的研究工作要以邓小平同志建设有中国特色的社会主义理论为指导，去总结和概括实践经验，探索社会主义初级阶段条件下的经济建设、政治建设和思想文化建设等方面的规律；要对在改革和建设中涌现出来的大量的新问题，给予科学的说明，提出解决问题的对策和思路；要对建设有中国特色的社会主义理论作出有说服力的阐述。我们既要以经济建设、改革开放的研究为主战场，又要注意实现社会科学诸学科的共同繁荣；既要大力加强应用研究、对策研究，又要重视基本理论研究，重视学科建设。研究任务涉及面很广，很繁重。我们社科院的研究工作在十四大精神的指引下，应当有新的进步和发展。

我们是有条件、有可能做到这一点的。社会科学院聚集了大量的研究人员，不但有在国内外知名的、造诣很深的老专家、老学者，也有近些年涌现出的一批有成就的、崭露头角的中青年研究工作者。我们广大的研究人员，正如丁关根同志所说的“都有一颗为国报效的美好心灵”。现在虽然生活清贫，待遇低，居住条件差（有的是极差），但甘愿从事社会科学研究，这是很可贵的。我参加经济片小组讨论时，有同志谈到要学习孙冶方的精神，孙冶方的精神重要的一条就是献身科学的精神。我想在我们院里，在许多同志身上是有这种献身科学事业的精神的。我们社科院有这样一支好队伍。我们要积极地从各方面想办法改善工作和生

活条件，尽量减少大家的后顾之忧，为大家创造一个良好的科研环境。

我们院、所党政领导的责任，就是要全面地、坚定地贯彻执行以经济建设为中心，坚持四项基本原则、坚持改革开放的基本路线，认真执行党和国家有关发展社会科学事业的一系列方针、政策，包括理论联系实际，“百花齐放、百家争鸣”等等，并努力改善工作和生活条件，把这支队伍更好地团结起来，把大家的积极性充分地调动起来，并很好地加以组织。院的领导要这样做，所局领导也要这样做。这方面已经有了不少好的经验，比如说去年由院里直接抓重点课题，像《有中国特色的社会主义经济、政治、文化》、《苏联演变的教训》、《当代资本主义的研究》等等。再比如说，对中青年研究骨干，在工作、职称、生活条件上实行倾斜政策，促使他们更快地成长，等等。这些要继续做，还要想更多的办法把它做好。如果我们这样做了，社会科学院的研究工作是能够在原有的基础上有新的进步的，是能够出更多高水平研究成果的，是能够出优秀人才的。

（三）扎扎实实地推进我院的改革

同志们都指出，为了促进社会科学研究工作，提高科学研究水平，为稳定、吸引各种人才，包括做研究工作的，做党政工作的，做后勤开发工作的，发挥他们的积极性，就必须改革。这是大家的共识。怎么改，现在有了一个初步的意见，尽管还不够具体，不够完善，但总是可以起步了。实际上，改革工作在一些单位已经开始了。这里，我想讲这样一些意见：

要像浦山同志昨天在大会发言中所讲的，各所有权改的事情，有权决定办的事情，就改起来，就办起来，不要等。各所的情况不一样，有的可能这样改，有的还不想这样办。所以，各所要根据自己的实际情况，对于那些自己权力范围内的事情，能办能改的事情就改起来，办起来，这方面有许多事情可以做。还有一些事情，像浦山同志讲的，所里认为是应该改应该办的，但是没有权决定的，那就主动地向院里提出来。我想，只要是合理的，院里又有权决定的，院党委、院领导是会鼓励的，是会支持的。各个所、各个单位，要按照院里深化改革意见的精神，尽快拟定出自己的改革方案，而且也要一边制定一边实施，不要等，更不要等着换届。如果那样，半年、一年一晃就过去了。总之，院里也好，所里也好，都要真抓实干，避免光是坐而论道。坐而论道是必要的，但不能光是坐而论道，而要起而行道，“一步行动胜过一打纲领”。我这里强调的就是“不要等”，大家想到的、能办的就要办起来。

在讨论中，有些同志认为我院深化改革的意见还不够具体，点子还不够多，步子还不够大。我想，这是有道理的。那么怎么解决？一是要依靠大家，继续听取大家的意见。现在这个《深化改革的意见》，还是作为征求意见稿，发到全院讨论，请大家来出主意想办法，集思广益。然后我们院党委根据大家提的各种意见，也可能是互相矛盾的意见，再一个一个问题进行专门的过细的研究，权衡利弊，择其善者，择其可行者而从之，力求再有所前进。二是要向外单位求教。向中科院，向国家教委、高等院校，向中央部委的研究单位，向地方的社会科学院等等取经，看他们是怎么做的，采取了哪些办法，有什么经验教训。当然，这些单位的做法，我们不可能完全照搬。有些单位和我们是接近的，比如高校，不光有自然科学，也有社会科学，他们怎么搞？中央部委的研究单位怎么搞？地方社科院如何搞？总是可以学到一点东西，打开一些思路，找到一些可以借鉴的东西，甚至可以照着做的东西。原来没想到的或者原来不敢干的，了解了别的单位的情况以后，也许就开窍了，就敢干了。我建议，院里要组织力量认真去做这项工作，所里也可以这样做。了解有关的、有联系的单位，看他们是怎么搞的，这样我们办法就可能有了，点子就可能多了，步子就可能大了。三是向中央、国务院要政策。有些事情我们认为应该办，应该改，但是院里无权决定的，也要主动向国务院和有关部门提出来，努力争取他们的同意和支持。搞活国有大中型企业，不是说既要做好内部工作，又要创造外部条件吗！社科院的改革同样如此。在科研机构、布局、科研力量调整方面，在科研管理体制改革方面，在人事工资制度改革方面，在开发创收方面，有些事情院里无权决定办的，就要抓紧争取国务院有关部门的批准。这件事院里一定努力去做。昨天龙永枢同志介绍了已经在争取的事项，我们还要继续争取，去办去做。我们要研究一下，到底要求国务院有关部门给我们放什么权，向我们批准哪些政策。希望大家提出具体意见，经过我们研究去争取。经过以上三个方面的努力，院里的改革是会逐步推向前进的。

改革是一个过程。建立和完善社会主义市场经济体制本身就是一个过程，而且不是短时间就能完成的过程。同建立和完善社会主义市场经济体制相适应，改革社会科学管理体制，当然也是一个过程，也不是短时间能够完成的。因此，我们既要解放思想、大胆试验，又要实事求是、扎实稳妥。有步骤推进，逐步完善。思想要解放，态度要积极，措施要切实，工作要做细，使我们的改革健康顺利的发展。

讨论中大家提了不少具体意见，许多意见我觉得是很好的。因为院党委、院务会议还来不及研究，我在这里不可能一一表态。我只讲这么一些原则性的意见，讲得对不对，请院党委同志考虑，请大家考虑，有不对、不正确的地方请纠正。

我刚到院里工作，能否胜任，并无把握。但有一点是肯定的，要做好工作就要谦虚谨慎，依靠党委全体同志，依靠院直属部门、各研究所的党政领导，发挥全院同志的积极性、创造性。我将努力和大家团结共事，依靠大家的智慧和力量，为办好社科院而努力！

胡绳同志在院工作会议结束时的讲话

（一九九三年二月二十五日）

同志们：

我们这次工作会议开了三天。在这次会上，丁关根同志来作了重要讲话，他的讲话指明了社会科学战线和社科院的任务和方向，表达了很深切的期望。李铁映同志虽然因为身体不适而没有来，但他带来的话也反映了对社会科学研究工作和社科院工作的重视、期望和支持。在这个会上，同志们对丁关根同志的讲话、院党委提出来的报告和院关于改革的一些意见，进行了充分的讨论，提出了很多好的意见。忍之同志刚才对这个会作了一个基本结论。我想大家都很注意丁关根同志、李铁映同志和王忍之同志讲话中所表现出的对社会科学工作、对社科院工作的重视。丁关根同志和李铁映同志反映了党中央和国务院的态度。王忍之同志初来社科院就任，是以新的眼光来看社科院，但他过去跟社科院一直有联系，刚来不久就跟院里许多同志谈了话，有了进一步的了解。他对这里工作的估价是值得重视的。

社会科学研究者常常关心社会科学到底受不受重视，这也是很自然的。我以为，不能说任何人、任何方面都能对社科研究给予恰如其分地足够地重视，但至少党中央、国务院是重视社会科学的，许多实际工作部门的领导是重视社会科学的，是懂得社会科学重要性的，而且是会用符合社会科学特点的方式来扶持社会科学事业发展的。

从领导的角度说，重视社会科学研究工作，就是要扶持社会科学的发展，也就是要用适合社会科学研究事业的特点的方式来扶持它的发展。那么，适合社会科学特点的方式是什么呢？这个问题可以说还没有完全解决，而且随着形势的发展方式也会有发展。这个问题我看也是社会科学工作者自己要来解决的问题。其实重视不重视的问题主要也是靠我们来解决，就是刚才忍之同志讲的要自尊、自立，你工作表现出色，是值得重视的，就受到重视。到底采取什么方式来扶持，才符合社会科学研究的特点？这个问题也是值得研究的，这本身也是社会科学的一个问题。我以为，当前我们的任务是两方面：一是用实际工作来表明社科工作是值得重视的，就是表现社科研究成果对于有中国特色的社会主义建设、对于社会主义物质文明和精神文明建设确实是能够起作用的；二是通过实践寻找具有中国特色的社会主义建设条件下用什么机制来发展社会科学事业，这个问题实际上就是个体制改革的问题。

我们这个会议不能说解决了这些问题，但是，通过这次会议，在这两个方面都会起促进作用，一方面促进我们的科学研究工作，用更多更好的成果来服务于正在蓬勃发展的改革开放和现代化建设事业。另一方面，也促进我们院的改革，用解放思想、实事求是、大胆实践、不断改进的精神，来推进我们的工作。希望会后，大家团结一致，把我院今年的工作做出更好的成绩来。

吴介民同志《关于我院深化改革的意见》的几点说明

（一九九三年二月二十三日）

同志们：

刚才，丁关根同志对社会科学院的工作作了重要指示，我们要认真学习和领会并贯彻落实到我院的各项工作中去。胡绳同志代表院党委、院务会议向大会作了《工作报告》，报告中指出：我们这次工作会议的主题，是继续全面贯彻落实党的十四大精神，深化我院各项改革；围绕科研工作的主攻方向，研究和部署今年的工作。关于我院深化改革的初步方案，已提交这次会议的各位代表审议。现在，我受院党委和院务会议的委托，谨就《关于我院深化改革的意见》（征求意见稿）作几点简要说明，供会议讨论时参考。

（一）《意见》是在学习、贯彻邓小平同志南巡谈话和十四大精神，深入进行调查研究，广泛听取各方面意见的基础上形成的

改革开放十四年来，社会科学战线已经发生了许多深刻的变化。但是，如何尽快适应国家改革开放和现代化建设不断发展的需要，加速和深化社会科学院自身的改革，仍然是一项摆在我们面前的紧迫任务。去年初小平同志重要谈话和中央政治局会议精神传达以后，我院上下精神振奋，广大职工谈改革、议开放、论发展，院属各单位出现了跃跃欲试的势头。院

党委多次召开会议，讨论研究关于我院深化改革的问题，并采取措施，集思广益，探索新路子、新办法、新经验，以确定符合我院实际的深化改革的基本思路。为利于开展有关方面的工作，去年4～5月间正式成立了“院深化改革领导小组”以及“深化改革研究工作小组”。其主要的任务是，调查研究、征集意见、研讨思路、综合资料，为院党委、院务会议研究讨论和起草拟订我院改革方案提供参考。7月，成立了“院开发创收领导小组”，以加强对全院行政后勤管理方面改革的统筹规划。

改革研究小组在院党委领导同志的指导下，用四个多月的时间进行了大量的调研工作，通过各种途径和方式，多方听取关于我院改革的意见和建议；先后召开了11次全院性的各种类型的座谈会，邀请了180多位科研人员、行政管理人员和所局、处室领导干部，对我院科研管理体制、人事管理制度、政治思想工作制度、行政后勤管理体制等方面的改革问题，进行了专题性的研讨；为沟通情况和交流信息，改革研究小组编发了有关情况简报13期；与此同时，院领导还分别听取了全院各学科片、研究所、直属单位和机关各职能局改革工作的汇报，研究分析了各所局提出的关于本单位、本部门改革的设想；对院外有关部门和单位的改革内容和基本做法，进行了比较研究；还特地邀请中科院副院长胡启恒等同志，来我院介绍了他们进行改革的情况和经验。在充分酝酿的基础上，我院改革的《意见》初稿逐渐形成。

院深化改革领导小组对改革的《意见》草案进行了反复讨论，吸取各方面的意见和建议后，作了三次大的修订，形成了第四稿。1992年11月21日和12月19日，院务会议两次讨论了《关于我院深化改革的意见》，同意作为征求意见稿，继续在院内征求意见。

1993年1月20日至2月5日，在院领导主持下，先后四次召开了我院各民主党派负责人及非党人士座谈会、所党委书记座谈会、主管科研工作的所长座谈会、行政副所长及办公室主任座谈会，就《我院深化改革的意见》(第五稿）广泛征求意见。到会同志进行了热烈的讨论，发表了很多很好的意见。大多数同志对这个改革方案中提出的基本原则和重要措施表示拥护，认为它符合我院实际，反映了广大科研人员的愿望；有的同志还对改革方案中的若干问题提出了许多建设性意见；也有同志对方案提出了一些批评或不同意见。根据上述四次会议提出的意见进行修改后的改革方案第六稿，经2月16日院务会议再次审议修订，现已作为“征求意见稿”正式提交本次院工作会议讨论。

(二)《意见》中各项内容的拟订，力求体现“解放思想、实事求是”和“积极、稳妥、扎实”的精神，对听取的各种意见，经分析论证，都作了吸收和考虑

1. 关于改革的指导思想和目标。《意见》中指出：“我院深化改革要以十四大精神作为指导，坚定不移地执行党的‘一个中心、两个基本点’的基本路线；确立马克思主义在各学科的指导地位；继续贯彻‘坚持方向、稳定规模、突出重点、提高水平、改善条件’的方针”。其中的20字方针，首先是李铁映同志提出来的，在1991年12月召开的我院工作会议上，确定为今后五年内我院工作的基本方针。我们认为，这个方针对于我们社会科学院来说，至今仍然是适用的。《意见》根据党的十四大精神和形势发展的要求并结合我院的实际，还提出：“要解放思想，实事求是，大胆改革我院的管理体制，调动各方面的积极性，充分发挥我院在

理论性、综合性、战略性和系统性研究方面的优势，多出高质量成果和优秀人才，真正把我院建成在马克思主义指导下充满创新精神的、开放性的、高水平的国家社会科学研究中心，更好地发挥党中央和国务院的参谋和助手作用，为建设有中国特色的社会主义服务”。在《意见》中，结合我院具体情况和社科研究的特点，明确提出了“我院作为社会科学研究单位，办院经费今后仍主要依靠国家财政拨款，同时，又必须在保证科研、促进科研的前提下，搞好开发创收工作，以改善科研工作条件和职工生活条件”。这些内容，在征求意见的过程中得到了绝大多数同志的赞同。

有同志提出，我院改革的《意见》似乎“起点不高、步子不大”，认为“社会科学研究事业单位也应实行产业化”，“也要像中科院一些研究所那样，推向市场，自行解决经费来源”。改革领导小组认真研究了这些意见。在草案中曾有过“由全额拨款逐步向差额拨款和全额自筹过渡”的提法，征求意见时受到大多数同志的反对。大家认为，社会科学与自然科学尚不尽相同，从总体上来说，由于社科研究自身规律与特点等因素的决定，将其完全直接推向市场是十分困难的。因而，我们对原来的提法作了改动。有同志提出，指导思想中没有突出社会科学的地位和作用，并希望将“建议中央加强对哲学社会科学和我院的领导”等等提法补充地去。我们在修改中考虑，这些内容不是我院改革方案所要解决的问题，故没有写入。关于社会科学的地位和作用问题，也不尽是重视不重视的问题，还要靠我们全体社会科学工作者的共同努力，做出应有的贡献来体现。至于建议中央加强对社会科学事业和社会科学院领导的问题，这也是我院全体同志的共同愿望，我们将通过有关途径和方式向中央领导汇报。

2. 关于学科建设与调整。学科建设是我院各项工作的“龙头”，关系到能否保持科研优势，更好地为两个文明建设服务的大问题。所以，原来方案中对学科片及各学科写得较细，占了较大篇幅。同志们在讨论中认为，写得过细，不仅对研究所限制太死，而且势必出现挂一漏万和重点不突出。现在提交大家的这个方案，吸收了同志们的意见，已对有关部分内容作了较大的压缩和改动，并有重点地突出了各学科建设发展的主要方向和任务。

3. 关于人事制度改革的问题。许多研究所反映，现在“人才缺口与科研任务的矛盾突出”，“由于所里人事自主权很少，需要的人进不来，不合用的人出不去”。《意见》中就下放人事管理权限问题采取了若干措施。今后，院里只管所局级干部、研究员和职能处室的正职干部；副研以下（含副研）专业人员和硕士以上学历的专业人员调入权下放到研究所。总结以往调干中存在的教训，主要是要防止行政人员膨胀和把学历低且不具备研究能力的人调入的问题。所以，调入行政人员和本科生以下学历人员，除研究所要严格制度外，院人事局还要把关。方案中还进一步明确：“对各类不称职人员，坚持采用低聘、降低工资、辞退等方式，使聘任制进一步完善。”除此之外，各所还应提倡一专多能，严格控制和压缩行政后勤和科研辅助人员，并鼓励分流人员转入开发事业和经济实体。讨论中有同志希望对一些比例数据予以解释。现将初步测算情况说明如下：(1) 关于党政人员和工人总量控制在总编制 12%之内。我院现有党政人员和工人为 998 人，占编制总数的 18%；依据“三定”和精简的原则控制到 12%，即压缩为 663 人；须减少 335 人，减少的总幅度为 33.5%。(2) 关于院直机关人员控制在 6%左右。院直机关现有人员 592 人，占全院总编制的 10.7%；按照“小机关、大服务”的原则，将机构精简、撤并后压缩在 6%左右，即约为 340 人；将要精简约 252 人，减少的幅度为 47%。上述因精简压缩而分流的人员可以转向开发事业和院内开办的各种经济实体，也可以向院外流动。

4. 关于行政后勤管理制度的改革和开发创收工作。这是去年以来人们所关心和议论的一个热点。方案有关部分在征求意见过程中，大家发表了许多意见和建议，龙永枢同志将要就有关问题向大会作专门说明，我不再多讲。为了适应社会主义市场经济的要求，我院后勤服务工作必须引入市场机制，实行“对内有偿服务，对外经营创收”，并逐步走向“商品化、专业化、社会化”的道路。应当强调，我院的开发创收工作必须遵循这样一条总的原则，即一定要“服从科研、服务科研、保证科研、促进科研”，而决不能够冲击科研、有损于科研。

（三）社会科学院的改革是一项长期而又复杂的任务，《关于我院深化改革的意见》还将要更加广泛的听取意见，进一步修改、补充，使之不断趋向完善

现在提交大会讨论的这个《关于我院深化改革的意见》，是经过了一个较长时间酝酿、讨论和反复修改而草拟出来的，有着一定的群众基础和工作基础。然而，应该说，这还不是一个成熟的方案，事实上，改革开放以来社会科学事业的改革，步履维艰，我院改革工作中所涉及的方方面面也有着许多复杂的情况。这里不仅牵涉到对内部机制和利益分配的调整，也存在着外部条件和有关政策的制约。因此，我院各方面的改革工作不可能一步到位，一蹴而就，只能分阶段、分步骤地进行。我们既要解放思想、大胆试验，又要实事求是、扎实稳妥。改革方案在征求意见的过程中，同志们还提出了一些十分重要的问题和建议，因考虑到许多问题还需要向上申请政策，在修改时没有完全写进去。例如解决科研事业经费严重不足的问题、缓解科研办公和科研人员住房条件极度困难问题、研究骨干收入低负担重的问题、优势学科人才断层问题，以及科研课题经费包干使用并允许按比例提成奖励的问题、扶持创办经济实体的政策待遇问题，等等。我们将在进一步研究的基础上，写出报告，拟请中央帮助解决。

总之，这个《意见》正如胡绳同志报告中所说的是个初步设想，希望与会同志充分发表意见，畅所欲言，可以赞同，可以提出修改补充，甚至可以否定，另提可行性的方案；我们特别是欢迎提出建设性的具体意见，以期制定出一个既适应当前市场经济形势，又切合我院实际的方案来。

附件：关于我院深化改革的意见

（征求意见稿）

（一）改革的指导思想与目标

1. 我院深化改革要以十四大精神作为指导，坚定不移地执行党的“一个中心、两个基本点”的基本路线；确立马克思主义在各学科的指导地位；继续贯彻“坚持方向、稳定规模、突

出重点、提高水平、改善条件”的方针。要解放思想，实事求是，大胆改革我院的管理体制，调动各方面的积极性，充分发挥我院在理论性、综合性、战略性和系统性研究方面的优势，多出高质量成果和优秀人才，真正把我院建成在马克思主义指导下充满创新精神的、开放性的、高水平的国家社会科学研究中心，更好地发挥党中央和国务院的参谋和助手作用，为建设有中国特色的社会主义服务。

2. 我院作为社会科学研究单位，办院经费今后仍主要依靠国家财政拨款。同时，又必须在保证科研、促进科研的前提下，搞好开发创收工作，以改善科研工作条件和职工生活条件。

（二）关于学科建设与科研、外事管理体制的改革

1. 学科的建设与科研管理体制的改革，一定要根据邓小平同志建设有中国特色的社会主义理论的要求，搞好学科建设和研究力量的配置与调整，使我院的科研主攻方向更加明确，学科布局、机构设置更加合理，研究重点更加突出。

2. 要调整和明确各所的研究方向和任务，基本稳定一级学科，调整二、三级学科的研究力量配置，积极调配力量培育和发展新学科。

（1）经济学科要把社会主义经济建设作为研究工作的主战场，以建立社会主义市场经济体制作为研究工作的重点，研究如何加快市场体系的培育，如何完善在社会主义市场经济体制下的宏观调控机制，积极开展和建立各种要素市场的理论和对策研究，从经济学角度深化建设有中国特色的社会主义理论研究，丰富和发展马克思主义经济学说。

（2）政法学科要适应建立社会主义市场经济体制和现代化建设的需要。加强社会主义法制建设特别是民商法、经济法、行政法、国际公法、国际经济法、人权问题等方面的研究，加强健全与完善社会主义政治体制等理论与实际问题的研究。要根据新的历史经验研究马克思主义的科学社会主义理论。

（3）社会学、民族学学科，应就社会主义市场经济体制下的社会变迁、社会控制、社会保障、城乡关系的变革、少数民族地区的经济和社会发展、民族关系等问题，进行历史与现状、理论与对策研究。

（4）国际问题研究各学科主要应加强国别和地区的政治、经济，对外关系，国际形势与战略的研究，特别是综合研究战后资本主义发展的新情况和新问题。要研究国际格局变化的新情况和新特点，并注意研究反映国际关系的西方学术思潮。

（5）哲学和人文学科，要稳定规模、发挥优势。重点加强对有中国特色的社会主义文化建设的理论和实践的研究。弘扬中华民族优秀文化传统，积极吸取世界各国优秀文明成果，从理论上确立社会主义人生观、价值观，为社会主义精神文明和物质文明建设服务。

3. 改革科研管理体制，下放管理权限，建立和健全激励机制。

（1）贯彻理论与实际相结合的方针，提倡面向社会，开门办所。大力加强与各学术单位、实际工作部门及企业的横向联系与合作，可与企业联合开办各种形式的科研联合体。与现实问题联系比较密切的学科，可以对外承包课题，提供有偿服务。

对人文学科、基础理论研究方面具有重要学术价值的研究课题，在科研经费、成果出版等方面给予支持。

（2）科研人员的科研工作必须纳入计划，实行目标管理。计划执行情况、成果鉴定、评奖结果要与专业人员考核、专业职务聘任、享受政府特殊津贴密切结合，实施制度化、规范化管理。

（3）实行课题责任制。承担院、所重点课题要签订任务协议书，并给予经费资助。对按计划要求高质量地完成课题承包任务的课题承担者，可从总资助经费中提取10%至20%作为个人奖励。学术水平较高的院、所重点课题成果，如出版经费困难，院出版基金优先予以补助。

（4）根据各所科研工作的实际情况，每年从院重点项目经费中拨给各所一定数量的科研经费，由所长掌握，支持重要学科的建设、所重点研究课题和重要的调研报告。

（5）建立严格的院、所成果鉴定制度。对得到国家和院经费资助的国家重点课题、院所重点课题、社科基金课题进行成果鉴定；鉴定工作所需费用从课题经费中预留。

（6）每两年在全院范围内开展一次优秀成果评奖活动，对获奖成果予以奖励。

4. 大力鼓励和扶持优秀中青年科研人员的成长。对在科研工作中有突出成就的中青年科研人员，要在专业职务聘任、住房、出国进修考察、享受政府特殊津贴等方面，实行政策倾斜。

5. 简化外事审批手续，提高办事效率。现任正、副所（局）级领导出国，报院审批；研究人员、处级和处级以下人员出国，由外事局审批。根据专业对口原则，不涉及敏感问题的三人以下学者来华短期访问，由研究所领导审批，事先送外事局备案，外事局协助办理有关来访手续。

（三）关于人事制度改革

1. 人事制度改革应达到合理编制，简政放权，优化结构，人尽其才，促进流动，提高效率的目的。提倡一职多能，兼职兼薪，克服因人设事、任务不饱满的浪费现象（具体办法另订）。通过定编、定岗、聘任、考核，逐步建立自我约束和竞争激励机制，创造有利于人才脱颖而出的良好环境。

2. 根据我院以科研为中心的方针，对党政人员和工人的编制严格控制，其总量不超过总编制的12%。院直机关的行政机构不搞上下对应，按照“小机关、大服务”的原则，合并职能相近的部门，精简机关编制，使之控制在总编制的6%左右。各所要提倡一专多能，严格控制和压缩行政后勤和科研辅助人员。鼓励分流出来的人员转入开发事业和院内开办的经济实体。

3. 实行差额拨款单位职工的收入可向上浮动。院直机关及各所行政、科研辅助、后勤部门通过精简、创收，相应提高职工的经济待遇。

4. 扩大研究所人事自主权。

（1）研究室与行政级别脱钩。研究室作为一级学术研究机构，不再纳入行政系列。研究室正、副主任不再按行政干部进行管理。院人事局只负责对各所职能处室机构和机构正职负责人的管理，副职在职数范围内由研究所决定任免。研究所根据学科建设发展的需要，有权决定研究室的设立和调整；但每一研究室必须有五名以上研究人员，其中至少应有两名高级研究人员，室主任应由高级研究人员担任，不符合上述条件的不能设立或保留研究室。研究所也可用课题组的形式来组织研究人员。

(2) 扩大研究所部分进人自主权。助理研究员（含相当）以上专业职务（不含研究员）或有硕士以上学历的专业人员，各所可根据缺岗情况和调干规定，自行决定调入，报院备案。在实行“三定”以后，对已实行党委领导下的所长负责制单位，可考虑进一步下放权力，院只管编制、进人计划和研究员、所级干部及职能处室的正职的管理，并对各单位的人事制度执行情况进行监督检查。

(3) 实行企业化管理的单位，其专业人员的专业职务，单位可根据工作需要，自行确定专业岗位设置和评聘专业职务。所聘职务在本单位内有效，工资自筹，不计入人事部下达我院的专业人员职数。

(4) 为缓解专业队伍青黄不接的状况，保证科研工作的连续性，各单位可根据需要，回聘正在承担课题的离退休高级研究人员。回聘费用一律从课题经费中支出。

(5) 下放出国政审权。因公出国人员的政审由各所党委负责；未成立新党委的单位，暂由人事局代办。

5. 在人事教育局建立全院的人才流动中心，开办《人才信息》报，通过有效途径，解决人员的合理配置问题，促进院内人才流动机制的形成。

6. 完善考核和聘任制度。坚持对专业人员进行年度考核和任职期满的考核，并逐步规范标准，考核结果要与职务的聘任相联系。对行政人员按岗位责任制实行目标管理，建立考核和评估制度。对各类不称职人员，坚持采取低聘、降低工资、辞退等方式，使聘任制进一步完善。

（四）关于行政后勤管理体制改革与开发创收工作

1. 按照管理与服务分开的原则，将院机关事务管理局现有的行政管理职能与经营服务职能分开。行政管理局主要承担全院行政后勤管理的职能；服务总公司为行政附属事业编制，不进入院直职能机关序列，对内实行有偿服务，对外经营创收。服务总公司可开办若干经营实体。各经营实体享有经营自主权，独立核算、自负盈亏，其内部实行不同形式的承包责任制，做到责权利结合。

2. 改变各所后勤机构“小而全”的体制。对驻地集中连片的所，成立统一管理机构，负责后勤服务工作。根据驻地单位的总人数，按规定比例配备后勤人员、划拨经费、配备车辆。单独驻地的所，后勤工作由所办公室承担，不另设机构。改革“小而全”的后勤机构，涉及问题较多，要先行试点，总结经验，再逐步推广实施。

3. 加强行政后勤工作的管理，逐步实现管理工作的科学化、制度化、规范化。要加强对各项经费的管理，行政经费要逐步实行定额包干，落实到所、局。各项费用开支要有明确的规章制度，加强平时的审核、监察。

4. 充分发挥智力优势，积极开展开发创收工作。创收工作要实行院、所两级开发。院里要办好现有的经济与技术发展咨询公司、人文科学发展公司和服务总公司。要争取再办几个经营性实体。还可吸收一些离退休老同志参加，以充分发挥他们老有所为的作用。院属各单位可以立足科研，面向社会，开展咨询服务和各种创收工作，有条件的还可组成经营性的经济实体，以增加预算外收入，改善科研条件和职工生活条件。要发挥院、所两个积极性，努力搞好我院的开发创收工作。

（五）关于院直机构改革

1. 保留院党委办公室、办公厅、科研局、人事教育局、外事局、保卫局、管理局、老干部局，其内设机构和人员编制按照高效精干的原则进行精简压缩，总人数控制在340人以内。

2. 中纪委驻院纪检组、院机关纪委、院监察室合并，成立院纪委，同监察室一套机构两块牌子。审计特派员办公室为国家审计署派出机构，由院纪委代管。

3. 院机关党委撤销，其下属各处室划归院党办；院直各局总支、支部成立院直机关党委，书记建议由院党办主任或副主任兼任，但不单设专职干部。

院深化改革领导小组

一九九三年二月十九日

第　二　编

组织机构

一 中国社会科学院机构设置

中国社会科学院领导及其分工

院党委书记、副书记、委员

党委书记　王忍之
副书记　滕　藤　龙永枢
党委委员　胡　绳　王忍之　汝　信　滕　藤
王洛林　刘　吉　龙永枢　汪文风（纪检组长）
郭永才

院长、副院长、顾问、秘书长

院　长　胡　绳（主持全院工作）
副院长　王忍之（主持全院工作并分管历史学科片工作）
汝　信（负责常务工作并分管文学片、政法社会学片及科研管理工作）
滕　藤（分管国际片、研究生院及外事工作）
王洛林（分管经济学科片工作）
刘　吉（分管哲学片工作）
龙永枢（分管党政后勤工作）
特邀顾问　钱钟书
刘国光
秘书长　郭永才（协助副院长负责行政后勤工作）

中国社会科学院机关

办公厅

主　任　秦其明
副主任　潘武一　安　京

科研局

局　长　何秉孟
副局长　葛良志　黄浩涛

人事教育局

局　　长　单天伦
副局长　廖自力　李　利

外　事　局

局　　长　姜汉章
副局长　林　地　李明德

机关事务管理局

局　　长　朱锦昌
副局长　王亚田

老　干　部　局

局　　长　阎金生
副局长　章丽君

保　卫　局

局　　长　郭永才（兼）
副局长　康树漪　谷　峰

党委办公室

主　　任　张显清
副主任　孙叔林　张卫峰

机　关　党　委

书　　记　孙叔林

中纪委驻院纪检组

组　　长　汪文凤

机　关　纪　委

副书记　周兆富

审计署驻院审计特派员办公室

副审计特派员　林中兴

服　务　公　司

总经理　张巨功

中　咨　公　司

总经理　陈栋生
副总经理　张文阁

中国人文科学发展公司

总经理　白莲蓉

中国社会科学院研究所

经济研究所

名誉所长　董辅礽
所　　长　何建章
副所长　于祖尧　吴太昌　冒天启
党委书记　（暂缺）

副 书 记　孙克信
党委委员　孙克信　于祖尧　吴太昌
　　　　　董志凯　雷镇阊

工业经济研究所

所　　长　张卓元
副 所 长　陈佳贵　吕　政　丁敬平
党委书记　陈佳贵
党委委员　陈佳贵　张卓元　吕　政
　　　　　丁敬平　孟昭宇

农村发展研究所

所　　长　陈吉元
副 所 长　刘文璞　邓英淘　张晓山
党委书记　刘文璞
党委委员　刘文璞　陈吉元　邓英淘
　　　　　张晓山　杜晓山　李日焕

财贸经济研究所

名誉所长　刘明夫
所　　长　杨圣明
副 所 长　刘溶沧　郭东乐
党委书记　（暂缺）
副 书 记　刘溶沧
党委委员　刘溶沧　杨圣明　郭东乐
　　　　　李　昭　李　扬

数量经济与技术经济研究所

所　　长　李京文
副 所 长　靳汉生　郑友敬　刘树成
党委书记　李京文
副 书 记　靳汉生
党委委员　李京文　靳汉生　郑友敬
　　　　　郑玉歆　齐建国

人口研究所

所　　长　田雪原
副 所 长　刘国珍　蔡　昉
党委书记　刘国珍
党委委员　刘国珍　田雪原　蔡　昉
　　　　　胡伟略　张世生

哲学研究所

名誉所长　许立群
所　　长　陈筠泉
副 所 长　姚介厚　李景源　王茂珍
党委书记　傅青元
副 书 记　王茂珍
党委委员　傅青元　王茂珍　陈筠泉
　　　　　姚介厚　李景元

马克思列宁主义毛泽东思想研究所

所　　长　（暂缺）
副 所 长　陈强林　杜　肖
党委书记　陈强林
副 书 记　赵忠良
党委委员　陈强林　赵忠良　杜　肖
　　　　　李元立

世界宗教研究所

所　　长　吴云贵
副 所 长　戴康生　卓新平　曹中建
党委书记　戴康生
党委委员　戴康生　吴云贵　曹中建
　　　　　李富华　张新鹰

考古研究所

所　　长　任式楠
副 所 长　乌　恩　张国宝　刘庆柱
党委书记　王立邦
副 书 记　张国宝
党委委员　王立邦　张国宝　任式楠
　　　　　乌　恩　郭振禄　莫润先

历史研究所

所　　长　李学勤
副 所 长　李新达　童　超　陈祖武
党委书记　卢钟锋
副 书 记　李新达
党委委员　卢钟锋　李新达　李学勤
　　　　　童　超　刘荣军

近代史研究所

所　　长　张海鹏
副 所 长　王庆基　耿云志　齐肇业
党委书记　王庆基
副 书 记　齐肇业
党委委员　王庆基　齐肇业　张海鹏
　　　　　耿云志　姜　涛　章百家
　　　　　韩志远

世界历史研究所

所　　长　廖学盛
副 所 长　雷中庆　吴恩远　武　寅
党委书记　雷中庆
副 书 记　武　寅
党委委员　雷中庆　武　寅　廖学盛
　　　　　吴恩远　赵家吉

文学研究所

所　　长　张　炯
副 所 长　董乃斌　曹天成
（文学所、少文所联合党委）
党委书记　冯志正
党委委员　冯志正　张　炯　董乃斌
　　　　　曹天成　郎　樱　扎拉嘎
　　　　　许　明

少数民族文学研究所

所　　长　张　炯
副 所 长　冯志正　郎　樱　扎拉嘎
（文学所、少文所联合党委）
党委书记　冯志正
党委委员　冯志正　张　炯　董乃斌
　　　　　曹天成　郎　樱　扎拉嘎
　　　　　许　明

外国文学研究所

所　　长　吴元迈
副 所 长　黄宝生　赵一凡
　　　　　郭家申（11月免职）
　　　　　陈辉海
党委书记　吴元迈
副 书 记　郭家申（11月免职）
　　　　　陈辉海
党委委员　吴元迈　郭家申　陈辉海
　　　　　黄宝生　赵一凡　陈众议

语言研究所

所　　长　刘　坚
副 所 长　江蓝生　孟庆海
党委书记　刘　坚
副 书 记　孟庆海

党委委员　刘　坚　孟庆海　江蓝生
　　　　　董　琨

法学研究所

所　　长　刘海年
副 所 长　刘　瀚　王保树　郑成思
　　　　　张友坤
(法学所、政治学所联合党委)
党委书记　刘　瀚
党委委员　刘　瀚　刘海年　吴大英
　　　　　王保树　张友坤　郑成思
　　　　　杨海蛟　信春鹰　顾卫东

政治学研究所

所　　长　吴大英
副 所 长　张友坤
(法学所、政治学所联合党委)
党委书记　刘　瀚
党委委员　刘　瀚　刘海年　吴大英
　　　　　王保树　张友坤　郑成思
　　　　　杨海蛟　信春鹰　顾卫东

民族研究所

所　　长　杜荣坤
副 所 长　郝时远　史金波　道　布
党委书记　李　希
党委委员　李　希　道　布　杜荣坤
　　　　　黄　行　蔡曼华

社会学研究所

所　　长　陆学艺
副 所 长　李培林　张　健
党委书记　陆学艺
副 书 记　张　健
党委委员　陆学艺　张　健　李培林
　　　　　马贵明　黄　平

新闻研究所

所　　长　(暂缺)
副 所 长　张秉意　孙旭培　徐耀魁
党委书记　张秉意
党委委员　张秉意　孙旭培　宁　新

世界经济与政治研究所

所　　长　谷源洋
副 所 长　徐文渊　司马军　徐更生
党委书记　徐文渊
副 书 记　司马军
党委委员　徐文渊　司马军　谷源洋
　　　　　路爱国　戎殿新　王德迅
　　　　　张宇燕

东欧中亚研究所

所　　长　张文武
副 所 长　李静杰　张　森　马维先
党委书记　张文武
副 书 记　张　森
党委委员　张文武　张　森　李静杰
　　　　　马维先　李正乐　钱玉柱

欧洲研究所

所　　长　裘元伦
副 所 长　周荣耀
(美国所、欧洲所联合党委)
党委书记　杜文亮
副 书 记　周荣耀
党委委员　杜文亮　周荣耀　王缉思
　　　　　裘元伦　陶文钊

西亚非洲研究所

所　　长　赵国忠
副 所 长　邵长厚　谈世中
党委书记　邵长厚
党委委员　邵长厚　赵国忠　唐宇华

拉丁美洲研究所

所　　长　苏振兴
副 所 长　南世昌　徐世澄　李文举
党委书记　南世昌
党委委员　南世昌　苏振兴　徐世澄
　　　　　李文举　江学时

亚洲太平洋研究所

所　　长　张蕴岭
副 所 长　邵心洁　孙士海
（日本所、亚太所联合党委）
党委书记　孙景超
党委委员　孙景超　张蕴岭　邵心洁
　　　　　赵阶琦　冯昭奎　孙士海
　　　　　高连福

美国研究所

所　　长　王缉思
副 所 长　杜文亮　陶文钊
（美国所、欧洲所联合党委）
党委书记　杜文亮
副 书 记　周荣耀
党委委员　杜文亮　周荣耀　王缉思
　　　　　裘元伦　陶文钊

日本研究所

所　　长　（暂缺）
副 所 长　孙景超　赵阶琦　冯昭奎
（日本所、亚太所联合党委）
党委书记　孙景超
党委委员　孙景超　张蕴岭　邵心洁
　　　　　赵阶琦　冯昭奎　孙士海
　　　　　高连福

台湾研究所

所　　长　姜殿铭
副 所 长　余克礼　曹治洲
党委书记　姜殿铭
副 书 记　余克礼
党委委员　姜殿铭　余克礼　戴文彬
　　　　　刘映仙　王景顺　樊绍民
　　　　　朱卫东

中国社会科学院直属单位

文献信息中心

主　　任　（暂缺）
副 主 任　李惠国（正局级）　黄长著
　　　　　张保民
党委书记　刘　铁
党委委员　刘　铁　黄长著　张保民
　　　　　李树东　黄育馥　殷世才

研究生院

院　　长　浦　山
副 院 长　廖世伦　俞焕灿　李茂生
党委书记　廖世伦
副 书 记　张鸿岳
党委委员　廖世伦　张鸿岳　俞焕灿
　　　　　李茂生　李彦冬　王清海

中国社会科学出版社

社长兼总编辑　郑文林
副 社 长　盛存义　余　量　吕张华
副总编辑　王俊义
党委书记　盛存义
党委委员　盛存义　郑文林　吕张华
　　　　　刁守朝

中国社会科学杂志社

社长兼总编辑　徐宗勉
副总编辑　赵振英　宋德金　蓝永蔚
副 社 长　魏秀清
党委书记　赵振英
副 书 记　魏秀清
党委委员　赵振英　魏秀清　徐宗勉
　　　　　阮芳纪

二　中国社会科学院高级专业技术职务评审委员会

研究系列正高级专业技术职务评审委员会

经济片研究系列正高级专业技术职务评审委员会

主　任　刘国光
副主任　李京文
委　员　刘国光　李京文　何建章　经君健
戴园晨　赵人伟　马家驹　张曙光
周叔莲　陈栋生　吴家骏　汪海波
张卓元　杨重光　陶　琲　陈吉元
刘文璞　丁泽霁　张留征　周　方
张守一　金周英　田雪原　马　侠

哲学片研究系列正高级专业技术职务评审委员会

主　任　汝　信
副主任　陈筠泉
委　员　汝　信　陈筠泉　徐崇温　叶秀山
赵凤歧　贾泽林　童天湘　邝柏林
蒙培元　周礼全　邱仁宗　孔　繁
吕大吉　杜继文　余敦康　金宜久
唐　逸　杨曾文　黄心川　杜　肖
蔡声宁　李惠国　王兴成　陆象淦
秦麟征

史学片研究系列正高级专业技术职务评审委员会

主　任　江　流
委　员　江　流　林甘泉　李学勤　陈高华
黄宣民　朱大渭　王庆成　余绳武
陈铁健　杨天石　耿云志　蒋大椿
吕一燃　张椿年　陈启能　廖学盛

陈之骅　施治生　徐苹芳　杨锡璋
王仲殊　任式楠　郑振香　张长寿
郭松义

文学片研究系列正高级专业技术职务评审委员会

主　任　汝　信
委　员　汝　信　刘魁立　仁钦道尔吉　黄侯兴
刘　坚　李临定　贺　巍　熊正辉
林茂灿　邵荣芬　吴元迈　吕同六
黄宝生　柳鸣九　董衡巽　叶水夫
张　黎　张　炯　钱中文　樊　骏
邓绍基　杨　义　濮良沛　刘世德
侯敏泽

社会政法片研究系列正高级专业技术职务评审委员会

主　任　江　流
委　员　江　流　杜荣坤　道　布　史金波
孙宏开　詹承绪　高文德　照那斯图
卢　勋　满都尔图　王家福　崔庆森
刘　瀚　吴建璠　刘海年　郑成思
梁慧星　张庆福　刘楠来　韩延龙
吴大英　白　钢　陆学艺　张雨林
李汉林　杨学琛

国际片研究系列正高级专业技术职务评审委员会

主　任　郑必坚
副主任　浦　山
委　员　郑必坚　浦　山　李　琮　谷源洋
王金存　徐　葵　张文武　陆南泉
资中筠　张也白　陈宝森　冯昭奎
赵自瑞　苏振兴　陈芝芸　程宝宇
陈宗德　葛　佶　赵国忠　黄心川
程毕凡　赵阶琦　陈乐民　张蕴岭
杨祖功

编辑系列正高级专业技术职务评审委员会

主　任　陈筠泉

副主任　徐宗勉

委　员　陈筠泉　徐宗勉　郑国绮　刘其昌

张思骞　曹景元　王　信　卢兴基

侯精一　徐　枢　李祖德　章伯峰

沈永兴　刘　勋　龚荣进　陈公元

杨文炬　李学昆　蓝永蔚　高中毅

季寿荣　沈恒炎　佘顺尧　李文俊

夏良才　宋德金

翻译系列正高级专业技术职务评审委员会

主　任　黄长著

副主任　高　铦

委　员　黄长著　高　铦　王炳文　郭官义

沈　真　黄曰炤　张达楠　杨达洲

莫润先　李玉贞　周叶谦　戴可景

冯世则　杨祖功　俞品根　易克信

赵国琦　吴安迪　冯嘉芳　廖学盛

胡毓鼎　高　莽　兴万生　阮西湖

杨汉驰　刘天纯

编辑系列副高级专业技术职务评审委员会

主　任　徐宗勉

副主任　裴叔平　郑文林

委　员　徐宗勉　裴叔平　郑文林　张庆忠

陈令淑　周德英　杜婉言　梁尚贤

周以光　温明荣　陈骏涛　关纪新

	韩耀成	晁继周	刘　奔	章绍武
	郑天星	梁东升	李正乐	周俊南
	张令杰	华祖根	刘永年	赵振英
	阮芳纪			

图书资料系列副高级专业技术职务评审委员会

主　任	李惠国			
副主任	胡广翔	周新民		
委　员	李惠国	胡广翔	周新民	楼肇明
	朱希淦	王宽成	王义盛	徐　荣
	黄国政	莫作钦	吕其苏	陈晓旭
	冯剑秋	黄秀英	苗　茜	阎　征
	孙国智	郑海峰	张毓熙	王玉欣
	王正义	马德荣	商志蓉	周文骏
	袁名敦	辛希孟		

第　三　编

一九九三年工作概况

一 研究所工作

经济研究所

经济所1993年科研成果丰硕，全年共计完成科研成果2391万字。其中，专著34种，787万字；学术论文155篇，165万字；研究报告9篇，13万字；学术资料19篇（本），177万字；译著5种，25万字；译文1篇，2万字；普及读物4种，314万字；工具书3种，123万字；辞条173万字；一般文章21篇，14万字，期刊编辑52期，598万字。图书资料部门购进图书3511册，文献资料专题分类选文2万余份。行政和辅助部门为科研工作的顺利完成创造了必要的条件。

（一）科研工作

1. 召开各类学术研讨会。(1)"体制改革理论与实践"研讨会。探讨了中国经济体制改革的理论与实践，中外体制改革比较以及新制度经济学理论及其应用等问题，反映较好。该研讨会得到德国诺曼基金会的资助。(2)"东亚传统经济社会思想与现代化"国际学术研讨会。中国、日本、韩国以及香港、台湾等地区的专家学者参加了会议。会议得到日本国际交流基金会的赞助。(3)"体制转轨过程中的宏观经济稳定"研讨会。就中国体制转轨时期的宏观经济波动与对策、财政金融体制的改革、当前的宏观经济形势及对策等问题进行了深入研讨。(4)召开了中国经济史学会第二届年会，就中国的传统农业、民族经济史以及近代化等问题进行了深入研讨，在经济史学界反映颇好。(5)先后与上海三联书店、安徽省社科院、中国农科院等单位合作，召开了"公有制条件下的公共选择理论"、"社会主义市场经济与个体、私营经济发展"、"传统农业与小农经济"等学术研讨会。

2. 课题研究工作按计划取得重大进展，取得一批成果。(1)补充了两个国家级"八五"重点课题——"社会主义市场经济中的国家职能与宏观调控"和"进一步对外开放"，组织了课题组并开始进行资料和调研工作。(2)"中国近代经济史"、"五十年代大中型企业运行"等国家"八五"重点课题的研究工作进展突出，已形成了一批有分量的研究成果。(3)"国有企业与非国有企业比较研究"、"工资与劳动力市场问题"、"宏观经济管理问题"等中外合作研究项目进展顺利，并完成了一批优秀科研成果。(4)所重点课题"首钢改革与发展经验研究"已完成，写出了约二十万字的研究报告。(5)首钢、榆次、三门峡等调查研究基地建设进一步深化，在合作、研究、深入实际和培养干部方面迈出了一大步。

（二）对外学术交流

恢复了与美国圣十字学院的学术交流关系；续签了与俄罗斯科学院经济所的学术交流协

议；与日本亚洲经济研究所等建立了学术交流关系。为加强对外联系和交流，成立了“日本市场经济研究中心”，创办了《日本市场经济》（内部刊物），得到了日本赛松文化财团的资助。

在本年度，接待外国专家、学者120多批，210多人次，介绍了我国经济建设和改革开放的成就，加深了中外同行的了解和友谊。该所派出学者40多人次，60多人次赴国外进行学术访问、参加国际会议和进修，数量为该所历史最高水平，有些学者的考察报告被院有关刊物采用，并受到中央领导同志的重视。

（三）学术刊物

经济所主办的刊物有：《经济研究》，主编何建章；《经济学动态》，主编于祖尧；《中国经济史研究》，主编魏金玉；还有《经济研究参考资料》。这些刊物根据形势的需要，加强了研究建设有中国特色的社会主义理论和建立社会主义市场经济理论，以及当前改革与发展中重大经济理论与实际问题的分量，并组织发表了一批高水平的文章。此外，还先后组织发表了三组纪念文章，即纪念毛泽东同志诞辰一百周年、经济所建所40周年、孙冶方同志逝世10周年的文章。

工业经济研究所

工经所全年共完成专著29部，约518.6万字；论文240篇，约146.2万字；研究报告27篇，约43.3万字；译著5部，128万字；译文7篇，10.6万字。

（一）主要科研活动

1993年，该所共承担国家社科基金项目13个，其中新开项目3个，即：周叔莲研究员主持的“二元经济结构下的城乡经济社会发展问题研究”（国家“八五”重点课题），陈佳贵研究员主持的“中国外向型企业集团问题研究”，郭克莎副研究员主持的“我国经济增长的速度、效益与结构问题研究”（社科青年基金），其余为结转项目；国家自然科学基金2个，其中新开项目1项，即：陈慧琴研究员等人承担的“长江流域若干重大经济问题研究”中的几个子课题，另1项为结转项目；院重点项目8个，其中新开项目2个，即：黄速健副研究员主持的“中国自然垄断产业的组织与改革”，刘世锦研究员主持的“我国加工工业集中途径研究”，其余为结转项目；国外合作研究项目2个，即丁敬平研究员主持与美国太平洋论坛合作项目“中国与东亚的关系——放眼21世纪”，陈佳贵研究员主持由本所与美国加州大学合作项目“中国的企业集团”。完成3项部委委托项目，即：张承耀副研究员承担的铁道部委托的“铁路企业股份制改造”研究项目，魏后凯助理研究员等人承担的国家计委委托的“中国地区差异变动分析及测试”研究报告，陈树勋研究员、赵英副研究员承担的兵器工业总公司委托的“兵器工业总公司汽车工业发展战略研究”的研究项目。此外，该所还先后承担了二十多项地方、企业委托咨询项目。

1993年11月30日至12月3日在北京召开了“现代企业制度理论与实践研讨会”，会议集中讨论了建立现代企业制度需解决的主要理论与实际问题，如现代企业制度的难点与对策，国有企业公司化改造的具体方式与途径，外国企业制度与国有资产管理制度比较与借鉴等等。四十多家大企业的负责同志以及理论界的一些知名学者参加了会议。王忍之、吕东、刘国光、陈清泰、王洛林等负责同志应邀出席了会议。由于这次会议开得及时，问题探讨得较为深入，在综合会议讨论意见的基础上，提出了“关于推进现代企业制度的建议”，上报国务院。在这次会议上，该所还成立了主要有大庆油田、鞍钢、武钢、一汽、二汽、燕山石化、齐鲁石化、洛阳拖拉机厂等五十多家国有大中型企业的企业家组成的专家委员会。通过这一组织形式，使该所与大企业的联系成为稳定的、长期的和有组织的行为。专家委员会既对该所的研究课题的选择和研究重点的确定提出他们的建议，同时也交流和反映他们对经济发展和企业改革中的重要问题的看法和意见，成为该所与大中型企业之间相互沟通、交流的有效途径。此外，还先后召开了“工业发展与产业结构变化新特征”、“乡镇企业发展导向政策”小型研讨会，在社会上产生了很好的影响。还利用所内“双周”学术讨论会形式，先后共召开了十次。组织力量集中对当前经济改革和发展中的一些热点问题进行学术探讨、交流。由本所主办的中国工业企业管理教育研究会7月份在昆明召开了年会，探讨了企业管理教育在新形势下的一些问题；1993年2月中国工业经济管理研究会经国家民政部批准更名为中国工业经济研究与开发促进会。

为了推动工业经济、企业经营管理改革与发展的理论研究，该所还先后组织了所内科研人员结合课题研究深入一些国有企业开展调查咨询活动，如对上海中国纺织机械股份有限公司建立现代企业制度进行的合作，对国有企业进行股份制改造问题，组建集团公司问题，国有企业领导体制向公司治理结构的转变，都进行了比较系统的调查研究；通过与武汉钢铁总公司的合作，对该公司在实行股份制改造中剥离企业非生产经营机构和人员分流问题有了较深入的了解；在对郑州汽车制造厂产品发展战略的咨询活动中，对我们国家产业政策及国内市场情况作了系统研究。

（二）对外学术交流

1993年工经所共接待境外学者86人次，其中本所主接待学者12人次，临时接待学者74人次。全年计划出访28人次，实际执行25人次，其中长期出访3人。此外，还有3人出访了台湾，对台学术交流由单向转为双向交流。还接受了一批美国亚洲基金会捐赠的经济专业图书。

（三）刊物、图书出版工作

由工经所主办的《中国工业经济研究》月刊，坚持改革开放、求实、创新的办刊指导思想，刊物发表的文章理论水平有了较大的提高，在理论界、企业界产生了很好的反响，与此同时，刊物还增设了企业家论坛、市县长论坛，更贴近改革现实。刊物印刷由铅印改为胶印，提高了印刷质量；《经济管理》月刊，注意面向企业、企业家，适当增加了更为针对现实经济问题的短小精悍的文章，围绕向社会主义市场经济体制转轨、现代企业制度、加强企业管理等热点问题组织讨论，产生了很好的社会影响；《中国经济年鉴》保持了原有的风格和质量，加强了宣传，实现了扭亏。

经济管理出版社在内部实行了承包改革方案，大大提高了编辑出版人员的积极性，1993年发书稿209种，字数10637万字；图书内容、出版质量都有提高，受到新闻出版署的表扬。

附录　经济管理出版社

（一）基本概况

经济管理出版社于1984年2月由著名经济学家蒋一苇创办，是中国社会科学院主管的中央级专业出版社。现有职工82人，其中高、中级职称人员24人；同时，在本院经济片各所聘请8位正副研究员作为兼职正副编审。设有8个处级部门，即图书第一、二、三编辑部，《经济管理》杂志编辑部，《中国经济年鉴》编辑部，出版部、发行部和总编室。

经济管理出版社的基本任务是：以马列主义、毛泽东思想和邓小平有中国特色社会主义理论为指导，为贯彻执行党的“一个中心、两个基本点”的基本路线和社会主义物质文明、精神文明建设服务，为传播经济管理理论、知识，宣传党的经济管理和经济体制改革的方针政策，不断提高中国国民经济管理、部门管理和企业管理水平服务。

经济管理出版社的出版范围主要是：经济管理和经济体制改革的理论、政策、措施、教材、调查报告、经验总结、工具书和译著等。另外，还编辑出版《中国经济年鉴》、《中国经济科学年鉴》、《中国人口年鉴》和《经济管理》、《中国工业经济研究》等刊物。

（二）认真贯彻出版方针、政策

1993年，经济管理出版社认真学习、坚决贯彻执行了党和国家新闻出版的方针、政策，坚持了社会主义出版方向，为“多出好书，不出坏书”提供了有力保障。

1. 认真学习贯彻了《新闻出版署1993年工作要点》。

（1）狠抓了党的“十四大”精神的学习和宣传。在社级领导首先学、带头领会“十四大”精神的基础上，安排部署了全社党员和职工的学习。特别是在党员和职工提高认识、统一思想的前提下，紧紧围绕建立适应社会主义市场经济体制这个目标，结合该出版社实际，对继续深化出版社内部配套改革进行了全社大讨论，进一步健全和完善了出版社各级目标管理责任制和岗位责任制；进一步制订、调整、落实了选题计划和出版计划，通过广泛开辟图书稿源和选题论证会，扩大、补充了《市场经济与企业经营》、《构筑社会主义市场经济体制的宏伟纲领》、《社会主义市场经济理论》、《市场经济下建设银行改革的思路与对策研究》等二十多个选题；同时，重新审定了由马洪、房维中主编的《中国经济发展的现在与未来》丛书、由汪海波主编的《新中国工业经济发展史》等重点图书，并采取了具体落实措施。后来，新闻出版署又将这两套丛书列入了国家“八五”出版规划。

(2) 狠抓了图书质量管理。根据新闻出版署“继续坚持以提高质量为中心”的要求，为全面提高图书质量，采取了以下主要措施：

第一，对出版的图书（主要是1992和1993年初出版）进行了全面检查。具体方法是：责任编辑自查与编辑部检查相结合；编辑部检查与出版社抽查相结合；出版社自查与聘请社外专家检查相结合；对检查结果向全社编辑、出版、校对等业务人员公布，并组织讨论，分析图书质量好差的原因，对照新闻出版署《关于加强图书质量管理的规定》找差距，从中吸取经验教训，大大提高了编校出版人员的图书质量意识。

第二，制定了出版社《关于加强图书质量管理的暂行规定》。为了贯彻落实这个规定，出版社重新确认了《图书责任编辑职责》、《关于图书二审工作若干规定》和《关于图书三审工作的若干规定》；重申了必须严格坚持“三审”、“三校”制；成立了以总编辑、副总编辑组成的图书质量领导小组，负责全社图书质量的检查、考核等工作。这就在规章制度上保证了图书质量管理工作的正常进行。

第三，建立了图书质量奖惩制度。对受奖的图书和符合图书质量标准、出色完成本环节工作的有关选题、组稿、编辑、出版、设计、校对等人员给予相应奖励；对受到批评和严重违反图书质量标准要求的有关人员，视其造成损失和不良影响的程度给予经济的或行政的惩罚、批评和处分；同时，奖惩要同评定职称、晋级挂钩。

(3) 狠抓了领导班子的建设。为了适应社会主义市场经济的发展和出版事业的繁荣，该社加强了领导班子的建设。

首先，加强了社级领导班子，调整了部室领导班子。在工业经济研究所党委领导下，为加强社级领导班子的力量和工作的方便，出版社社长由所领导兼任。在此基础上，调整、充实了编辑部、出版部、发行部、总编室等部室的领导成员。同时，建立健全了社委会、社部室领导联合办公会和部室会议制度。

其次，加强了社、部室班子的思想建设。根据国内外政治经济形势的发展变化，特别是社会主义出版事业的需要，加强了社、部室成员的政治理论和党的方针政策的学习。这种学习以个人自学与集体讨论相结合；学习与思想、工作相结合，收到了良好的效果。

2. 认真学习贯彻了中宣部、新闻出版署《关于禁止“买卖书号”的通知》。

社领导接到禁止“买卖书号”的通知和新闻出版署《关于贯彻执行中宣部、新闻出版署〈关于禁止“买卖书号”的通知〉的办法》后，首先进行了认真学习，在领会精神的基础上，就如何传达、贯彻问题进行了安排。然后，在全社职工大会上原原本本地学习、讨论这两个文件，并在全社范围内对1991年4月新闻出版署发布《关于缩小协作出版范围的规定》以来出版的各类图书进行了清理、检查。检查工作从选题的确定，书稿的审定，书稿的编辑加工，图书的印刷，成书的发行，稿费、编辑费等费用的发放各个环节入手，对一百多种图书编印发各环节的经营活动是否真正全部纳入出版社的经营范围，由此产生的一切收支费用是否全部纳入出版社的统一财务核算之中。检查重点是社、部室领导和“合作出版”图书。最后写出了出版社《关于贯彻执行禁止“买卖书号”的报告》。

通过严格的层层清理、检查表明，该出版社在使用书号问题上是严肃的、认真的，从来没有买卖过书号，也没有以协作的名义买卖过书号。在协作出版图书过程中，仍然坚持了“三审”和终校制。因此，该社没有出版过黄色书籍、政治倾向有问题的书等。但是，通过清理、检查，确实发现了少数编辑掌握协作出版不严和协作出版图书质量问题。针对这些问题，出版社重申了新闻出版署《关于缩小协作出版范围的规定》，并提出几点意见：严格控制协作出版图书数量，超出协作出版范围的不予出版；协作出版，必须坚持“三审”和终校制，并在图书流转卡上签署一、二、三审和终校者的名字；协作出版图书印制必须在国家新闻出版部门定点印刷厂制作；对协作出版图书质量有问题的有关人员给予经济的、行政的处罚。

3. 认真学习贯彻了新闻出版署《关于在出版物上使用条码的通知》。

条码技术是一项信息采集与识别技术。目前，它已被广泛地应用于发达国家的出版行业，在出版物上分类、标价、流通和索检等方面发挥着重要作用。在出版物上印有条码，是我国对外开放的宏观要求，有利于我国图书开拓国际市场。

该社为落实《通知》，在具体操作上，每种书的条码与该书的书号放在一起；每种书上，如果不放条码视图书质量有问题对待。这样，1993年贯彻《通知》后出版的图书基本上都印有条码，为参加国际图书展览，对外图书交流和对外销售图书准备了条件。

4. 认真学习贯彻了新闻出版署《关于计划管理若干问题的通知》。

为了贯彻落实《通知》要求，该社主管部门不仅向出版社印发了这个文件，同时就加强出版计划管理问题提出了具体意见。按照具体意见，该社基本做到：各编辑部将经过论证的选题报出版社（每年11月）；出版社综合各编辑部的选题后，在总编辑、副总编辑初审基础上，召开由出版社各级、各部门领导和有关专家参加的论证会。通过选题对比作者水平和知名度、完稿时间、书稿规模、社会效益和经济效益预测等，最后由社委会确定出版社出版计划（每年12月）；主管部门批准后，由主管部门直接报新闻出版署备案；每年年中（6～7月）出版社再上报一次补充出版计划。实践证明，这样的出版计划有坚实的群众基础和较充分的依据，在执行中容易落实、切实可行。

（三）选题、出版图书分类

1993年，经济管理出版社根据自己的出版范围，选题二百四十余个，出版图书199种，其中经济类188种，政治、法律类6种；语言、文字类3种，文化、科学、教育、体育类1种；工业技术类1种；共计290万册，9108万字。

1. 理论类。

这类图书的作者多是一些专家、教授、学者，他们在某个领域和学科有较深的造诣，知名度较高，图书的质量和层次较高，具有一定的权威性和学术性。例如，著名经济学家蒋一苇的《我的经济改革观》、著名经济学家汪海波的《发展的效益型与改革的市场型》、青年学者江小涓的《中国工业发展与对外经济贸易关系的研究》等。这类图书一般社会评价较高，颇受理论界、科研单位、高等院校的知识分子欢迎。但是，这类图书由于专业性较强、内容有深度或学术性，销售量很有限，印数较少，社会效益好，经济效益一般或欠佳。这类图书占每年出书总数的10～15%。

2. 实际应用类。

这类图书占该出版社出版图书总量的绝大部分，约为70%左右，情况很复杂，具体又可分为：

（1）工具书。这类图书主要是适应社会主义四化建设中某方面、某部门及广大读者的需要，由有关方面、部门、行业组织编写的，具有全面、系统、实用、资料、权威等特点和优点，规模比较大，一般在百万字以上，比较受广大读者欢迎。因此销售量较大，社会效益和经济效益都比较好。例如，王振宇等主编的《中国合同大全》，黄达等主编的《中国证券百科全书》，马洪、薛暮桥主编的《中国经济年鉴》等。这类图书占每年出版图书总量不大，一般不超过5%。

(2) 专业书。主要是工业企业、商业、金融、税务、财贸、会计、统计、审计等。这类图书的作者比较复杂，但多是由国家职能部门、高等院校、实际工作单位与厂矿企业及其科研机关的负责人、专家、教授、企业家牵头组织编写，或任主编。这类图书最大的特点是理论联系实际紧密，具有较强的实用性和可操作性。例如，孙尚清等主编的《现代企业会计》、对外经济贸易部编的《关税与贸易总协定业务手册》等，都是针对我国会计制度改革和我国"复关"谈判及"复关"后的形势编写出版的，受到了社会上读者的好评。

(3) 政策、法规、资料汇编类。这类图书主要由国家有关职能部门和科研单位编辑的，具有权威性，读者用起来方便、可靠、准确。例如。财政部条法司等编的《实用证券法规汇编》、国家外汇管理局编的《中华人民共和国最新外资管理法规汇编》等。

3. 通用考试教材类。

这类图书是由国家有关职能部门根据国家审核认定的有关专业知识大纲组织一些专家、学者编写的。出版后全部由有关部门包销，数量较大，一般社会效益和经济效益都可以。但是，图书编辑加工、印刷、装帧、出版时间要求都很严格、苛刻，具体操作难度较大。例如，中国人民保险公司等编的《保险专业知识与实务》（初级、中级两册），国内贸易部等编的《物资经济专业知识与实务》（初级、中级两册）就是如此。这类图书占出版社出版图书总量的10～15%。

回顾过去成绩显著，展望未来任重道远。今后，该社将致力于进一步提高人员素质和出版质量，加强与各国出版界的联系和合作，开拓国内外市场，为繁荣中国社会主义出版事业做出贡献。

农村发展研究所

（一）科研工作

1. 1993年度农发所共承担课题27项，至年底完成了10项，其中一项社科基金课题，一项外单位委托课题、三项所重点课题和五项国外合作课题。本年完成的第一部《中国农村经济发展年度报告（绿皮书）》是理论为实践和决策部门服务的一种新尝试，在国内外引起较大反响，港、澳、台、美等多家报纸作了报道。

2. 设计和制定了所改革方案。为激励科研人员和其他工作人员搞好科研及各项工作，在广泛讨论、征求意见的基础上，设计和制定了所的改革方案，包括改革科研组织体制，建立激励机制和实行人员流动等方面的改革方案。改革的中心思想是奖勤罚懒、优升劣汰，调动各方面的积极性，扩大科研课题的自主权，建立向科研工作骨干倾斜的机制，促进人员流动，为出人才、出成果创造更好的环境，以保证科研工作沿着正确的方向健康发展。

3. 完成中央和院里布置的科研任务，加强横向学术交流。对于中央和上级交办的科研和调研任务，抽调骨干力量认真、圆满地执行和完成。例如，陈吉元等承担了为中央农村工作会议及其他指定任务进行调研和起草文件的工作，完成了由院领导刘国光、汝信牵头的《有中国特色的社会主义论》专著的部分写作任务。

（二）学术交流

1993年农发所派出学者20批，29人次，接待来访学者82批，101人次。在出访人员中，高级研究人员12人次，占41%；中初级研究人员17人次，占59%；长期出访（半年以上）10人次。出访学术交流活动涉及11个国家和地区，接待来访学者涉及25个国家、地区及国际组织。此外，还与国际劳工组织及瑞典斯德哥尔摩经济学院在北京联合召开了“中国农村工业化”国际学术研讨会。继1992年第一期培训班后，1993年再次与美国斯坦福大学粮食研究所共同举办了第二期“农村发展与减缓贫困研究方法与技巧”培训班。

1993年农发所与国外机构和国际组织正在进行的合作项目主要包括：(1) 由福特基金会资助的“反贫困对策研究”和“中国贫困山区生态恶化与经济开发之关系的研究”课题。(2) 与德国杜伊斯堡大学合作的“中国乡镇企业研究”课题。(3) 分别与日本贸易振兴会和地域振兴公司合作，进行“中国农村投资可行性调查”和“延边地区投资环境调查”。(4) 受经贸部和国际粮农组织委托就“内蒙古、宁夏、甘肃、青海外援投资项目”进行基础调查。(5) 于1993年底完成了与澳大利亚昆士兰大学和中国农科院农经所三方合作研究的“中国绵羊原毛生产与销售的经济问题”。

与台湾合作研究的课题有两项，即与中华经济研究院合作进行“江苏、山东两省乡镇企业、纺织、电子行业”典型调查和与台湾大学农经系合作进行“大陆区域优势农产品”研究。

本年度正在洽谈的项目是准备与亚太发展中心、孟加拉乡村银行、福特基金会等进行合作，在我国贫困地区试点推广“孟加拉乡村银行”模式。此外，还有一些与国外机构合作的意向性项目正在洽谈之中。

（三）学术刊物简介

《中国农村经济》（月刊）是本院农村发展研究所主办的国家级农村经济理论刊物。创刊于1985年，该杂志伴随着中国农村经济改革与发展的历程而成长，成为这段历史的忠实记录者，是各级政府制定农业政策的重要参考，是中国农村改革与发展的可靠指导，是对中国农村改革与发展中的重大问题进行理论探讨的一块活跃的园地，是目前中国农村经济方面的权威性刊物之一。辟有农村经济形势分析、国情与农业、权威论坛、地方领导论坛、土地制度、农村金融、农村经济组织、区域经济、部门经济、粮食问题、农村工业化、乡镇企业、农村劳动力转移、农产品流通等栏目。

主编：陈吉元　常务副主编：韩俊

《农村经济与社会》（双月刊）原名《农业经济丛刊》，创办于1980年，是本院农村发展研究所主办的全国唯一的一份以研究农村经济与社会的长远性、理论性为主的学术性刊物，但也刊载一些对策性、资料性文稿。主要栏目有：城乡关系、工农关系、农村经济与社会改革和发展、国外农村经济与社会、农村经济与社会信息等。

主编：陈吉元　常务副主编：韩俊

财贸经济研究所

1993年，财贸所根据邓小平同志南巡讲话，党的十四大及党的十四届三中全会精神，围绕建立社会主义市场经济体制的一系列重大理论与实际问题，进行了积极、大胆的探索。

（一）以课题为中心组织科研工作

承接各类重点课题、中外合作课题25个，包括：

——国家“八五”重点课题：“新价格模式的建立与市场发育的关系”和“储蓄投资转化机制研究”。

——国家社科基金课题：“财政收入占国民收入比重的研究”、“中国证券市场培育和规范化研究”、“我国对外贸易集约经营战略研究”、“省际贸易与统一市场研究”、“中国粮食价格改革问题研究”、“中国物资流通体制的模式转换”、“公共产品收费与价格”、“‘复关’对中国市场和价格的影响及对策”。

——院重点课题：“经济转型期的市场波动与经济稳定增长”、“产业组织与生产资料流通模式”、“边境旅游研究”、“财政与国有资产管理关系的研究”、“竞争政策比较研究及借鉴”。

——中外合作研究课题：“中国商品市场发育与完善”（由福特基金会资助，与美国加利福尼亚大学伯克利分校合作）、“中国的生产资料价格双轨制问题”（由福特基金会资助，与英国伦敦经济学院合作）、“中国城市住房的发展与体制改革”（由福特基金会资助，与美国纽约公共管理研究所合作）。

——院青年基金项目：“市场经济下的中国农村金融体制”、“流通产业的微观改造与系统重整”。

——新立的所重点项目：“中国财政收入流失问题”、“国有银行商业化改革”、“省际贸易问题”、“中英经济术语比较研究”。

（二）积极宣传社会主义市场经济理论、探索建立社会主义市场经济的一系列重大理论和实际问题

为了加快改革开放步伐，所研究人员积极宣传社会主义市场经济理论，并从不同层次、不同角度对社会主义市场经济体制的基本框架及其具体内容等进行了探讨和研究，取得了一些成果。如有所研究人员参加编写的《社会主义市场经济知识》（马洪主编）一书，对于宣传社会主义市场经济理论起了较重要的作用。由所主承担编写的大型工具书有《中国大百科全书》（财政、税收、金融、物价卷）、《中国证券百科全书》、《期货交易理论与实务》等。

（三）逐步转变研究工作的服务对象，开展了对策性、应用性研究

1993年，所研究人员参与了国家工商行政管理局和国务院有关部门关于期货经纪公司登记管理办法及其他有关期货管理法规的起草工作；受李铁映（代表国家体改委）委托主持的

“经济体制改革方案”设计小组工作。12月中旬受李铁映同志委托，组织科研人员对1994年国债的发行和流通进行了论证。

（四）积极开展国内外学术交流

1993年举办了多种学术研讨会，其中有“中国商品市场发育国际研讨会”，与中国商业经济学会等单位联合主办的“全国市场经济与商业发展理论研讨会”，与国家计委经济研究所等单位联合举办的“全国钢铁企业营销工作研讨会”，与广西社会科学院联合举办的“市场经济与第三产业”研讨会，所《财贸经济》编辑部与中国金融学会战略研究会等单位联合举办的“金融宏观调控研讨会”，与国家计划经济研究中心等四家单位联合举办的“中国金融体制创新高层研讨会”等。“中国商品市场发育国际研讨会”在理论界和实际部门产生了较大影响，“中国金融体制创新高层研讨会”提出的关于“发展多种金融机构和多种融通方式”的建议，得到了深圳发展银行和深圳特区发展财务公司的好评。

在对外学术交流方面，1993年共接待港台地区及外国学者29批，计47人次；派出短期访问和学术交流团组12个，共22人次。

（五）刊物

《财贸经济》杂志是财贸经济研究所主办的财贸理论学术刊物，主编为张卓元，编辑部主任郭冬乐。1993年共出刊12期，计120万字，主要内容为：

（1）财税、金融、外汇、投资等几项重大改革。

（2）通货膨胀问题、国有经济与非国有经济问题、公平与效率问题等。

（六）学会活动

中国市场学会

负责人：贾履让　秘书长：任林书

1993年本学会召开了三次不同规模的市场营销经验交流会，出席会议的有三百余人次。为有利于普及市场营销知识，学会与《经济日报》合作，在《经济日报》上公布命题，组织市场营销知识竞赛，各地数百家企业参加了竞赛，取得了较好的效果。学会还组织编写出版了二百余万字的“企业促销丛书”。

中国城市经济学会

负责人：杨重光　秘书长：刘维新

中国城市经济学会1993年11月与所属中等城市专业委员会在四川省攀枝花市召开了全国第六次中等城市经济发展研讨会，讨论政府职能转变和产权制度改革问题研讨会，会后出版的论文集，在社会上和学术界产生了良好的影响。

数量经济与技术经济研究所

在党的十四大精神指引下，按照院领导和有关部门的工作部署，1993年，该所的各项工作均取得令人满意的成绩。

在党的建设和思想工作上，坚持党的基本路线，认真学习贯彻党的十四大精神，进一步解放思想，振奋精神，围绕科研工作，做好思想政治工作，进行深化改革，调动全体党员、干部和职工的积极性，保证科研等各项任务的完成。在科研工作中，以建立社会主义市场经济的有关研究为中心，面对新形势提出的许多重大现实问题，进行脚踏实地的研究，运用定量与定性、技术与经济相结合的研究方法，对国民经济发展的重大问题进行分析、预测，提供有科学依据的对策；同时，采取各项措施，提高各项基础研究的水平。1993年是该所研究成果完成较多的一年，全年共计完成研究成果572.2万字，其中专著10本，317.2万字，论文119篇，112.5万字，研究报告22篇，60万字，译著、译文及其他成果11篇，92.5万字，无论质和量上均达到了相当高的水准。

（一）党的建设和思想工作

按照国家机关党工委和院党委的部署，认真组织了邓小平建设有中国特色社会主义理论的学习，通过学习文件、组织讨论、提交学习心得等形式，使广大党员充分认识到用邓小平建设有中国特色社会主义理论统一全体党员、干部和职工的思想和行动，不仅是党的思想建设而且是党的建设的根本任务。学习中注意引导广大党员密切联系思想实际和工作实际，学习方法灵活多样，讲求实效。所党委在工作中坚持民主集中制的原则，密切联系群众，把主要精力放在研究和解决全局性的重要问题上，同时，健全、调整了室处的领导骨干，按照干部队伍“四化”和德才兼备的原则，选拔政治和业务素质好、有一定组织管理能力、受群众拥护的中青年干部充实室处领导岗位。重视加强基层支部的作用，充分发挥党支部的战斗堡垒作用，通过组织生活会和民主生活会质量的不断提高，促进党员干部不断进步，加强培养申请入党的积极分子，通过联系人制度，带动其进步，做好党员的发展工作。全所共有7名中青年同志积极申请入党。

（二）科研工作

1993年是我国正式宣布实行社会主义市场经济的第二年，标志着我国经济体制改革和经济建设走上了一个新的阶段。作为一个以应用研究为主的研究所，一方面加强对新形势下提出的许多重大现实问题进行脚踏实地的研究，对众多急需探讨的问题进行深入的分析和研究，为有关部门及时提供参考建议，另一方面，将科研体制的改革与市场经济体制发展的要求相联系，将市场机制合理地引入科研管理组织中，初步建立一套科研激励机制，促进科研人员面向市场，积极开拓进取，多出成果，出高质量、高水准的成果。在一年的实际工作中，坚持以十四大精神为指导，坚定不移地面向经济建设主战场，坚持理论联系实际，加强学科基本建设，面向市场办所，坚决贯彻执行各尽所能、多劳多得的原则，更好地为经济建设服务。将本所向办成具有创新精神的、开放的、具有国际水平的数量经济与技术经济的研究中心和“国家队”的目标迈出了坚实的一步。

1993年全所共安排科研课题32项，其中1992年结转课题（包括正完成又继续深入研究重新立项的课题）25项，新设立课题7项，在完成以上既定任务的同时，积极接办中央、国务院及有关部门下达的临时性任务，保证了各项任务的按时按质完成。

1. 抓好国家级重点课题。

第一项为国家重点课题“经济形势分析与预测”。

(1) 按常规进行年度经济形势分析与预测，4月23日召开了包括国家有关部委、科研单位、大专院校在内的三十多个单位的五十余名专家学者的春季预测会，对1993年我国经济增长的各项主要指标提出了预测，并就当时经济的总体态势及若干问题进行讨论。10月12日召开了秋季预测会，与会专家学者多达百余人，对1993年经济形势和1994年的经济发展进行了定性和定量相结合的分析，会后出版了《1994年中国：经济形势分析与预测》。

(2) 4月8日召开了部分行业部门座谈会，7月12～13日在首钢召开了部分大中型企业经济分析与预测研讨会，10月初召开了部分部委经济形势分析与座谈会，为春、秋季预测结果提供了较为翔实的参考资料。

(3) 进行季度模型研制开发，开始内部发布季度分析与预测，同时不断完善模型，提高预测准确性。

第二项是国家哲学社会科学“八五”重点课题“中国生产率理论、测算与对策研究”，1993年集中进行了基本理论与测算方法的研究。

第三项是国家哲学社会科学“八五”重点课题“中国经济稳定增长的机制分析与定量研究”，进行了中国经济稳定增长的机制与对策的研究。

第四项是国家863计划课题“高技术项目综合效益评价”，第一阶段《计算机综合制造系统CIMS发展战略与体系结构——应用工程的综合效益评价》已完成，4月20日通过鉴定。

2. 保证院重点课题按计划进行。

(1) 以1991年院重点课题、国际合作项目“中、美、日生产率与经济增长研究”为基础，经过系统化完成了学术专著——《生产率与中美日经济增长研究》。书中运用国际生产率研究中最新的理论和方法，研究了1982年以来改革开放后的中国经济增长，受到了中外学术界的高度重视和较高评价，6月25日举办了成果鉴定会，获得了鉴定委员们的一致好评。

(2)“技术进步、人力资源开发与经济增长决策支持系统研究”。1993年重点研究了现状分析与人力资源开发理论，并设计出了模型与数据库结构，同时建立了与加拿大工商研究机构的合作研究。

(3) “产业发展政策与经济增长”。此课题系得到国际经济增长中心资助的院重点课题，1978～1988年阶段已完成，研究中利用模型全面分析了1979～1988年产业政策的成败及其对经济增长的影响。中、英文版本散发数十个国家，并开始研究1989年以后的中国产业发展结构变化及经济增长的关系问题。

(4)“90年代中后期我国技术进步战略研究”。1993年研究中对我国经济发展的趋势和国际科技发展进行比较研究，为制定我国技术进步中长期战略提供了对策、思路与方案选择。

(5) 1993年5月立项的院重点课题"1991～2010年：中国经济发展长期思路"(经济片承接，本所为主要承担单位)，已组建联合课题组，并向国家计委等部门提交了阶段性报告。

3. 做好所重点课题的研究工作，促进基础理论研究水平的提高。列入所重点项目的"数量经济基本理论与方法研究"、"技术经济基本理论方法研究"(此两项均确定为长期滚动课题)、"高技术经济研究"、"经济系统分析理论与方法研究及中国职工就业动态分析和决策支持系统"(全总资助)、"我国企业进步的多元化格局与政府管理的改革"(科委资助)、"2020～2050年中国经济发展前景展望"(能源部资助)、"中国地区经济发展比较研究"(与香港中文大学合作)等，均有多篇论文发表。本所还承担有自然科学基金、社科基金等项目8项，均按计划进行。

1993年中国社会科学院第一届优秀科研成果评奖活动中本所《1991、1992年中国：经济形势分析与预测》、《技术经济手册：理论方法卷》等共8项获院优秀成果奖。配合院里的评奖活动，所内也进行了科研成果评奖活动，《生产率与中美日经济增长研究》等19部(篇)专著、论文获得了所内的奖励，此举促进了科研人员出成果、出好成果的积极性。

(三) 对外学术交流和国际合作

1993年涉外学术工作本着"积极参与，取长补短"的态度，为搞好所内研究提供了良好的条件。

出访交流：1993年共派出国外访问、讲学、考察五十多人次，对美国、加拿大、日本、澳大利亚、英国、法国、德国、奥地利、俄罗斯、韩国等国进行了广泛的学术交流，与美国宾州大学、哈佛大学，加拿大工商管理机构、加拿大会议局、多伦多大学，日本东京大学、综合研究开发机构，英国牛津大学等进行了学术交流，派人参加国际计量经济大会(美国)等国际会议。出国进修2人次。

来访交流：1993年共邀请了来自十几个国家的著名专家、学者和企业界人士二百多人次，来所参加学术研讨会和进行学术交流。其中有两位诺贝尔经济学奖获得者美国宾州大学L.克莱茵教授和芝加哥大学米勒教授及十多位来自美、日、法、英等国的著名学者应邀来华参加了我院主办(本所承办)的国际会议——"市场经济与中国"。俄罗斯科学院的经济学家出席了本所主办的另一学术活动，建立了正式的研究合作关系。11月份的"信息化与经济发展暨国际电讯论坛"国际会议中，来自美国IBM、MOTOROLA、HUGHS，日本NEC、MITSUBISHI，英国电讯等世界著名信息化方面的跨国公司的代表出席了会议，对促进本所和我院的信息化研究工作起了巨大的推动作用。

1993年本所的合作项目中，除与香港中文大学的《中国地区经济发展研究》(专著，1993年11月出版)之外，还有与国际经济增长中心合作的"中国产业发展政策与经济增长的关系"、与美国斯坦福大学合作的"经济模型联接"、与日本综合研究开发机构合作的"中国能源与经济发展研究"等。还分别与国家体改委及国家外专局、首钢、TIDE2000和美国战略与国际研究中心举办了"市场经济与中国"(9月)、"大中型企业经济形势分析与预测"(10月)、"信息化与经济发展暨国际电讯论坛"(11月)等大型国际性学术会议，特别是9月份的"市场经济与中国"研讨会，与会的部分专家、学者受到了江泽民总书记的亲切接见，并就宏观经济形势等问题进行了三个多小时的会谈，代表们的一些看法和建议受到了有关部门的重视。

本所还主办了在山东济南召开的中国数量经济学会第五届年会（1993年9月21～26日）。会议就数量经济的理论与应用等现实经济问题进行了讨论和交流。

人口研究所

人口所全年共完成专著4部、论文59篇、研究报告10篇，共计162.7万字；译著2部，25.5万字；一般成果11篇，10.1万字；编辑《中国人口科学》6期，《中国人口年鉴》一部，共185万字。

（一）科研工作情况

1. 承担国家项目三项。国家“八五”重点项目“生育率微观分析与人口控制机制转变研究”、社科基金项目“沿海人口与经济发展研究”、社科基金青年项目“当代中国妇女地位与人口转变机制研究”，分别按计划进行。

2. 院重点项目进展顺利。受联合国人口基金会资助并列入院重点课题的“中国家庭经济与生育研究”、“当代中国妇女地位研究”，分别完成了抽样调查汇总，并对数据进行开发、分析和撰写论文。两个课题组分别到美国南加州大学和东西方中心进行了为期四周的合作研究。院重点项目“中国历代人口统计研究”、院重点社科青年基金项目“人口生态发展研究的历史沿革与发展趋势研究”，按计划顺利进行。

3. 所重点及部委招标项目，也都有一些进展。“改革开放中的人口问题研究”，完成专著送出版社；人口普查办“中国生育率变化研究”、国家计生委“早婚早育研究”，完成初稿。其他还有“中国少数民族人口发展与政策”、“当代妇女与生育水平研究”，按计划进行。

4. 召开两个国际学术研讨会和一次国内学术讨论会。

5. 组织实施了建所以来优秀科研成果评奖，共评出一等奖7项，二等奖13项。在院首届优秀成果奖评选中有3项获奖。

6. 全年举办所内学术座谈会六期，活跃了所内学术气氛。

（二）对外学术交流

人口所通过有计划地安排出访、进修、邀请访问、参加国际会议等，加强对外学术交流。全年共派出长期进修5人次，短期公派研究6人次，高级访问3人次，国际会议2人次。接待国外学者和宾客5批20余人次。扩大了该所在国际上的影响，提高了研究的质量。

（三）编辑工作

人口所编辑部共有9人，主任杨子慧，副主任郭汉英、高春燕。在工作中，总结经验，坚持高标准、高质量和学术性原则，同时解放思想，在内容、形式、组稿、印刷、版面等方面进行变革。《中国人口科学》保证中英文版按期出刊，继续赢得国内外同行的好评。《中国人口年鉴》增设了地方计划生育工作介绍的新栏目。

哲学研究所

(一) 科研工作

1993年，哲学所共发表研究专著22部，译著15部，编辑工具书等5部，论文258篇，译文42篇，以及其他科研成果，共计1289万字。其中有些反映当前现实问题的著作引起了较好的社会反响，有些政策建议和情况反映受到上级有关部门的重视和好评。

在科研管理中，着重对“七五”期间国家重点项目做了检查，对项目执行中的一些问题，提出了改进意见。在被检查的项目中，已经完成的有25项，基本完成的有3项，按计划尚未完成的6项，逾期未完成的6项，完成有较大困难的4项。造成项目不能如期完成的主要原因多与项目主持人有关，有的主持人或因出国，或因与其他任务冲突，或因健康状况不佳等，不能将全力用在项目上。对此正抓紧协调解决。

在1993年度国家和院级各类项目的申请工作中，鉴于该所已有相当一批各类重点项目正在执行，本所注意从项目的学术意义、现实性等方面严格把关和论证的同时，还特别强调人员配备、研究资料和研究手段方面的保证。在组织项目申请的过程中，根据上级精神和“选题指南”，对各申请项目作了充分的论证和必要的调整。最终申请到国家和院重点项目10项，其中增补“八五”重点项目2项，国家社科基金项目2项，国家社科基金青年项目1项，院重点项目2项，院青年基金项目2项。本所还依靠院拨款报审设立所重点项目15项。以上项目所获经费在很大程度上缓解了所科研经费紧张的状况。

根据院里的统一部署，该所进行了1977～1991年科研成果的所级评奖活动，共评出一等奖11项，二等奖22项，三等奖29项，并对获奖者给予了精神和物质的奖励。将一等奖项目送院参加优秀科研成果评奖，其中有8项获奖。它们是：叶秀山的专著《前苏格拉底哲学研究》，徐崇温的专著《西方马克思主义》，蒙培元的专著《理学的演变》，诸葛殷同等人合作的专著《形式逻辑原理》，李景源主编的《马克思主义哲学与现时代》，童天湘的论文《论智能革命》，王玖兴的译著《全部知识学之基础》，梁存秀等的译著《自然哲学》。

1993年，该所举办了“建设有中国特色社会主义与唯物史观的发展”；“潘梓年学术思想讨论会”；“跨学科研讨会”；“全国第二次真理问题研讨会”；“第四届全国美学会”。结合纪念毛泽东同志诞辰一百周年的学术讨论会，该所积极进行了与会论文的组稿活动，其中有5篇论文入选：刘奔的《解放思想就是实事求是——纪念毛泽东诞辰一百周年》，邝柏林的《毛泽东与中国思维方式的变革——马克思唯物辩证法思维方式的中国化》，李景源的《毛泽东思想方法论的形成道路》，诸葛殷同的《学习毛泽东建国后关于逻辑的思想》，徐素华的《“毛泽东发展马克思主义哲学”问题研究的历史评析》。

1993年，该所根据学科建设需要，遵照保证重点、满足急需、长远规划、逐步实施的方针，开展了研究生的招生工作。共招收硕士研究生3名，博士研究生6名。新生全部报到入学，并与导师共同制定了三年培养计划。1993年该所还有3名博士生通过了论文答辩获得博士学位，他们是刘西瑞、马树怀、霍福广。

根据研究生院的统一布置，年初该所对研究生学位授予点进行了审查调整。同时还进行了增补博士生导师的申请工作。5人经批准获得博士生导师资格。他们是：张家龙、金吾伦、陈中立、朱狄、贾泽林。

（二）对外学术交流

1993年哲学所外事工作活跃，派遣出访34人次。保持了同俄罗斯科学院哲学所、远东所的密切交往，还同哈萨克斯坦、越南等国的哲学机构建立了新的交流渠道，加强了同港、澳、台地区的关系。以往出访机会较少的中国哲学专业的研究人员多次出访港、澳、台地区和韩国。当年几个较大出访项目是：2月，于良华副所长率5人代表团访问俄罗斯科学院哲学所、远东所；5月，陈筠泉所长率5人代表团赴台湾参加由台湾联合报系主办的学术讨论会；8月，姚介厚副所长率6人代表团赴俄罗斯参加第19届世界哲学大会；12月，余谋昌等3人赴澳门参加由澳门中国哲学会举办的学术讨论会。

1993年，该所接待外国和港、澳、台地区来访学者共175人，其中院委托接待116人。来访人数是历年最多的，较好地完成了各项接待任务，取得了良好的学术效益。该所完成的几个较大接待项目是：中英暑期哲学学院来访外宾5人；日本伦理所访华团来访外宾8人；日本唯物论访华团来访外宾6人；《福乐智慧》国际学术讨论会外宾10人；美国哲学教育访华团来访外宾101人。以上项目都取得了圆满的成功，受到中外学者的好评。其中中英暑期哲学学院从1988年开始举办，已经成功举办了4期。由于学术效益好，影响大，澳大利亚科学院和人文学院也决定参加该院活动。

（三）学会活动

1992年，全国性哲学学会进行了整顿并在民政部重新登记。原学会下设的二级学会全部撤销，设立专业委员会；10个原来挂靠在哲学所的学会改为由中国社会科学院主管，哲学研究所负责具体管理。中华全国日本哲学会原来挂靠在哲学所，重新登记时转归国家教委主管，更名为中华日本哲学会。中国少数民族哲学及社会思想史学会的业务，由国家民委民族问题研究中心主管。上述12个学会的联络地点，除中华日本哲学会在延边大学外，其余均在中国社会科学院哲学研究所。

中国辩证唯物主义研究会

执行会长：肖　前、赵凤岐、韩树英

秘书长：夏甄陶

中国马克思主义哲学史学会

名誉会长：林　利、黄楠森

会长：庄福龄

副会长：于良华、孙伯骙、施德福、顾锦屏、崔自铎

秘书长：唐源昌

中国历史唯物主义学会

会长：王正平
副会长：高　光、王锐生、王　于、黄美来、赵家祥
秘书长：周隆滨

中国哲学史学会
名誉会长：张岱年
会长：任继愈
副会长：方立天、方克立、冯　契、汤一介、蒙登进、萧萐父
秘书长：蒙登进（兼）

中国少数民族哲学及社会思想史学会
名誉理事长：司马义·艾买提
顾问：乌　杰、平措旺吉、冯元蔚
理事长：买买提·玉素甫
常务副理事长：傅青元、恩和巴图、孟铸群
副理事长：杜荣坤、杨玉山、杨昌嗣、苏克明、肖万源、
何耀华、佟德富、陈筠泉、张克武、项丽华、
哈经雄、郭　景、特木尔巴根、蔡仲淑
秘书长：肖万源（兼）

中华日本哲学会
会长：朱红星
理事长：丘　成
副理事长：李宗耀、孙方柱、张锡哲、刘翠兰、毕小辉
秘书长：李君超

中华外国哲学史学会
会长：汝　信、朱德生、陈修斋
秘书长：李毓章、姚介厚、石倬英

中国现代外国哲学会
名誉理事长：熊　伟
名誉理事：葛　力、江天骥、罗克汀
理事长：汝　信
副理事长：刘放桐、陈启伟、涂纪亮、贾泽林、夏基松、徐崇温
秘书长：贾泽林（兼）

中国人工智能学会
理事长：涂序彦
副理事长：童天湘、何华灿、管纪文、蒋新松、万家若、林尧瑞
秘书长：袁　荫

中国伦理学会
会长：罗国杰
副会长：刘启林、魏英敏

秘书长：许启贤

中华全国美学学会

会长：汝　信

副会长：蒋孔阳、李泽厚、刘纲纪、叶　朗、蒋冰海

秘书长：聂振斌

中国逻辑学会

理事长：周礼全

副理事长：方　华、李先焜、吴家国、赵总宽、莫绍揆、倪鼎夫、彭漪涟

秘书长：张家龙

马克思列宁主义毛泽东思想研究所

马列所全年共撰写专著3部，论文52篇，调查报告1篇，译著1本，译文1篇，共计185.7万字。此外，由于该所的刊物尚未恢复，编辑部的同志组织社会力量，编辑大型工具书3部，总字数达两千万字。

（一）科研工作

在落实1993年院工作会议精神的基础上，马列所进一步明确了科研工作的主攻方向，即“社会主义问题、科学社会主义问题，着重研究有中国特色社会主义的理论”。围绕这一主攻方向，新立三项课题，其中院重点项目两项，中华社科基金项目一项。这三个项目正分别按计划进行。(1)院重点项目“马克思主义与中国特色社会主义”课题组已召开多次研讨会，明确了课题研究的指导思想，初步拟定研究大纲和需要突破的难点，已进入搜集资料、开展系统研究工作阶段。(2)院重点项目“从毛泽东到邓小平：中国特色社会主义理论和实践的探索”课题组经过数次讨论，已拟定较详细的写作提纲，并围绕有关专题，如毛泽东对社会主义建设道路探索、毛泽东的这一探索与邓小平建设有中国特色社会主义理论的关系等，写了几篇专题论文作为阶段性成果。(3)中华社科基金项目“我国社会主义市场经济条件下的就业和社会保障问题研究”课题组年内已分别赴南京、杭州、泰州、张家港、上海、江宁等地就社会主义市场经济条件下社会保障制度的建立等问题进行了调查研究。

除新立项课题外，延续课题已陆续完成。院重点项目“社会主义文化建设研究”经过几年努力，上半年完成全部研究工作，最终成果为专著《文化学》，约三十二万字。所重点课题“我国乡镇企业的发展与中国特色社会主义”，在1992年实地调查的基础上，已按四个专题写出约四万字的调查报告。

除抓紧进行以上课题外，围绕毛泽东同志诞辰一百周年，组织撰写了一批纪念论文。其中两篇论文入选我院召开的“毛泽东对马克思主义发展的贡献”学术讨论会。《对毛泽东同志探索社会主义商品经济思想轨迹的分析》一文入选“全国毛泽东生平和思想研讨会”。

（二）主要学术活动

为纪念毛泽东同志诞生一百周年，马列所组织了两次较大规模的学术活动。由该所与中央党校、《人民日报》理论部等单位共同发起，于5月5～8日在毛泽东同志的故乡韶山召开了"毛泽东思想学术讨论会"，七十余人出席会议。12月中旬，由该所主办，邀请中央党校、国防大学等部分外单位学者、专家召开了"纪念毛泽东诞辰一百周年"小型讨论会，二十余人出席会议，会议就毛泽东同志对中国社会主义建设道路的探索及贡献，邓小平建设有中国特色社会主义理论的贡献，毛泽东思想与建设有中国特色社会主义理论的关系等问题进行了讨论。此外，还有计划地搞了四次全所性的学术交流活动，有14人次参加国内的各种学术会议。

（三）对外学术交流

1993年马列所接待比利时分析学派马克思主义代表人物之一范·帕里斯教授来华访问一周。还接待了越南、印度、美国、荷兰学者5批7人次。在毛泽东同志诞辰一百周年前夕，共同社、安莎社记者采访了该所。该所有一名学者应对方邀请参加了新加坡举办的"中国乡镇企业国际学术讨论会"。

世界宗教研究所

1993年，宗教所科研工作的重点主要放在尽快完成"七五"和"七五"跨入"八五"社科基金项目上，并在此基础上，申请、设计一些新的课题。从近五年的情况来看，科研成果可谓成绩斐然，但是，由于种种原因，所承担的社科基金课题完成得不够顺利。1993年，投入了较多的精力，加强了课题研究的管理，取得了一些实质性的进展，然而，仍有一些课题需在1994年上半年或下半年完成。如（1）《敦煌古藏文写经整理与研究》（罗炤）；（2）《中国原始宗教资料与研究》（吕大吉）；（3）《宗教心理学》（张继安）；（4）《中国伊斯兰教史》（李光华等）。有的项目主持人已不在所里任职，进度不易把握。如：《中国哲学发展史》、《中国佛教史》（任继愈主编）。"八五"期间，申请的社科基金项目，进展情况良好，原因有三：（1）选题与课题承担人的研究专长联系紧密；（2）课题组多采取自由组合的形式；（3）课题组成员少而精。如：《宗教哲学》（何光沪），《宝卷提要与研究》（马西沙、韩秉芳），《道教哲学》（王卡、卢国龙），《中国天台宗研究》（魏道儒），《宗教现象学翻译》（高师宁），《犹太教研究》（周燮藩）等。

1993年完成或初步完成有如下课题：

（1）《日本佛教研究》 杨曾文，社科一般；1989。

（2）《伊斯兰教与当代政治》 金宜久，社科一般；1989。

（3）《锡克教史》 高建章，社科一般，1990。

（4）《中国宗教禁忌》 金泽，社科青年，1989。

(5)《池田大作与创价学会研究》　何劲松，社科青年，1989。

(6)《世界宗教信息和主要动态研究》　冯嘉芳，社科重点，1986。

(7)《中国社会主义时期的宗教问题》(新兴宗教研究)　杜继文，社科重点，1986。

(8)《中华大藏经》(85～95 册)　任继愈、李富华，社科重点，1986。

1993 年宗教所科研人员发表论文近百篇，百万字以上，译文百万字以上，古籍整理两千万字以上；学术著作及译著 28 部，主要有：

(1)《中国民间宗教史》　108 万字，马西沙、韩秉芳，上海人民出版社 1993 年版；

(2)《中国重玄学》　38 万字，卢国龙，人民中国出版社 1993 年版；

(3)《基督教史》　35 万字，唐逸主编，中国社会科学出版社 1993 年版；

(4)《中国禅宗史》　50 万字，杜继文、魏道儒，江苏古籍出版社 1993 年版；

(5)《伊斯兰教法概略》　24.3 万字，吴云贵，中国社会科学出版社 1993 年版；

(6)《日本佛教史》　45 万字，杨曾文，浙江人民出版社 1993 年版；

(7)《当代伊斯兰教》　30 万字，金宜久等，东方出版社 1993 年版；

(8)《当代佛教》　32 万字，杨曾文等，东方出版社 1993 年版；

(9)《列宁论宗教、教会和无神论》　郑天星、张雅平编译，华文出版社 1993 年版；

(10)《社会主义中国与宗教》　14 万字，(中国特色社会主义) 丛书之一，戴康生、彭耀，江西人民出版社 1993 年版。

近几年，宗教所在现状问题的研究上有所突破。(1) 关于做好宗教工作三支队伍的提法得到政府职能部门的认同，特别是得到丁关根同志的首肯；(2) 成功地举办了 1990、1991 年全国宗教现状研讨会、1992 年全国宗教干部学习调研会，并就“宗教与社会主义相协调”等重大理论问题取得了共识和大致相同的看法；(3) 在深入调查研究的基础上，写出了《天津市农村天主教现状与思考》、《闽浙两省宗教问题的调查与思考》、《河南省宗教现状调查报告》三份实事求是的、切合国情的调查报告，受到有关部门的高度评价。

1993 年 9 月，以宗教学会的名义与宁夏社科院共同组织召开了“伊斯兰教与经济”学术研讨会。大会就“宗教与政治的关系”、“宗教与经济工作的关系”、“宗教经济行为与宗教自养经济活动”等问题进行了热烈和深入的讨论。其中有些论述给人以启示，对政策的制定及实施都有重要的借鉴意义。如：(1) 伊斯兰教是一个圣俗并重的宗教，它注重今世的处事哲学，赋予穆斯林正确面对人生、勤奋劳作的精神，这对穆斯林社会的经济发展，提供了原动力。(2) 遵循《古兰经》和《圣训》的训导，世界各地穆斯林都积极参与商业活动，在长期的经济运作当中，形成了自己特有的市场观。随着国际经济秩序的不断重构，在中东阿拉伯地区将出现一个伊斯兰共同市场，这将为我国西北地区穆斯林经济的发展提供极好的机遇。(3) 宗教工作首要的问题是保证宗教政策的稳定性和连续性，最广泛地团结宗教界人士和信教群众，齐心协力地搞好经济建设。在建立社会主义市场经济体系过程中，应当肯定宗教可以发挥重要的补充和辅助作用等。

1993 年 9 月中旬至下旬，应原统战部副部长、国务院宗教事务管理局局长张声作之邀，该所吕大吉、何光沪、秦惠彬三同志赴新疆进行考察，其目的是为了加强实感，为新疆地区有关民族与宗教政策的长远规划提供参考性的看法。三同志在乌鲁木齐授课两天，对象为自治区统战、宗教部门的干部，宗教团体、大专院校、社科院、党校的干部与工作人员，受到当地同志的欢迎与好评。

1993年11月4～6日，该所又召开了“1993年全国宗教现状研讨会”。会议主题为新形势下的我国宗教问题。会议对我国宗教现状做了基本评估，认为：(1) 党的宗教政策的落实是切实的，不容否认的，取得了很大的成绩；(2) 我国各种宗教都有不同程度的发展，这种发展是正常和稳定的，并未越出我国法律与政策允许的范围，也没出现“狂热”的现象；(3) 随着改革开放形势的不断发展，我国宗教界在与海外宗教界的交流及联谊活动中起着越来越重要的作用；(4) 随着市场经济的兴起，我国各教面临着严峻挑战。会议还对宗教现状中的热点、难点进行了讨论。如：所谓“新兴宗教问题”、中梵关系问题、伊斯兰教问题、天主教问题、道教问题等。并就如何改变我国宗教现状理论研究严重滞后于实际的状况，提出了不少有建设性的意见。

该所办的内部刊物《宗教研究情况反映》几年来一直受到各方面的好评，该刊物每期12万字，每年12～14期，所刊都是境外宗教现状问题的文章。1993年的主要内容有：“台湾秘密宗教”；美、欧、亚的天主教和基督教问题；年底，出增刊一期，刊登任延黎的研究成果《中梵关系的过去和现在》，文章回顾了中国与梵蒂冈天主教关系的四个历史发展阶段，注意到梵蒂冈教皇保罗六世对我态度的转变，分析了中梵关系的特点与难点，提出与梵建交是双重关系，即国家之间的关系和宗教关系；研讨中梵关系的新动态，对现任教皇一再强调“爱国爱教并不矛盾”的观点给予了充分的肯定。

另外，由冯今源和统战部理论研究室胡安撰写的《'93中国社会形势分析与预测》宗教部分的报告中，着重谈了伊斯兰教三个热点问题：(1) 所谓“污教”事件（出版媒介二十多起伤害穆斯林感情的读物，引起各地穆斯林群众的强烈不满，更为严重的是青海风波）；(2) 宁夏教派纠纷问题；(3) 新疆极少数坏人打着宗教旗号进行分裂活动。文章对问题出现产生的原因进行了分析，并提出对策性的意见。其中尤为重要的是，恳请政府在处理少数领导和组织挑起事端、导致动乱的宗教界上层人士时，一定要采取非常谨慎的态度，因为这些人背后有一批信教群众。如历史上的哲合林耶，每一次大的事变其领袖人物被处决以后，都被信徒奉为神明，从而加剧了信教群众与政府的矛盾。

考古研究所

（一）科研工作

1993年度田野发掘项目20项，大部分完成。属于新石器考古的有安徽蒙城尉迟寺、山东日照尧王城、甘肃武山傅家门、内蒙敖汉旗兴隆洼、山西垣曲小赵和东寨遗址；属于商周时期的有山东滕州前掌大、山东平度东岳石、河南偃师二里头和商城、山西垣曲西关、安阳殷墟等；汉唐宋代的有洛阳唐城白居易故居和上阳宫，河北磁县邺城、洛阳汉魏城、西安汉城、西安唐九成宫、江苏扬州城、浙江临安城遗址，还有西藏朗县列村墓地的测绘和发掘，新疆二市四县的调查，川、甘、青丝绸之路河南道考察等。另外该所今年山西、山东、河南、洛阳唐城、偃师商城、安阳等队还配合基建进行了工作，取得了不少成果。配合三峡工程，进行了考察选点工作。扬州唐城遗址的发掘还被评为1993年全国十大考古新发现之一，简介如下：

扬州唐城遣址，1987～1993年由江苏扬州市文化局、南京博物院和中国社会科学院考古研究所在扬州市区勘探、调查和发掘，为揭开唐代重要城市——扬州城一系列历史之谜提供了重要实物，证明唐代扬州城圈的范围，证实其北起扬州北郊的堡城村，南到今南门街口，南北长6030、东西最宽处3120米，面积广大。唐城由罗城（大城）和子城（小城）两个相连的城圈组成，罗城为唐代中期新建，内有南北大街6条，东西大街14条，两条南北走向的唐河和两条东西走向的唐河作井字形分布于罗城的中、西部和中、北部；子城直接利用隋代江都宫城，仅对部分城墙加以修补，内设十字大街。1993年9月在扬州旧城大东门街和院大街相交处附近发现的木构排水沟，是唐城内主干道旁的排水沟设施，揭露部分长约35、口宽35、底宽1.75米，呈东西走向，是目前中国发现体量最大的唐代城内排水设施。可惜因施工单位忽视文物保护，未采取有力措施取得有关古代病理、饮食等多项考古资料，也未能使水沟得到有效保护，造成不可弥补的损失。

本年度出版专著7部，451万字，学术论文97篇，94万字，研究报告16篇，23万字，学术资料和工具书11部，79万字，编辑《考古》12期、《考古学报》4期，200万字。

（二）对外学术交流

1993年派出20批，38人次，其中高级研究人员出访36人次，中初级研究人员出访2人次。长期（半年以上）和参加合作研究的2人。对外学术交流活动涉及6个国家和地区，全年接待来访者13批，47人次，涉及7个国家和地区。

历史研究所

1993年历史所的科研工作，成绩显著。本年度完成专著11部，392万字；学术论文192篇，181万字；学术资料3种，275万字；工具书6种，350万字；一般性文章20篇，10万字；知识性读物（含古籍今译）20种，1184万字；译著10种，282万字；译文10篇，5万字；编辑论文集2种，90万字；编辑期刊16本，180万字。各项合计2908万字，为本所历年最高水平。

本年度该所完成的科研成果中，比较重要的专著，有三秦出版社出版的《隋唐两京丛考》，作者辛德勇；中国社会科学出版社出版的《三至十四世纪中国的权衡度量》，作者郭正忠；中国社会科学出版社出版的《金文编订补》，作者陈汉平；商务印书馆香港分馆出版的《中国古代服饰研究》修订本，此书由沈从文先生主编，王孖、王亚蓉等参加；陕西人民教育出版社出版的《另一个世界——中国历史上精神异常现象探讨》，作者彭卫。还有杨升南著

《商代经济史断代研究》，孙开泰著《春秋战国思想史》，林甘泉、童超等著《中国封建土地制度史》(秦汉魏晋卷)，傅崇兰等著《拉萨史》，张广保著《金元全真道内心性论》。郭松义、李新达著《清朝典制》，获吉林省长白山优秀图书二等奖。

1993年，该所承担的国家级科研项目共19项，具体为林甘泉负责的《中国古代经济史断代研究》、李学勤负责的《中国历史文物图集》、施丁负责的《中国老一辈马克思主义史学家的史学思想研究》、李学勤负责的《中国古代社会生活史》、沈定平承担的《明清之际中西文化交流史》、齐文心承担的《商代封国制度研究》、黄宣民负责的《理学与中国社会生活》、傅崇兰承担的《中国沿海城市发展史》、吴焯承担的《西域佛教文明》、胡厚宣承担的《殷商史》、杨希枚承担的《中西艺术纹饰的比较研究》、张弓承担的《汉唐寺院文化史》、郭松义承担的《清代的家庭规模、职业结构和婚姻状况》、张政烺承担的《古文字与古代社会》、余太山承担的《两汉魏晋南北朝与西域关系史研究》、易谋远承担的《彝族史要》、吴玉贵承担的《唐朝与西域关系史研究》、王震中承担的《中日中国古文字与古史研究之比较》、万明承担的《明清海外政策比较研究》。该所承担的“八五”院重点项目有《中国古代国家的起源与形成》，负责人王宇信；《中国古代军事制度史》(10卷本)，负责人陈高华；《徽州文书研究》，负责人周绍泉；《英藏敦煌文献研究》，负责人宋家钰，《老一辈马克思主义史学家的史学思想》，负责人施丁；《中国历代彩色服饰图录》(6卷本)，负责人王孖。

1993年，根据本院的统一安排，该所精心组织了首届优秀科研成果评奖活动。参评成果时间期限为1977～1991年间出版物，在这十余年内，该所完成的科研成果数量可观，其中不少在国内外学术界获得好评，如《甲骨文合集》、《宋明理学史》、《中国古代服饰研究》等等。这次评奖通过个人申报、研究室推荐、专家审阅、分片初评、评委会审议等一系列程序，最后评出一等奖12名，二等奖32名。一等奖成果推荐至院评委会，共计10项荣获院首届优秀科研成果奖。其中获奖专著四部，沈从文等著的《中国古代服饰研究》是我国第一部高水平的服饰史著作。刘起釪著《尚书学史》，系统地总结了《尚书》源流，对各派的论争作了清晰的论述。王戎笙等著10卷本《清代全史》，是新中国成立以来第一部完整、系统的清代通史，其广度和深度都超过以往类似著作。侯外庐主编的《宋明理学史》上下卷，具有系统性、科学性和开创性。获奖学术资料三部，胡厚宣等编《甲骨文合集》，李学勤、齐文心的《英国所藏甲骨集》，王玉欣、周绍泉主编的《徽州千年契约文书》，这些大型的学术资料规模大，所收资料比较齐全，编排得当，对学科的基础建设发挥了重要作用。获奖论文三篇，张政烺的《试论周初青铜器铭文中的易卦》、王毓铨《论明朝的配户当差制》、林甘泉《中国古代土地私有化的具体途径》。这次评奖活动，全面检阅和展示了该所十余年来的科研工作成就，增强了质量意识，激发了科研人员多出成果、出好成果的积极性。

此外，由陈高华与政治学所白钢、吴如嵩主编的《中华古文明大图集》(人民日报出版社1992年7月版)获1993年度中国图书奖。

甲骨文、简牍帛书、敦煌文书、明清故宫档案和徽州文书是中国历史文化的重大发现，有关研究中心的成立必将推动该所乃至全国对上述发现的学术研究，因而继1992年成立院甲骨文与商代史研究中心之后，本年又申报成立简帛研究中心和徽学研究中心，后者已经院领导批准，成为所级研究中心，并初步安排了今后的活动。该所希望简帛中心也能获准成立，并在条件成熟时筹备成立敦煌学研究中心。

对外学术交流方面，1993年该所出入访共33人次，其中根据院级协议及国外邀请赴日本等国以及港、台进行学术访问、参加学术会议的有15人次，接待院、所两级协议项目和非协议项目来访的美国、日本、英国、韩国等国的学者有18人次，组织来访学者在本所进行学术报告达七次之多，比往年明显增加。

1993年是毛泽东同志诞辰一百周年，该所组织研究人员积极参加纪念性的学术活动，撰写论文三篇，其中有一篇入选参加我院在湖南举行的毛泽东同志诞辰一百周年纪念学术研讨会。1993年又是本所著名学者侯外庐同志诞辰九十周年、顾颉刚先生诞辰一百周年，与外单位合作，分别在太原、苏州、北京举行了纪念侯外庐同志和顾颉刚先生诞辰的学术研讨会，受到社会各界的高度重视。纪念顾颉刚先生诞辰的研讨会有一位全国人大副委员长、三位全国政协副主席出席，并在会上发表长篇讲话。

挂靠在历史所的学会有五个，具体为先秦史学会、殷商文化史学会、秦汉史学会、魏晋南北朝史学会、中外关系史学会。先秦史学会会长李学勤，副会长孟世凯等6人，秘书长孟世凯。殷商文化史学会会长胡厚宣，副会长李学勤、田昌五、李民等，秘书长田昌五，副秘书长杨升南、王宇信。魏晋南北朝史学会会长朱大渭，副会长黎虎，秘书长周伟洲，副秘书长童超、许辉、王光祖。秦汉史学会会长高敏，副会长李祖德、张荣芳、熊铁基、刘修明、葛剑雄、张传玺、黄今言，秘书长田人隆。中外关系史学会会长缺，副会长陈高华、夏应元等，秘书长耿昇。

历史所主办的刊物有《中国史研究》与《中国史研究动态》。《中国史研究》主编李祖德，《中国史研究动态》主编陈高华。1993年《中国史研究》出4期，《中国史研究动态》出12期。两刊共180万字。两刊在国内外学术界深受好评，但印刷厂一变再变，给刊物编辑、出版带来了很大困难，编辑部努力克服困难，保证刊物按期出版发行。此外该所思想史研究室与湖南岳麓书院文化研究所合办的《中国哲学》本年编出二辑，其中一辑已经问世。《清史论丛》在改变出版单位，度过生存危机之后，也于本年出版了一集。

举办学术会议情况。1993年8月，中国中亚文化史学会和新疆社会科学联合会、新疆文物考古研究所、新疆大学、西北民族学院、我院历史所在新疆阿勒泰联合举办了“丝绸之路与中亚文明”国际学术研讨会，与会代表90人，就经过阿勒泰地区的草原丝绸之路的路线及其文化现象进行了探讨。10月，先秦史学会及西南师大、重庆博物馆联合举办的“巴渝文化学术研讨会”在重庆北碚举行，到会54人，就巴渝历史文化诸问题进行深入研讨。9月，秦汉史学会主办的“秦汉史国际学术讨论会”在南昌举行，与会代表近百人，就秦汉史研究的诸多方面进行探讨。学会主办的会议之外，历史所与外单位合作，10月在安徽屯溪举办了“全国徽学学术讨论会暨徽学研究与黄山建设关系研讨会”，就徽学走向世界的趋势与徽学研究者的任务、徽学诸专题、徽学研究与黄山建设等主要问题展开研讨。历史所文化史室与上海大学文学院于10月在上海举办了“宋明思想文化与华夏文明国际学术讨论会”，就宋明思想文化和物质文化研究的诸方面问题展开讨论。

近代史研究所

（一）科研任务及组织工作情况

近代史所历年承担国家、院、所重点项目及中华社科基金项目共54项，其中国家“六五”重点项目3项、“七五”重点项目7项；院重点项目4项，院青年基金项目3项；所重点项目7项；中华社科基金项目30项。1993年，科研组织工作着重对这些项目特别是一些一再拖延的项目加强管理和检查。首先，要求各项目在认真总结历年工作的基础上，根据实际和可能，制定切实可行的年度计划。计划要落实到每一个项目参加者。一些与外单位合作的项目，要做好协调工作。其次，要求项目负责人以身作则，要把主要精力和时间投入该项目，发挥带头人作用。要全面掌握项目进展情况，遇到问题随时加以解决。再次，所领导年中集中检查一次，听取各项目进展情况的汇报，提出解决问题的办法，包括人员的适当调整。由于采取了这些措施，总的说来1993年各项目进展情况好于往年。

在加强管理上述重点项目的同时，对其他个人项目也要求制定较详尽的年度计划。对于新上的项目，则要求必须进行详细的论证。凡未进行论证并列入所科研计划的项目，年终考核和专业职务评聘均不计入个人科研成果。

（二）重要科研成果

1993年，共出版和完成专著20部，约760.6万字；论文集1种，30万字；通俗普及读物4种，约200万字；人物传记1种，19万字；资料、工具书4种，约143.1万字；译著3种，79.6万字。发表学术论文67篇，81.05万字；一般文章13篇，约9.52万字；译文11篇，15.83万字。

出版和完成的专著，属于国家、院、所和中华社科基金项目的有《中国通史》第8册、《中国边疆民族管理机构沿革史》、《太平天国的文献和历史》、《咸同时期地主阶级研究》、《曾国藩幕府研究》、《近代冀鲁豫乡村》、《商会与中国早期现代化》、《中国近代人口史》、《中美关系史》（1911～1950）、《中国新民主主义革命史长编》第4～5卷、《蒋介石与中国传统文化》，以及《中苏国家关系史资料汇编》等。

出版和完成的其他专著，重要的有《南宋金军事史》、《崇祯皇帝大传》、《20世纪初中国政治改革风潮——清末立宪运动史》、《北洋军阀时期的交通系》、《马克思主义中国化的历史进程》、《抗日战争时期的远东国际关系》、《中东铁路护路军与东北边疆政局》、《蒋经国与共产国际》、《中国文化史导论》、《中国近代文化史研究评述》、《闻一多传》、《现代学术史上的胡适》、《梁漱溟与现代新儒学》等。

（三）对外学术交流

1993年，近代史所出国与赴港澳地区参加学术讨论会或进行学术访问的共有23人次。参加学术讨论会的学者均提供了论文，积极发表意见，受到与会学者的普遍好评。

1993年，接待美国、日本等国及台港澳地区来访学者18人次。其中，有该所邀请的台湾“中研院”近代史所前所长、“中研院”院士张玉法；美国伯克利加州大学东亚研究所所长魏克曼；日本东京大学教授小岛晋治等著名学者。对来访学者，一般都安排学术讲演，或就其研究领域同本所学者座谈，起到了相互交流的作用。对来所进修的学者，在查阅资料和配备导师方面，也都给以妥善安排，使其在进修期间学术上确有长进。

（四）刊物

1993年，《近代史研究》、《抗日战争研究》均按时出版。《近代史研究》为双月刊，共出6期，主编夏良才，副主编梁尚贤。《抗日战争研究》为季刊，由中国抗日战争史学会主办，近代史研究所编辑，共出4期，主编张海鹏，副主编曾景忠。

1993年，《近代史研究》发表的论文，对中国近代的社会经济、政治、军事、文化、思想以及中外关系等方面都有所论述。其中第2期张振鹍《论不平等条约》一文，对近代以来所签订的各种中外条约作了条分缕析的具体论述，纠正了一些与史实有违的不确说法；第3期徐曰彪《近代香港人口试析》一文，通过大量档案史料，填补了香港史研究中的一项空白；第3期张海鹏《孙中山“社会革命”说正义》一文，对孙中山“革命”的概念作了历史分析，厘清了孙中山的“社会革命”与“社会主义”的界限。这些文章受到学术界的重视和好评。

1993年，在日本侵华研究方面，《抗日战争研究》发表了日中两国著名学者井上清和张振鹍的两篇论文，论述日本天皇对侵华战争负有责任；发表了台湾著名学者李恩涵论述日军对晋东北、冀西、冀中“三光作战”的论文；发表了一篇日军强征中国妇女为“慰安妇”的资料，均富有新意。另外，增加了抗日战争时期经济研究成果，全年发表这方面的论文共10篇，其中著名近代经济史学者黄逸平与李娟合撰《抗日战争时期经济研究述评》一文，对抗日战争时期经济的研究情况作了全面系统的介绍和分析，被日本《帝京史学》全文转载。发表抗战时期文化、社会民众状况的论文各7篇，内容涉及侵华战争中日本对中国文化的摧残，抗战时期的中央研究院和大后方的科技进步，抗战时期的农民、知识分子和难民救济等问题的研究。还发表书刊评介文章7篇，新辟“抗战纪念地纪念馆”专栏，发表介绍文章6篇，并配有图片。

（五）学会

中国史学会：1993年11月召开会议，选举产生了第五届理事会暨正副会长，会长戴逸，副会长（按姓氏笔画为序）丁伟志、王庆成、齐世荣、李侃、张磊、张椿年、林甘泉、金冲及，秘书长张椿年。新一届理事会产生后，继续把编辑出版《中国历史学年鉴》作为一项经常性工作，并成立新一届编委会。同年11月，还与全国台湾史研究会联合在北京举办了台湾史问题学术讨论会。

中国孙中山研究会：会长胡绳，副会长刘大年，秘书长金冲及。1993年主要协助中华书局编辑“辛亥革命80周年国际学术讨论会”论文集，同年正式出版。同时接待了台湾、香港地区和日本的知名学者，就中国近代史研究的一些问题进行交流。学会负责人还与日本孙文研究会新任负责人就1996年纪念孙中山诞辰130周年学术讨论会问题交换意见。

抗日战争史学会：会长刘大年，执行会长白介夫，秘书长白介夫兼，副秘书长张海鹏、张春祥、张承钧等。1993年，召开学会学术委员扩大会议，研究“抗日战争史丛书”书目及编写方案，5月13～16日召开专题会，进一步落实编写计划。同年1月还与近代史所、美国日本侵华研究学会、美国伊利诺州立大学联合在北京召开了“第二届近百年中日关系史国际研讨会”。

中国中俄关系史研究会：初名华北地区中俄关系史研究会，1991年改称现名，成为全国性学术团体。1993年9月召开会议，选举产生新一届理事会暨正副会长，会长余绳武，副会长（以姓氏笔画为序）吕一燃、刘存宽、孟宪章、罗明、特布信，秘书长薛衔天。同年9月，协助本所在满洲里市召开了“中苏关系与中俄关系双边（中俄学者）学术讨论会”。中方学者40人出席了会议，提供论文30篇。俄方学者有10人提供了论文或报告提纲。俄方学者虽因经费困难未能出席会议，会议仍围绕中苏关系与中俄关系史研究中的某些重要问题，展开了热烈的讨论。

中国现代文化学会：会长丁守和，副会长耿云志、杨天石、陈昊苏、高占祥、张椿年等，秘书长杨天石。12月，与海南大学联合在海南省海口市举办“现代中国的文化走向国际学术讨论会”。来自日本、韩国、美国、加拿大、澳大利亚等国以及中国各地的学者七十余人出席了会议，提供论文或报告提纲七十余篇。会议围绕中国文化的现状、如何建设有中国特色社会主义新文化等问题，进行了广泛热烈的讨论。同年并组织编写《中国历代治国策选粹》一书，该书出版后获国家教委优秀学术著作奖。

世界历史研究所

（一）科研工作

世界历史所的科研人员承担的国家、院重点研究项目，共26项。已完成了“主要资本主义国家工业革命比较研究”、“哥伦布发现新大陆对世界历史发展进程的影响”、“朝鲜史纲要”、“美国垄断资本主义制度的形成”、“苏联演变的历史教训”、“苏共演变的教训”、“16～18世纪中西文化交流中的主要人物”共7项，分别交出版社或正在联系出版中。其他项目绝大部分都按计划进行，其中“赫鲁晓夫时期的苏联”、“当代苏联史学理论”项目因故推迟。在抓紧对重点研究课题进展情况督促检查的同时，该所还为拓宽研究领域，进行了研究重点的调整。在社会主义市场经济蓬勃发展的形势下，为使史学研究跟上历史前进的步伐，更好地为现实服务，确定今后以研究资本主义四百年作为所的研究重点。例如，为配合我国同英国在香港问题上的斗争，组织了一些科研人员撰写并出版了《大英帝国从殖民地撤退前后》、《香港与英国的殖民撤退》、《英国如何撤出殖民地》三本书，揭露英国从其殖民地撤退时为保存其既得权益玩弄过的种种伎俩和策略手段。由于学风严谨，有论有据，社会上对这些书的反映不错，其中由香港文汇出版社出版的《英国如何撤出殖民地》一书，得到江泽民同志的肯定。有一些同志，积极承担了江流同志主持的院重点课题《苏联剧变的历史教训》的写作任务。

1993年发表的各类科研成果，有专著8种，论文65篇，研究报告12篇，论文集2部，编著1种，译著9部，工具书2种，普及读物2种，文章56篇，译文2篇，编辑发行期刊22期，共计1687.3万字。

（二）对外学术交流

派遣9人出国访问、考察和进修。还邀请了一些自费来华和兄弟单位邀请来华的专家学者（先后有加拿大、日本、韩国、法国、香港等国家和地区的学者）来所进行学术交流，取得了较好的效益。5月份由本所的加拿大研究中心与加拿大学者共同召开的关于加拿大和西方的民主问题学术讨论会，对于提高学术水平、进行学术交流，起了有益的作用。

（三）举办学术会议

1. 世界古代史专业委员会第四届年会暨第一次世界古代史国际学术讨论会，于1993年9月在天津召开。该会有国外学者80人、国内学者40人参加。围绕国家的形成与古代城市国家和古代各文明的文化联系与比较两大主题展开了讨论。

2. 中国日本史学会和天津社会科学院、中国国际文化交流中心联合主办的中国日本史学会第四届年会暨“日本人与国际化”国际学术讨论会，于1993年8月18～23日在天津举行。出席讨论会的中外学者近百人。

会议分两个阶段进行。第一阶段（18～19日）为中国日本史学会第四届年会。对六年来工作作了总结，并修改了学会章程。经过选举，产生了中国日本史学会新的一届领导班子，万峰教授连任会长。

会议的第二阶段（20～23日）为国际学术讨论会。以“日本人与国际化”为主题的国际学术讨论会，在我国尚属首次。会议共收到论文六十余篇。这些论文从各个领域集中探讨了日本人与国际化问题。学术讨论会分古代史组、近代史一组、近代史二组三个组进行。

古代史组的中外学者，从飞鸟、奈良、平安时代日本对外交流的角度，特别是与中国的隋唐、朝鲜半岛的高句丽、新罗、百济间各个领域（人员、制度、都城、舞乐、文字等）的交流，论述当时日本国际交往的程度与内容。会上的论文集中反映了日本古代与朝鲜半岛的多方面的联系。决定在中国日本史学会内设立“日本渤海关系史专业委员会”。

近代一组的中外学者围绕着日本近现代史的国际问题，从不同角度和层面，发表了各自的看法。对“国际化”的定义、日本国际化的途径、国际化的类型、国际化的起点、日本实现国际化的阻碍因素等问题展开了讨论。与会者认为，日本的国际化问题是个既有学术价值，又有现实意义的大课题，对其实质、衡量基准、程度估计、发展前景等都值得进一步探讨。

近代二组学者集中对日本过去的战争责任、军国主义再起的可能性等问题进行了讨论。

3. 中国朝鲜史研究会于1993年8月11～14日，在高句丽故都——我国吉林省集安市，首次举行“高句丽文化国际学术讨论会”。出席会议的中外学者、人士共136人，其中韩国75

人，中国大陆53人，朝鲜5人，日本、香港、台湾各1人。会议就好太王碑文的别体字，碑文中“辛卯年纪事”的解释，《三国史记》有关高句丽的记载，高句丽对外关系，高句丽墓制和葬俗，高句丽王系和“句丽”族等问题进行了广泛的讨论。会议期间，集安市博物馆还组织与会者参观了好太王碑、太王陵、丸都山城、高句丽古墓壁画，以及被誉为“东方金字塔”的高句丽将军坟和“金字塔群”中的洞沟古墓。

文学研究所

根据院工作会议的精神，文学所1993年度工作的总体要求是，贯彻落实党的十四大精神，全面执行党的基本路线，团结全所同志进一步解放思想，深化改革，充分发挥主动性和积极性，发展科研生产力，提高科研水平，多出成果，多出人才，努力把本所建成符合国家现代化建设需要的高级文学研究机构。

由于所领导班子长期不健全，党委领导下的所长分工负责制未能建立，党的基层支部也未能如期改选，许多方面的工作都存在相当的困难。但在院领导的关怀和全所同志的共同努力下，保持安定团结的局面，全年工作还是有成绩的，主要表现在：

（一）以科研为中心，推进学科建设和发展，完成了大量科研任务

全年计发表论文346篇，278万字；专著27部，501万字；编辑刊物、资料51种，共3088万字；工具书6种，774万字。以上合计4631万字。其中纪念毛泽东同志诞辰百周年的论文6篇，工具书1部。文学史性质的著作3部，理论和评论著作16部，作家研究的著作2部。本所主编的《文学评论》、《文学遗产》、《文学年鉴》等大型刊物，也圆满完成自己的编辑任务。研究人员编辑的丛书与套书，本年已有许明主编的《知识分子丛书》、台港室主编的《台湾文学大系》、古代室编的《中国古典文学名著分类集成》等陆续出版。陈骏涛主编的《跨世纪文丛》已全部出版并得到社会的好评。

科研管理上，贯彻突出重点、分层管理的方针，继续清理和完成重要的科研课题，其中国家重点经过调整部署与计划，《唐代文学史》、《宋代文学史》已完稿交付出版社，《当代文学思潮》已完成初稿近50万字，《文学原理》已出版《作品论》、《创作论》、《发展论》三卷外，所余两卷《鉴赏论》、《批评论》也已完成初稿。院重点项目《马克思主义美学史》正在进行，《新中国文学史》作前期准备。此外，若干国家社科基金资助项目和所重点项目也在按计划进行中，但进度不够平衡。

为开拓新的研究领域，填补重要的研究空白，该所筹建了世界华文文学研究中心，开展对本世纪散布五大洲的华文文学的地区性与综合性的研究；还拟筹建影视文学研究中心，试图在影视创作评论方面多做些工作。世界华文文学研究中心已呈报院领导审批，并开始工作。

为加强学术交流，提高科研水平，本年度该所通过各种渠道，派出访问者16人，分别到英、美、德、奥、日等国，并接待来访和进修的学者4人，参加在京召开的国际会议的海外学者34人。除各研究室、编辑部召开的小型学术讨论会6次外，还主办了“中国古代小说国

际讨论会”，与中国作协、中国文联共同主办了“丁玲创作国际讨论会”、“周颖南创作讨论会”等大、中型的学术讨论会；还派出多批学者分别参加国内召开的“世界华文文学国际讨论会”、“中国当代文学讨论会”、“《金瓶梅》与《水浒》讨论会”、“文学理论讨论会”等。另有两名学者被甄选参加全国性的毛泽东与马克思主义讨论会、毛泽东生平与思想讨论会，还有两名学者应邀赴台参加学术会议，还组织召开本所的学术信息交流会多次。上述学术访问和讨论活动对于开拓学术思想视野，交流学术心得和信息，促进各学科的建设与发展，都起到了良好的作用。

（二）为检阅本所科研成果，表彰优秀著作，继承和发扬优良学风和传统，促进全所的现代化建设，举办了建所 40 周年纪念与展览和建院 15 年来科研成果的评奖活动

建所 40 周年纪念活动于 5 月举行，除召开大会外，还举办了全所科研成果的展览。此次活动对增进全所的凝聚力，提高学术信心，继承和发扬优良传统，确立攀登现代化的决心都起到了良好的作用。下半年又根据院的指示进行了十多年来全院性优秀学术成果的评奖工作，经过个人申报和所、院级学术委员会审定和投票甄选，本所获得院优秀成果奖的项目有 9 个，其中专著 5 部、论文 2 篇、资料 1 种、普及读物 1 种。之后，本所又进行了所一级的评奖。经所学术委员会多次讨论并投票通过，获得所优秀成果奖的有 16 种，其中专著 9 部，论文 4 篇，资料注释 3 种；获得所科研成果表彰奖的有集体项目 17 个。

此外，许明的论文集《轻拂那新理性的风——人文研究的思想论集》（河南人民出版社 1993 年 2 月版）获河南人民出版社优秀学术著作一等奖，北方十五省优秀社会科学著作奖；李洁非的论文《物的挤压》（《上海文学》1993 年第 11 期）获第六届“亿事达”杯《上海文学》奖。

该所 1993 年度工作要点的有些部分没有完成，有的属于报院审查后未获准，如申请成立文学世界出版社和创办《文学纵横》资料月刊、《雅族》月刊以及召开全国社科院系统文学研究所所长联席会；有的因资金不足而中断计划的，如出版建所 40 周年纪念论文集和建立集中管理的计算机室（即现代科研手段管理中心）；有的因尚未申请到执照而难于正式运行的，如中华文学事业发展基金会虽经院批准，中国人民银行金融管理司尚未批准办理执照。

少数民族文学研究所

1993 年是“八五”规划的第三年，也是深化政治经济体制改革的重要年代。根据院工作会议精神和 1993 年所科研工作重点，在所党委领导下，该所同志坚定科研工作方向，精神振奋，团结协作，发挥优长。在科研工作方面以抓重点项目为中心，积极主动地参与和完成国家、院、所重点项目，努力攻关，不断进取，开创了学术研究的新局面，推动了本所科研工作的新发展。

(一)科研工作概况

1993年,该所在编科研、编辑、图资系列人员总计42人。研究员5人,副研究员、副编审、副研究馆员11人,助理研究员、编辑、图书馆员25人,未定职1人。其中长期出国进修1人,短期出国进修1人。全年完成各类科研成果402.91万字。其中出版专著2部,计49.6万字;独译译著1部,计66万字,承担部分译著4部,计31万字;小册子2部,计23万字;论文39篇,计59.6万字;学术译文5篇,计4.7万字;一般文章22篇,计16.51万字;学术资料集1部,计30万字;学术资料1篇,计1.5万字;工具书,计40万字;辞条6万字;编辑《民族文学研究》4期,56万字;完成《1993年中国少数民族文学论文、作品索引》约19万字。

(二)重点课题执行情况

国家"八五"重点课题2项:

《中国少数民族文学史·文学概况丛书》(刘魁立、邓敏文承担),系由本所牵头、组织全国民族文学研究力量协同完成的项目。该课题"七五"期间已经完成20个民族卷。在"八五"期间课题设计中,计划完成25个民族卷。至1993年12月已经出版的有(侗、布依、毛南、赫哲、纳西、京、鄂伦春、仫佬等)8个民族卷,约300万字;已完成并通过评审的书稿有(藏、黎、普米、傣、布朗、基诺、阿昌、拉祜、珞巴、门巴、满、蒙古、保安、东乡、乌孜别克、塔吉克等)16个民族卷。另外已经完成,但未送审的有土家、水、回(1、2、3卷)共3个民族卷,约200万字,其余正在拟订和撰写之中。

《格萨(斯)尔》艺人演唱科学版本(降边嘉措等承担),也是由本所牵头协同全国《格萨(斯)尔》研究人员、艺人、工作人员共同完成的项目。计划在"八五"期间出版10位艺人的演唱本。年内已全部落实协调和规划工作。

全国社科青年基金课题3项:《藏族原始信仰与神话研究》(谢继胜承担,1989～1992),已完成。《纳西族经籍文学研究》(白庚胜、巴莫曲布嫫承担,1990～1993),最终成果为一部专著,需延期完成。《蒙古〈胡尔齐〉故事研究》(斯钦孟和承担,1991～1993),最终成果为小册子一本,现正按计划进行。

院重点项目3项:《中国少数民族古代文论研究》(汤晓青,1991年正式立项),计划1994年完成,最终成果为专著一部。《清代蒙汉文学关系研究》(扎拉嘎承担,1992年正式立项),计划1995年完成,最终成果为专著一部。《中国南方各民族文学关系研究》(刘亚虎承担,1992年立项),计划1995年完成,最终成果为专著一部。

院青年基金课题1项:《环渤海湾远古少数民族文化研究》(苑利承担,1993～1996),最终成果为一部专著,目前正在进行之中。

所级重点项目5项:《突厥语族史诗、叙事诗母题研究》(西北室集体承担,1992年立项),计划1995年完成,最终成果为专著一部。《满族萨满神歌译注》(宋和平承担,1992年立项),1993年完成,现已出版专著一部。《民族文学史建设论稿》(邓敏文承担,1993年立项),计划1995年完成。《锡伯族萨满教考察》(孟慧英承担,1993年立项),计划1995年完成。《哈萨克民间文学与东西方文化》(木塔里承担,1993年立项),计划1995年完成。上述各课题正在按计划进行。

《中国少数民族史诗研究》系"七五"国家重点项目，原设计 1990 年完成最终成果，计 5 部专著。至 1991 年完成并已出版其中 2 部专著，1993 年完成待出版 2 部专著，尚有 1 部计划 1994 年完成。

《中国少数民族当代文学研究》系"七五"院重点项目，原计划 1990 年完成，最终成果为 2 部专著。其中 1993 年完成并出版一部专著，另一部 1993 年完成待出版。

(三)学术会议

年内，召开两个国际学术讨论会。7 月 22～26 日，由本所"格办"和内蒙古"格办"在内蒙古锡林浩特市共同召开"第三届《格萨(斯)尔》国际学术研讨会"。会议以蒙古族《格斯尔》为主要议题，围绕《格萨(斯)尔》中反映的宗教观念等中外"格学"研究课题交换研究成果。来自国内外的 71 名专家学者和从事《格萨(斯)尔》组织领导、出版工作的负责人出席了研讨会。

10 月 19～23 日，由本所和哲学所牵头与新疆社科院在京共同召开了《福乐智慧》国际学术讨论会。会议不仅对于确立《福乐智慧》在中国文学史及中亚文学史中的地位有重要的学术意义，而且在促进民族文化交流、加强民族团结方面亦有着重要意义。来自国内外的四十余位学者作了专题发言并提交了论文。

(四)科研管理工作

1. 对外学术交流。

1993 年该所共有 9 人出访。其中俄罗斯 1 人，哈萨克斯坦 1 人，澳大利亚 1 人，日本 2 人，德国 1 人，韩国 1 人，印度 1 人，瑞士 1 人。接待院级协议项目和所级项目来访外宾 4 次。其中哈萨克斯坦 1 次，匈亚利 1 次，蒙古 1 次，日本 1 次。这一年度中，为了配合重点科研项目的完成以及其他科研工作，本着"积极稳妥、对我有利"的对外学术交流原则，利用各种条件，其中包括利用国外资金；利用院级交流渠道；利用院所外事经费；尽可能多地创造对外交流的机会，支持研究人员进行对外合作研究和学术交流，使他们在学术研究的前沿发挥好学科带头人的作用。同时也为中青年学者提供更多的学术交流、学术进修的条件和机会，使他们进一步开阔学术视野，学习国外的先进科研手段，及时掌握和了解国际的学术动态，加强了与国外同行的学术联系，外语水平也有了突出的进步，从而使更多的中青年学者在学术研究方面更加明确了自己的研究方向，提高了学术研究水平，一批中青年学者正在日益成长为科研骨干力量。

2. 优秀科研成果的评选工作。

经院务会议批准，依据《一九九三年中国社会科学院优秀科研成果评奖条例》及《一九九三年中国社会科学院优秀科研成果评奖条例实施办法》的精神，该所开展了首届优秀科研成果评奖活动，此次评奖范围是：我院科研人员和离退休人员自 1977 年 5 月至 1991 年底在本院工作期间出版、发表的符合《一九九三年中国社会科学院优秀科研成果评奖条例》第四条规定的成果。所领导对此项工作很重视，分别召开了党委会和所务会议专门研究文件精神，并制定了实施方案，科研办进行了具体的组织工作。共有 19 人申请了 23 项成果，为了能够让全所同志广泛地了解这些成果的学术水平，增强大家参与这一活动的意识，科研办组织由申请人对自己参评项目进行自我介绍；并由学术委员会成员对这些成果进行认真审阅。6 月 25 日所学术委员会进行讨论和投票，分别确定了所级和上报院级的优秀成果。被评为院优秀成果的有仁钦道尔吉等的《蒙古民歌一千首》(学术资料类)。被评为所一级优秀成果的有九项:专著类:扎拉嘎《尹湛纳希年谱》、郎樱《〈玛纳斯〉论析》、刘亚虎《原始叙事性艺术的结晶——原始性史诗研究》;论文类:仁钦道尔吉《蒙古英雄史诗情节结构的发展》、刘魁立《世界各国民间故事类型索引述评》;科普类:刘魁立《中国民间文化丛书》;学术资料类:仁钦道尔吉《蒙古民歌一千首》、吴碧云《仓央嘉措及其情歌研究》;调查报告类:杨恩洪《土族地区流传之〈格萨尔王传〉探微》;译著类:谢继胜《西藏宗教艺术》。被评为所级优秀成果的有7项,专著类:邓敏文《神判论》、巴雅尔图《蒙古族第一部长篇神话——原始性史诗研究》;论文类:谢继胜《战神杂考》、李源《从印度的罗摩衍那到泰国的〈拉玛坚〉和傣族的〈拉嘎西贺〉》、朝戈金《蒙古史诗中的草原游牧文化特质》;资料类:丹布尔《卫拉特英雄故事》。

外国文学研究所

1993年度外文所承担国家、社科基金、院重点项目20项、所重点项目12项。主要为外国文学史、思潮流派研究,重要作家、作品研究和重要理论翻译。国家"八五"重点项目"二十世纪国别文学史"包括《波兰文学史》、《墨西哥文学史》、《俄苏文学史》、《意大利文学史》、《德国文学史》、《埃及文学史》、《北欧文学史》等7部,已经开始撰写,预计1996年完成。全所本年度共发表专著6部、论文集4部、论文61篇、译著16部、编著15部。与上一年度相比,学术成果有显著增加。编辑部按期出刊。《世界文学》编辑部,主编李文俊、副主编金志平,本年改为《世界文学》杂志社,扭转了长期亏损的局面;共发刊6期150万字,各期都有现当代重点作家、作品的介绍,如俄罗斯中青年作家作品小辑、卡夫卡110周年专辑、皮兰德娄小说选等,开辟了"20世纪名家作品选登"栏目。《外国文学动态》复刊,主编李文俊,副主编严永兴。全年共出9期110万字。《外国文学评论》主编吴元迈,副主编韩耀成、盛宁。本年度出刊4期100万字,开辟了"浪漫主义文学"专栏。《外国文学研究集刊》第15期30万字。《世界文论》编辑部,主编钱善行、副主编谭立德,全年编辑4期约80万字,2辑已出版。为悼念外国文学研究所前所长冯至先生逝世,编辑出版了《冯至先生纪念文集》,共36万字。本年度俄语语言文学专业刘文飞,英美语言文学专业孔根红,博士论文答辩通过,获博士学位。

本年度派出交流访问进修学者14人次,前往香港、俄罗斯、韩国、日本、匈牙利、波兰、泰国、加拿大、意大利、美国、埃及等国家和地区。境外来访学者4批,计有以色列诗人耶胡达·阿米亥,台湾学者金陵、黄文范,韩国翻译协会代表团,英国作家莱辛和美国文艺理论家詹姆逊先生。国内的学术活动主要有10月在桂林召开的"异化:20世纪外国文学中的社会批判意识"学术讨论会,通过对西方现代文学现象的考察,多角度地探讨了异化与西方现代文学的关系。7月组织外国文学高级研讨班,为期半个月,受到地方院校外国文学教师的欢迎。

外国文学学会会长冯至,副会长季羡林、吴富恒、叶水夫、杨周翰、王佐良、吴元迈,秘书长黄宝生。印度文学学会会长季羡林,副会长刘安武、石素真,秘书长倪培耕。西葡拉美文学研究会会长沈石岩,常务副会长林一安,副会长赵德明、尹承乐、施永龄,秘书长赵德明。1993年8月召开"西葡拉美文学评论研讨会",中心内容是互相交流经验,以提高文学评论的水平,提出评论要有独立判断的能力，说真话，态度真诚；同时要深入领悟作品内涵，把握作品艺术神韵。阿拉伯文学工作委员会会长刘麟瑞，副会长归运昌、仲跻昆、朱威烈、郅溥浩，秘书长伊宏。9月举行埃及文学家叶海亚·哈基生平创作报告会。11月在杭州举行“阿拉伯文学与伊斯兰文化学术研讨会”。意大利文学工作委员会会长吕同六，副会长张金森，秘书长吴正仪，4月初意大利文学学会与中央实验话剧院联合举办“哥尔多尼喜剧研讨会”，纪念该剧作家逝世250周年。中央实验话剧院排演哥尔多尼喜剧《老顽固》，学会对此剧的译文和排演进行了文学指导，中央电视台转播了演出实况。

语言研究所

(一)科研工作情况

1993年列入语言所科研计划的项目共85项，其中国家与院、所重点项目15项，包括国家的“八五”重点项目《现代汉语方言大词典》、《人机对话中的语音学问题》；中华社科基金项目《汉语运用的制约因素》、《现代汉语话语关联》、《现代汉语方言音库》；院重点项目《现代汉语句型研究》、《现代汉语大词典》、《唐宋语言研究》等。各类重点项目全部按计划进行。全年共完成专著9种(418.6万字)，学术论文89篇(72.76万字)，研究报告2篇，学术资料3本，译著2种(57万字)，译文8篇，工具书7种，一般文章9篇，软件9种，编辑论文集4本(125.8万字)，编辑期刊18期(186万字)。

(二)对外学术交流

1993年语言所接待海外学者共60人次，来访渠道包括院级协议、所级项目以及临时访问。交流国家及地区有美国、韩国、日本、俄罗斯、香港及台湾。交流方式为长期进修、访问座谈及学术报告。交流内容涉及理论语言学、词汇学、汉语教学与研究等领域。全年出访学者共10人次。出访国家及地区有美国、法国、日本、瑞典、香港等。交流方式主要是参加国际学术会议、短期考察和应邀讲学等。交流渠道主要是院级协议和对方邀请。

法学研究所

（一）科研成果

法学所1993年共出版、发表（含与外单位合作）专著29部，论文159篇，各类研究报告26篇，译著译文26部（篇）。其中，有代表性的作品包括《有中国特色的社会主义》、《依法行政论》、《澳门基本法导论》、《国际环境法导论》、《刑事诉讼法新论》、《知识产权法教程》等专著,《法理学面临的新课题》、《当代西方法哲学基本问题》、《论法系的划分方法与标准》、《宪法结构与宪法内容的比较研究》、《市场经济与经济法学的发展机遇》等论文,以及《我国参加世界人权大会的理论对策与建议》(上、下)、《访问印度、斯里兰卡、新加坡三国考察报告》、《进一步完善人民代表大会制度的几点建议》、《文化市场也应打击假冒伪劣》等各类研究报告(分别上报上级有关部门)。

(二)重点课题研究工作

1993年,法学所共完成各类课题五项,其中国家社会科学基金课题两项,院重点课题两项,所重点课题一项。当年立项的各类课题共9项,其中国家"八五"重点课题1项,国家社会科学基金课题5项,院重点课题3项。目前,这些课题的研究工作已经全面展开,进展顺利。

(三)参与立法工作,为司法、行政部门提供咨询意见

1993年,法学所先后参与了《公司法(草案)》、《对外贸易法(草案)》、《会计法修正案(草案)》、《证券法(草案)》、《国家赔偿法(草案)》、《消费者权益保护法(草案)》、《农业基本法(草案)》、《公平交易法(征求意见稿)》等二十余个重要法律的起草和修改工作,为法院、检察院、工商、经贸、科委、专利、版权等部门提供无偿咨询服务计数十次。

(四)学术会议和对外交流

1993年,法学所举办的"中日民商法与市场经济法律秩序"研讨会,产生了较大的影响,效果良好。

1993年,法学所出访33批49人次;接待来访46批133人次。

(五)刊物

《法学研究》(双月刊),1993年共出版6期,每期6个印张,14.9万字,印数11500册。

《法学研究》为向国内外发行的学术理论性刊物,宗旨是结合我国社会发展,特别是民主法制建设的实际,发表研究立法、司法以及各法学学科建设有关理论的高质量学术论文,提倡广泛借鉴各国进步的法学理论和立法经验,理论联系实际,为我国法制现代化服务,并注意扶植培养年轻学者。

1993年主编为李步云。

《外国法译评》(原《法学译丛》),1993年共出版4期,每期7个印张,112页,16.7万字,印数2000册。

本刊为季刊,国内外发行。本刊的宗旨是促进我国对外国法律和法学的了解和研究,为我国的法学研究和教学服务,为我国的法制建设服务。

本刊的内容主要包括:(1)外国法学各领域的最新发展动态;(2)外国法专题研究;(3)法学各个学科和领域中的比较研究;(4)外国现行法律研究;(5)外国重要判例研究;(6)重要国际法律学术会议报道;(7)专门研究外国法的学术著作和外国人士的法学著作的书评;(8)外国重要现行法律。

本刊 1993 年的主编为任允正。

政治学研究所

（一）科研成果情况

政治学所 1993 年全年完成专著 8 本，200 万字；学术论文 36 篇，27 万字；研究报告 9 篇，8 万字；译著 5 本，113 万字；译文 3 篇，3 万字；工具书 1 本，7 万字；辞条 45 条，7 万字；一般文章 12 篇，4 万字；论文集 1 本，30 万字。

（二）重点课题执行情况

1993 年列入政治学所科研计划的项目有 29 项，其中属国家、院所重点项目的有 14 项。包括：国家社科基金项目“西方国家政治制度剖析”、“东盟六国政治发展模式比较研究”、“改革开放中利益分化、利益协调”；院重点项目：“马克思、恩格斯政治学说研究”、“当代西方民主理论与思潮剖析”、“我国县级政府机构改革研究”；所重点项目：“政府职能转变与国家机关后勤管理体制改革”、“企业政治建设研究”、“法国高级公务员制度初探”、“县级行政改革初探”、“中国政治学藏书目录”、“有中国特色社会主义政治”等课题，正在按计划进行，《中国县级政府机构改革》、《社会形势与预测》（研究报告）已如期完稿并报院科研局和有关部门。

（三）学术会议和外事活动

1993 年，政治学所与中国政治学会、浙江省政治学会、浙江省行政学会、浙江省省委党校联合召开了全国性的“政府职能转变，精简机构和人事制度改革”研讨会，与会者八十余人，论文四十多篇。为纪念毛泽东诞辰一百周年，该所组织了一次“毛泽东对马克思主义政治学说的贡献”理论讨论会。另外有些同志应中央有关部门的邀请参加了一些现实问题的论证会并受到有关部门的重视与好评。配合院交流协议共接待英、澳、俄及港台地区来访学者十余人次。两人赴澳大利亚进行学术访问；一人赴法国进修学习。出访人员回国后均能如期写出出访报告并向所里口头汇报。

（四）图书资料工作

1993 年政治学所共购进中外文图书 1500 余册，中外文报刊 209 种，完成了登录、分编、加工上架工作。除坚持正常借阅制度外，还抽力量、挤时间对所重点项目“中国政治学藏书目录”39847 张条目进行编排、抄写，预计 1994 年年初可以交出版社。

民族研究所

1993年民族所共完成专著25种，468.9万字；学术论文245篇，245.25万字；研究报告18篇，16.45万字；学术资料1种，802.1万字；译文20篇，18.54万字；工具书5种，95万字；软件2件。

（一）科研项目承担情况

承担国家重点项目3项："建国后新创和改进民族文字试验推行经验总结和理论研究"、"中华民族凝聚力的形成和发展"、"世纪之交世界民族主义及其发展趋势"。

承担全国社科基金项目10项："少数民族语言方言研究"、"少数民族语言音档及主要语音现象实验分析"、"中国少数民族文字处理研究"、"近代新疆反分裂斗争史"、"中国少数民族语言文字多媒体数据库的研究"、"苏联、东欧与中国民族问题对比研究"、"中国游牧社会经济史"、"改革进程中的民族关系"、"民族妇女传统与发展"、"西藏封建农奴制社会形态"，其中，"中国少数民族文字处理研究"一项已完成。

承担国家自然科学基金项目3项："藏语拉萨话语音分析与合成"、"哈萨克语音声学分析研究"、"藏缅语语料库及比较研究的计量描写"。其中，"藏语拉萨话语音分析与合成"一项已完成。

承担院重点项目8项："当代政治与民族问题"、"九十年代我国民族关系发展趋向与对策"、"中国历代民族政策研究"、"中国断代民族史"、"中国少数民族法制史"、"西藏近三百年政治史"、"中国少数民族现状与发展调查"、"西藏人权问题"。其中，"中国历代民族政策研究"一项已完成。

承担社科基金青年项目3项："苗瑶语言计量研究"、"中国通古斯诸语比较研究"、"自然信仰对中国少数民族社会生活的影响"。

国际合作项目1项："世界的书面语·中国卷"、"世界各国语言的组成·中国部分"。目前已经完成。

完成的较重要的著作有：《中国少数民族语言文字使用和发展问题》、《中国少数民族文字》、《世界民族概论》、《中国历代民族问题研究》、《早期传教士进藏活动史》。与外单位合作的专著有《1992～1993年中国民族关系状况分析与预测》、《毛泽东思想研究》、《少数民族地区九十年代经济发展战略探讨》等。

（二）学会工作情况

民族所主管的七个学会共召开5次学术会议：中国民族语言学会（会长马学良，副会长孙宏开）于1993年8月26～29日在呼和浩特市召开了中国民族语言学会北方片学术讨论会。中国世界民族学会（会长赵延年，副会长郝时远）于10月26～30日在桂林召开中国世界民族学会第五届年会暨学术讨论会。中国民族学学会（会长宋蜀华，秘书长夏之乾）10月中旬在四川乐山召开第五届学术讨论会。中国民族理论学会（理事长伍精华，副理事长果洪昇）于12月14日在京召开纪念毛泽东诞生一百周年暨毛泽东民族理论研讨会。中国突厥语研究会（会长哈米提，秘书长赵明鸣）于12月21～24日在北京召开中国突厥语研究会第七次学术讨论会。以上学会活动，与会共470人次，促进了学术成果交流和学科建设、发展。

（三）对外交流

民族所在1993年度共有18位研究人员访问了墨西哥、加拿大、美国、日本、韩国、哈萨克斯坦、俄罗斯、泰国等国家和台湾、香港地区；接待了来自美国、澳大利亚、荷兰、俄罗斯、哈萨克斯坦、日本、泰国、韩国等国家和香港地区的30位学者。与俄罗斯圣彼得堡博物馆、美国MRM公司、美国应用人类学会、德国哥廷根科教影片研究所等机构的合作研究在实施或洽谈中。

（四）刊物

《民族研究》　主编：杜荣坤

1958年创刊，为全国民族研究的综合性学术刊物，双月刊。在编人员6人，其中编审1人，副编审3人。

主要刊登民族理论、民族政策、民族经济、民族历史、民族学、民族语言文字及世界民族的研究论文，发表有关民族方面的调查报告、学术资料、史料考证、书刊评介及学术动态报道等。

《民族语文》　主编：照那斯图

1981年创刊，双月刊。在编人员6人，其中副编审3人。

主要刊登少数民族语言系属、方言划分、不同语言比较，以及各种语言文字的概况、民族古文字文献研究、民族语言调查研究报告、民族语文政策的通论性文章、研究动态和民族语文工作简讯。

《民族译丛》　主编：郝时远

1979年创刊，定名为《民族译丛》，双月刊。在编人员5人，其中副译审3人。

该刊以刊登论述国外民族与民族关系问题的论文为主，辟有马克思主义民族理论研究，国际热点问题透析，民族社会的变革与发展，民族传统文化与现代，国外学者对中国民族的研究，人类学与民族理论和方法，国外民族考察报告，图书评介，人物与机构介绍，国际会议报道等栏目。

（五）图书资料工作

1993年民族所图书资料室共收集和分类编目了国内外各种文字的书籍、报刊、资料3106册（种），圈剪报刊资料2.4万份，编辑各专题资料汇编5种，接待读者6287人次，调整了书库，建立了声像、缩微资料库和微机管理系统，为科研工作的顺利进行，提供了有力的保证。

社会学研究所

（一）科研工作

1993年社会学所共完成学术著作19种，324.2万字；学术论文92篇，111.1万字；译著1种，25万字；译文14篇，23万字；调查研究报告30篇，92.8万字；学术资料5种，43.1万字；工具书2种，21万字；普及读物7种，52.7万字；编辑著作3种，73.4万字；编辑各种期刊20期，474.4万字。

完成了“七五”期间各级课题的扫尾工作。“八五”期间承担国家重点课题四项，社科基金课题五项，院重点课题九项，部委委托课题六项，国际合作课题五项，均按原订计划顺利进行。

1993年主要抓了以下几方面的工作：

1. **立足对我国国情的认识，大力支持和扶植有关国情研究的各种课题**。承担的“七五”、“八五”国家重点课题《百县市情调查数据库》完成了第三、四批县、市调查问卷的数据录入建库工作，并开展该项调查资料的深度开发。经过一年的努力，建库工作确定了程序和规范，走向正轨。

2. **充分发挥社会学研究成果为改革开放、为党政有关部门的决策服务**。完成了由院领导牵头、院内社会政法片各所参加，社会学所具体组织实施的院重点课题“社会形势分析与预测”1993～1994年社会形势分析报告，报告发表后引起国内外极大的反响。

与中央各部委合作，开展私营工业者状况调查研究，参与“全国社会治安形势”、“全国知识分子状况调查”等课题的研究，并主持问卷设计、调查方案设计、数据处理等工作，博得有关部门的好评。

3. **加强学科建设**。以数据库课题组为中心，通过开展“中国的家庭、工作和社会心理”（与美国芝加哥大学、杜克大学的国际合作课题）、“中国城市家庭研究”（院重点课题）等课题研究，确立和推广了标准的量化研究规范。

4. **积极转化学术成果**。与大众传播媒介合作，推出一批既反映社会热点，又具有一定学术性的题目，如参与中央电视台“大流民”、“企业效益纵深行”、北京电视台“经济、社会18分钟”等节目的编制工作；“社会指标体系研究”课题在《经济日报》等报刊上发表了有关当前我国城乡社会发展水平的系列论文，积极帮助广大群众充分了解改革开放的大好形势和所取得的成果，正确认识当前出现的某些社会现象。

5. **抓紧科研队伍的组织建设，积极培养科研骨干**。通过各种途径发现人才，积极调入科研骨干，充实科研队伍；抓好学科带头人的培养工作，起用思想作风好、业务水平高的中青年科研骨干担任课题组负责人，积极发挥他们的作用；制定培训计划，分期分批选拔有培养前途的硕士毕业生在职攻读博士学位；积极吸收国内外博士学位获得者来所工作，优化科研队伍。

6. **完成了职称评定工作**。两位副研究员晋升为研究员，四位助理研究员晋升为副研究员，进一步调动了科研人员的积极性。经国务院学位办公室博士导师审定会议通过，李培林、张琢、李汉林三位研究员被批准为博士生导师。

（二）对外学术交流

年内共派遣学者21人，出访27人次。接待来访学者46人，比1992年增加10人；来访的学者有美、日、法、加拿大、新加坡、韩国、印尼、菲律宾和乌干达等国。学术交流领域涉及社会学理论、城乡发展研究、青少年问题、妇女问题、家庭问题和社会保障等。主要开展以下三方面的工作：(1) 与台湾社会学界交流。年初，“台湾社会学界大陆学术访问团”一行16人前来访问；7月由我院组团，刘吉任团长，陆学艺、李培林、李银河等社会学家赴台参加“海峡两岸及海外华人现代化研讨会”；与台大心理学系合办了第三期“社会心理学高级讲习班”。(2) 与日本社会学界学术交流。与日本大学研究机构的社会学者建立了良好的学术交流关系，并开展合作研究。(3) 与法国和欧洲的社会学界恢复了学术联系。

（三）学会

1. 中国社会学会

会长：袁　方

副会长：陆学艺　王辉等5人

秘书长：陆学艺（兼）

副秘书长：王庆基（常务）等6人

会刊：《中国社会学会通讯》，1989年创刊。

主要学术活动：

(1) 开展学术研讨会。4月3～8日在广东深圳召开以“改革、开放与社会发展”为题的中国社会学会1993年年会。来自全国各地的160名社会学专家、学者和实际工作者出席了会议。会议收到论文180篇，入选论文76篇。会议总结了社会学重建十四年来的成就；讨论了当代中国社会转型中的若干宏观问题；审议批准了“中国社会学会社会发展与社会保障专业委员会”的建立；年会期间召开了中国社会学会第三届第五次常务理事扩大会议，研究部署了1994年中国社会学会的主要工作。

(2) 召开京津地区社会学学术双月座谈会，就改革开放中重大社会问题、社会热点进行专题研讨。

(3) 促进社会学分支学科的建设和发展。至1993年底，中国社会学会已正式成立并在民政部备案的专业委员会有：教育社会学专业委员会，1991年8月19日成立，理事长厉以贤；人口与环境专业委员会，1992年7月15日成立，理事长沈益民；社会调查研究方法专业委员会，1992年12月16日成立，理事长苏驼；青年社会学专业委员会，1993年3月31日成立，理事长魏久明；社会发展与社会保障专业委员会，1993年12月5日成立，理事长魏礼群。

(4) 编辑出版社会学通讯5期。至1993年12月，已累计出刊14期。

为传播社会学学术信息，沟通社会学界的联系，交流学术成果，增进社会学界的了解，促进学科建设和发展起了积极的推动作用。

2. 中国青少年犯罪研究会

会长：张黎群

副会长：郭翔　徐健

秘书长：皮艺军

副秘书长：张潘仕等

目前全国会员约有两千人左右。

会刊：《青少年犯罪研究》（内部发行，月刊）。

该会的工作重点是为社会治安综合治理工作提供理论支持；用办培训班、研讨会和制作录像等方式开展宣传和咨询活动；利用办刊、编辑年鉴和出版系列丛书等形式总结汇集我国改革开放以来青少年犯罪研究学术成果。

主要学术活动：

（1）以电视为媒介进行预防青少年犯罪。正式发行了由本会组织撰写的以青少年犯罪和治理对策为内容、康世恩题写片名的电视系列片《第三公害》。

（2）开展1993年会员优秀论文和全国青少年犯罪研究先进集体评选活动。评出一、二、三等奖和荣誉奖三百多名。

（3）加强分支学科建设。已在民政部正式备案登记的专业委员会有犯罪对策研究专业委员会、犯罪比较研究专业委员会、学生越轨与预防研究专业委员会。

（4）积极开展学术交流。10月组成由张黎群会长任团长的代表团赴香港参加"社会开发与社会秩序"研讨会；副会长郭翔应邀参加在维也纳召开的联合国预防犯罪和刑事司法委员会；秘书长皮艺军作为中国少年司法考察团成员赴伦敦参加青少年犯罪与少年司法制度的考察活动。

有关同志赴哈尔滨、鞍山、重庆等地参加社会治安综合治理研讨会；应邀派员参加立法咨询活动和《未成年保护法》的宣传工作。

（5）办好会刊《青少年犯罪研究》。至1993年12月，已累计出刊138期。编撰了《中国青少年犯罪研究年鉴》第二卷。这部《年鉴》汇集了1987年以来我国青少年犯罪研究和治理工作的学术成果和信息。

3. 中国社会心理学会

会长：沈德灿

副会长：章光志　王庆基等

秘书长：李庆善

副秘书长：张嘉棠等

会刊：《社会心理研究》（内部发行，季刊），1993年编辑出版4期。

中国社会心理学会下设若干专业委员会，至1993年底已正式成立并在民政部备案的专业委员会有：理论与教学专业委员会，主任委员章光志，挂靠单位，北师大心理学系；军事心理学专业委员会，主任委员杨彬，挂靠单位，军事科学院；民族心理学专业委员会，主任张世富，挂靠单位，昆明师专；应用社会心理学专业委员会，主任冯伯麟，挂靠单位，北京社会心理学研究所；青年社会心理学工作者委员会，主任张嘉棠，挂靠单位，中国科学院心理学研究所。

1993年该会召开了“改革开放中的社会心理”研讨会；发展了浙江和湖北两个省市社会心理学会为团体会员。发展三百多名个人会员。出版了《中国人社会心理研讨会论文集》。

新闻研究所

1993年新闻所的科研基本方向和任务是：以党的十四大会议精神为指导，继续坚持改革开放，坚持解放思想，重点研究马克思主义新闻学说，研究市场经济条件下如何坚持新闻工作的党性原则问题；探讨我国社会主义市场经济条件下新闻的功能特点和运作方式；运用传播学理论和方法研究媒介与受众观念现代化问题。在课题布局上，除继续抓好基础理论研究外，强调了加大实践迫切需要的应用课题的研究，以使理论与实际更好地结合起来。

科研成果，1993年度出版专著三部，发表论文和研究报告等九十余篇，总字数222万字，人均发表字数近十二万，较之上一年度提高了29.07%，为近年来最多的一年。

在基础理论研究方面，出版和发表了一批关于马克思主义精神交往理论、新闻工作的党性原则、传播学理论、受众权益、媒介与青少年观念现代化等问题研究的著述。如专著《精神交往论——马克思恩格斯的传播观》，论文《马克思传播观的开放性》、《论毛泽东的宣传观》、《论毛泽东的舆论观》、《市场经济与新闻的党性原则》、《新闻工作党性原则的形成和发展》、《新闻工作党性原则在本质上永远是当代的》、《新闻商品化质疑》、《受众本位论浅析》、《媒介与社会文化变迁》、《社会主义市场经济中的新闻媒介资源配置》、《论我国的新闻消费》、《关于我国城市儿童的媒介接触与道德发展的研究报告》、《论儿童的媒介需要和媒介选择》、《论当代中国大众文化浪潮中的大众传播媒介》、《论美国社会责任论的发展与局限》等。这些论著中，有许多研究是开拓性的，提出了不少新的见解。如关于马克思恩格斯的精神交往理论，著者全面论证了马恩对信息交流的基本观点，介绍了他们从人的本性角度对人类传播活动的考察情况，对传播形态和媒介作用的见解，着重分析了马克思恩格斯有关交往革命对社会发展和未来信息社会的影响、传播现象的心理基础及信息交往政策等问题的论点。这本著作对于我们更加深刻地理解马克思主义新闻理论，坚持马克思主义新闻思想，是十分有益的，出版后引起学术界关注。关于新闻工作的党性原则问题，该所科研人员发表了一系列论文，从国际共产主义运动发展史和中国共产党党报理论的角度，分析了无产阶级报刊活动中党性原则的基本内容和发展过程，指出，在我国当前的市场经济建设中，新闻工作的党性原则只能加强而不能削弱，这是经济建设快速、稳定发展的一个基本保证，是由我们党的性质和我国的基本国情所决定的。对于新闻事业来说，坚持党性原则，就是要在邓小平同志建设有中国特色社会主义理论的指导下，围绕党的中心工作，把握正确的舆论导向，为团结、稳定、鼓劲服务。对于每一个新闻单位和新闻工作者来说，按市场规律活动并不意味着金钱至上，宣传不能商品化，记者不能商品化，社会效益第一的原则必须坚持。关于媒介接触与儿童道德发展关系问题，科研人员通过全国调查，在分析儿童媒介需要的不同类型的基础上，提出我国城市儿童的媒介接触与儿童的道德观念和行为具有显著相关的结论。这项研究认为，儿童接触印刷媒介、广播媒介和媒介中知识性内容的频度与其道德得分呈显著正相关，接触电视媒介和媒介中刺激性娱乐内容的频度与其道德得分呈显著负相关，因此应注意引导儿童阅读印刷媒介和收听儿童广播节目，正确指导儿童接触音像媒介，特别是成人节目。上述观点发表后受到社会重视，以后，该项目研究者曾多次应邀到一些单位做学术报告，并为几家新闻单位主持儿童专题节目或栏目。

在应用理论研究方面，由于注重研究当前社会实践中迫切需要解决的重大理论问题，因此，这方面的成果数量明显高于往年，内容涉及市场经济中新闻业发展趋势、经济报道、社会新闻、舆论监督、新闻侵权与诉讼等。出版了论文集《社会主义市场经济与新闻事业》及《怎样写好经济新闻》等著作，发表的论文主要有《社会主义市场经济条件下的新闻业》、《传统报纸的现代走向》、《新时期社会新闻的写作》、《对科技新闻的再认识》、《论有偿新闻之怪现象》、《现阶段新闻舆论怎样发挥社会监督作用》、《处理新闻纠纷要重视对舆论监督的保护》、《新闻侵犯公民隐私权行为研究》、《更正：公民隐私权与记者义务的平衡点》等。这些著述突出了理论研究的应用性。如对社会主义市场经济条件下新闻业已经和可能发生的变化做了系统的分析，提出了对策。关于经济新闻写作，论者分析了新时期经济新闻面临的新形势、新任务和新特点，着重于如何改进经济新闻报道手法，使之更好地为经济建设服务。市场经济的正常运行需要法制的约束和保障，目前，我国的法律和规章体系日益完善，但是从新闻诉讼情况看，无论是公民还是作为法人的新闻媒介，其观念和行为都存在着某些与国家法规要求不相适应的地方，这一点尤以新闻媒介为甚。近年来新闻诉讼数量不断上升，且多以新闻单位败诉而告终的现象，就可以为证。因此，如何在保障公民人身权和保护新闻媒介履行其正当的社会职责间寻找一个平衡点，避免涉讼，成为新闻实践中一个迫切需要解决的问题。近年来论及有关人身权中名誉权、荣誉权、肖像权等问题的文章不少，但在实践中，我国目前的法规和新闻媒介对侵犯公民隐私权的问题尚未给以足够重视。据此，该所科研人员在前些年研究的基础上又进行了分析和研究。这些成果指出：隐私是公民与社会生活无关的他人无权随意公之于众的个人情况，隐私与阴私，侵害隐私权与侵害名誉权有着质的区别，其认定及责任承担方式有很大不同。如果说诽谤成立的要件之一是虚假，那么对隐私权的侵害则越真实越严重。在分析新闻侵害隐私权行为基本特征的基础上，研究者提出，为避免侵害发生，实践中注意区分公开记录与非公开记录，区分公开场合与非公开场合，区分公众人物与非公众人物，区分是否有当事人同意。这一观点对司法审理和新闻媒介都有可资借鉴的操作意义，发表后引起关注，《法制日报》在一版介绍了主要观点，司法部门还与研究者进行了探讨。除开展与实践需求紧密结合的课题外，还努力使一些基础理论研究服务于现实。如该所承担的国家社科基金项目《新闻传播与社会主义精神文明建设》，在课题调研结束后，利用部分统计资料形成一份关于北京地区读者对《人民日报》评价的研究报告。该报告提交人民日报社后，被报社一内部报纸以两版篇幅刊载，供各部门负责人参阅，为加强和改善党报工作提供了有价值的参考。

学术研究的目的是应用，为了使科研成果应用于学科发展或社会实践。加强与社会的联系，有意识地通过各种渠道介绍该所组织的社会活动和重大科研成果，扩大对有关活动的宣传报道。据不完全统计，仅全国性报刊对该所社会活动、科研成果和学术观点的介绍就有近三十处，有近十家海外报刊进行了报道，有的成果由新华社向国内外发了通稿，一些外国驻华机构也向我们索取有关资料，这无疑扩大了该所科研活动的影响。

1993 年是新闻所历年来对外学术交流规模最大的一年。先后接待了来自 6 个国家和地区的学者 38 人次来访，派遣 9 人次出访了 7 个国家和地区，其中参加国际学术会议 4 人次。对外学术交流有助于我们了解国外最新学术动态和情况，例如，邀请瑞典学者所做的有关北欧近年新闻业状况的报告及其赠送的十余万字学术资料，就弥补了国内对北欧近十年新闻事业发展情况不甚了解的空白。随后我们立即组织专人进行了编译整理，将以资料形式发表于 1994 年的所学术刊物上。

作为一个国家级科学院的研究机构，我们的学术刊物应成为本学科内具有最高学术水平的权威刊物。但近几年来，该所除工具书《中国新闻年鉴》外，只有一份创刊于 1978 年的新闻史资料性季刊《新闻研究资料》，这不仅与我们应承担的任务不符，而且也不能不影响到学科建设的发展。在院科研局和国家有关部门的支持下，这一问题终于得到解决。经批准，《新闻研究资料》在 1993 年出版至总第 61 辑后，从 1994 年起改刊为综合性学术季刊《新闻与传播研究》；一直用书号出版的《中国新闻年鉴》也获得正式刊号。这对于该所今后的正规化发展无疑是十分有利的。

世界经济与政治研究所

1993 年世经政所完成各类科研成果 997 万字，其中完成专著 20 种 296 万字、学术论文 242 篇 254 万字、研究报告 79 篇 85 万字、学术资料 28 篇（本）17 万字、译著 6 种 122 万字、译文 126 篇 105 万字、工具书 45 万字、辞条 13 万字、一般文章 38 篇 69 万字。此外，完成期刊编辑 360 万字。

（一）科研任务及组织工作

根据客观形势的要求，世经政所对办所方针进行了调整，把原定的“三性”改为“四性”，即在综合性、理论性、战略性的基础上增加了一个“现实性”。

青年科研人员自发组织起来，在定期举办青年科研人员研讨班的基础上，自发地形成了以学术讨论为宗旨的准“学术沙龙”。“沙龙”内讨论的内容涉及到经济、政治、法律、社会、文化等诸多领域，讨论的主题有西方经济学、经济学方法论、国际政治经济形势及中国对策、中国文化与中国经济现代化等。

经全国博士后管委会第十三次会议审议，被批准设立博士后流动站，设站学科为经济学，专业方向为世界经济。1993 年已有一名博士后研究人员进站从事科研工作。

李琮所长提出“关于我所深化改革的意见”，“意见”分八个方面：（1）改革的指导思想与目标；（2）学科建设与科研重点；（3）科研体制改革；（4）研究室机构改革；（5）加强对中青年科研人员的培养和扶持；（6）人事制度改革和行政后勤管理改革；（7）开发创收；（8）改善工作条件和生活条件。

6月7日，举行英文杂志《世界经济与中国》首发式。首发式由世经政所副所长罗肇鸿主持，所长李琮致词，汝信副院长出席了首发式并致词祝贺。

10月12日，经过几个月的筹备建立了计算机房。

12月2日，所领导换届。由谷源洋任所长，徐文渊任党委书记、副所长，司马军担任党委副书记、副所长，徐更生任副所长。

（二）对外学术交流

1993年接待顺访外宾12人次；派出出访人员16人次，其中以李琮所长为团长的七人代表团参加了在日本举行的中、日、韩三方会议。此外，还派员赴日本北海道参加了有美国、加拿大、俄罗斯、蒙古、日本、韩国、朝鲜、中国学者与会的八方会议。以上两次会议对太平洋地区，特别是东北亚的政治经济形势进行了广泛深入的讨论，为研究世界政治经济形势提供了大量的信息和资料。

（三）学会负责人及主要活动情况

中国世界经济学会于1980年4月21日成立，在民政部登记注册，由中国社会科学院主管，世界经济与政治研究所主办的中国研究世界经济的全国性学术团体。

宗旨是以马克思主义、毛泽东思想为指导，组织和推动世界经济理论和实际问题的研究，为发展中国的世界经济研究和四化建设，为维护世界和平及促进人类进步事业服务。主要任务是组织和协调有关世界经济重大理论和实际问题的研究，组织和参加国内经济改革开放调研工作，组织和协调世界经济的综合和专题学术讨论会，举办学术报告会、讲座和培训班，组织和提供咨询服务，编辑和出版学会刊物，编选和出版有关研究成果，参加国际学术活动，开展对外学术交流。

现任会长：浦山，秘书长：王怀宁。

现有刊物《世界经济》月刊，不定期编发学会内部刊物《学会工作通讯》。

1993年主要活动情况：

1.1993年11月15～20日，在海南大学召开了学会会长扩大会议，研讨的中心议题是“当前的世界经济形势与海南对外开放的前景”。同时，会议在总结世界经济学会过去一年工作的基础上，研究了1994年的学术活动和主要工作，决定以开好学会第五届年会为中心，开展好地区的、中小型的学术研讨活动。确定第五届年会的主题是：“90年代中后期的国际经济环境与大连的进一步改革开放”，年会地点初步确定在大连市。会议要求各地、各专业委员会应围绕会议主题就下列重点问题进行重点的研究和准备：（1）乌拉圭回合谈判后的国际经济关系和经济秩序的走向；（2）世界经济区域集团化的发展趋势及其问题；（3）东欧、独联体经济转轨及其经验教训；（4）东北亚的经济合作与大连的发展战略及前景。此外，会议还就年会的参加人数和换届选举问题进行了初步的协商。

2.为探索中国落后地区的经济发展道路，吸收和借鉴世界发达国家开发落后地区的成功经验，中国世界经济学会中青年委员会于1993年3月23～31日在兰州召开了以“世界经济与中国西北部开发”为主题的学术研讨会。来自全国有关科研院所、高等院校、新闻单位和共青团甘肃省委、兰州大学等单位中青年专家学者共五十余人参加了会议。与会代表就当前世界经济形势、中国西北部的现状、发展外向型经济以及借鉴西方国家的经验等方面展开了热烈讨论，并为甘肃及西北经济的发展献计献策。

东欧中亚研究所

（一）科研任务及成果

1993年东欧中亚所科研工作的重点是研究领域的调整和扩展。根据国际形势的发展，调整了基础研究的重点：东欧中亚国家的社会发展理论和目标模式；向新的政治、经济体制过渡面临的问题和解决方法；新独立国家的基本国情；以及新形势下中国与这些国家的关系。在进一步搞好基础研究的同时，扩大和开辟了“应用研究”的新领域。其重点：回答社会、特别是经贸实体关心的问题；提出有关发展国家关系，特别是经贸关系的对策性建议等，以适应社会的需求。1993年共出78期《东欧中亚情况》，撰写了《东欧巨变根源》、《苏联建设社会主义道路回顾》、《前15个加盟共和国经济基本情况》等重点项目。为满足社会需要，出版了《独联体经济贸易百问》、《东欧中亚经济贸易实务》、《东欧中亚经贸旅游指南》等专著。1993年该所完成专著和译著、研究报告和论文、资料和工具书等各种形式的科研成果，共计853万字。

（二）对外学术交流

1993年东欧中亚所研究人员出国考察、访问和进修达35人次；接待美国、日本、俄罗斯、匈牙利、波兰、哈萨克斯坦等国家的学者十余人次；与外单位接待的外宾座谈约一百二十人次；接待外国驻华使馆官员约四十人次。

（三）学会工作

中国东欧中亚学会会长：徐葵

1993年的主要活动：

3月在厦门召开了专题讨论会，题目为《前苏联东欧国家向市场经济过渡》。讨论会主要探讨了以下几个方面的问题：（1）对当前独联体各国与东欧诸国经济改革形势的总体分析；（2）原苏联与东欧各国向市场经济过渡过程中遇到的共同性问题；（3）如何认识由计划经济体制向市场经济体制过渡存在的内在矛盾；（4）对前苏东国家向市场经济过渡条件的分析；（5）原苏联东欧国家国有企业产权关系与产业结构的改造问题；（6）前苏东国家私有化的方法、现状及进展缓慢的原因；（7）对波兰休克方式过渡的评价；（8）对匈牙利渐进方式过渡的评价；（9）对波、俄与匈、捷四国向市场经济过渡的比较研究。

4月在北戴河召开了全体理事会。主要内容：增补年轻理事；更改学会名称；修改学会章程。

欧洲研究所

（一）科研任务及组织工作情况、重要科研成果

1993年通过欧洲所科研人员积极努力，科研成果较上年在数量上和质量上都有一定的提高，科研成果总计达三百万字以上。出版的专著中比较有影响的，有吴国庆的《当代法国政治制度研究》、胡康大的《英国政治制度》、张健雄的《中国发展市场经济的国际环境》（合著）。还翻译了大量的国外相应学科中比较有价值的专著和文章，比较有代表性的，有刘立群的《德国第一任总统艾伯特传》、王捷的《德国工会简史》、张蕴岭的《二十一世纪的角逐》。还撰写了大量高质量的科研论文，其中有王振华的《冷战后英国对外政策的调整》、马胜利的《法国大革命中的四个人权宣言》、肖元恺的《西欧国家对华政策的历史变化》、张健雄的《欧洲货币联盟与货币风潮》、顾俊礼的《德国亚洲政策与对华政策的新走向》。此外，还有王鹤的有关欧共体扩大的经济分析的研究报告。马胜利的专著《世界人权纵横》（时事出版社1993年10月版）荣获1993年北京社会科学学术成果一等奖。

欧洲所科研工作在历届所领导主持下，一贯强调理论联系实际，学科建设和为现实需要服务相结合，既重视历史知识和基础理论，又重视研究国家当前面临的紧迫实际问题，举办各种类型的学术研讨会，以增进学术界的交流。如：1993年有由该所与中国欧洲学会欧共体研究会、中国国际文化交流中心联合举办的“1992年以后的中国与欧共体”国际学术研讨会；由欧洲学会意大利研究委员会发起的“国家在经济发展中的作用”学术讨论会；由该所主办的“欧洲经济形势”讨论会；由该所与国际和平发展研究中心联合举办的“欧洲形势的特点及发展前景展望”；由该所与中国国际公共关系协会联合举办的“冷战后的世界格局及中德关系”讨论会等一系列的学术活动。

（二）对外学术交流

1993年欧洲所对外学术交流比较活跃。除派出科研人员出国进修访问外，还多次邀请国外专家、学者来所参加国际学术讨论会或进行专题讲座。

（三）刊物情况

欧洲所的对内交流主要是通过《欧洲》杂志进行的。1993年，由本院欧洲研究所（原西欧研究所）主办的《西欧研究》杂志在创办十周年之际，正式改名为《欧洲》杂志。

从《西欧研究》杂志到《欧洲》杂志，不仅仅是刊名的改变，更重要的是刊物的视野进一步得到拓宽和加深。在1993年《欧洲》杂志中，研究领域涉及到欧洲地区及主要国家（包括俄罗斯在内）的政治、经济、外交等各个方面。同时，从将“欧洲”作为一个“文化概念”的角度出发，《欧洲》杂志开始将视线投向社会、人文领域。不少文章论述了欧洲的民族和民族主义问题、国际关系的理论问题以及欧洲的宗教问题，在有的问题上（如欧一体化等

问题）作了综合性的、跨学科的研究。

1993年，欧洲正处于冷战结束后的动荡之中，国家外交政策的定位、政治思潮的复杂多变、欧洲统一的前景等问题，成为《欧洲》杂志在这一年比较集中讨论的热门课题。如《当代国际关系研究的若干问题》、《民族与民族主义》、《联合主义理论和欧洲联盟建设》、《当代国际政治背景下的国家主权问题》、《90年代初的西欧政治思潮》、《论80年代欧美的自由化浪潮及其新走向》、《西欧共产党的现状及前景》等文，均有比较深入的论述，在读者中获得好评，有的问题则进一步引起了学术界的讨论，如冷战后的国际关系理论和欧美自由化浪潮等问题。同时，《欧洲》杂志对欧洲的一些现实问题也十分重视，如《欧美国家政府对工业关系干预的比较》、《德国统一后的外交走势》、《法国混合经济的几个特点》、《评欧共体的辅助性原则》、《浅析欧共体的反倾销措施》及《欧洲的移民问题》等。

为了推动学术研究的发展，加强与学术界的联系，1993年《欧洲》杂志举办了一系列的学术研讨会，其中比较引起学术界关注的有"国际关系理论"研讨会、"新保守主义理论"研讨会等。为了促进欧洲研究学科的发展，《欧洲》杂志还召开了"方法论问题与知识更新意见交流会"。1993年底，《欧洲》杂志编辑部还主持召开了"1993年欧洲年终形势"讨论会。

1993年，《欧洲》杂志出版6期，共发表了各类稿件150篇，约84万字。

西亚非洲研究所

（一）较好地完成了1993年科研任务和"八五"规划各项目

国家和中华社科基金项目《南非的政治与经济发展》(28万多字)、《中东国家政治体制》(约25万字)，均已定稿待出版。《海湾战争后的中东格局》正在写作中；院重点项目《开拓南非市场：环境与机遇》(20万字)，已于当年11月份完稿。

"七五"项目已完成的专著有《非洲民族独立简史》、《美国中东关系史》以及《世界政治家大辞典》(非洲部分)、《外国习俗丛书：非洲地区》等均于1993年出版。

正在进行中的还有社科青年基金项目《黑人文化哲学》；院重点项目《中东动乱的根源》、《以色列经济发展研究》、《商品化过程中津巴布韦社会的演变》、《发展理论与非洲经济发展》以及四项所级重点项目。

新立项并承担了《简明中东百科全书》和《简明非洲百科全书》的编写任务。

《西亚非洲》(双月刊)1993年出版6期，约90万字。《西亚非洲资料》出了2期，32万字。还出版《1992年西亚非洲大事记》一册，约20万字，《阿以问题资料汇编》一册，约4万字，《西亚非洲调研》12期。

（二）加强国内外学术交流，提高科研人员的学术和理论水平

1993年举行了"中东形势讨论会"、"阿以冲突研讨会"、"纪念非统成立三十周年学术讨论会"、"南非与南部非洲贸易与市场研讨会"、"冷战后的地区冲突研讨会"等。

共接待了美国、俄罗斯和中东、非洲国家的学者来访和学术交流活动30多批，50多人次。还邀请中东和非洲国家驻华使馆和代表机构官员来所作学术报告或参加讨论会，并同一些使馆和代表机构建立了业务联系和资料交流关系。西亚非所还派出学者到美国、阿联酋等国家访问或出席国际会议，共计8人次。为“第二次中阿对话会议”提供专题资料和论文3种，15万字。

（三）加强科研队伍建设和干部培养工作

通过老中青相结合的方法组织课题组。坚持对在科研工作中有突出成绩的青年科研人员在享受政府特殊津贴、专业职务聘任、申请课题等方面实行改革政策倾斜。

“亚非经济文化咨询公司”坚持出版了《亚非市场》旬刊，共34期。

（四）刊物和学会

《西亚非洲》（双月刊），创刊于1980年，中国社会科学出版社出版，是本院西亚非洲研究所主办，国内外发行的学术性刊物。本刊主要刊载有关西亚非洲政治、经济、国际关系问题研究的学术论文（包括历史、文化、民族、宗教、思潮等内容），反映国内学术界对西亚非洲问题研究的最新学术成果。

主编　赵国忠

中国亚非学会，1962年4月19日成立，是全国性学术团体。宗旨是促进对亚非国家政治、经济、文化和社会状况的研究，开展国内外的学术交流。不定期出版内部刊物《中国亚非学会会讯》。

1993年5月举行了“东方文化的复兴及其前景”学术座谈会；

1993年12月举行了“亚洲形势”报告会。

会　长　季羡林

副会长　刘　春　林华轩　葛　佶

　　　　薛谋洪　何肇发　周海萍

秘书长　柯　蒂

中国中东学会，1982年7月15日成立，是研究中东地区和中东国家的全国性学术团体。其宗旨是促进对中东政治、经济、军事、历史、地理、民族、宗教和文化等方面的研究，开展中国与中东国家以及其他国家之间的学术交流和合作，增进中国人民对中东的了解和中国人民同中东各国人民的友好关系。不定期出版内部刊物《中东学会通讯》。

1993年9月22日举行了“巴以协议签订后的中东形势”研讨会，就9月13日巴以签署临时自治原则宣言的背景、对原则宣言内容的分析和对今后中东和谈形势的看法进行了讨论。

会　长　刘　春

副会长　曹克强　刘　竞　万　光

　　　　方德昭　沈遐熙　张俊彦

　　　　彭树智　朱威烈　赵国忠（常务）

秘书长　张铁伟

拉丁美洲研究所

1993年拉美所以科研工作为中心，认真抓好重点课题的研究，广泛开展国内外学术交流，较大幅度地进行学科调整，科研工作取得了新的成绩。共完成科研成果348.15万字。其中：著作稿16种，94.25万字；论文66篇，47.59万字；调研报告11篇，4.81万字；文章24篇，9.6万字；辞条4.8万字；译著7种，164.6万字；译文26篇，22.5万字。

（一）认真抓好重点课题的研究

该所承担国家社科基金项目五项，其中：《墨西哥现代化进程中的政治体制演变的历史考察》（专著）；《走向21世纪的发展中国家经济——挑战与对策》（专著）和《美国与拉丁美洲关系史纲》（专著），这三项已按期完成，送交出版社。另两项《90年代拉美地区一体化趋势》（专著）和《拉美的共产主义运动》（专著）均按计划完成阶段性成果。

承担院重点项目三项，其中：《走向21世纪的拉丁美洲》（专著），已出版。另两项《世界格局变化中的拉丁美洲》（系列论文）已送交刊物编辑部；《毒品问题与国际社会》（专著），按计划完成阶段性任务。院资助项目九卷本《剑桥拉丁美洲史》除已出版的第四、五卷外，其他各卷的译、校工作正在进行。

所重点项目四项：其中《战后拉丁美洲教育研究》（专著）、《新的世界格局下古巴的形势、对策及前景》（系列报告）和《拉丁美洲投资政策的新变化》（系列论文）三项已完成。另一项《论北美自由贸易区》（专著），正在按计划进行。

（二）主要学术活动

1993年，随着我国改革开放的不断深入和研究工作的开展，拉美所积极开展同国内外学术机构的交流，经常举办学术讨论会、报告会和座谈会。7月份与中国拉丁美洲学会和首都钢铁公司联合举行了“拉美投资环境与市场”研讨会，70名专家学者出席了会议。9月与第三世界研究中心联合举行了“经济集团化与第三世界”研讨会，30人参加了会议。12月举行了“1993年拉丁美洲形势讨论会”，85人出席了会议。

1993年，拉美所举办以中青年科研人员为主要对象的系列学术讲座九次。题目分别为：《拉美区域经济合作的新格局》、《拉美地区一体化进程与趋势》、《谈谈美加自由贸易区》、《拉美教育现代化和拉美教育前景》、《美国对拉美的政策》、《古巴目前形势与发展前景》、《发展中国家面临的挑战与对策》、《墨西哥政治史研究和墨西哥政治》和《世界毒品现状和扫毒前景》。

（三）对外学术交流

1993年，拉美所接待来自墨西哥、阿根廷、古巴、巴西、秘鲁、委内瑞拉、美国、日本和德国等国的外国专家学者27人次，组织学术报告会13场。其中主要有：古巴国务委员、文化部长阿曼多·阿特；联合国拉美经委会预测中心和统计部主任佩德罗·赛恩斯；墨西哥国立自治大学教授塞尔希奥·塞尔梅尼奥；委内瑞拉经济学院院士、管理高级研究院教授阿斯德鲁瓦尔·巴普蒂斯塔；美国怀俄明大学政治教授、国际研究计划主任史蒂夫·罗普；巴西贝伦州巴拉联邦大学教授路易斯·阿拉贡；德国海德堡大学地理研究所沃纳·米库斯等。

1993 年，拉美所有 6 人次分别到厄瓜多尔、巴西、阿根廷、智利、美国和西班牙等国进行学术考察、讲学、进修和参加国际会议。

（四）进行学科调整

为了充分发挥该所的科研优势，集中力量搞好重点地区及国家的研究，减少某些重复交叉，1993 年对研究机构的设置和部分科研人员进行了一次调整。(1) 原政治研究室和经济研究室继续保留，并适当充实了力量；(2) 原南美地区研究室和中美洲加勒比地区研究室合并为国别研究室，集中研究拉美地区的大、中国家，而将中美洲、加勒比等小国分别纳入政治、经济室进行综合研究；(3) 原编译室与原编辑部合并为编辑部，其中部分人员调入有关研究室；(4) 内部刊物《拉美问题译丛》在发完已有原稿件后停刊，故本年只出四期，计划从 1994 年起出版一份不定期刊物《拉美调研》，专门刊登向上反映情况的内部稿件，以进一步推动应用与对策研究；(5) 各研究室和编辑部凡有条件的可设两名副室主任，以加快对年轻学科带头人的培养。

（五）科研成果评奖

为奖励优秀的科研成果，激发全所科研人员的积极性，多出成果，促进拉美学科的发展，更好地为我国社会主义现代化建设和精神文明建设服务，参照《一九九三年中国社会科学院优秀科研成果评奖条例》和《一九九三年中国社会科学院优秀科研成果评奖条例实施办法》，该所进行了第二次（第一次在 1989 年）优秀科研成果评奖工作。奖励名称定为“拉丁美洲研究所优秀科研成果奖”，设一、二等奖。

该所共申报评奖项目 36 项，其中：专著 2 项，普及读物 1 项，译著 3 项，论文及研究报告 28 项，学术资料 1 项，计算机软件 1 项。评出一等奖 9 项，其中专著 1 部，译著 2 部，论文 5 篇，调研报告 1 篇。评出二等奖 18 项，其中：专著 1 部，译著 1 部，论文 12 篇，调研报告 2 篇，专题学术资料 1 项，计算机软件 1 项。

（六）刊物及出版情况

《拉丁美洲研究》双月刊

主编：苏振兴

创刊于 1979 年，由本院拉丁美洲研究所主办。本刊是我国迄今为止唯一专门发表有关拉丁美洲研究的学术刊物。主要刊登有关拉丁美洲地区各国的政治、经济、国际关系、社会、历史、文化等方面的学术论文，特别注重对拉美当前重大的现实问题和理论问题专题研究成果的反映。辟有拉美政治、经济和社会发展、国际关系、历史人物、思潮、教育、科技文化、市场揽要、投资环境、学术动态、书刊评介、文摘等栏目，并附有英文摘要和英文目录。1993 年《拉丁美洲研究》出版 6 期，共发稿 50 万字。

（七）中国拉丁美洲学会工作

中国拉丁美洲学会成立于1984年5月15日，由本院拉丁美洲研究所主办。

本会宗旨：团结全国从事拉丁美洲问题研究、教学和开展对拉美地区工作的人士，促进我国对拉美问题的研究，增进中国和拉美各国人民之间的相互了解和友谊，为实现我国社会主义现代化服务。

业务范围：拉丁美洲经济、政治、国际关系、社会、文化、民族问题等方面的研究与交流。

现有会员254人，会刊为《中国拉丁美洲学会通讯》。

会　　长：蒋光化

副 会 长：苏振兴

秘 书 长：徐世澄

副秘书长：曹　琳（等）

通讯地址：北京市东城区张自忠路3号，拉丁美洲研究所

邮政编码：100007

1993年，中国拉丁美洲学会主要开展以下几项工作：

2月22日，学会会长蒋光化、副会长苏振兴等负责同志同首钢开发公司、首都远洋运输公司就拉美投资环境、投资机会、中拉贸易和中国对拉美投资等问题进行座谈和咨询。

7月16～17日，在北京召开了拉美学会第九届年会暨“拉丁美洲的投资环境与市场”学术讨论会。这次会议是中国拉丁美洲学会同首钢研究开发公司国际化经营研究所联合举办的。来自经贸部、外交部、中联部等政府部门，现代国际关系研究所、拉美所、世界历史所等研究机构以及首钢矿业开发公司等企业共五十多名专家、学者和企业家代表参加了会议。代表们就拉美的投资环境与市场和我国对拉美投资的有利因素和不利因素进行了充分的讨论。《人民日报》等对这次会议作了比较充分的报道。

11月8日，邀请来华访问的阿根廷众议院工业委员会顾问、萨尔瓦多大学国际政治教授露西亚·丰滕拉做了《南美共同市场》和《拉美与亚太地区的合作》学术报告，三十余人出席了报告会。

亚洲太平洋研究所

1993年亚太所在院党委领导下，认真学习贯彻十四大提出的深化体制改革的精神，进一步落实院所“八五”科研规划，把主攻方向放到实际问题上来，特别注重适应社会主义市场经济的需要，将科研工作同解决建设有中国特色社会主义的各种基本问题结合起来，提出了抓好重点科研课题，保证科研质量的方针。共完成专著24种，560万字；论文10篇，约60万字；调研报告1篇；译著3种，28万字；工具书20种，约800万字。

（一）科研工作情况

1993年亚太所共承担国家“八五”重点项目两项：“当代东方哲学”、“亚太经济合作前景与我国对外发展战略”。接转“七五”重点课题一项：“中印关系研究”。中华社科基金项目两项：“当代亚太宗教”；“战后中日关系史研究”。院重点课题两项：“朝鲜半岛形势与东北亚安全”，“90年代亚太政治经济格局与中国”。所重点项目11项，以亚太地区各国的经济研究为主。其中，“亚太经济合作前景与我国对外发展战略”项目重点研究亚太地区区域经济集团化，大范围区域合作与次区域合作，美日两个经济大国在亚太地区的作用，中国在亚太地区的地位、作用及应采取的战略及对策等问题。“战后中日关系史研究”第一阶段成果《战后中日关系史年表》已出版，全书70万字，是国内第一部记述战后中日关系重要事件的工具书。陆建人的论文《现阶段我国外贸发展战略的选择与实施》（《国际贸易问题》1993年第1期）获1993年度安子介国际贸易研究奖。

（二）对外学术交流工作

根据亚太所主要研究方向，积极开展对外学术交流，加强与研究对象国的学术机构、学者的往来，并派科研人员出国进修。1993年通过不同渠道出国进修人员六人，出席国际会议八人次，接待来访外国专家学者二百余人次。

（三）刊物工作

亚太所公开发行的刊物有两种：《亚太研究》（双月刊）和《南亚研究》（季刊）。《亚太研究》以发表有关当代亚太地区政治、经济、国际关系与合作、亚太各国的社会文化的学术文章为主。1993年共编辑出版6期，78万字。《南亚研究》以发表有关南亚地区政治、经济、社会文化的学术文章为主。1993年共编辑出版4期，60万字。内部刊物一种：《亚太资料》（周刊），1993年共编辑发行（内部）55期，45万字。主要以亚太地区的热点问题、敏感问题及时发表的文章为主，同时也有少部分是资料性质的材料。

美国研究所

（一）科研组织工作

1993年，美国所承担国家社科基金项目3项，院重点项目3项，所重点项目5项。总计完成专著2部，译著1部，学术论文41篇，内部报告12篇，其他文章21篇，辞条181条。

这一年中，美国所的科研管理有两个突出特征：第一，随着建所初期的一批老专家老学者大量退离工作岗位，为保持该所的学术地位，特别注重发挥老同志的作用。第二，着重运用项目管理方法，促进科研事业发展。为了促使中青年科研人员早成人才早出成果，该所积极支持中青年人员申报各类科研课题，然后以项目为中心进行管理。

为了普及计算机知识，举办了两批、共25人参加的计算机学习班，使主要科研人员和管理人员掌握了计算机的基础知识。

（二）重要科研成果

1. 完成一批有重要现实意义的科研报告。其中主要有：《美国跨国公司对华投资战略报告》，该报告属院重点课题，完成后受到国务院有关领导同志的好评；《后冷战时期美国的国际作用》，该报告属所重点，发表后受到国内国际政治学界的好评。

2. 完成一批有较高学术水平的文章。主要有：《公司的崛起与美国经济的发展（1850～1930）》，《美国研究》1993年第3期；《20世纪后半叶世界舞台上的美国》，《美国研究》1993年第2期；《美国人眼中的“大中华”》，《美国研究》1993年第4期；《中美文化冲击—回应片论》，《美国研究》1993年第3期，等等。

此外，牛军的专著《从延安走向世界：中国共产党对外关系的起源（1935～1949）》（福建人民出版社1992年版）获第七届中国图书奖及1993年度华东地区优秀政治图书一等奖。

（三）对外学术交流

对外学术交流一直是美国所科研工作的一个重要方面，随着中美关系逐渐恢复正常，来访的美国学者也逐渐增多，1993年共接待美国学者34批，46人次。派出学者14人次。

另外，1993年参加国内其他单位组织的学术活动的人次也较往年为多，有50人次参加了二十多项国内其他单位的学术研究。还有7人二十余次接受国内中央电视台等新闻单位，台、港报刊，以及美国、日本、澳大利亚等新闻媒体的采访，通过这些窗口，积极宣传了我国的对外政策。

（四）刊物出版情况

美国所的主要刊物为《美国研究》（与中华美国学会合办）学术季刊。在1993年上半年，《美国研究参考资料》月刊共发行了6期，然后正式停刊。在下半年，试办了新月刊《美国大观》共2期。《美国大观》是一份面向普通大众，专门介绍美国政治、经济、军事、社会、文化、一般习俗等基本情况的通俗性读物，在国内是第一份此类杂志。为了加强该所的信息工作，年内创办了不定期刊物《美国研究调研》。

（五）学会情况

1993年由美国所主管的学会是中华美国学会，以及同年设立的中美关系史专业研究委员会。学会简况如下：

中华美国学会成立于1988年12月，由中国社会科学院美国研究所主办。

中华美国学会得到福特基金会的资助，设立了美国学著作出版补贴基金。出版基金每年评审一次。

中华美国学会于1993年成立了中美关系史专业研究委员会，作为二级学会，由资中筠任会长，汪熙、王志刚、蒋相泽任副会长。

截至1993年底，中华美国学会有团体会员56个，会刊为《美国研究》。

会长：李慎之
秘书长：陶文钊
通讯地址：北京市建国门内大街5号美国所
邮政编码：100732

日本研究所

1993年日本所各项工作紧紧围绕出成果、出人才这个总目标，一手抓学科建设，一手抓课题研究，在科研工作上取得了较好的成绩。全年完成专著3部（2部为集体课题、1部为个人著作），共80万字，学术论文85篇，72万字，研究报告14篇，23万字，译文10篇，11万字，工具书3种，129万字，一般文章10篇，7万字，辞条7万字，编辑出版《日本学刊》6期、《日本问题资料》12期，共计72万字。通过上述研究工作，特别是通过开展集体课题研究的实践，使全所科研人员，尤其是青年科研人员的研究水平得到了进一步提高。

（一）科研工作

第一，依据长期研究的积累，对1993年日本政治经济形势的重大变化作出了比较及时的分析、研究，提出了正确的看法。

1993年日本政局发生了巨大变化，单独执政达38年之久的自民党政权垮台，从而结束了保革对阵、“政、官、财”三位一体的“1955年体制”，日本政局开始走向多党联合执政的体制。经济形势的变化也非比寻常。“泡沫经济”的破灭，日元的大幅度升值以及经济结构的自身矛盾，导致日本陷入了战后最深刻、持续时间最长的经济衰退。针对上述政治经济形势的变化，该所的科研人员通过《日本学刊》、《日本问题资料》以及许多所外刊物发表了大量有关文章，同时在所内外组织的各种座谈会上，多次就日本政局和经济形势发表了各自的研究成果，有些文章得到了中央领导同志的重视和好评。

第二，为适应我国社会主义经济建设的需要，加强了对战后日本经济，特别是日本经济发展的经验教训的研究。为此，1990年申请国家社科基金资助项目，开始了以“日本经济发展的经验教训”为题的研究。这个项目现已全部完成。该课题从财政、金融、计划、产业政策、科学技术、农业政策、中小企业政策等多方面对战后日本经济发展的经验教训进行了比较全面系统的研究，并结合日本的经验教训，对我国的改革开放和现代化建设提出了政策建议。

当年开始的“中日流通比较”研究，抓住了我国经济体制改革中的一个关键领域——流通的发展及其改革，通过对照日本的流通发展的经验教训，进行中日比较研究，提出了改革建议。

在研究日本经济发展的经验教训方面，目前正在进行的项目还有：“日本金融研究”、“日本政策金融系统的作用及其运营”等。

第三，除上述专项课题外，研究范围还扩及外交、社会文化、文学等广泛的领域。主要有：承担的国家社科基金项目“日本对华政策与中日关系”、“近代日本文学史”（上、下篇），社科青年基金项目“《万叶集》与中国文学”，院重点课题“日本的传统文化与现代化”、“走向政治大国的日本”，院日本研究基金项目”战后日本外交史”，所重点项目“日本政治概论”、“当代日本社会思潮”等课题。这些项目大都按计划进行。《当代日本社会思潮》（研究报告）于当年完成。

第四，为支持我国的日本学研究深入发展，加强了有关工具书的编辑工作，在这方面计有：本所绝大部分人员参加的国家新闻出版署“八五”重点项目“简明日本百科全书”、由外交部领导组织编写的《外交大辞典》（日本部分）。

此外，该所科研人员参与编撰的工具书还有：《当代资本主义国家经济大辞典》、《现代资讯用语》等。编写或参与编辑的工具书总字数达一百二十余万字。

第五，加强了内外横向联系，大力开展了各种合作研究项目。

这些合作研究使该所扩大了科研范围和对外影响。这些合作研究中计有：与我院技经所合作开展的“中国能源调查研究”、与商业部合作进行的“中日流通比较研究”、与我院经济所合作进行的“后进国家外贸体制研究”、与国家计委合作进行的“经济政策与科技政策的关系”、与国务院发展中心合作研究的“中国产业组织研究”（联合国计划开发署项目，已通过联合国专家鉴定），与北京日本学研究中心合作进行的“中国日本学研究”等，这些研究已经完成或取得阶段性成果。

（二）对外学术交流

全年共派遣10批20人次前往日本进行讲学、长期进修和为课题搜集有关资料与考察。邀请日本松下政经塾访华团一行40人来华访问，中日双方举行了“国际新格局中的中日关系”国际学术讨论会，就国际新格局中的中日政治经济关系、社会文化及其有关问题进行讨论和交流。此外，还接受记者和临时来访专家学者共有30人次。

（三）刊物

《日本学刊》（双月刊），创刊于1985年，是本院日本所与中华日本学会共同主办的综合性学术刊物。办刊的基本方针是：坚持理论联系实际原则和“双百”方针，为我国的改革开放和现代化建设以及发展中日友好关系服务，设有专论、学术探讨、研究理论、比较研究、人物、书评、学术动态、访谈录、短评、论文摘要等栏目，主要刊登我国日本研究工作者关于日本政治、经济、科技、社会文化、外交、军事、历史、语言、文学、哲学等诸学科的优秀研究成果。该刊在国内外公开发行，读者遍于欧、美、亚洲各主要国家，并与日本有关政府部门、大学、人文社会科学研究机构和一些学者保持交换关系。在日本国立国会图书馆等国内外著名的大图书馆中均有馆藏。《日本学刊》所载的文章曾被日本《朝日新闻》、美国学术刊物、《人民日报》、《经济参考报》等国内外许多报刊转载和介绍，并被中央和地方政府有关决策部门作为主要参考资料。国内许多大学都把它指定为大学生、研究生的必读教材和选读参考书。现在，《日本学刊》已成为国内外日本研究工作者进行学术交流的园地，成为我国广大读者了解和认识日本的重要窗口，受到了政府有关部门和广大读者的重视和好评。

《日本问题资料》（双月刊）是日本所主办的内部资料性刊物。刊载有关日本问题的探讨性论文及研究报告，以及有参考价值的译文和资料等。

主编：赵自瑞

台湾研究所

（一）科研工作

1. 全年共出版专著七本：《台湾研究论文集》第五辑、《台湾机构、社团、企业大全》、《海峡两岸经济贸易投资大全》、《台湾知识问答》、《台湾十大政治案件》、《两岸经贸关系探讨》、《答台湾同胞问》；发表论文四十余篇。

2. 承担了1993年度国家“八五”课题的中华社科基金研究课题《“台独”问题研究》，将于1995年上半年完成。此外，还完成了国台办交办的课题和全国台湾研究会的重点课题。

3. 参与完成国台办主持的《台湾问题与中国统一》白皮书的起草、修改工作。

（二）对外学术交流工作

1. 接待来访：全年共接待台湾及海外学人70余批，其中大型访问团有6批。重点邀请了台前“经建会”副主任委员叶万安及夫人来访。叶万安先生长期参与台湾经济政策的制定，对台湾经济发展了如指掌。在京期间，叶万安先生就台湾经济发展及台湾经济政策在该所作了两场学术报告。

2. 派出：赴台湾访问和参加学术会议2人。

3. 学术研讨会：与全国台湾研究会、全国台联联合举办第三届海峡两岸关系研讨会，会议主题为“两岸经贸关系的理论与实践”，来自台湾、香港、美国、日本和中国大陆的一百四十余位专家学者及工商界人士参加了会议，会议取得圆满成功。本年度该所研究人员参加了有关台湾问题和两岸关系研讨会十余次。

（三）图书资料建设

1993年在图书及报刊资料的采购、积累方面做了大量工作。先后3次派出人员采购图书900余册，订购台、港报纸60余种，台、港期刊300余种，订阅内地报刊80余种。在日常管理方面，做到了及时整理、装订、典藏。

（四）所刊简介

《台湾研究》是由台湾所主办的综合性学术季刊。本刊以全面、客观研究台湾、促进祖国和平统一为宗旨，以海内外关心台湾问题和祖国统一者为阅读对象，主要刊登台湾政治、经济、社会、历史、文化、法律、对外关系以及两岸关系和大陆对台政策等方面的研究成果。本刊为国内目前研究台湾问题较具权威性的刊物之一，颇受台湾和海外的关注。1993年本刊共刊登各类文章57篇，其中政治类13篇、经济类13篇、两岸关系类7篇、社会文化类5篇、历史人物类7篇、法律类7篇、资料类5篇。

二　院机关部门工作

科研管理工作

1993年在院党委的领导下，科研局积极贯彻十四大和十四届三中全会精神，努力学习马克思主义，特别是学习邓小平建设有中国特色社会主义的理论，并用这个理论武装头脑，指导行动。全局同志以科研为中心，认真落实1993年院工作会议提出的科研管理工作各项任务，工作目标明确，重点突出，集中力量抓了几件大事：开展院首届优秀科研成果评奖活动，设立青年科研基金和创办院青年学者文库，组织召开社科院系统的“毛泽东对马克思主义发展的贡献”学术讨论会等，收到明显效果，产生了积极影响。由于全局同志团结一致，群策群力，因而较好地完成了所承担的任务。1993年，科研局主要做了以下几项工作：

1. 择优增补院重点研究课题，并予以经费资助。

1993年，全院共增补院重点课题57项，资助经费共73.3万元。增补的课题坚持择优立项的原则，突出了有中国特色社会主义理论的研究，特别是关于社会主义市场经济体制理论和实践的研究。

2. 设立院青年科研基金，创办《中国社会科学院青年学者文库》。

为了扶植青年，培养接班人和学术带头人，院务会议决定对青年科研人员实行倾斜政策，自1993年起每年从院300万元重点课题研究经费中划出30万元，设立青年科研基金，资助35岁以下青年科研人员的研究课题。1993年共资助38个课题，经费24.2万元；此外，为了解决学术著作出版难的问题，帮助青年科研人员及时推出科研成果，使之产生社会效益，从而提高他们的知名度，院务会议还批准，由科研局创办《中国社会科学院青年学者文库》，选收39岁以下青年学者的优秀著作，予以出版。1993年共组稿11部专著，并委托专人进行审读。

3. 组织院首届优秀成果评奖活动。

评奖的目的是为了建立、健全激励和竞争机制，奖励先进，鞭策后进，激发广大科研人员理论联系实际，为两个文明建设做出更多更大的贡献。在院务会议的领导下，经过精心设计，充分准备，认真组织，克服了这次评奖成果的时间跨度大、品种多，标准不易掌握，评选难度大的困难，使评奖活动取得了较圆满的结果。全院共有74部专著和109种其他形式的成果获优秀奖，还有3项院内外合作的集体成果获荣誉奖。这次评奖不仅在院内，而且在社会科学界都产生了较大的反响。

4. 组织召开社科院系统“毛泽东对马克思主义发展的贡献”学术讨论会。

这次会议由科研局和湖南省社科院联合举办，是在毛泽东诞辰一百周年之际召开的。会议入选论文七十余篇，从政治、经济、文化等各个方面和不同的层次和角度，就毛泽东对马克思主义发展的贡献，以及邓小平建设有中国特色社会主义理论对毛泽东思想的继承和发展做了深入探讨。会议开得比较成功。

5. 开展院出版基金的资助工作。

1993年是我院设立出版基金的第二年，由于整个出版环境没有改变，因此申请补贴的著作数量和资助额呈增加趋势。经过认真审议，共资助47本专著，资助数额共92.5万元。虽然出版基金数额有限，但对缓解我院学者学术著作出版难的问题起了明显作用。

6. 学会的管理和经费资助工作。

截至当年，我院主管的全国性学会、研究会共104个，除了对这些学术团体进行日常管理工作外，还对全国164个学会、研究会（含院主管的）进行经费资助。1993年共资助93万元。此外，还为新成立的学术团体办理了审核和申报事宜。

7. 继续组织县情调查和少数民族地区经济和社会发展情况调查以及参与组织全国百家大中型企业调查。

县情调查：1993年组织协调两千余人进行调查工作，并出版县情调查专著20部；

民族调查：1993年新布8个调查点，组织并直接参与调查工作；

大中型企业调查：科研局一位同志任调查小组副组长和调查丛书副主编，参与组织和具体调查工作。

8. 审议并办理了一批研究中心成立事宜。

根据科研工作的需要，为了使科研组织形式多样化，经科研局审议和院领导批准，我院相继成立了一批院、所研究中心。截至1993年底共成立14个院属研究中心和5个所属研究中心。

9. 会同人事教育局对1993年各单位提出的有突出贡献的中青年专家、享受政府特殊津贴的专家人选进行了审议和选拔。此外还参与了全院专业技术职务评审工作。

10. 参与1993年对外学术交流项目的管理工作，并会同外事局制订1994年对外学术交流计划。

11. 完成了本局专业技术人员的年终考核和专业技术职务的评审工作。

12. 编辑出版了《中国社会科学院学术论著提要》(1991)。

为了检阅和宣传我院的科研成果，便于学术交流，科研局从1991年起，每年编纂《中国社会科学院学术论著提要》，1993年出版了1991年卷，共80余万字。

13. 编辑出版《学术动态》80期，刊载各类文章116篇，共约31万字，及时反映了一些建设有中国特色社会主义重大理论问题和实际问题研究的动向；介绍了我院一批重要科研成果。编辑出版《社会科学管理》4期，刊载文章85篇，共约40万字，在突出资料性特点的同时，注意加强科研管理理论的研究。

除上述工作外，还做了大量的日常工作，比如起草文件报告、处理公文，接待院内外来访以及行政、人事、工资财务等方面的工作。许多同志还挤时间进行专业和科研管理理论和实践的研究，也取得可观成绩。据统计，1993年全局共有文字成果约70万字（包括论文、通俗读物、辞条等），编辑书稿12部，约360万字。

附件一：1993年度获准立项的中华社会科学基金资助项目一览表

课题名称	课题负责人	所在单位
“八五”国家重点增补研究项目（8项）		
社会主义民主与法制建设	王家福	法学所
城乡二元经济结构下的经济发展问题研究	周叔莲	工经所
社会主义市场经济条件下的国家管理职能与宏观调控体系研究	何建章	经济所
社会主义市场经济中的对外开放	戴园晨	经济所
国际社会主义的历史经验和中国特色社会主义	江　流　徐崇温	院部
有中国特色的社会主义农民问题研究	陆学艺	社会学所
《格萨尔王传》优秀艺人口头说唱科学版本	降边嘉措	少文所
有中国特色社会主义理论的哲学基础	陈筠泉	哲学所
中华社会科学基金资助项目（36项）		
国际刑法问题研究	林　欣	法学所
中国物权法研究	梁慧星	法学所
公司法研究	王保树	法学所
刑事审判前程序法问题研究	张仲麟	法学所
中国区际法法律冲突问题研究	信春鹰	法学所
拉美发展模式研究	江时学	拉美所
世界国营企业的调整和经营机制的改造	王金存	世经政所
日本对华政策与中日关系	刘天纯	日本所
西方市场经济与国家调节	杨祖功	欧洲所
我国农村经济所有制结构研究	张晓山	农村发展所
关于中国的外向型企业集团的研究	陈佳贵	工业经济所
我国社会主义市场经济条件下的就业和社会保障问题研究	冯兰瑞	马列所
局部经济效益的社会成本分析	郑易生	数技经所
中国“复关”后对国内市场和价格的影响与对策	温桂芳	财贸所
中国服务贸易研究	白仲尧	财贸所
1949～1952年的中国经济分析	董志凯	经济所
国有企业的产权结构要素的市场化	刘小玄	经济所
黄梅寨墩遗址发掘报告	任式楠	考古所
中国少数民族语言文字多媒体数据库的研究	徐　昂	民族所
我国现阶段社会贫困问题研究	魏章玲	社会学所
个体经营者阶层的社会学分析	张厚义	社会学所
外国资本与拉美国家的发展——历史沿革的考察	郝名玮	世界史所
德国浪漫派研究	陈恕林	外国文学所
《日本文学史》（近现代篇）	叶渭渠	日本所
现代汉语方言音档	侯精一	语言所
犹太教研究	周燮藩	世界宗教所
宗教现象学翻译	高师宁	世界宗教所
满汉文化融合与各族向心力研究	刘德鸿	近代史所
抗日战争时期的第三种力量	闻黎明	近代史所

社会主义文学价值论	侯敏泽	文学所
中国历朝小说史论	杨　义	文学所
中国新时期文学现象史	张　韧	文学所
现代科学技术与自然观的发展	童天湘	哲学所
哲学逻辑研究	张清宇	哲学所
台独问题及其对策研究	姜殿铭　余　克	台湾所
关于欧美利益群体与压力集团政治的比较研究	王　捷	欧洲所

青年社会科学基金研究项目（14 项）

战后发达国家金融发展模式比较研究	孙　杰	世经政所
我国经济增长的速度、效益与结构问题研究	郭克莎	工业经济所
中国通古斯诸语比较研究	朝　克	民族所
中国妇女地位变化与人口转变效应研究理论、实证与政策分析	刘启明	人口所
战后英美新殖民主义研究	张顺洪	世界史所
《万叶集》与中国文学	吕　莉	日本所
德里达研究	韦遨宇	外国文学所
当代北京口语句式研究	张伯江	语言所
汉语方言计算机处理系统	翟英谊	语言所
中国华严宗通史	魏道儒	世界宗教所
中日中国古文字与古史研究之比较	王震中	历史所
明清海外政策比较研究	万　明	历史所
近代地方行政的体制与运作	郭润涛	近代史所
《学衡》派与新文化运动	孙尚扬	哲学所

附件二：1993 年新增院重点研究项目一览表

项目代号	项目名称	成果形式	单　位	项目主持人 姓　名	项目主持人 职　务	参加人数	完成时间
9301	建设社会主义市场经济的理论思考与政策选择	研究报告、专著	经济学科片	张卓元	研究员	20	1995
9302	期货交易理论研究	专著、辞典	经济所	刘迎秋	副　研	5	1994
9303	当代市场经济国家的不同类型研究	专著	经济所	左大培	副　研	4	1995
9304	东亚实学经济思潮研究	专著	经济所	厉以平	副　研	3	1995
9305	减弱“复关”冲击对策的国际比较研究	专著及研究报告	工经所	江小涓	副　研	10	1994
9306	我国自然垄断产业的组织与企业改革	研究报告	工经所	黄速建	副　研	6	1995
9307	市场经济条件下我国加工工业生产集中途径研究	专著及研究报告	工经所	刘世锦	副　研	12	1995
9308	生态产业发展的案例剖析和一个经济政策的研究	研究报告	农发所	李谊青	副　研	10	1995

项目代号	项目名称	成果形式	单　位	项目主持人		参加人数	完成时间
				姓　名	职　务		
9309	农村经济体制改革研究	专著	农发所	王贵宸	研究员	3	1995
9310	财政与国有资产管理关系的研究	研究报告或专著	财贸所	何振一	研究员	10	1996
9311	竞争政策比较研究	研究报告或专著	财贸所	卢中原	副　研	5	1995
9312	全球高技术经济竞争态势研究	研究报告、专著	数技经所	方汉中	副　研	12	1995
9313	产业发展政策与经济增长研究	专著	数技经所	汪同三	研究员	11	1995
9314	鄂州市超常规发展战略	研究报告	经济学科片	李京文 刘福垣	研究员	10	1994
9315	1992～2010 年中国经济发展思路研究	研究报告、专著	经济学科片	李京文	研究员	15	1995
9316	当代中国 STS 发展的特色	专著	哲学所	殷登祥	副　研	4	1995
9317	中国社会整体发展与结构演变	调研报告、专著等	哲学所	景天魁 陈荷清	研究员	8	1995
9318	中国特色社会主义大事典	大事典	院　部	江　流	教　授	多人	1993
9319	马克思主义与中国特色社会主义	专著	马列所	孙连成	研究员	9	1994.10
9320	从毛泽东到邓小平：建设有中国特色社会主义理论和实践的探索	专著	马列所	韩荣璋	研究员	8	1994
9321	周边国家伊斯兰教研究	内部报告	宗教所	金宜久	研究员	4	1995.6
9322	市场经济条件下的社会科学研究	研究报告、专著	人事局	李　利	副局长	7	1994.6
9323	安徽尉迟寺遗址发掘的研究	专著	考古所	吴加安	副　研	5	1996.8
9324	临潼白家村遗址研究	专著	考古所	吴耀利	副　研	3	1993
9325	二十世纪香港政治和中英交涉	专著	近代史所	余绳武	研究员	7	1995
9326	英国殖民撤退史和香港	专著	世界史所	张顺洪	助　研	13	1996
9327	古代国家民主与共和制研究	专著	世界史所	施治生	研究员	11	1996.6
9328	印度土地制度研究	专著	世界史所	黄思骏	研究员		1996.6
9329	独联体中亚五国简史	专著	边疆中心	马大正	研究员	7	1994
9330	市场经济体制下的文学发展机制研究	专著	文学所	孟繁林	副　研	7	1995
9331	远古中古时期中国南方各民族文学关系史	专著	少文所	刘亚虎	副　研	1	1995
9332	法兰克福学派之后	专著	外文所	赵一凡	副　研	1	1995

项目代号	项目名称	成果形式	单位	项目主持人		参加人数	完成时间
				姓名	职务		
9333	白话小说词汇研究	词典、系列论文	语言所	白维国	副研	4	1995
9334	社会主义市场经济中的法律问题	专著	法学所	王家福	研究员	17	1994.6
9335	中国多党合作的政党体制及其法律问题研究	专著、内部报告	法学所	陈春龙	副研	3	1995
9336	发展社会主义市场经济与完善我国刑法	专著、调研报告	法学所	崔庆森 陈宝树	研究员	7	1994
9337	与俄合作整理、编辑、出版《俄藏黑水城文献》	专著	民族所	史金波	研究员	3	1996
9338	中国城市家庭研究——五城市家庭研究的追踪调查	专著	社会学所	沈崇麟	副研	10	1995.4
9339	乡镇企业组织与农村社会结构转型	专著、调研报告	社会学所	李培林	研究员	5	1994
9340	90年代国际信贷市场及我们的对策	研究报告	世经政所	郭世贤	副研	2	1994
9341	西方金融期权市场研究	研究报告、专著	世经政所	王燕然	副研	2	1994
9342	亚洲新兴工业经济体的市场模式——市场体系的培育和管理	研究报告	世经政所	杜方利	副研	7	1994
9343	建立具有中国特色的综合国力指标体系与评价方法——兼论中国综合国力在国际比较中的地位	研究报告	世经政所	陈秀英	副研	4	1994
9344	克林顿政府外贸政策及中美经贸关系研究	专著、研究报告	美国所	张健	助研	5	1994
9345	美国的市场经济	专著	美国所	侯玲	助研	4	1994
9346	日本的政策金融系统及其运营	专著	日本所	张淑英	副研	1	1994.10
9347	亚洲三角经济合作区的发展及其在亚太经济合作中的地位	总报告、专著	亚太所	魏燕慎	研究员	4	1995
9348	独联体中亚五国市场研究	研究报告	东欧中亚所	陈联璧	副研	6	1994
9349	传统计划经济体制向市场经济过渡若干问题研究（以前苏联与东欧各国为例）	专著	东欧中亚所	陆南泉	研究员	1	1994
9350	冷战后的中东欧	研究报告、专著	东欧中亚所	高德平	副研	4	1994
9351	欧洲扩张史	专著（三卷）	欧洲所	陈乐民	研究员	6	1995
9352	以色列经济发展研究	研究报告、专著	西亚非所	杨光	副研	6	1994
9353	南非贸易投资环境及我国的对策	研究报告、专著	西亚非所	陈一飞	副研	5	1994.6

项目代号	项目名称	成果形式	单位	项目主持人		参加人数	完成时间
				姓名	职务		
9354	巴西现代化之路	专著	拉美所	张宝宇	研究员	1	1996.6
9355	经济发展与社会公正——拉丁美洲的理论、实践、经验和教训	专著	拉美所	徐文渊	研究员	2	1995
9356	中国断代民族史（多卷本）	专著	民族所	罗贤佑	副研	7	1994
9357	中国少数民族法制史	专著	民族所	白翠琴	副研	5	1996.7

附件三：1993年度青年科研基金项目一览表

项目名称	成果形式	完成时间	项目主持人				单位	参加人数
			姓名	职务	学位	年龄		
当代西方哲学中的后哲学思潮	专著	1995	范建荣	副研	博士	34	哲学所	
从马克思主义立场重建现代科学观	专著	1995.5	施雁飞	副研	博士	30	哲学所	
迈向可兑换性货币——人民币汇制改革探讨	研究报告	1994.6	高海红	助研	硕士	29	世经政所	1
东道国政府对跨国公司政策的比较研究	研究报告	1994.6	鲁桐	助研	硕士	31	世经政所	2
科技成果产业化的历史考察与机理分析	研究报告	1995.6	王春法	助研	硕士	30	世经政所	1
论农业的市场调节与国家干预——发达国家与中国的比较研究	研究报告	1994.8	彭代彦	助研	硕士	29	世经政所	1
混沌经济学在世界经济周期模拟系统中的应用研究	专著	1995.12	傅琳	助研	硕士	28	世经政所	3
中印财政体制比较研究	著作	1995.6	于海莲	助研		29	亚太所	1
泰戈尔在中国	专著	1995.12	徐坤	助研	硕士	28	亚太所	1
东欧经济体制转轨及其趋势	研究报告 专著	1994.12	孔田平	助研		28	东欧中亚所	5
冷战后的国际关系理论研究	专著	1995.12	赵俊杰	助研	硕士	30	欧洲所	1
非洲黑人文化哲学	专著	1995.6	张宏明	助研	硕士	34	西亚非所	1
中国古典诗歌的心态研究	专著	1995	蒋寅	助研	博士	34	文学所	1
黄庭坚年谱汇考	专著	1995	郑永晓	助研	学士	30	文学所	1
《玉台新咏》研究	专著	1995	刘跃进	助研	博士	35	文学所	1
当代中国小说文体史(1979～1993)	专著	1995	李洁非	助研	学士	33	文学所	1

项目名称	成果形式	完成时间	项目主持人				单位	参加人数
			姓名	职务	学位	年龄		
新时期文学对人的思考	专著	1995	金惠敏	助研	硕士	32	文学所	1
环渤海湾远古少数民族文化研究	专著	1996	苑利	编辑	硕士	35	少数民族文学所	1
普通话语音的编辑合成	论文录音带磁盘软件	1995	李爱军	未定	硕士	27	语言所	3
唐诗影响研究	专著	1995	马自力	编辑		30	杂志社	1
中国社会发展与权利保障	专著	1995	夏勇	副研	博士	31	法学所	2
中国侵权行为法	专著	1994	张新宝	编辑	硕士	31	法学所	1
社会主义市场经济与行政法	专著	1994	张明杰	助研	硕士	31	法学所	2
海峡两岸金融法律制度比较研究	专著	1994	高旭晨	助研	学士	31	法学所	2
方言归属未定的苗语研究	研究报告	1995	李云兵	研究实习员		25	民族所	1
前苏联和独联体的民族社会语言学研究	专著	1995	杨艳丽		硕士	28	民族所	1
山地民族的家庭经济与家庭经济行为	系列研究报告	1995	吴兴旺	研究实习员	硕士	27	民族所	1
中国西南少数民族社会生活史研究	专著	1995	管彦波	研究实习员		26	民族所	1
历史上中国人的精神风貌	专著	1995	彭卫	副研	硕士	34	历史所	1
战后东盟主要企业集团发展的比较研究	专著	1995	鲁虎	未定	硕士	26	世界史所	
近代中法关系史	专著	1995	葛夫平	助研	硕士	26	近代史所	
刘师培史学研究	专著	1995	李洪岩	助研	硕士	30	近代史所	1
“五四”时期中国新史学思潮	专著	1995	刘俐娜	助研		34	近代史所	
中国农业保护的理论与实证分析	研究报告	1994.10	杜志雄	助研	硕士	30	农发所	2
股份合作制与农村产权制度变革	研究报告	1995.8	韩俊	副研	博士	30	农发所	2
市场经济下的中国农村金融体制	研究报告	1995	杨思群	助研	硕士	29	财贸所	5
流通产业的微观改造与系统重整	研究报告	1994.12	王诚庆	助研	博士	34	财贸所	4
中国人口和生态历史演变与发展趋势——矛盾与对策	专著	1995	张车伟	助研	硕士	29	人口所	3

人事教育工作

在院党委的领导下，1993年人事教育工作认真贯彻落实党和国家有关人事工作方面的方针和政策，以做好所局领导班子换届和深化人事制度改革为重点，统筹兼顾，较好地完成了各项工作任务。

（一）在人事制度改革方面迈出了新步伐

根据1993年院工作会议有关改革的意见和要求，本着“简政放权、方便科研”的原则，一年来，我院在人事管理制度上，陆续制定并出台了一些改革措施，其中主要有：

——实行研究室与行政级别脱钩。研究室与行政级别脱钩，是我院人事管理制度上一项比较大的改革举措。这项措施实施后，研究室作为研究所下设的研究机构，不再纳入行政系列，不再作为处级单位。研究室的设立、撤销和调整，在保证每个研究室有5名以上研究人员（其中至少要有2名高级研究人员）的条件下，由研究所根据学科发展和研究工作的需要，征得主管院长同意后决定。研究室的正、副主任实行聘任制，不再按行政干部进行管理。聘任或解聘由研究所根据院规定自行决定。对研究室主任、副主任的待遇，以改革措施实施为界，采取老人老办法、新人新办法，并制定了相应的规定。

——下放了部分处室级干部的任免权。将研究所职能处室（不含人事处）副职的任免权下放给研究所，院保留了对正职和人事正副处级干部的任免审批权。

——允许职工停薪留职。社会主义市场经济和商品经济大潮影响社会各个方面，为了适应这种新的情况，并维护我院的科研秩序和工作秩序，合理分流人员，院决定允许部分职工停薪留职，并制定了相应的管理办法。

在贯彻实施这些改革措施和扩大研究所人事工作自主权后，针对出现的问题，及时制定了《关于干部备案工作中的几个问题》等有关规定，使这些改革措施更加完善。同时也使我院干部管理工作进一步规范化、科学化。

（二）比较圆满地完成了所局领导班子换届工作

所局领导班子换届，是关系今后五年甚至更长时间全院工作的一件大事，院党委十分重视，专门成立了由院领导组成的换届领导小组，加强了对换届工作的具体指导。人事教育局作为具体工作部门，精心组织，认真实施。制定了《关于我院所局领导班子换届工作的意见》，挑选了原则性强、有工作经验和综合分析能力的15名同志组成了考察组，认真做好考察工作。

经过各方面的共同努力，全院44个单位的领导班子换届基本完成。新的所局级领导班子成员共150人。其中继任原职务的90人，副职提正职的19人，新提领导职务的41人。免职退出领导班子的55人。新班子平均年龄52.3岁，比换届前下降了3.9岁，其中60岁以上的19人，占12.7%，56～59岁的39人，占26%，51～55岁的39人，占26%，46～50岁的26

人，占17.3%，45岁以下的27人，占18%。

这次换届工作，主要有以下几个特点：

(1)认真贯彻了党的“十四大”关于加强领导班子建设的精神，按照干部队伍革命化、年轻化、知识化、专业化的方针和德才兼备的原则，确定了“解放思想、放开视野、认真选才、合理配置”的指导思想。在实施班子配置过程中，注重班子整体的合理组合和年龄结构的合理梯次，认真选拔了一批跨世纪的优秀年轻干部，并适当地进行了机关与研究所以及研究所之间的干部交流，在院外选调了个别专业领导干部。努力使新的领导班子成为忠于马克思主义、坚决贯彻执行党的基本路线、坚持走有中国特色的社会主义道路，团结协作、有效地组织科学研究的领导集体。

在干部的选拔上，强调在政治上要坚持四项基本原则，坚持改革开放，有奉献和开拓精神，组织领导能力较强，作风正派，善于团结群众，工作扎实，胜任本职工作。在任职年龄上，一方面强调要有“新面孔”，大胆选拔跨世纪的青年干部，另一方面又坚持实事求是，注意到我院的实际情况和科研单位的特点，执行了专业干部副职58岁不再继任，55岁一般不再选入班子，在无合适人选的情况下，对所长、书记的年龄作了适当放宽。在职数配置上，严格按规定执行，没有出现超职数配备的情况。

(2)新班子具有广泛的群众基础。换届考察组深入各所局采取个别交谈的方式，广泛听取意见。处室干部和副研以上专业人员一般都谈了话，按在京人员计算，每个单位征求意见人数均不少于60%，多数单位达70%左右，少数单位征求意见人数几近100%，个别单位在谈话的基础上还组织了民意测验，使群众充分表达了意见。

(3)新班子配置比较合理。新一届所局领导干部中，50岁以下的53人，占35.3%，其中45岁以下的由上届11人增至23人，选拔一批专业骨干和崭露头角的年轻人，形成了一定的梯队配备。为了保持主要业务领导人在学术界的地位，在尚无合适人选的情况下，保留了一定数量的在学术界有名望的老专家担任研究所所长。同时注意了专业覆盖面，使新进班子的36名专业人员中，博士研究生12人，硕士研究生8人，大学本科生16人；在专业职务上，正、副研究员各18人；5人是国家级有突出贡献中青年专家；7人是破格晋升的正、副研究员。并且在做好换届工作的同时，注意对后备干部的考察，为建立后备干部队伍创造了条件。

(4)完成了向党委领导下的所长负责制的过渡，扩大了实行联合党委的范围。1990年开始，我院决定实行党委领导下的所长负责制。但到换届工作开始时，仍有6个单位因各种原因尚未建立党委。通过这次换届，完成了向新体制的过渡。并且在总结美国所和西欧所实行联合党委经验的基础上，根据我院一些所的实际情况，扩大了实行联合党委的范围。目前，研究所实行联合党委的已发展为10个研究所。这对精简行政管理人员，加强科研第一线，改变小而全的状况，提高这些所的综合效益和科研生产力，将会产生积极的作用。

(三)制定并上报了我院机关“三定”方案

我院机关“三定”方案是根据国务院机构改革的基本要求，从我院实际出发，本着合理布局、精简机构、提高效率、多出成果、多出人才的原则制定的。经过反复研究、修改、完善后，上报国务院编制委员会。方案中将机关服务职能和管理职能分开，成立了服务总公司，进一步明确了各厅局的职责任务，适当调整了机构设置，将机关现有9个机构减至8个，编制由539人减至300人。1992年底院直机关实有人数为578人，实际分流人员278人。

（四）完成了工资改革的测算工作

根据《国务院关于机关和事业单位工作人员工资制度改革问题的通知》（国发[1993]79号）、《国务院办公厅关于印发机关、事业单位工资制度改革三个实施办法的通知》（国办发[1993]85号）规定，完成了对我院参加工资改革人员的增资额的测算工作。同时拟定了《中国社会科学院工资制度改革实施意见》，上报人事部。这次工资改革我院参加工改的人数为4782人（不含离退休人员，下同），月增资总额为65.97万元，全年需增资791.64万元，人均月增资为137.95元。其中研究员级376元；副研究员级186元；助研级94元；研实级52元；技术员级42元；未聘职专业人员87.50元；正部级433元；副部级363元；正局级317元；副局级224元；正处级143元；副处级110元；正科级88元；副科级46元；科员49元；办事员50元；工人58元。

（五）比较好地完成了专业技术人员的考核与评聘工作

1991、1992年度专业职务评聘工作是合并进行的，从1992年底开始至1993年初结束。我院严格按照专业人员考核条例和有关专业技术职务条例执行，组织了对专业人员的考核和专业职务晋升的评聘工作。两个年度考核结果是，优秀专业人员占20%左右，称职专业人员占75%左右，基本称职和不称职约占3%。在此基础上，我院完成了1991、1992年两个年度的专业技术职务评聘工作。全院共有789人晋升了专业技术职务，其中正高级167人，副高级206人，中级324人，初级92人。

为搞好专业技术职务评聘工作，认真组织了晋升专业职务考试工作。1993年度参加晋升中级专业职务考试共有35个单位的110人，一门未通过者44人，两门未通过者17人，不及格者共有61人，占考试总数的55%。还组织了1993年度破格晋升高级专业职务考试。

（六）完成了享受政府特殊津贴人员的选拔工作

我院在总结过去选拔工作经验的基础上，对选拔方法和程序作了相应的改进，采取了院里下达指标，所里选拔推荐，人事局和科研局初审，报院党委和院务会议审定。为了严格掌握选拔质量，我院用半个月的时间对副高以上的各类人员进行了摸底调查，分析排队，做到心中有数。在整个选拔过程中，既考虑了以在职人员为主，又适当考虑了离退休老专家，并注意全院综合平衡，较为顺利地完成了1993年度政府特殊津贴人员选拔工作。经人事部批准，我院1993年度有713人享受政府特殊津贴，其中100元档16人，50元晋升100元档147人，50元档550人。

到1993年底为止，全院被批准享受政府特殊津贴人员总数已达到1409人（含死亡26人，调出4人）。其中：100元档521人（含死亡20人），50元档888人（含死亡6人，调出4人）。

（七）建立了博士后流动站

为了扩大培养和选拔人才的渠道，建立了法学、数量经济与技术经济、世界经济与政治、近代史4个博士后流动站，并与有关研究所共同选拔了4名博士毕业生进站工作。

（八）坚持抓好继续教育和人才培养工作

根据1993年院工作会议上提出的“要继续抓好中、青年科研人员的培养、教育和提高工作”的精神，主要抓了以下四方面工作：

一是充分发挥管理职能，促进继续教育开展。为了创造继续教育的良好环境，一是抓计划的制定。由于院的统一部署，加之督促检查，引起各所的普遍重视，有三分之一的所通过会议、座谈等方式，征求青年科研人员的意见，22个单位制定了继续教育和人才培养计划。

二是召开了全院首次“继续教育人才培养”大会。王忍之同志作了重要讲话，部分研究所报告了开展这项工作的措施、经验和体会。这次会议，强化了领导干部的继续教育意识，在“培养跨世纪一代科研人员是一项重要战略任务”上达到了共识，起到了推广先进、带动全局的作用。

三是努力提高培训效益，为科研服务。在培训工作上，我院坚持从提高人员基本素质出发，努力使培训内容与岗位需要相结合。培训内容主要是公共学科和大家所关心和感兴趣的新信息、新课题。一年来，我院共组织了马列主义基础理论班、新进院青年科研人员的入院教育和大型讲座“关贸总协定及复关后我国的有关政策”等10项培训活动。总共参加人数为1071人次，培训对象主要是专业技术干部。大家对培训效果普遍反应较好。

四是办好职工大学，建设教育基地，为继续教育服务。为适应科研工作面临建立社会主义市场经济体制的新形势，逐步实行了两个转移（即：专业设置以应用性专业为主；努力使职工大学成为院内继续教育的一块重要阵地）。充分利用职工大学与社会的关系，职大的教学力量，教学设备，组织各种培训和讲座。除此之外，职工大学1993年还做了加强学生的思想教育，加强管理与抓好教学质量等工作，对端正校风和学风起到了较好的作用。

（九）完成干部调配工作

1993年10月初，我院积极参加了全国首届人才交流大会。初步签约招聘16人，其中有我院需要的优秀专业人才，也有为稳定我院科研骨干而解决的两地分居人员。会上，150多名即将毕业的博士、硕士研究生与我院接洽，有意到我院从事科研工作，为选择接收毕业生捕捉了信息。一年来，实际调干63人（京内59人，京外4人），接收军队转业干部5人，接受毕业生60人，共计进院128人。其中博士研究生17人，硕士研究生57人，大学本科39人，大专13人，高中、中专2人。调入人员中，除17名党务行政人员外，有111人充实了科研队伍。其中具有副研以上高级专业职务的13人。全院共审批办理司局级干部离休3人，正研究员离退休42人。

截至1993年12月31日，我院在职职工共有4681人，其中干部4172人（含从非国家干部中选聘的146人），工人509人。干部中专业技术人员有3672人。其中：正研级452人，副研级1089人，助研级1458人，研实级494人，未定职179人。

（十）圆满完成基层锻炼任务

本着注重实效的精神，我们总结了前三批锻炼的经验，提出了把锻炼和科研相结合的新思路，在小范围内进行了试验。实践证明，思路是对头的。由民族所组织的到湖南怀化地区和由农村发展研究所自行组织的带任务到基层游动考察，都出了研究成果。在霸州市的锻炼人员得到了多方面的收获，主要是认识了国情，充实了自己，端正了科研方向。

（十一）建立了全院职工信息数据库

为了不断提高我院人事管理水平，合理配置人才资源，为了使今后人事工作有更大的主动性和科学基础，经过几个月的努力工作，完成了全院近五千名职工的信息编码和数据录入工作。为今后对人员进行专项和综合分析打下了一个好的基础。

（十二）在全院人事管理制度建设方面取得了新的进展

一年来，我院在认真总结经验和调查研究的基础上，先后制定了《关于研究所职能机构和研究室管理的暂行规定》、《中国社会科学院选拔享受政府特殊津贴人员的暂行规定》、《评选院级有突出贡献的中青年专家暂行条例》、《岗位津贴暂行办法》、《继续教育工作暂行规定》、《职工“停薪留职”暂行规定》，重新修定了《关于对不称职专业人员处理的暂行规定》等，使人事管理工作和人事教育局自身工作不断地向科学化、制度化、规范化迈进。

（十三）积极完成中央有关部门交办的调研任务

我院在完成人事教育中心工作的繁重的日常事务的同时，接受上级有关部门的委托，组织了课题组，对社会科学学部委员制度问题进行了专题调研。先后召开了院内外著名专家、学者座谈会；对部分健在的原哲学社会科学学部委员和部分原一、二级老专家进行了访谈；对原哲学社会科学学部委员制的历史情况和前国民政府中央研究院实行院士制度的情况做了调查；查阅和研究了国外一些主要国家实行院士制度的资料和情况，并在此基础上撰写了《恢复社会科学学部委员制度势在必行》的调研报告。同时，在《社会科学管理》1993年第4期上发表。调研报告就我国社会科学实行学部委员制度或院士制度的必要性、意义以及实施办法提出了看法和建议。反映出了广大社会科学工作者的要求和愿望。

除上述工作之外，还组织201人参加了全院首期工人技术等级考核培训班；办理了201名研究员和司局级干部的蓝卡医疗证；审批了181名中青年工作骨干的特困补助，共补助35350元；办理了九百多人次的出国政审等。

对外及对台、港、澳地区学术交流工作

（一）1993年对外学术交流的基本情况

1993年我院对外交流总量为790批2026人次，其中派出485批975人次，来访305批1051人次，交流总量、派出量、来访量分别比1992年增加36%、37%和34%，无论是从数量上还是从年增幅度上都是建院以来最高的年份。

在交流的学科分布上有所发展。1993年对外交流中，经济学741人次，占37%，在我院各学科对外交流中继续领先；史学222人次，占9%；国际关系学232人次，占11%；文学186人次，占9%；哲学109人次，占5%；社会学118人次，占5%；法学164人次，占8%；语言学、民族学、宗教学等也都有较多的交流量。上述情况说明，我院对外交流已发展到科研需要的各个学科，既突出了经济建设等国家科研重点，又照顾了社会科学研究的全面，既保证了传统优势学科的交流，又支持了我院社科研究对国际新学科的跟踪研究。

在交流的方式上更加多样化。1993年对外交流中，双边或多边研讨会765人次（出访337人次，邀请428人次），占总量的38%；学术访问799人次（派出347人次，邀请452人次），占总量的39%；工作访问202人次（出访89人次，邀请113人次），占总量的10%；进修71人次（派出65人次，邀请6人次），占4%；合作研究81人次（出访60人次，邀请21人次），占总量的4%；讲学36人次（派出15人次，邀请21人次），占总量的1.8%。可以看出，交流的方式更加多样化、小型化，以学术访问、双边或多边研讨会、合作研究等方式进行的交流占绝大多数。

在交流的国家和地区范围上有所拓宽。1993年，我院除了进一步发展巩固与国外已有的社科研究机构、学术团体以及交流资助单位的关系外，还积极发展和拓宽新的交流渠道。1993年我们先后同越南社会科学院、大韩民国学术院、韩国精神文化研究院签订了双边交流协议；还同捷克科学院、斯洛伐克科学院、荷兰教育科学部、哈萨克斯坦科学院等国家社科机构，重签了社科交流协议或商谈了交流设想。1993年我院与亚非地区国家的交流量为612人次（派出284人次，来访328人次），占交流总量的30%；与美洲大洋洲地区国家的交流量为318人次（派出176人次，来访142人次），占交流总量的16%；与欧洲地区的交流量为280人次（派出182人次，来访98人次），约占交流总量的14%；与台港澳地区的交流量为387人次（派出162人次，接待225人次），约占交流总量的19%；与国际组织交流364人次（派出106人次，邀请258人次），约占18%。根据外事局各处的统计，1993年我院与之交流比较多的前10个国家和地区依次为：(1)日本438人次（派出210人次，邀请228人次），约占22%；(2)美国295人次（派出187人次，邀请108人次），约占15%；(3)台湾地区270人次（派出59人次，邀请211人次），约占13%；(4)韩国113人次（派出40人次，邀请73人次），约占6%；(5)香港地区96人次（派出90人次，邀请6人次），约占5%；(6)俄罗斯87人次（派出76人次，邀请11人次），约占4%；(7)英国58人次（派出28人次，邀请30人次），约占3%；(8)瑞典54人次（派出49人次，邀请5人次），约占2.7%；(9)德国46人次（派出33人次，邀请13人次），约占2%；(10)澳大利亚37人次（派出18人次，邀请19人次），占1.8%。这些数据表明，1993年我院对外交流的国家和地区范围又有拓宽。

（二）对外交流效益有了较大的提高

多年来，我院在对外交流工作中一直强调把提高效益放在首位，1993年是这方面工作取得比较明显效果的一年。

1.院1993年度科研急需的交流重点项目大多得到了落实和执行。1993年初，为了使有限的外事经费能够优先保证院科研和交流重点，外事局拟定了拓展同周边国家和第三世界国家的学术交流、搜集散失在国外的珍贵历史资料、举办重要的国际学术讨论会、加强与台港澳地区学术交流等6大类19个重点项目，经院党委批准后，我们集中力量抓了这些交流重点项目的实施。经过一年的工作，除个别项目由于种种原因推迟执行或暂不能执行外，大多取得了比较好的交流效果。

2. 交流与科研结合比过去更紧密。1992年底，院领导亲自参加，外事局会同科研局和人事局，根据院科研和学科建设发展需要，对全院1993年预报的交流项目逐个进行了预审和筛选，使全年派出和来访的交流项目与科研需要紧密结合。1993年我院派出的人员中，学术访问、参加双边或多边讨论会、合作研究、留学进修、讲学达1752人次，占86%；一般工作访问202人次，占10%。1993年我院派出人员回国后写了出国考察报告150多份。在抓好派出把关工作的同时，还着重抓了组织来访学者的学术活动。全年邀请来访国外学者多在本国具有一定的学术水平，有的是国际上著名学者，我们通过安排组织好他们在华的学术活动，大大提高了学术交流效益。1993年我们还接待外国驻华使馆官员、外国驻华机构代表来访700多人次，安排接待外国和台港地区记者采访150多人次，这些活动对宣传我国改革开放成果，促进相互了解，加深双方友谊，都起到了很好的作用。

3. 举办双边或多边研讨会的效益比过去有所提高。1993年由院或院所联合在国内举办的双边或多边大型学术研讨会近二十个，由于组织工作认真，研讨问题集中，研讨会的质量比过去有提高。其中"中国古典小说国际研讨会"、"市场经济与中国国际研讨会"、"东亚经济社会思想与现代化学术研讨会"、"2000年中国与韩国国际学术研讨会"、"中国农村工业化国际研讨会"、"东亚合作与发展国际研讨会"等，都办得各具特色，取得了较好的学术效益和影响。

4. 使我院研究人员在交流中得到培养和提高。1993年我院的对外交流由于紧紧围绕科研和学科发展需要进行，因而参加交流的学者都能从中了解世界社会科学研究现状，新学科的发展趋势，丰富了知识，开阔了视野，起到了培养人才的作用。1993年我院选派了65人长期出国进修，有68名过去派出的留学进修人员回国。是我院派出回归率较高的一年。这些回国人员带来国外社会科学发展的新动向、新信息，大多学有所成，已成为本单位科研骨干或学科带头人。

5. 配合我国外交需要和外交斗争做工作。1993年我院对外交流重点之一是加强同我周边国家地区及中亚独联体国家的交流，通过交流密切了我国同这些国家学界、政界的关系，配合了我国睦邻友好外交路线的开展。1993年，我们两次接待了美国前政府高级官员、国会众参议员组成的凯特林基金会代表团来访，安排美国助理国务卿沙托克、参议员鲍克思等来院访谈。这对促进中美关系的发展起到了推动作用。在全年接待的外国记者采访中，有相当一部分是配合我国外交斗争需要安排的，如6月中旬在世界人权大会召开之前，我们根据国务院新闻办公室的指示，安排法学所王家福、刘海年等同志接受法国电视记者采访，就配合了我国的人权外交斗争。

6. 对外学术交流的调研工作取得了较大的成绩。1993年外事局编辑了《对外学术交流情况》107期，约60万字，是历年来数量最多的；外事局收集编辑出版了《国外经济科技社会发展考察与研究》一书，约45万字，受到研究所和社会的欢迎；使我院对外学术交流成果能够较好地为院属各单位、地方社科院以及中央和国家有关部门了解，扩大了受益面。

后勤管理工作

随着我院行政后勤改革的不断深入，改革行政后勤体制的条件日趋成熟，根据国务院机关事务管理局1992年提出“五年内通过推行和实现后勤服务职能与行政管理职能分开，建立机关与后勤服务部门有偿服务的经济核算关系”，“争取在2000年以前，将机关后勤服务单位转为自收自支的服务经营实体”的意见，1993年我院对行政后勤体制实施了重大改革举措。我院服务总公司在5月份成立，将后勤服务部门与管理部门分列为两个独立的机构，实现了管理职能与服务职能的完全分开。这一改革举措既有利于后勤服务部门机制的转换，可以增强其自主和自我发展的能力，又对行政管理工作提出了更新更高的要求。由于准备充分，措施得力，在院党委的直接领导和全体后勤职工的努力下，此次改革进展顺利，过渡平稳。后勤行政管理部门圆满稳妥地完成了处室合并撤销的机构调整和定编定位的人员调整，初步建立了新的后勤行政管理体制。同时，我院的财务物资、房产、基建计划和开发管理工作针对体制转换和职能分开后的需要和自身特点，及时调整工作重点，加强管理，圆满地完成了各项任务，使1993年的后勤管理工作取得较大的成绩。

（一）财务物资工作

1993年全院社会科学事业经费拨款总额为9053万元，比1992年增加825万元，增长了10%。其中，用于社会科学研究机构的经费为5518万元，占经费总额的61%，比1992年决算数4984万元增加534万元，增长了11%，其增长幅度高于财政部同期核拨我院经费的增长幅度。用于社会科学管理机构的经费为2576万元，占经费总额的25.2%。

根据国家国有资产管理局的部署，1993年进行了全院国有资产的清查登记工作，查明我院固定资产总额为29259万元。

1993年我院制定和转发有关财务管理的文件共19项。其中我院制定的《关于申办外汇账户的管理办法》有力地加强了我院的外汇统一管理；《中国社会科学院行政事业性收费项目表》等文件为我院开发创收工作提供了依据和标准；另外，还修订完善了《机关经费和用车包干办法》，经过一年严格执行，取得了明显的成绩，有效地控制了管理机构经费的增长，缓解了经费紧张状况。

在物资管理上，为院及院内各单位更新轿车26辆。

（二）基建计划工作

1993年我院基本建设拨款总额为3415万元，比1992年增加215万元，增长了6.7%。全年完成基本建设投资总额为3415万元，其中用于住宅和配套设施3167万元，占投资总额的92.7%；用于科研办公和其他辅助设施248万元，占投资总额的7.3%。其建设投资完成数为我院建院以来最多的一年。

1993年全年基建竣工面积9500平方米，为方庄小区129套商业住宅。另外完成合建住宅

10000平方米以及研究生院大教室和密云培训中心的规划设计任务。

（三）房产工作

1993年组织完成了方庄和安贞宿舍区的评租、分配和进住工作，全院324户职工喜迁新居，改善了我院职工住房条件。同时完成了单身宿舍的搬迁工作，通过调整和加强管理，改善了我院单身职工生活环境。

1993年完成房屋及设施大中修项目30个，共投资500万元。其中投资117万元，新建北戴河培训中心附属楼；投资20万元，建成密云培训中心供水系统；从而提高了北戴河和密云两个培训中心的接待能力。投资20万元，在干面胡同宿舍区建成单身职工宿舍，改变了多年来我院单身宿舍租用旅馆的状态。

另外，从1993年起，我院开发创收工作由行政后勤管理部门统一管理。全年共审批院所两级申报设立经营性企业20个。并将建立第三产业和开发创收的有关文件汇编成册，起到了对我院开发创收工作的指导和统一管理的作用。

党群工作

1993年在院党委的领导下，认真贯彻党的十四大精神，联系实际，围绕科研中心，我院在加强党的思想、组织、作风建设及群众工作方面主要做了以下几项工作。

（一）关于院领导班子调整

国务院国人字（1993）121号文件，中组部组任字（1993）162号文件通知，王洛林任副院长、院党委委员；

中共中央中委（1993）302号文件、国务院国人字（1993）152号文件通知，免去曲维镇院党委副书记职务，免去刘国光、曲维镇、钱钟书、江流副院长职务；滕藤副院长兼任院党委副书记，龙永枢任院党委副书记、副院长；

中组部组任字（1993）210号文件通知，郭永才任院党委委员，免去曲维镇、刘国光、江流、吴介民院党委委员职务；

中组部中宣任字（1993）18号文件通知，同意郭永才任院秘书长，免去龙永枢院秘书长职务。

在院领导班子调整后，11月15日院党委会议、院务会议决定，对院领导分管工作进行了分工。

1993年11月18日中宣部来函通知，汝信、王洛林同志任全国哲学社会科学规划领导小组成员，汝信任副组长。

（二）用建设有中国特色社会主义理论武装党员，增强贯彻执行党的基本路线的自觉性和坚定性

院党委（93）社科党委字27号、28号文件分别发出了关于认真组织学习《邓小平文选》第三卷和关于认真贯彻党的十四届三中全会精神的通知，组织了三期所局干部读书班，每周一期，由两位院党委委员、副院长主持，共154人参加了学习。处以下干部和其他科研人员的学习，由各所局负责。截至12月底，全院已有593名处级（含研究室主任）和副研以上党员骨干参加了学习。

机关党委在组织全院同志学习十四大文件和八届全国人大一次会议文件时，以建立社会主义市场经济体制、加强宏观调控等为重点，举办了“国营企业经营机制转换”、“如何搞好宏观调控”、“如何借鉴西方市场经济的成功经验”等讲座。还请我院的部分全国人大代表、政协委员向干部、职工报告与会的切身感受和会议精神。有不少单位开展了小型多样的学习辅导活动，召开学习经验交流会，深化了学习效果。为了完整地理解邓小平建设有中国特色社会主义的理论，积极、全面、准确地贯彻执行党的基本路线，院党委先后七次向司局以上党员干部传达中央有关文件，对帮助领导干部和科研骨干及时了解全局、认清形势、领会中央决策、统一思想、振奋精神、做好工作，起到了重要作用。

（三）调整、组建所党委班子，坚持各项制度，加强党的组织建设

1. 院党办与机关党委积极参与所局领导班子换届工作。协助院党委调整、组建所党委。

按照院党委的安排，院党办和机关党委抽调一部分干部参与换届干部考察工作。随着新的行政领导班子的任命，积极调整、组建所党委，在年轻化、梯队配置方面都有改善。

2. 按照中央组织部关于发展党员的工作细则，春秋两季举办了两期申请入党积极分子学习班，共42人参加学习；院党校上下两学期共培训学员52名，除学习理论外，还组织他们进行社会考察，收获很大。中央国家机关工委还转发了我院党校毕业学员的学习考察座谈体会。在此次换届中，历届毕业学员中有8名被任命为所局领导班子成员，或由副职晋升为正职。

3. 抓好年中、年底两次领导干部民主生活会，加强党风建设。在民主生活会上，认真贯彻中纪委第二次会议和国务院、中央国家机关党工委的指示，积极开展反腐败教育。参照中纪委的五条规定，352名副处级以上党员干部参加了廉洁自律民主生活会。机关党委纪委协同中纪委驻院纪检组抓了查办案件的工作，核实处理28件，移送司法机关处理4件。

4. 坚持调查研究，不断改进工作作风。1993年完成了《青年专业人员调出情况及对策建议》、《35岁以下青年申请入党情况调查》、《出国逾期不归党员情况》等专题调查，汇总了材料，分析了情况，提出了改进工作的意见，使党的工作紧密联系实际。

（四）开展纪念毛泽东诞辰一百周年的活动

我院在湖南长沙召开全国性的纪念毛泽东诞辰一百周年学术讨论会，院长胡绳，副院长汝信、龙永枢出席。在院内还开展了多种纪念活动。除组织同志们积极参加中央和国家机关组织的纪念活动外，院机关党委还与有关研究所党委共同走访了曾在毛泽东同志身边工作的

师哲同志，邀请曾任毛泽东同志英文秘书的林克同志在座谈会上作报告，并制作磁带提供给单位使用，给全院党员赠送一本《毛泽东读史》和一套毛泽东诞辰纪念邮票，受到同志们的欢迎。

（五）围绕科研业务和院内改革，开展深入细致的思想政治工作，弘扬创业、敬业精神

根据江泽民同志在全国人大代表会上号召弘扬新时期创业精神的讲话，结合我院党内外群众的思想实际，发出通知，要求在纪念“七一”前后普遍开展一次弘扬新时期创业精神的活动。要求以支部为单位，从理论和实践的结合上，帮助党员弄清物质文明和精神文明建设，现行社会政策和社会主义道德、党性原则，物质利益原则和党员义务、奉献精神等关系，澄清糊涂观念。要求党的组织要认真研究在发展社会主义市场经济条件下如何做思想政治工作问题，这个通知受到各单位党组织的重视。全院在职干部所属的246个党支部，90％召开了组织生活会，有的重点围绕“新时期为什么要特别强调发扬创业精神，共产党员在发扬创业精神方面应发挥什么作用”开展讨论；有的就“市场经济条件下如何做一名共产党员，如何抵制拜金主义思潮的侵蚀”进行座谈，提出社科研究工作者要“淡于名利，甘于寂寞”；有的结合十四大提出的“五种精神”检查个人上半年的工作和思想情况，开展批评自我批评。有十多个单位召开了加强政治思想工作研讨会，对进一步加强党的领导、切实搞好党的自身建设，如何做到“两手抓”、“两手都要硬”，如何在继承中创新等问题畅抒己见，提高了认识，交流了经验。

（六）统战和工青妇工作

积极加强统战工作。按照中央国家机关党工委部署，参与了全国人大代表和政协委员中非党人士的考察和换届推荐工作；及时召开情况通报会、通气会、座谈会，帮助党外同志认清形势，明确任务，并支持各民主党派加强自身建设。协助中央统战部组织各类非党人士座谈会、研讨会十余次，完成了他们委托进行的市场经济大潮中党外知识分子心态调查。广交朋友、广泛接触，加强与党外知识分子的联系。在院有关领导和职能局支持下，为个别党外人士解决住房分配、安装电话等困难做了一些实事。

院工会向职工传达、贯彻中国工会第十二次代表大会精神，组织了《工会法》学习，举办了知识竞赛。在履行工会四项职能方面，院内已有20个单位召开过职工代表会。院工会还在建立信息网络、开展文体活动、关心职工生活、组织疗养等方面办了不少实事。

院团委与院工会、妇工委一起进行了“近代史知识竞赛”。认真开展评选院优秀青年活动。经院党委批准成立院青年社会科学研究中心，以便在支持青年承担科研课题、改革项目和课题管理机制、扩大经费来源等方面作新的尝试。

筹备成立了中国社会科学院妇女工作委员会，由李利、章丽君、邵心洁、严汝娴、金周英、武寅、蒋承俊、陈明侠、汪小熙、舒玉华、王裕莲、杨诚、庄宝玲13位同志组成，李利任主任，章丽君、严汝娴任副主任。妇工委成立后，举办了妇女干部培训班，组织出席全国妇代会的代表传达大会精神，健全了院内妇女组织，组织了《妇女权益保障法》学习，开展了咨询日活动。

纪检监察审计工作

1993年，院纪检、监察、审计部门，以邓小平建设有中国特色社会主义理论和党的基本路线为指导，认真贯彻党的十四大和中纪委二次全会精神，结合实际，顺利地完成了纪检、监察合署办公；落实了党中央、国务院关于近期的反腐败工作，加强了对各级领导干部廉洁自律的监督检查，集中力量查办了一批案件；研究了新形势下纪检监察组织如何加强意识形态领域的工作；按时完成了全年审计工作任务；认真抓了纪检监察审计队伍自身建设；保证了全院的改革开放和以科研为中心的各项工作顺利开展。

（一）顺利地完成了中纪委驻院纪检组和院监察室的合署办公

1993年初，根据党中央、国务院批转中央纪委、监察部合署办公的指示精神，经院党委研究决定，中纪委驻院纪检组和院监察室两个部门合署办公，实行一套工作机构，履行党的纪律检查和行政监察两种职能。将原纪检、监察部门的6个室、处合并为3个室，机构减少50%，整体效能得到加强。同时对院属各单位纪检、监察组织合署办公进行了部署。合署后，避免了工作重复交叉。

（二）认真贯彻中纪委二次全会精神，积极开展反腐败斗争

1.4月13日，召开了全院纪检、监察、审计工作会议。院党委委员、院秘书长龙永枢同志主持会议；中纪委委员、院党委委员、中纪委驻院纪检组长汪文风同志在工作报告中回顾了1992年工作，部署了1993年的任务。院党委委员、院顾问吴介民同志到会并讲话。8月下旬，中纪委二次全会动员部署全党开展反腐败斗争。8月31日，院党委会听取了汪文风同志关于中纪委二次全会情况的报告，研究了贯彻意见。9月4日，院党委成员召开专题民主生活会，按照党中央关于对党政领导干部带头廉洁自律的要求，进行了自查自纠。9月6日，院党委召开全院处级和副研究员以上党员干部大会，汪文风同志传达了江泽民同志在中纪委二次全会上的重要讲话和尉健行同志的报告；院党委书记王忍之同志就社科院贯彻执行中纪委二次全会精神作了动员和部署，提出五点要求：(1)认真学习，提高认识；(2)领导干部要带头廉洁自律；(3)鼓励、提倡全院同志揭发检举院内的消极腐败现象和不正之风，举报违法违纪问题；(4)对已揭发检举出的问题，纪检监察部门和所局领导要抓紧时间认真查处；(5)加强制度建设。自9月中旬起，各单位陆续召开处级以上党员领导干部以廉洁自律为主要内容的专题民主生活会。参加生活会的同志对照中央制定的对领导干部廉洁自律的五条规定，逐条进行了检查。9月25日，院党委召开所（局）党委书记、纪检监察组织负责人会议，传达了李鹏同志9月17日在国务院全体会议上的讲话，进一步部署了我院近期反腐败斗争的几项工作；讨论修改了院纪检监察机关代院党委起草的《中国社会科学院副处长以上党政领导干部廉洁自律的规定》。这一《规定》经11月25日院党委会议通过，下发各单位执行。

2. 集中力量查处了一批违法违纪案件，推动了反腐败斗争的开展。1993年，院纪检监察机关收到群众来信73件，接待来访6人次；经初查后，受理群众举报和有关单位批转的违纪案件和问题32件，已核实处理24件，正在核查的8件，其中移送司法机关4件。重点查处了考古所原出纳员李龙买卖外汇并将差价2万余元贪污的案件；服务公司印刷厂原负责人徐守宽盗卖价值2万元的物资，个人所得赃款1400余元的案件；一起参与非法集资的案件；一起私存巨额公款的案件。为拓宽案源，重新公布了举报电话。我院案件查处工作经北京市检察院推荐，北京电视台作了报道。

1993年，查办违法违纪案件有四个特点：一是领导重视，指导思想明确。院党委分管纪检监察工作的领导同志经常听取重大案件查处情况的汇报；发案单位党委主要领导亲自主持会议，分析研究案情，亲自找违纪人员谈话，支持办案人员大胆工作。二是办案的效率和质量有了提高。办案人员一方面认真学习有关法律、法规，加强对案件的分析研究；另一方面注意向执法机关、法律专家咨询请教，做到事实清楚、证据确凿、定性准确、处理恰当、手续完备，使查办的案件扎实可靠，没有出现反复。三是纪检监察干部以对党和人民负责的精神，克服困难，敢于执纪。四是全面履行纪检监察职能，注意保护干部。在院属单位党政班子换届期间，院纪检监察部门先后接到群众对7个单位8名所局级干部的举报，都派人进行了认真调查核实。对举报失实的及时予以澄清，解除了一些干部的思想顾虑，保护了他们的工作积极性。也明确指出有的干部工作中存在的缺点和失误。

（三）加强了意识形态领域的监督检查工作

1. 调查研究，及时掌握意识形态领域的动态、信息，当好党委的参谋和助手。纪检监察机关组织人员先后到世界经济与政治所、工业经济所、农村发展所、政治学所、社会学所等5个单位进行调查研究，写出情况反映4份，供院领导参考。还组织人员到人文公司、研究生院、社会科学出版社了解他们对纪检工作的意见。总结了社科出版社注重社会效益出好书的经验。

2. 加强对党员和职工遵纪守法教育，提高反对和抵制资产阶级腐朽思想侵蚀的自觉性。查处了某所一名编辑人员将色情书籍《中国奇技淫巧》私自付印发行，在社会上造成不良影响的案件。转发了两个单位对3个人所犯错误的通报；搞了“反腐败动真格”的宣传橱窗；组织了党风、廉政教育录像片在一些单位放映。

3. 加强了对意识形态领域纪检、监察工作政策的研究，为院党委决策提供了依据。

（四）加强了纪检监察干部队伍的建设

组织全体纪检监察干部学习党的十四大文件，开展了弘扬新时期创业精神教育。认真学习《邓小平文选》第三卷，用解放思想、实事求是的思想路线和建设有中国特色社会主义理论武装全体纪检监察干部。认真学习法律、法规和党纪、政纪条款。组织了《经济合同法》讲座。编印下发了《中国社会科学院1992年规章制度选编》。建立了与中纪委的计算机联网，加强了办公自动化建设，提高了工作效率。

（五）完成了定期审计工作

国家审计署驻院审计特派员办公室对近代史所、外国文学所、世界宗教所、美国所、日本所、拉丁美洲所、文献信息中心、郭沫若著作编委会8个单位的财务收支进行了审计。审计总金额1835万元，其中查出违纪金额9.7万元，应上缴财政6千元，已全部上缴。对审计出来的违纪违规问题作了进一步剖析，进行延伸审计。帮助被审计单位在财务管理上进一步规范化。

老干部工作

1993年底统计，我院有离休干部848人（本年办理离休手续31人，病故16人）。其中副部级干部8人；享受副部级单项待遇的16人；正局级干部36人；享受副局级待遇的336人；享受正、副处级待遇的418人；享受科级以下待遇的34人。第一、二次国内革命战争时期参加革命的56人；抗日战争时期参加革命的225人，解放战争时期参加革命的567人。离退休干部中，中共党员727人，建立离退休干部党支部28个，4个党小组。80岁以上的44人，90岁以上的4人。

1993年的老干部工作在院党委、院领导和院老干部工作领导小组的关心重视下，遵照江泽民总书记在十四大报告中提出的“要切实从政治上生活上关心离退休干部，使他们老有所为，安度晚年”的重要讲话精神，认真落实政治、生活两项待遇，并紧紧围绕老有所养、老有所为、老有所医、老有所学、老有所乐积极开展各项活动。主要工作有：

（一）从政治上关心老同志，认真落实政治待遇

院党委书记王忍之来院不久即于3月25日听取了老干部局的工作汇报。肯定了老干部局十多年来为贯彻落实老干部的政治、生活待遇所做的大量工作。希望老干部局继续把这项工作搞好。忍之同志特别讲到：“大量的细致的老干部工作基本上还是靠各所，要继续执行院所两级管理、以所为主的方针，把全院离退休工作认真做好”。同时还对老干部经费给予了关心。4月23日，王忍之、吴介民同志召开了部分离休老干部、老专家座谈会，直接听取了对院各项工作及老干部工作中的意见和建议。这是近年来院领导直接召开的座谈会，老同志深感欣慰。

在院党委和机关党委的关心下，离退休老同志同在职干部一起，比较及时地参加了院里统一组织的重要文件和重要讲话的传达。2月份院工作会议后，院属各单位都及时向离退休老同志传达了丁关根同志的重要讲话，胡绳同志的工作报告和王忍之同志在闭幕会上的讲话。分别于4月、7月、8月、9月先后6次传达了江泽民同志在华东六省市汇报工作会议上的讲话，中纪委二次会议文件和江泽民同志的反腐败斗争的重要讲话及十四届三中全会精神。老同志们对院里及时组织传达、通报情况，普遍感到满意。

4月15日召开了老干部支部工作交流会，38位老干部支部书记和组长参加了会议。有6

位支部书记和负责人介绍了本支部开展工作的情况和体会，对落实政治待遇、组织好政治学习、过好组织生活起了一定的推动作用。

为了认真学习十四大和“两会”文件精神，进一步深刻理解邓小平建设有中国特色社会主义的理论，从6月6日到7月6日分三批共组织146位老同志到山东泰安参加了学习、参观、疗养相结合的学习班。老同志们阅读文件、座谈讨论，并结合我院科研和深化改革的实际，提出了一些很好的意见和建议。学习之余，参观孔庙、孔林，瞻仰冯玉祥将军的墓地，还开展了文娱活动。泰安之行，得到了老同志们的普遍称赞。

为纪念毛主席诞辰一百周年，于10月20～28日举办了第六届老干部书画展。有近五十位老同志的一百七十余幅作品参展。中国老年书画会、中国老年杂志社、国防大学等单位的领导和书画家赠送题词和绘画以示祝贺。中央国家机关和北京市二十多个单位的五十余名同志前来观展。这次展出主题明确，布展合理，水平较高，老同志的精心创作博得了一致好评，表达了他们对毛泽东同志深切的怀念之情。画展于年底为全院同志再度展出。

（二）从生活上关心老同志，切实解决一些实际问题

经过院人事教育局呈办，并经院办公会议研究同意，从1993年7月起，离休人员每人每月增加生活补助费30元，退休干部每人每月增加生活补助费20元，体现了院党委、院领导对全体离退休人员生活上的关心。

1993年春节用特需经费给离休干部每人补贴30元；同时在春节、“五一”节、国庆节给离休干部发了食品；对生活上发生困难的21位老同志及时给予了补助，对1937年7月6日以前参加革命的61位老同志发放了每人每年100元的老红军专款，以作生活上的补贴。

随着岁月的流逝，我院绝大部分离休干部已进入高龄期，能够参加外出活动的老同志逐渐减少。经与中央和国家机关有关部委联系，从我院实际情况出发并征得院领导的同意，从1993年起，对不能参加外出活动的老同志从原来的150元增发到250元的补助费，这一做法深得老同志的欢迎。

老干部局保健室怀着对老同志深厚的感情和热情周到的服务态度，较好地完成了对老干部的日常门诊任务。坚持对车公庄、皂君庙、紫竹院居住区的离退休干部每月定期巡诊，送医送药36次。这项工作的开展，得到了老同志的普遍赞扬。对因病住院的老同志坚持到医院看望，带去组织上的关怀和温暖。对身体有病的高龄老人坚持家庭访视，为他们送医送药提供优良服务。并于当年春季对离休干部普遍进行了体验，建立了老同志的病历档案，掌握老同志的身体状况，有针对性地开展医疗和保健工作。

认真贯彻中组部关于元旦、春节期间走访慰问老干部的通知精神。老干部局领导分别陪同院领导汝信、刘国光、江流、吴介民、龙永枢同志对享受副部级以上的22名老同志逐一进行了家访，各所（局）领导也以座谈会的形式慰问了老同志。老干部局还会同有关所一起登门为43位年满80岁以上老同志祝寿。

（三）积极组织老同志发挥作用

在院领导的关心和科研基金的资助下，由王舜华、熊必俊等9名老同志组成的“老年人合法权益的法律保障”课题组，选择劲松社区中心作为城市社区调查基地，先后召开了多次

座谈会，对全区40个居委会老年家庭进行了400份抽样调查，取得了第一手资料。到平谷县进行考察，向县老龄委、法院、民政局、乡领导和当地老人调查了解情况，参观了王各庄老年协会、敬老院和老年活动室。总结了老区人民在敬老养老、保护老年人权益方面做出的成绩。课题组成员集中精力撰写论文，拟于1994年适当时机召开研讨会。

组织部分老年科学研究会成员，就市场经济体制下加强老年工作问题进行了座谈。与会专家学者就经济发展和社会保障的关系、家庭养老和社会养老的关系及转化老年工作机构职能等方面的问题进行分析。大家指出，在新形势下只顾赚钱、侵犯老年人权益的现象必须得到遏制。5月5日《中国老年报》以《中国社会科学院老年科学研究会探讨市场经济体制下的老年工作》为题，报道了这次座谈会的情况，收到了较好的社会效果。

由国家社会科学基金资助，熊必俊主编的《老有所为的理论与实践》一书于当年2月由经济管理出版社出版。由何燕凌、丁磐石主编，并组织院内外八十余位专家、学者经一年的努力撰写的《换脑筋》一书于当年7月由社会科学文献出版社出版。杨友吾同志创办的中华研修大学，为已获得大学本科和专科毕业证书的在职人员与社会从业人员提供了深造的机会。

（四）积极开展丰富多采的文体活动

积极组织和开展适合老年人的各项活动，增强离休老同志的体质，是老干部工作的一项重要内容。9月1～22日举办了第六届老干部秋季运动会，225名离休老同志积极报名参加近20个项目的比赛，有96人次获一、二、三等奖，有3位80岁以上老人获得“长寿奖”。在密云培训中心举办了两期门球集训班。门球队员以饱满的热情，参加了全国“地坛杯”邀请赛等五次大型比赛，并代表东城区参加了中日门球邀请赛。充分发挥老干部活动站作用，以满足老同志日常读书看报和娱乐的需要。1993年还组织院直机关老同志游览了圆明园和世界公园。举办了市场经济讲座班，为老同志了解市场经济知识创造了条件。

三　院直属单位工作

研究生院

（一）教学情况

研究生院以教学为中心，院本部主要负责马克思主义理论课和外国语课的教学工作。根据国家教委的要求，结合我院的实际情况，马克思主义理论课对博士生、硕士生分别开设了两门，即博士生课为：《马克思主义与当代社会思潮》、《中国国情与社会主义现代化》；硕士生课为：《马克思主义经典著作选读》、《科学社会主义理论与实践》。外国语课对硕士生开设一门，对博士生开设两门：第一外国语和第二外国语，语种有英、日、俄、德、法等。各系（所）主要开设专业基础课和专业课。

举办学术讲座九次，其中有美国著名经济学家、诺贝尔奖获得者克莱因教授、日本经济学家生野重夫等；举办学术活动两次："纪念毛泽东诞辰一百周年学术研讨会"、"日本茶道里千家友好访问团千宗室抬学博士讲演会"。

（二）科研成果

研究生院领导及部分教师1993年出版专著5种、译著2种、教材3种、工具书2种、学术资料1种、发表论文40篇、译文2篇。

（三）对外学术交流

研究生院领导及部分教师1993年分别赴法国、日本、瑞士、越南、马亚西亚等国进行了访问。接待来访21批40余人。来访的国家主要是美国、英国、日本、韩国、瑞士等。

（四）学术刊物

《中国社会科学院研究生院学报》（双月刊）

创刊于1981年，由本院研究生院主办。本刊是哲学社会科学综合性学术理论刊物。办刊方针是：以马克思主义为指导，坚持理论为社会主义建设和改革服务的方向，鼓励学术创新，培养学术新人。作者中既有知名专家、学者和研究生导师，又有活跃在学科前沿的中青年理论工作者和在校博士、硕士研究生。

从1981年至1993年底，共出版了78期；面向国内外公开发行。本年6期总共发表了哲学、宗教、经济、文学、历史、考古、法学、政治学和社会学等领域的论文65篇，另发表"学术观点摘登"5篇、"进修教师论文选登"8篇。学报主编先后是杨润时、杨圣明，编辑部主任是张永惠。

（五）图书资料建设

研究生院图书馆于 1987 年建成，建筑面积为 2100 平方米。馆楼共分 4 层，一层为采、分、编文献办公室，二层以上设 3 个宽敞明亮的阅览室。书库可藏书 30 万册。1993 年藏书量已达 23 万册，其中中文图书 19 万册，外文图书 2 万册，过刊 1 万余册；中外文现刊约 1500 种，其中中文期刊 1250 种，外文期刊 250 种。

文献信息中心

（一）完成全院性的工作

1. 完成了编写《中国社会科学院图书资料工作条例和规章制度》的课题任务。

文献情报加工的标准化是文献信息质量的保证和开发各项文献情报工作的基础。针对我院图书资料系统长期以来缺乏统一的工作条例和规章制度，难以使全院图书资料工作实现标准化、规范化、统一化和科学化管理的实际情况，“中心”成立了“编写《中国社会科学院图书资料工作条例和规章制度》课题组”。该课题组在总结我院图书资料工作实际经验的基础上，经过几年的努力，终于编写出了适合我院统一使用的《中国社会科学院图书资料工作条例和规章制度》（附文献分类编目手册），并于 1993 年底首次出版发行。该条例对全院各类文献的标准化著录等都规定了明确的条文。这对今后全院文献情报机构各项工作的标准化和规范化将发挥重要的作用。

2. 完成了院科研大楼图书馆中心计算机站的建站工作，并开始了“全院图书编目自动化系统”的课题研究，编制出了全院统一的图书联机 MARC 编目系统软件。

随着标准化水平的提高，为文献情报工作手段的现代化做好了必要的前期准备工作。在此基础上，“中心”决定以实现图书馆工作的自动化为手段，通过对全院文献情报系统的联网，带动全院各所的文献情报工作实现实质性的突破。1992 年 6 月成立了在中心领导下的中国社会科学院图书馆自动化网络课题组，并按片建立了四个工作站和三个单点。经过半年多的努力，编制完成了全院统一的图书联机 MARC 编目系统软件，并向各工作站推广使用。与此同时，完成了对我院图书书目记录工作单的设计和编印工作，并编写出版了供编目人员使用的《中国社会科学院中外文图书分编工作单填写规则》。全院各所图书馆已从 1993 年 7 月 1 日开始一律按要求使用该软件进行中外文图书编目工作了。至此。图书馆的计算机应用工作已经走出了可喜的也是重要的一步。它标志着我院文献情报系统的计算机应用工作已经从分散隔绝的状态发展到了统一规划和组织实施的阶段。

为保证任务的顺利实施，课题组还在工作站的基础上开展了以下各项协调活动：

(1) 建立以院部大楼片（15 个所）、史学片（4 个所）、经济片（4 个所）、国际片（4 个所）、政法片（2 个所）、出版片（2 个单位）、历、农片（2 个所）和 3 个单点（民族、新闻、研究生院）为布局的协作网。各片中选取各方面条件较好的馆作为中心工作站，牵头承担计算机软硬件维护、技术支持与辅导、数据质量控制等任务。同时选定日、俄、少数民族语文等三个语种工作站，集中处理全院数据。在文献信息中心设立网络协调部门负责全院的网络协调。

(2) 广泛开展业务培训活动。协作网络分别举办了多种类、多层次的学习班、培训班、研讨会、辅导班二十余次，主要侧重于计算机、标准化、分编业务、应用软件等内容，参加培训人员近千人次，其中包括各馆领导、编目人员、计算机技术人员和其他人员。

(3) 成立网络课题组，选择水平较高、认真负责的业务人员参加数据处理、软件支持、协调和协助各所馆建立计算机房、安装和调试等项工作。

(4) 在机房、硬件、软件、人员、标准化等要素具备后，通过已运转的网络机制进行数据采集、校对订正、汇总建库等项工作。

(5) 根据人员、数据的情况进行评估，分别对各馆的工作产品质量、完成任务数量进行定量评估、打分，将结果通报全院，同时将具体数据情况反馈各馆，大大促进了手工编目向机编方式的转化和编目质量的提高。

(6) 定期检查各网络成员馆的情况，交流有关信息。参与对业务人员的考评、评聘活动或提出意见。

上述协作网络的活动为自动化编目系统的开发和实施提供了有力的支持。

（二）机构调整与科研工作简况

1993年文献信息中心的工作重点是调整信息研究部的机构体制，促进文献和信息研究工作的一体化。

文献信息中心是由原情报研究所和原文献中心筹备组于1985年合并而成，其研究机构的设置基本上沿袭了过去的做法，按学科专业划分为十个研究室。从近几年的科研实践中发现，这种体制下的文献工作与信息研究工作相互孤立隔绝，不利于学术研究的发展。为了更好地对国内外的文献信息进行加工整理和发掘，经反复研究，决定按地区重新调整文献研究部的布局。调整后的研究部为二部七室，即国内信息研究部和国外信息研究部：国内信息研究部下含大陆信息研究室和港澳台文献信息研究室；国外信息研究部下设西欧北美文献信息研究室、东欧中亚文献信息研究室和亚太地区文献信息研究室。

在调整文献研究部机构的同时，开始建立"国外社会科学论文索引数据库"和"中国社会科学论文题录数据库"，为自动化检索做准备。同时停办《国外社会科学快报》杂志，改为文献性不定期刊物。

调整后保存刊物三种。(1)《国外社会科学》，月刊，负责人殷世才；(2)《国外社会科学论文索引》，双月刊，负责人蔡富有；(3)《中国社会科学论文题录》，双月刊，负责人莫作钦。

1993年文献中心完成各类科研成果3183.56万字。其中专著16部，163.26万字；学术论文50篇，53.92万字；研究报告12篇，7.22万字；学术资料337篇，142.02万字；普及读物2部，23万字；编工具书17种，1080.4万字；辞条6622条，90.6万字；一般性文章27篇，14.07万字；编辑书20册，645.07万字；编辑刊物41期，813.2万字。完成国家重点课题《社会科学检索词表》，院重点课题《多语种社会科学新术语辞典》，所级重点课题《毛泽东研究论文索引数据库》、《世界社科机构指南》等。此外，《俄汉大辞典》、《社科哲学研究》、《文化人类学的新趋势》、《跨学科研究与社会科学学科建设》、《欧洲中国学》等国家、院、所的重点课题也已完成部分成果。

此外，还完成各类学术文摘4062篇，译卡11126张，约44.7万字，并为院拍摄640分钟学术活动资料录像片。

（三）学术交流活动

7月，组织专家鉴定委员会对国家重点项目《社会科学检索词表》进行鉴定。

12月，召开“社会科学信息理论与实践研讨会”，全国各地36名从事社科信息研究的学者就社会科学信息理论与实践交换了意见。

全年向国外派出访问、进修学者12人次，接待国外及台湾、香港地区学者20人次。

（四）优秀成果简介（《社会科学检索词表》）

《社会科学检索词表》是“七五”国家重点科研项目“社会科学资料分类法研究”的最终研究成果。鉴于建国以来我国一直没有一部专供社会科学资料标引和检索的工具书，各文献信息部门均采用自编分类法解决文献信息资料的整序和检索，这种自成体例、自成系统的状况不仅严重地影响了社会科学资料的广泛使用和交流，阻碍了社会科学文献检索系统化网络的建设，也阻碍了我国的社科文献信息工作同世界文献信息网络的接轨。该课题于1987年立项，耗时6年，几易方案，终于定稿。全表共收叙词18187个，非叙词4126个，分表30个，分别贮存在12个软盘内。经专家鉴定委员会评鉴，认为该成果是我国在词表编制理论和技术上的一大突破，为解决我国社会科学文献信息检索现代化提供了物质基础，填补了我国在这一领域的空白。该词表具有较高的学术性和较强的实用性。学科覆盖面广，收词标准恰当，分类原则明确，突出了中国社会科学的特色。该词表内容包括字顺叙词表、半分面分类表、英汉对照索引和叙词轮排索引四个部分，并备有数据软盘。其体系结构科学，可操作性强，具有“一表多用”功能。这在国内属于首创。

（五）学会的主要活动

中国社会科学情报学会学术委员会举办了全国性的“社会科学情报学理论与实践”研讨会；学会党校系统与文化部联合举办了全国“市场经济与图书馆建设馆长研讨班”。

学会与中国人民大学书报资料中心继续合办会刊《情报资料工作》（双月刊），它是具有理论性、实践性、指导性和知识性的中央级专业刊物。产生了较好的社会影响。

中国社会科学情报学会主要负责人：理事长汝信（本院）；副理事长：李惠国、易克信（本院）、李雄藩（新华社）、谢自立（人大书报资料中心）、陈志勇（国防大学）、孙钱章（中央党校）、高炳章（国家教委）；秘书长：沈恒炎（本院）。

中国社会科学出版社

——建社15年来的回顾与思考

1993年是中国社会科学出版社建社15周年。15年的时间并不长。建社初期在日坛路6

号，后在建内大街29号，办公条件很差，房子没几间，甚至连办公桌都没有，艰苦创业，出了第一本书、第二本书、第三本书……经过15年努力，中国社会科学出版社已发展到一家有一百多人队伍、每年出版新书、重印书近200种、学术刊物20余种的出版社。

15年来共出版新书1600余种，其中许多图书在出版界、学术界和读者中有着很大影响。如：由本社策划、组织并经中央书记处讨论批准出版的国家“出版骨干工程”《当代中国丛书》(前76卷)，在全国学术界和青年学者中有较大影响的《中国社会科学博士论文文库》，反映我国当代著名经济学家研究成果的《中国现实经济丛书》，获得国家表彰的《外国文学研究资料》以及《中国民艺、民俗与考古文化丛书》、《文艺新学科丛书》等。还有反映各学科研究高水平的《宗教学通论》、《中国佛教史》、《中国无神论史》、《中国美学史》、《元曲释词》、《中国神话哲学》、《日本侵华七十年史》、《甲骨学通论》、《古史续辨》、《杰斐逊传》、《汉语语音史》、《梦的迷信与梦的探索》、《美国政府与美国政治》、《综合国力论》、《香港概论》，等等。工具书方面，中、英文版《简明中国百科全书》出版后在国内外出版界都引起反响，此外《经济与管理大辞典》、《现代汉语新词新义词典》、《契丹小字》、《藏缅语语音和词汇》也都获得好评；《道藏提要》出版后，日本有关报纸专发社论予以评介。翻译书方面，马克思生前亲自修订的法文版《资本论》第1卷，是目前国内唯一的珍贵中译本；《国外经济管理学名著丛书》、《外国伦理学名著译丛》、《外国著名思想家译丛》及其文库本；《美国译丛》以及《剑桥中国史》系列；《新编剑桥世界近代史》系列；印度著名史诗《摩诃婆罗多》、《五十奥义书》等书出版，为中外学术文化交流做出了贡献，在国内学术界中有较大影响。最近几年，随着我国改革开放新形势的发展，除继续出版国家和院的重点研究项目外，还主动组织一批反映现实生活和改革的学术著作、工具书、实用书和知识普及读物，受到了读者的欢迎，产生了广泛社会影响。如最近一二年推出的“经济蓝皮书”、“社会蓝皮书”和“农业绿皮书”，在国内外引起很大反响，其中“经济蓝皮书”的出版被《新闻出版报》评选为1992年中国出版界十件大事中的第一件。

社科出版社建社15年来，不仅取得了巨大的社会效益，而且在经济效益上也取得了可观的成绩。作为一家学术出版社，出版学术书要亏损、要赔钱，中外出版社概莫能外，因此都需要补贴和资助。本社建社前7年，院里不仅没有给开办费，而且学术出版亏损补贴也基本没有；后7年，从1986年开始，才每年拨149万元用作学术著作出版亏损补贴，实行差额预算。而全社人员的一切工资、奖金、房租、水电、办公等等开支，都要自行解决。从1993年开始，则取消了149万元拨款，改为出版基金资助，完全实行自负盈亏自收自支。15年来，出版社不仅正常运转过来了，出版了一系列好书（其中许多书是赔钱的），还积累了近2000万元的家底。

上述成绩的取得，除了全社同志的努力、院的支持外，和本社在思想上坚持正确的办社思想和方针是分不开的。总结起来，主要有以下几条经验：

一、建社15年来，历届领导和全社同志都很注重坚持党的为人民服务、为社会主义服务的出版方针，坚持办高层次学术出版社的指导思想。建社伊始，院领导就为本社规定了正确的办社方针，就是中国社科出版社不仅要出版社科院各所的研究成果，还要出版全国哲学社会科学界学者们的优秀研究成果，将中国社科出版社办成一家代表国家水平的学术出版社。建社15年来，本社坚持正确的办社方针，一直往“高层次学术出版社”的办社方向努力，注意出书规格和档次，注意维护自己的声誉和形象。最近几年，本社领导班子调整后，加强了改革，进一步将本社出书方针调整为“以出版高层次学术著作为主，以出版多层次学术文化知识读物为辅”，虽然强调要提高经济效益，但仍然重视出书规格和档次，出好书不出坏书。15年来，本社坚持正确的办社方针，没有出版过一本坏书，本社出的书以内容好、品味高、学术性强而在读者中享有声誉。

二、从思想上和制度上不断对选题进行优化和加强管理。从多年的出版实践中认识到，正确的出版方针和办社方针，首先体现在选题上，即出版什么书上。选题是出版社的龙头和命根，关系到出版社的形象好坏和兴衰成败，可以说“选题是出版社的生命”。因此建社以来各届领导都很重视抓选题。特别是这一届领导班子调整后，抓的第一件大事就是选题思想和选题管理。为此专门召开了全社的“选题工作会议”，会上明确了选题的重要性，明确了本社选题思想是什么，总结了本社选题思想和选题管理方面存在的问题，以及如何解决这些问题的办法。同时，还进一步完善了选题管理制度，强化了多年行之有效的三审制，并进而发展成选题论证会制度，并新制定了《选题论证报批表》。这就从制度上保证了本社能贯彻党的出版方针，出好书，不出坏书以及一些关系书和平庸书。从思想上和制度上不断对选题进行优化和加强管理，是本社建社15年来的一条基本经验。

三、正确处理两个效益的关系。两个效益的关系是带有中国特色社会主义出版事业的一个重要问题。中国特色社会主义出版业，任何时候都要把社会效益放在第一位，做到经济效益和社会效益相结合。在改革开放的今天，社会效益和经济效益是经常矛盾不统一的。二者关系处理得好，一个出版社就兴旺发达，也就是有“名”又有“利”；二者关系处理得不好，譬如说只顾赚钱讲经济效益而不顾社会效益，则一个出版社常常要栽跟头，像最近在出版界所看到的。本社因为一向重视出书规格和档次，因此也就很重视社会效益、社会影响，任何时候都把社会效益放在第一位。但是社会效益和经济效益是相辅相成的，没有经济效益的支持，社会效益是很难实现的，因此还必须十分重视经济效益。特别是本社改革后实行院内自负盈亏体制，这种情况下提高经济效益成了涉及全社能否生存的大问题。如何能赚钱提高经济效益呢？有两种办法：一种是像有些出版社那样，放开选题和下放选题权，可以卖书号，实行个人经济承包；一种是保持本社已有的办社方针和选题指导思想，在社会效益内去做经济效益的文章。在讨论中，全社绝大多数同志都赞成第二种办法，就是不放弃社科出版社固有的特色和优势去提高经济效益，而应在这个范围内去优化选题加强经营来提高经济效益和赚钱。大家通过对许多书的分析，认识到获得经济效益不一定非要以牺牲或降低社会效益为前提，真正有远见的出版家总是在提高社会效益中来获得经济效益。如本社出版的《简明中国百科全书》，社会效益很好，英文版和英国培格曼出版公司合作，获取对方5万英镑，合8～9万美元；中文版印了三次，3万多册，可以赚20～30万元人民币，二者加起来该书的经济效益就很可观了。《中国社会科学博士论文文库》、《外国伦理学名著译丛》以及《剑桥中国史》系列，开始第一版印数都不大而赔钱，但因是学术精品，不久脱销，又印第二版、第三版，有的就可以赚钱了。因此，出版社一定要走两个效益相结合，特别是在提高社会效益中来获得较好的经济效益的路子。这也算本社建社15年来的一条基本经验和体会。

四、树立实事求是的思想作风和工作作风。社会科学是一门求实的学问，要求老老实实。搞社会科学出版的，也应有这种作风。建社15年来，本社各届领导和绝大多数干部群众，头脑都比较冷静，作风比较实事求是，在出书中一般不追“风”赶“浪”。本社出版的赶时髦书很少，在出版界不时掀起的各种“热”中，很少参加（这指那些层次低的“热点”书）。特别这几年，强调全社人员要扎扎实实埋头苦干、实事求是，用自己出版的高质量图书来树立社科出版社的良好文化形象，而不是用哗众取宠、华而不实的作风去获取暂时的虚名。譬如，在当前出版社进入市场大潮中，出版界掀起了一股“一切向钱看”的热风，本社一方面积极参与改革，努力提高图书经济效益，另一方面我们始终认为改革的目的不光是为了“钱”，更主要是为了出好书，因此在许多出版社下放选题权卖书号时，本社不仅没有下放选题权，还决定加强选题管理，严禁卖书号。又譬如，针对时下花钱评奖和“首发式”成风状况，本社作出决定，一般不参加这类花钱评奖的事，不要这个虚名。出于同样考虑，许多编辑也劝作者多在书稿内容上下功夫，不请或少请“名人”、“首长”作序题词。本社出版的书少有“首长”题词，这已成为我社图书的一个特色（当然，真正有内容的序，名实相符的题词还是需要的）。一家学术出版社如果不树立这种实事求是的思想作风和工作作风，就不可能有效地提高图书质量，形成自己的文化学术特色。

五、加强管理，建立一套行之有效的规章制度，使管理工作有序化和规范化。建社15年来，各届领导班子在借鉴外社和总结自己经验的基础上，陆续建立健全了一些规章制度。这一届领导班子调整后，进一步认识到，像这样一家大出版社要进入市场，进行竞争，取得良好的两个效益，就要加强管理，改变过去管理工作上的“人治”化和“无序”化，使管理工作“法治”化和规范化、有序化。因此近两年来，相继完善和制定了一系列有关编辑、选题、协作出版、行政、生产、财务、对外合作等方面的规章制度，使本社管理初步做到了有章可循，有法可依，从而向科学化的管理迈进了一步。这是一个出版社是否成熟的一个重要标志。

总之，建社15年来，取得了很大的成绩，有许多成功的经验，从而使本社能够跻身于中国几家有影响的出版社之列。对这些成功经验应该很好加以总结、继承。但是，中国社会科学出版社毕竟成立才15年，各方面都不太成熟，比起一些办得好的老出版社差距还很大。目前本社存在的问题仍不少，主要是：

一、改革刚开始，学术出版社如何进入市场，还是个没有解决的新问题。道理上想通了要走在提高社会效益中来提高经济效益的路子，但实践上如何走，并没有解决。因此全社经济效益不是很高，出版社缺乏自我发展的雄厚的经济实力，全社人员收益也明显低于一些经济效益好的出版社，这方面缺乏凝聚力。

二、本社虽注意抓图书内容质量，但图书整体质量仍不高，特别是在编、印、校和装帧方面，有的书错误率很大，为了对读者负责，近几年主动报废过两种刚出版的图书。

三、队伍还不够过硬。建社15年，培养了一支很好的编、印、校、发队伍；但后来人很多，还没有进行过系统的、切实有效的培训。许多人不是科班出身，又没有经过系统培训，加之质量管理制度又跟不上，因此图书总体质量和水平就上不去。近几年老同志陆续退休，年轻同志来了不少，但成长有个过程。大家知道，出版社的竞争，实质也就是人才的竞争，队伍素质的竞争。提高全社人员的素质，是出版社进一步发展中急迫要解决的问题。

四、管理还跟不上。按照社会主义市场机制，如何使机构和人员做到最优组合，也是没有解决的问题。管理水平跟不上特别反映在领导一级的管理水平跟不上。出版社是文化企业，要求较高水平的企业管理者和经营者，但在过去体制下强调编辑工作为中心，历届社领导配备的都是学者型，而非经营型。现在出版社进入市场，领导素质这方面的缺陷就明显表露出来了。因此，提高全社管理水平特别是领导的管理水平，改进工作作风，是今后要努力解决的问题。

五、本社图书因层次较高，在国外市场有一定销路，但由于体制和努力不够等原因，至今仍没有打开国际市场销路。虽进行过一些对外合作出版，但大都还停留在低级的单纯卖版权上。今后如何使本社图书更快进入国际市场，也是我们急需解决的问题。

中国社会科学出版社建社15年，已经为今后的发展奠定了良好的基础。本社有许多得天独厚的条件，只要坚持深化改革，充分加以利用，中国社会科学出版社将会有更大的发展，建成第一流的学术出版社。

中国社会科学杂志社

（一）办刊方针

中国社会科学杂志社是中国社会科学院直属的一个所级建制单位，主办三种学术杂志，即《中国社会科学》中文版、《中国社会科学》英文版和《历史研究》。还受联合国教科文组织的委托，翻译出版《国际社会科学杂志》中文版。

编辑人员近半数是具有较高学术水平、较丰富的编辑工作经验、知识广博和学有专长的编审、副编审。全部61名编辑人员中，编审14名，副编审18名，中初级编辑29名。另有编辑业务辅助人员及行政工作人员20余名。按照国家规定，编审需具有教授、研究员的学术水平，副编审需具有副教授、副研究员的水平。他们既是编辑刊物的骨干，又是社会科学研究者，承担着国家、院及国内其他部门研究项目，许多人因硕果累累而享誉国内外。

《中国社会科学》是中国社会科学院主办的综合性哲学社会科学杂志，1980年创刊，每逢单月出版，主要发表中国社会科学界最新、最重要的研究成果。它的编辑方针是：以马克思主义为指导，研究国内外社会历史和学术思想，增进国际学术交流，为我国的社会主义现代化和我国哲学社会科学的发展服务。除发表研究马列主义毛泽东思想的论文、哲学社会科学各学科的专题研究成果外，还发表书评、读书笔记、学术通讯、经济、文化、社会问题的调查报告等，但不发表时评、政论、漫谈、零讯一类文字，以免与报纸和某些流行刊物重复。每篇文章都附有内容提要和作者简介；并摘要发表读者对已发表的文章的评论。编辑部在编辑工作中提倡实事求是的学风和严谨切实的文风，开展学术问题的自由讨论，对稿件的取舍以学术水平为主，力求真知灼见，发明创新，根据确凿，论证周密，而不论编辑部是否同意作者在各个具体问题上的观点。这个刊物发表的是作者个人的研究成果，不代表任何机关、团体。此前历任总编辑有：黎澍、丁伟志、李学昆。

《中国社会科学》英文版，季刊。主要译载中文版《中国社会科学》、《历史研究》及其他学术刊物的论文及文稿，向海外介绍中国社会科学、人文科学各学科的最新成果，报道有关学术动态。为进一步适应国际学术界研究中国四个现代化建设的需要，还着重报道中外社会科学界学术交流的情况。

《历史研究》是中国最具权威的历史学专业学术期刊，每逢双月出版。它坚持以马克思主义为指导，贯彻“双百”方针，主要刊登中国史学界高水平的研究成果，包括中国古代史、中国近代史、世界史、史学理论、史学史及各种专业史的学术论文和著作评介，以及历史文献的考证与介绍、读史札记、学术动态等。《历史研究》提倡用科学的观点和方法研究历史，探讨历史发展规律，分析和评价历史人物和历史事件，以促进历史学的发展和繁荣。提倡实事求是，各抒己见，并就史学研究中的一些重大问题开展讨论和争鸣，为广大史学工作者提供发表学术见解的园地。《历史研究》创刊于1954年，是新中国创办时间最久的刊物之一，在国内外史学界有着广泛的影响，得到普遍的重视。以郭沫若为召集人的老一代编委，均为中国最著名的历史学家。此前担任过主编的有尹达、黎澍、庞朴、徐宗勉、田居俭。现任主编宋德金、副主编阮芳纪。

《国际社会科学》是联合国教科文组织主办的学术理论刊物，季刊，由中国社会科学杂志社负责翻译出版。本刊内容丰富，涉及社会科学各个学科。每期有一个中心，讨论各学科、跨学科的学术理论以及当前国际社会关心的重大问题。文章由世界各国学者撰写。除登载各学科的最近研究成果外，还设有公开论坛、近期学术活动报道等专栏。

（二）刊物的编辑与出版工作

1993年度，中国社会科学杂志社编辑出版了《中国社会科学》中、英文版，《历史研究》及《国际社会科学》等四种刊物，共20期，约450万字。

这一年的《中国社会科学》共收到来稿约1300篇，经过反复审阅和编辑加工，共发表论文、综述、报告、书评128篇，具体分类情况是：

室　别	论　文	调查报告	学术综述	图书评介
经济室	22	2		5
哲学室	18		1	14
文学室	14		3	4
综合室	19	2	2	9
古史室	4		1	4
近现代史室	1			2
世界史室				1
合　计	78	4	7	39

综观这一年《中国社会科学》所发表的文章，有如下几个特点：

（1）更加关注现实问题。具有现实意义的理论性文章有所增加，研究实际问题和具有明显现实意义的文章约39篇，内容的涵盖面也较大。在经济类文章中，除研究改革问题的以外，讨论计划经济与市场经济的关系和搞活大中型企业的文章占了一大部分，此外还涉及到工农业、财政、价格、地域结构、现代企业制度、市场经济环境以及宏观调控等问题。法学方面也发表了研究当代法律制度及讨论法学热点的文章。这些是和党的“十四大”及中央有关精神及改革开放的需要相适应的。

（2）学术视野和领域更加开阔。如哲学学科，1992年主要发表的是马克思主义哲学原理、中国哲学史及认识论方面的文章，1993年，除上述三方面以外，还发表了西方哲学思想、逻辑哲学、思维科学以及现实问题的哲学思考等方面的文章，品类比去年增多。语言学方面发表了具有应用价值的语言学理论论文及从方言角度研究中国姓氏演变的文章，研究现当代文学及文艺理论的文章也稍有增加。有的文章具有开创性，颇有新意。如《非理性及其研究的可能性》一文受到钱学森同志的赞扬，《自然语言理解的语言假设》既有新意又有重要的实用意义。另外，还有的文章提出了同国外著名学派不同的观点，指名道姓地和国际学术界对话，文章数量虽少，但这是新的可喜的现象。

（3）介绍、评析西方思想、理论的文章有所回升，计7篇，比去年增加了3篇，但比前年少2篇。

（4）讨论、争论的文章还较少，仅有5篇。图书评介栏今年注意把关，较为言之有物，但几乎都是正面介绍，没有批评和商榷，应该努力改进。

这一年，《历史研究》收到来稿约1100件，经过审阅和编辑加工，共发表论文79篇，学术述评8篇，图书评介13篇。

为了进一步提高编辑工作质量，杂志社在1993年采取了两项较为重要的措施：

（1）编印差错简报。稿件经过编辑加工成后，有时仍有少量差错，在校对时才被发现，总编室负责把这些业已"齐、清、定"稿件中的差错，定期编印成内部简报，发给各编辑室，这对于提高编辑工作中的文字水平，起到了良好的作用。

（2）开始建立审读员制度。为了及时收集刊物出版后读者的反映及发现存在的问题，杂志社聘请了几位离退休的老专家、老编辑担任《中国社会科学》及《历史研究》的审读员，每期刊物出版以后，由他们分工负责进行审读，可以从文章的内容到文字，提出意见和建议。杂志社再分别情况，把这些意见转达给有关编辑室，作为进一步改进工作的重要参考。

（三）科研工作

杂志社的编辑人员以编辑刊物为主要职责，但同时也从事一定的和本专业有关的科研工作。以往，杂志社的科研工作没有专门部门进行管理，从1993年起，明确由一位副总编辑分管科研工作，由总编室及人事处负责立项、申报、检查、鉴定等具体工作。

1993年，杂志社的编辑人员共从事了以下几方面的科研工作：

（1）国家社科基金项目。共有6人担任了国家社会科学基金（包括青年社科基金）的课题负责人，各项研究正在进行中。

（2）所级重点项目。从1993年起，杂志社设立了所级重点项目，共有7位同志担任了所级重点课题的负责工作，目前各项研究正在进行当中。

（3）发表和出版了一批科研成果。计有论文19篇，18.4万字；译文7篇，8.1万字；教材1篇，1万字；普及读物2种，22万字；工具书2种，100万字。

第　四　编

科研成果及学术活动

一 中国社会科学院首届优秀科研成果奖获奖成果

经济学科

《中国近代经济史》（1840～1894）

严中平（经济所 研究员）等

专著 1310千字

人民出版社 1990年10月

本书是一部以马克思主义、毛泽东思想为指导，创造性地研究分析近代中国半殖民地半封建社会经济结构及其演变过程的科学论著。该书着重从经济关系的角度分析帝国主义侵略和封建统治导致了中国近百年来的贫穷落后和腐朽黑暗的艰难历程，同时从历史发展的角度分析了近代初期中国资本主义经济的处境、封建关系的变迁。鉴于近代中国的特定历史条件，本书特别重视国际帝国主义和国内封建上层建筑对中国经济发展的影响。全书参考中外文献数十万种，直接征引中外文档案、书籍和报刊达一千三百多种。该书曾获孙冶方经济科学奖和吴玉章社会科学奖。

《中国资本主义发展史》（三卷本）

吴承明（经济所 研究员）等

专著 2007千字

人民出版社 1985年（第一卷），1990（第二卷），第三卷待出版

本书是具有国际先进水平的著作。全书共三卷，第一卷研究了中国资本主义的萌芽问题，主要包括明、清生产力状况，商品经济和市场以及萌芽发展迟缓的原因等；第二卷探讨了旧民主主义革命时期中国资本主义的若干问题；第二卷探讨了新民主主义革命时期中国资本主义发展所面临的问题。第一、二卷出版后，深获国内外学术界好评，成为国内外引用率最高的中国经济史著作之一。英国麦克米兰公司决定出版本书英译本，美国黄宗智、Thomas Rowski、王业键等著作，日本斯波义信、岸本美绪、久保亨等著作中均有引用。

《明清时代的农业资本主义萌芽问题》

李文治（经济所 研究员）等

专著 420千字

中国社会科学出版社 1983年

本书是国内研究农业资本主义萌芽的一部力著，在国内外处于领先地位。尤其是它根据明、清时期的历史实际，对雇佣劳动的不同性质及其变化作了充分论证，是对马克思主义雇佣劳动理论的一个发展。该书的四篇文章分别从农业雇佣劳动者法律身份的变化，各种雇佣形态的状况和性质，不同类型的农业经营和各雇主对雇佣关系的性质的影响等方面，对明、清时代的雇佣关系提供资料，进行分析，对农业中的资本主义的萌芽问题提出了初步意见。

《晚清钱庄和票号研究》

张国辉（经济所 研究员）

专著 160千字

中华书局 1989年9月

本书是新中国成立以来第一部以马列主

义研究我国旧式金融业的专著。根据马克思主义政治经济学原理论述了清代国内不同地区商品货币经济发展的基本状况，以及外国金融势力利用它控制中国金融市场这一历史事实，并列举了华北、西北、江南各省和东南沿海地区商品经济发展所达到的不同水平，借以说明旧式金融业如何从单纯的兑换业发展成货币借贷业的历程。本书出版后，引起国内外同行学者的重视，近年发表的有关近代金融史的论文或著作基本上都引用了本书的有关内容。

《新中国工业经济史》

汪海波（工业经济所　研究员）等

专著　395千字

经济管理出版社　1986年7月

本书为新中国经济史这门新学科建立了一个基本框架，形成了一个较为完整的体系。在论述马克思主义对新中国工业经济史研究的指导作用时，强调了党的十一届三中全会以来毛泽东思想的发展。本书对半殖民地半封建社会中国的工业经济和根据地、解放区的新民主主义工业经济，对国民经济恢复时期、社会主义改造时期、“大跃进”时期、国民经济调整时期、“文化大革命”时期和社会主义建设新时期等，都做了系统的分析。本书出版后引起海内外学术界的重视，现已被有关专业的大学生和研究生选为主要参考书。

《中国式消费模式选择》

杨圣明（研究生院　研究员）

专著　300千字

中国社会科学出版社　1989年

本书从我国的国情出发，运用马克思主义的消费理论，对中国式消费模式的各个方面进行了深入的探讨，提出和论证了合理消费或适度消费的客观标准，从理论和政策上划清了高消费、低消费与合理消费的界限。提出和论证了宽、中、窄三种不同涵义的消费水平和消费结构的新概念和我国消费结构的五大特征，并总结出消费体制及其改革的理论与对策。本书出版后引起了社会各界的普遍重视。不少经济院校将该书或其摘要作为教材，经济学辞典，尤其是《现代消费经济辞典》，将本书的不少问题列为辞条。

《中国农业发展战略问题研究》

张留征（农村发展所　研究员）等

专著　241千字

中国社会科学出版社　1988年9月

本书对中国农业发展的若干战略问题进行了研究，提出农业发展战略的四项基本内容，以农业商品化带动现代化作为实现战略目标的主要途径。围绕这个中心，本书对农业发展中的技术进步、生产结构调整、自然资源开发利用、生态系统改善、剩余劳动力转移、农业经营体制和农产品流通体制改革、农业宏观经济调节、农业发展与国民经济关系等方面的问题进行研究。本书在同类研究成果中处于领先地位，受到中央有关部门的重视。

《经济效益问题研究》

郑友敬（数量与技术经济所　研究员）

专著　315千字

中国社会科学出版社　1990年

本书是国内经济效益理论方法研究的第一本专著。书中对经济效益的科学含义、各种形态、表示方法、最佳标准、优化方向进行了科学化、系统化、数量化的研究；对经济效益指标与指标体系进行了精心设计；对提高经济效益的途径从理论与实践相结合的观点出发，进行综合分析、方案比较，并指出了经济效益增长的基本思路。本书出版后，一些高校作为教学用书或教学参考书，有关部委作为领导培训的教材。

《社会主义市场模式研究》

赵效民、贾履让（财贸经济所　研究员）主编

专著　445 千字

经济管理出版社　1991 年 12 月

本书是全国哲学社会科学“七五”规划重点课题“社会主义市场模式研究”的最终研究成果。本书注重社会主义市场经济的基本理论建设，是系统研究市场、市场机制、市场经济体制的代表性作品之一。提出了中国特色市场模式的应有选择、具体构成及分阶段目标，为培育市场提供了一个清晰的模式，描述了长期困扰我们的一些问题的体制性、政策性根源，并提出了解决这些问题的市场化途径。本书 1991 年度问世后，立即受到经济学界、政府部门和企业界、教育界的普遍重视。

《帝国主义与中国铁路（1847～1949）》

宓汝成（经济所　研究员）等

专著　500 千字

上海人民出版社　1980 年

本书考察了帝国主义列强对近代中国铁路路权的掠夺活动，近代中国的铁路修筑和发展状况，对近代中国铁路与帝国主义的关系作了全面系统的论述，同时从横的方面分析了在帝国主义的控制和影响下，铁路的运营情况及其对社会经济的影响。全书分上下两篇，上篇围绕帝国主义列强竞相建筑与控制中国铁路这一历史过程展开论述；下篇以帝国主义控制影响下的中国铁路建设、营运及其对社会经济的影响为线索展开论述。本书是同类著作中最为完整、系统的一部，具有重要学术价值，受到社会有关各界的普遍重视。

《中国经济体制改革的模式研究》

刘国光（院部　研究员）等

专著　502 千字

中国社会科学出版社　1988 年 7 月

本书是一部有关中国经济体制改革最完整、最系统的著作。书中就我国经济体制改革目标模式选择的理论依据和意义进行了深入探讨，并具体论述了经济发展模式和经济体制模式的关系；论述了双重体制并存及其转换问题，并围绕所有制结构、决策体系、利益体系、调节体系、组织体系提出了对策性建议。本书出版后，社会各界给予了高度重视，被国内外学术界广为引用。

《公有制宏观经济理论大纲》（“中国宏观经济问题研究”子项目之一）

樊纲（经济所　研究员）主笔

专著　470 千字

上海三联书店　1990 年 6 月

本书采用理论实证和经济矛盾分析方法，从现实公有制经济的基本关系出发，通过说明各经济行为主体的利益目标、行为方式和它们之间的利益矛盾，论证了在改革前后不同的经济机制下，公有制经济是如何运行的，各种宏观经济变量是怎样决定的，分析了总需求膨胀、短缺、通货膨胀、过度增长、结构失衡、经济波动、机制变换等宏观经济现象和问题，再现了公有制经济的矛盾运动过程，为公有制宏观经济理论提供了一个新的理论体系和分析框架。本书现已被国内外几所大学作为研究生教材，国内外经济文献对该书的引用更是相当广泛。

《不宽松的现实和宽松的实现——双重体制下的宏观经济理论》

刘国光（院部　研究员）等

专著　784 千字

上海人民出版社　1991 年 8 月

本书是针对我国双重体制并存的特定阶段进行理论探索，内容主要是论述传统体制造成需求过旺，供给不足，被称为“短缺经济”，经济运行很不宽松。中国经济体制改革后，经济机制有了很大变化，但仍然存在着不宽松的现实。本书分析了这些变化，并且提出了在双重体制下如何运用政策调节手段增加供给与调节需求，使两者基本适应。本书的特色在于它是针对中国双重体制的现实而写出的理论著作。

《中国社会主义工业企业管理研究》

蒋一苇（工业经济所　研究员）等

专著　367千字

经济管理出版社　1988年5月

本书提出以“两制”、“四全”作为社会主义企业管理的原则。所谓“两制、四全”即民主集中的领导体制和责权利相结合的经济责任制以及全面计划管理、全面质量管理、全面经济核算、全面劳动人事管理。并由此对社会主义企业管理一系列重大问题进行了深入、系统的研究。本书提出的“两制、四全”等观点曾被中央和原国家经委有关文件采用，有些大中型企业在管理中运用了这一观点，有的企业管理论著把本书作为重要的参考资料。本书1989年3月获中国企协甲等奖，1991年10月获《光明日报》光明杯一等奖。

《论中国农业剩余劳动力转移——农业现代化的必由之路》

陈吉元（农村发展所　研究员）主编

专著　350千字

经济管理出版社　1991年10月

本书共分理论篇、实践篇、未来篇、地方篇四篇二十二章，全书比较系统地论述了中国农业剩余劳动力转移的若干理论与实践问题，是一部集理论性、学术性、实用性相统一的著作。在实践篇中阐述了中国农业剩余劳动力转移的历史轨迹和十年改革的巨大成就；在未来篇中，提出了走农业劳动力相对集中转移的道路；地方篇介绍了不同类型地区农业劳动力转移的典型经验。本书的创造性在于划分了产业结构变革的两个阶段，概括出我国农业劳动力转移的三种类型，提出了计算农业劳动力需求量的计算方法。本书受到国家计委的高度重视。

《合作经济理论与实践——中外比较研究》

张晓山（农村发展所　副研究员）等

专著　107千字

中国城市出版社　1991年9月

本书对国际合作运动中不同的理论学派进行了回顾，评介了现代经济理论对合作运动的影响以及工人参与制的合作理论。书中对合作社的基本原则及有关的基本概念，政府与合作社之间的关系，国家立法与合作组织的发展，社区合作组织，农业生产合作这些合作理论与实践中的重要专题进行了较系统的中外比较研究。作者认为不应以我国在特定历史条件下形成的合作组织的特殊性作为合作经济的一种带有普遍意义的特征，我国现阶段的合作运动不可能没有政府的参与而独自发展，在我国农业转型之际，合作社的作用不可忽视。

《中国价格模式转换的理论与实践》

张卓元（财贸经济所　研究员）等

专著　258千字

中国社会科学出版社　1990年5月

本书以马克思主义理论为指导，全面系统地总结我国价格模式转换中的经验教训，提出具有中国特色的社会主义商品经济下的价格模式的基本框架。书中对价格模式转换的理论基础、目标模式、过程和方式进行了深入探讨，并对价格模式转换中的社会经济环境、市场发育、价格关系、总水平调控、通货膨胀及经济发展模式、经济体制模式、观念更新等相关问题展开讨论，进而揭示价格改革的规律性和发展态势。本书坚持市场取向，提出我国价格改革的目标模式是有宏观控制的市场定价模式，同时，提出广义价格问题，把生产力引入价格领域，在理论上有所突破。

《理论财政学》

何振一（财贸经济所　研究员）

专著　228千字

中国财政经济出版社　1987年3月

本书发表后，被财政学界誉为我国财政学界的社会共同需要论理论流派的代表著作。其贡献主要在于三个方面，一是坚持生产力论，向传统财政理论的国家意志论提出了挑战；二是填补了我国财政收支规律数量研究的空白；三是提出了一个从分配角度研究效果的新理论与新方法。本书的某些观点和方法得到财政部和其他有关部门的重视和吸纳，有些财经院校则以本书为基础来编写财政学教材，而多数研究生则把本书列为必备的参考书。本书于1989年获全国优秀财政理论研究成果一等奖（财政部）。

《中国经济的周期波动》

刘树成（数量与技术经济所　研究员）

专著　159千字

中国经济出版社　1989年11月

本书是国内经济学界对我国经济周期波动问题从理论上进行较为系统地探讨的第一本专著。书中揭示了建国以来我国经济在实际运行中的周期波动及其一般特点，然后，以马克思再生产理论为指导，从内在机制、计划决策人为因素的影响、社会主义初级阶段的主要矛盾及原有体制因素等三个层次，探讨了我国经济周期波动的形成原因，分析了经济周期波动与经济体制改革的关系，提出了平抑经济波动的对策。本书受到海内外学术界的普遍重视，《人民日报》海外版、日本《一桥研究》均发专文介绍本书。

《中国老年人口（人口、经济、社会）》（三卷）

田雪原（人口所　研究员）等

专著　910千字

中国经济出版社　1991年11月

本书是在“七五”国家社科重点项目全国老年人口抽样调查基础上，从人口学、经济学、社会学角度对资料进行分析的最终科研成果，是填补学科空白的一项超前性研究。书中分析论述了中国人口老龄化趋势，老年人口规模、分布、素质、结构、生育史、死亡；老年就业与供给、需求，老年人口与国民收入分配、消费、储蓄、老年家庭，老龄化与技术进步、产业结构、基本建设的关系；老年人口婚姻、家庭、心理、生活方式、健康、医疗以及女性老年人口，社区服务，建立有中国特色的老年社会保障体系。本书受到国内外人口学界人士的普遍重视。

《中国产业政策研究》

周叔莲、裴叔平、陈树勋（工业经济所　研究员、编审、研究员）主编

专著　436千字

经济管理出版社　1991年1月

本书除绪论以外，按照内容的性质分为三篇二十二章。第一篇为理论篇，探讨了产业政策的内涵，回顾新中国产业政策的得失，阐述重点产业的选择，研究产业政策与经济体制的关系。第二篇为综合篇，探讨产业政策实施过程中宏观协调配套的有关政策，包括投资、劳动就业、技术进步、地区布局、交通运输、产业组织等方面的政策措施。第三篇为部门篇，选择研究了12个工业部门，从

它们的发展看政策的得失、存在的问题，提出发展目标和相应的政策措施。本书出版后引起社会各界的广泛注意。

《经济形势分析与预测》

刘国光（院部　研究员）等

调研报告　350千字

中国社会科学出版社　1990年11月

本书运用宏观经济模型，将定性分析与定量分析相结合，对下一年度国民经济发展进行预测，并提出对策与建议。"经济形势分析与预测"课题为国务院总理特批项目，我国的经济蓝皮书均以此项研究成果为主体。本书与国外同类成果的不同之处在于它的综合参考价值。本项研究成果在国内外均具有巨大影响力，更重要的是它对加强我国的宏观经济调控，推进改革，促进我国国民经济持续、稳定、高效发展具有重大的指导意义。

《中国经济改革理论十年回顾》

刘国光（院部　研究员）

论文　23千字

《中国经济改革大思路》

经济管理出版社　1991年

本论文第一次系统地从理论上分析和总结了我国经济体制改革十年来所取得的成就。本文指出，十年来改革理论最根本的成就是树立了社会主义商品经济论和社会主义初级阶段论。中国经济改革的方向是建立市场取向型的社会主义经济。在所有制理论上，确立由生产力性质决定所有制结构的新观念；在经济运行机制上，建立使计划和市场有机地结合起来的运行机制；在计划的实现上，应更多地运用经济政策和价格、税收、利率、汇率等经济参数来调节经济活动；在分配问题上，突破了平均主义观念；在改革的策略上，确立企业改革的核心地位，抓住价格改革这一关键问题，采取渐进的办法。

《经济发展及其结构转换中的贸易问题——国际经验和中国的选择》

张曙光（经济所　研究员）

论文　25千字

《中国社会科学》　1988年第5期

本文根据战后发达国家以及新兴工业化国家和地区的经济贸易实践，总结了经济和贸易发展及其结构转换的新鲜经验，揭示了工业化成功的共同规律性，分析了中国近三十年经济发展和贸易扩大及其结构转换的特点和问题，并在此基础上提出了中国贸易战略和政策选择的设想。本论文指出工业化成功的国家不仅经济、贸易获得了共同的迅速发展，而且发展越快，贸易增长率超过经济增长率的程度越高，幅度越大。本论文还分析了中国1953～1985年经济发展和贸易扩展相互关系的矛盾特征，如生产结构和贸易结构变化的非一致性等。本论文发表后受到有关部门和专家的好评。

《宏观非均衡模型的比较》

刘小玄（经济所　副研究员）

论文　10千字

《经济研究》　1987年10月

本论文对西方经济学自凯恩斯以后的最新发展的若干重要成果作了抽象概括和分析，并且选择了几个最具有代表性的理论模型进行了比较和分析。这些模型表现了不同的微观机制，因而产生了不同的均衡规则。本论文指出，宏观经济的非均衡状况主要来源于微观机制的不同调整方式和反应行为，只有在理论上把握这些不同的经济模型，才能把握各种不同经济机制的根本规律，因此从宏观上把握各种不同的非均衡运行方式，可以进一步发现不同宏观模型及其相应的宏观经济机制的微观基础。本论文第一次将各种非均衡经济模型加以综合比较，发表后被推荐为孙冶方经济学奖的候选论文。

《手工业与中国经济变迁》

孔泾源（经济所　副研究员）

论文　30千字

中国财经出版社　1990年

本论文利用翔实的史料，大跨度地研究了我国古代、近代及当代手工业的发展及变迁，是迄今手工业史领域最全面和系统的研究成果。全文依据马克思主义的世界观和方法论，比较研究了手工业在东西方农耕结构的形成与变迁中的作用和特点，以及不同的手工业部门在经济社会形态更替过程中的地位和作用，并综合考察经济、政治、社会、文化诸因素，提出了资本主义生产方式最初成长的特殊约束条件即产业基础问题。在研究我国古代、近代及当代手工业的发展变迁状况时，从宏观的角度，历史地考察了我国的现代化进程。本文受到有关专家的一致好评。

《试论清代等级制度》

经君健（经济所　研究员）

论文　29千字

《中国社会科学》　1980年12月

本文以马克思主义为指导，全面系统论述了清代封建社会的等级制度，特别是劳动者中间的等级差别。全文分为三个部分：第一部分叙述了皇帝、宗室贵族、缙绅直至贱民等六个等级各自包括的社会成员、权利和义务及各等级内部等第的划分等；第二部分着重分析了凡人等级的法律身份和社会地位，并对地主制经济中佃户的等级身份作了详细的分析；第三部分分析了清代等级制度的特点，并与西欧封建等级制度进行了对比。本论文为中国封建社会的研究开辟了一个新的方面，对理解中国封建社会等级制度有重要意义，获得国内外重视。

《试论社会主义市场经济》

于祖尧（经济所　研究员）

论文　20千字

《社会主义经济中计划与市场的关系》

中国社会科学出版社　1979年4月

本论文对市场经济和自然经济进行了对比研究，指出了社会主义实行商品制度与资本主义的市场经济的本质区别。本文从我国生产力状况出发，对我国实行商品经济的前景进行了预测，从理论上论证了社会主义与小生产、自然经济和商品经济的关系，并对价值规律、市场机制和计划在我国经济中的作用进行了阐述。另外，针对生产、分配、交换和消费各环节论述了旧体制的弊端。本文是较早以“社会主义市场经济”为题发表的探索性论文，具有开创性。

《就业与物价通论》

周方（数量与技术经济所　研究员）

论文　70千字

《数理经济学研究论文集》

《数量经济技术经济研究》杂志社　1991年4月

本文以新颖的思路和合理的系统分析方法，首次建立了宏观经济系统理论分析模型——IS-LM-AS模型，并通过此模型分析了经济系统的运行机制，从而在理论上成功地阐释了70年代以来美、英、德、法、日、意、加这些主要发达国家经济滞胀的事实及其发生的原因，揭示了当代垄断资本主义经济运行的本质规律。全文扬弃了西方经济学界惯常使用的“物价菲利普斯曲线”，转而把失业率和物价上涨率作某些处理，从而转化为“就业—物价水平”发展曲线。本文从生产公理演绎出“理论生产函数”，并以此建立了AS子模型，与IS-LM联结后比凯恩斯的“收入决定论模型”更具一般性。

《企业改革和两权分离》

周叔莲（工业经济所 研究员）

论文 16千字

《理论纵横》

河北人民出版社 1988年12月

本论文分析了企业承包制的特征和优缺点，对两权分离理论提出了自己的见解，并提出了社会主义国有企业经历的五种模式。全文着重论述了国有企业成为自主经营、自负盈亏的商品生产者和经营者既要坚持两权分离理论又要发展两权分离理论的观点，提出国有企业改革的目标模式是企业对国家授予其经营管理的财产有法人所有权，国家保留最终所有权，为了实现这一目标，要解决所有权模糊不清的问题，落实企业法人的所有权，把股份制作为企业的重要组织形式。本论文获“纪念党的十一届三中全会十周年理论讨论会”优秀论文奖。论文中的一些观点曾被广泛应用。

《论搞活大中型企业的难点与对策》

吕政、金碚（工业经济所 副研究员）

论文 7千字

《经济管理》 1991年5月

本论文对判断大中型企业活力的标准、搞活大中型企业的难点进行了深入研究，并在此基础上提出了搞活国有大中型企业的对策。本文较早地提出了判断企业活力的标准，抓住了增强国有企业活力的主要矛盾，分析了当时在怎样搞好国有大中型企业的政策取向上的差异，强调搞活大中型企业的指导思想必须坚持把国有大中型企业推向市场，明确指出向企业摊派是企业负担的一种“准税负”，实际上是一种私征国税的行为。本论文发表后受到有关部门的重视。

《论企业对市场的适应性》

陈佳贵（工业经济所 副研究员）

论文 12千字

《工业经济管理丛刊》 1982年1月

本论文围绕企业如何与市场相适应这一中心议题，对社会主义经济、商品经济、企业、商品生产者、生产、销售、市场以及它们之间的相互关系进行了较全面的论述，并以此为依据，提出了若干对策与建议以增强企业对市场的适应性。论文中指出社会主义经济不是计划经济而是商品经济，要取消国家对企业下达的指令性计划。作者把经营思想概括为用户观念、质量观念、服务观念、价值观念、竞争观念、创新观念、时间观念和战略观念等八个观念，并针对企业的生产组织、管理机构提出了改革意见。本论文受到有关专家的好评，文中的观点多次被引用。

《论我国农业由传统方式向现代方式的转化》

蔡昉（农村发展所 副研究员）等

论文 17千字

《经济研究》 1990年6月

本文从经济理论与宏观政策的层次分析我国传统农业改造问题。首先，分析了我国农业所处的发展阶段及其特征。其次，探讨了我国农业技术选择中存在的问题和解决的办法。再次，论述了加快我国传统农业改造的途径。最后，为确保市场发育正常化设计了具体的操作手段。论文中利用各国的农业统计资料，拟合了土地生产率与人均占有耕地面积的回归方程。在此基础上，得出关于我国土地生产率的结论。通过区分内、外部规模经济的不同含义及特征，得出关于农业生产经营方式的结论。提出了利用市场机制促农业发展的对策。本文发表后受到有关部门重视。

《农村雇工经营问题研究》

刘文璞（农村发展所 研究员）等

论文 35千字

《农业经济丛刊》　1984年1月

本文首先对农村雇工的发展速度和在农村经济中所占的比重、企业类型、企业规模、雇主和雇工情况、企业经营情况、发展趋势进行了概括性介绍，然后对农村雇工产生的原因、性质、作用和问题、社会主义条件下雇工经营的特点等若干理论问题进行了探讨，最后提出利用其积极作用，给予其合法地位，通过税收限制业主的过高收入，引导向合作经济发展和向股份合作制发展等政策性建议。本文最早提出雇工经营是资本主义经济成分的观点。论文发表后受到中央领导的重视，并引起国外学者的注意。

《财政效果初探》

刘溶沧（财贸经济所　研究员）

论文　7.5千字

《财贸问题研究》　1983年1月

本文在学术界率先正式提出和论证了"财政效果"这一经济范畴的基本含义及其客观存在。对过去那种只把财政用于生产建设的支出视为"投资"，从而才能言及效果的观点和做法提出了质疑。作者结合经济实践和财政的基本职能，论述了研究和考察财政效果的理论与实践意义，提出和论证了研究、考察财政效果的原则方法。本文具有开拓性研究的性质和特点，论文发表后引起了理论界的关注，并被引用和介绍，"财政效果"这一概念被实际经济部门认同和应用。

《试论社会主义经济的经济性质问题》

刘明夫（财贸经济所　研究员）

论文　7千字

《经济研究》　1979年4月

本论文论述了我国经济管理体制的改革问题。全文重点论述了五个问题：(1) 实践是检验真理的唯一标准；(2)"新长征"要求我们改变旧的认识；(3) 商品经济同计划经济不是对立的；(4) 商品经济并非资本主义社会所特有；(5) 要善于自觉地运用价值规律。本文较早地对我国的经济体制改革作了深入的探讨。作者在论文中提出的新观点被有关部门采纳。

《我国货币政策的透视》

何德旭（财贸经济所　助理研究员）

论文　9.6千字

《财经问题研究》

东北财经大学出版社　1988年5月

本论文对我国的货币政策进行了总体判断：在宏观经济调节过程中发挥了一定的作用，但从总体上看其作用效果尚不尽人意。作者分析了我国的货币政策之所以难以发挥有效的宏观经济调节作用的原因：企图用增加纸币的办法实现经济的高速增长，货币政策目标模糊，手段乏力，配套措施不完备以及经济体制的弊端等。提出了使货币政策真正有效地发挥宏观经济调节作用的措施：加强中央银行的独立性和货币政策操作水平，妥善处理好稳定货币与发展经济的关系，完善金融调节机制和企业经营机制，重视对货币政策效果的预测、分析。

《科技进步是富国之源》

李京文（数量与技术经济所　研究员）

论文　6千字

《光明日报》　1990年12月7日

本文从人类与自然的关系、技术发展与社会经济发展的关系、技术进步与经济增长的关系等多方面入手，全面论述了科技进步是富国之源这一共同规律，并提出了加快我国科技进步的政策，最后概括出我国总体发展思路为：四项基本原则是立国之本，改革开放是强国之路，科技进步是富国之源。本论文是我国经济学中研究科技进步规律与作用的首批成果之一，该成果是在定性分析与定量测算的基础上，结合我国国情而形成的，在国内外同类研究中具有领先地位，文中关于加快我国科技进步的若干对策受到国内广泛重视。

《混合工艺假设下投入产出系数推导法》

贺菊煌（数量与技术经济所　研究员）

论文　8千字

《数量经济技术经济研究》　1988年8月

本文以新的思路、新的方法解决了混合工艺假设下投入产出系数推导问题。文中将混合工艺假设区分为一个基本假设和三个补充假设，其中一个补充假设是作者新提出的，假设的表述严格遵守投入产出的工艺含义，不使用前人论述混合工艺假设时引入的部门产品结构和部门市场份额等非工艺内容。根据假设推出三个公式，只有一个内容与前人的相同，另两个中一个是全新的，一个纠正了前人的错误。本论文深受学术界同行的重视。

《深圳特区发展战略研究》

刘国光（院部　研究员）等

调研报告　150千字

香港经济导报社　1985年12月

本研究报告从深圳本身、深港关系、深圳与内地关系三个方面来开展其战略地区的研究。提出特区发展的战略目标应是外向型的，以先进工业为主、工贸并举、工贸技结合的综合性经济特区。报告总结了建特区以来深圳发展的成就和存在的问题，提出了实现发展目标的战略步骤和实现战略目标的对策。报告指出，企业自主权扩大后由谁代表国家利益的问题需认真地解决好，还要解决好特区的行政隶属关系，并要考虑到香港回归祖国后还应给深圳与香港相近的优惠政策。本报告对加快深圳的发展起了积极作用，受到国务院和深圳市政府的高度重视。

《海南经济发展战略》

刘国光（院部　研究员）等

调研报告　196千字

经济管理出版社　1988年6月

本调研报告明确提出了海南的经济体制模式是社会主义市场经济的模式，在所有制方面，实行多种经济成分并存和平等竞争，海南的政治体制改革目标模式的基本框架应是小政府、大社会、党政分开、政企分开，提出了“整体转轨”的改革思路，认为海南发展应一次性实行整体转轨而不是新旧体制交叉并行，设计了五大经济区的发展规划，提出了“市场换技术，市场引外资，市场促出口”的对策。本报告在指导海南建设方面起了很大的作用，并一直深受当地政府的推崇。

《以工代赈政策调研》

朱玲（经济所　研究员）等

调研报告　20千字

《经济研究》　1990年10月

本调研报告在国内率先对贫困地区基础设施和社会服务的改善问题进行了比较深入的考察，为贫困问题研究领域填补了空白。这篇报告运用一系列有关制度创新的理论，探讨扶贫机制的运行方式，指出了我国反贫困战略的特点，对于国际援助组织和学术界认识中国扶贫方式的效率和特色颇为有益。本报告探讨了以工代赈工程的组织特点，运用有关社会成本、交易成本和制度创新的理论，说明了工程的运行方式；运用宏观层次的信息，论证了工程的长期效用；引入双因素反贫困战略理论，对政策的改善提出建议。

《能源基地发展高耗能工业的研究》

张宣三、黄载克（工业经济所　研究员）等

调研报告　5千字

内部报告　1987年8月

本调研报告从全国需要出发，研究了高耗能工业到本世纪末的发展前景和合理布局的基本原则，就能源基地的基本条件，分析其发展高耗能工业的优势和制约因素，研究能源基地发展高耗能工业的可能性和必要性，并对能源基地发展高耗能工业的战略方针、重点产品以及政策措施等问题提出了具体建议。本报告认为以煤炭和煤电为主的能源基地发展高耗能工业是可行的，高耗能工业的发展重点应逐步西移，能源基地发展高耗能工业要有选择地进行。本调研报告对能源基地的建设有重要的参考价值。

《北京市新技术产业开发试验区发展战略咨询报告》

周叔莲（工业经济所　研究员）等

调研报告　100 千字

本报告客观地分析了新技术产业开发试验区的发展现状，从不同角度对此进行了综合评价；提出了制定试验区发展战略的指导思想和三阶段战略目标选择；设计了具体的发展模式和管理体制改革方案；并为这些目标的实施提出了有价值的和系统的政策建议，如，应以高层次新技术开发为主，发挥北京地区集约性优势，拓展与区外企业联合，促进企业群体和大型企业集团的形成；区内产业结构应以动态多层次梯形发展为模式；实行辐射式与组团式工业布局；用股份制改造企业组织结构等观点。本报告为北京新技术开发区的建设起了积极的作用，1989 年被北京市评为优秀成果。

《经济学科片系列研究报告》

刘国光（院部　研究员）等

调研报告　170 千字

经济管理出版社　1985 年

《经济研究》　1990 年 7 月

本报告提出在以公有制为主体前提下把有宏观控制的市场协调作为我国经济体制改革的目标模式；提出把经济体制改革作为“七五”时期的主要任务，使体制转换同经济发展紧密结合；主张经济稳步发展，为改革创造宽松的经济环境；提出以稳定经济的措施来保证改革的顺利进行，用深化改革促进经济稳定；提出要加大改革分量，坚持市场取向改革，企业改革要从承包制转向股份制，宏观管理改革从放权让利为主转向机制转换为主。本调研报告为决策部门提供了很好的对策，不少观点和建议被采纳。

《关于处理旧中国外债的建议》

宓汝成（经济所　研究员）

调研报告　1.6 千字

中国社会科学院《要报》　1983 年第 61 期

本调研报告对旧中国遗留的外债问题在系统清理的基础上，提出了具体的处理意见，为外交部和有关部门处理这一问题提供了科学依据，对该问题的解决做出了重要的贡献。

《山西综合经济模型报告》

张守一（数量与技术经济所　研究员）等

调研报告　60 千字

山西省计委　1984 年内部出版

本调研报告是为山西能源重化工基地综合规划研制的，包括 351 个方程，是当时国内最大的地区模型，分为圈内和圈外两大部分，圈内由左、中、右三条相互交叉的路线构成，左路为资金运动，中路为产品运动，右路为与劳动力再生产有关要素的运动。子模型“净产值”将左右两条线横切为上下两部分，使圈内子模型分为五大模块。圈外子模型分为外生变量、由圈内变量解释的子模型以及人、财、物平衡差。本报告在如何将模型技术与马克思主义经济理论相结合方面进行了有益的探索，为基地建设提供了参考意见。

《中国 74 城镇人口迁移调查研究报告》

马侠、王维志（人口所　研究员）

调研报告

《人口研究》（中、英文版两种）　1988 年

本调研报告剖析了人口迁移的原因，匡算了 36 年中由农村迁入城镇的人口及其子女总数，评估了各阶段的迁移政策，总结了控制人口迁移的经验，提出了关于人口迁移的政策性建议。本报告对于中国人口迁移类型特点的分析，迁移经验的总结，迁移政策的评估和迁移阶段的划分与评述，以及迁移现象与中国社会经济体制的关系和若干决策建议等，在国内均属首创。本报告针对中国的特点，提出不同于发达国家和其他发展中国家的迁移规律和对策，与国外迁移研究有所区别。本报告已被中外学者多次引用。

《中国近代航运史资料》（第一辑）

聂宝璋（经济所　研究员）

学术资料　1200 千字

上海人民出版社　1984 年

本书辑录了以下三方面的资料：（1）外国在华轮运势力的扩张与特点；（2）中国轮运企业的产生与发展的社会、政治背景；（3）中国木船业的衰落及民族资本轮运企业产生的历程。本书收录的大量的国内外资料中，有些是首次发表的。全书以马列主义为指导，加工、编排严谨，填补了该项研究领域的空白，为经济史的研究和教学提供了基础材料，获得国内外的一致好评，并被广泛引用。

《全国百村劳动力调查资料集》

庾德昌（农村发展所　研究员）主编

学术资料　500 千字

中国统计出版社　1989 年 9 月

本书收集了上海、江苏、浙江、福建、河北、山西、内蒙古、黑龙江、广西、宁夏、青海等 11 个省、市、自治区的 59 个县、84 个乡、222 个村、708 个村民小组在 1978～1986 年间，劳动力的利用和转移情况的资料。调查的主要内容包括劳动力利用和转移的外部环境和内部条件。所用的指标体系是新设计的，收集的资料时间跨度合理，包罗了农村各产业的劳动利用状况、投入产出状况、经济收益状况和地理环境等，采用分层选点与随机抽样相结合的选点方法，比较科学。本书受到国内外有关部门和人士的高度重视。

《中国 1987 年 60 岁以上老年人口抽样调查资料》

田雪原（人口所　研究员）等

学术资料　752 千字

《中国人口科学》　增刊（1）1988 年 6 月

本书是在全国（除西藏、台湾外）抽样调查基础上，首批电子计算机汇总的资料专集。包括老年人口年龄、性别和文化构成，老年人口的婚姻和生育，老年人口家庭和在家庭中的地位，老年人口就业和职业，老年人口经济和收入，老年人口的医疗、健康和营养，老年人口的供养、生活料理和主要困难，老年人口居住条件和时间安排，共八个部分。每一部分资料均有绝对数和相对比例，共 661 张数据资料表，反映了老年人口的主要方面。本书受到中央领导和许多著名专家学者的高度评价，对推动老年科学研究和老龄问题的解决起到积极的作用。

《中华人民共和国经济档案资料选编》（1949～1952）

刘国光（院部　研究员）主编

学术资料　2420 千字

中国城市经济社会出版社、社会科学文献出版社　1989～1991 年

本书利用中央档案馆各部委办案馆藏的

大量档案资料，按专题立卷。各卷编排体现历史和逻辑相结合的特点，在上千万的档案资料中精选摘编而成。

《综合卷》反映1949～1952年中国的经济背景、统一财政等综合经济状况。《农业卷》反映了这个时期农业生产力方面的情况，突出了农业生产力的基础情况和促进农业生产迅速恢复的多方面的政策、措施及其结果。《基本建设投资和建筑业卷》反映了恢复国民经济的投资方针、资金来源、投资结构、投资效益、城市建设和建筑业的状况。本书突出了新民主主义经济体制下多种经济成分的运行机制及效果，对于有中国特色社会主义经济的建设和社会主义市场经济的建立都有启迪和借鉴作用。

《技术经济手册》（理论方法卷）

李京文（数量与技术经济所　研究员）等

工具书　1260千字

中国科学技术出版社　1990年7月

本书较全面地介绍了技术经济的理论与方法方面的主要观点、内容、分析计算方法和有关的重要参数。本书分导论篇、理论篇、方法篇、评价篇、应用篇、部门篇、资料篇，共七十三章。理论篇中包括技术生成的经济环境、技术扩散的经济规律、技术选择的经济原则以及技术进步的微观过程。宏观基本理论包括技术进步与经济增长、产业结构、劳动就业、资源配置等。技术经济分析的定量方法包括系统分析法、可行性分析法、效益分析法、优化规划法、决策法、投入产出法、预测法、模拟法和统筹法等。书中还编入了15个比较成熟的部门技术经济学。

政法、民族、社会学科

《政治体制改革与法制建设》

吴大英（政治学所　研究员）、刘瀚（法学所　研究员）主编

专著　260千字

社会科学文献出版社　1991年

本书认为法制的作用应当向政治领域扩展，强调法制建设在我国政治体制改革中的积极作用。在对我国建国四十年来政治体制变化和改革的经验教训进行总结、分析的基础上，本书从法制建设的角度，系统探讨了我国政治体制改革中的重大理论与实际问题，如人民代表大会制度的完善、政府机构的改革、司法制度的改革、干部人事制度的改革、廉政建设的法律化、中国共产党领导的多党合作制度的法律化等。在进行理论探讨的同时，本书还提出一系列关于政治体制改革的建议，有些建议已经被实践证明是正确的或者被实际部门所采纳。

《中国民法学·民法债权》

王家福（法学所　研究员）主编

梁慧星（法学所　研究员）副主编

专著　780千字

法律出版社　1991年

债权法是规范市场经济关系的民法制度，在现代市场经济法制中居于重要地位。本书在总结我国立法和司法实践的基础上，对我国债权法进行了系统、深入的研究。本书既立足于我国的实际，又广泛借鉴了市场经济发达的国家和地区的立法经验和判例学说以及有关学术成果，力图建立一套既符合我国改革开放和发展社会主义商品经济的需要，又与国际相通的债权法理论体系。本书还针对我国当前法律适用和法律制定中遇到的实际问题，提出了许多富有建设性的意见。本书出版后受到民法学界和立法、司法部门的重视和高度评价，被认为是我国最权威的债权法理论著作。

《中国智力产权》（英文）

郑成思（法学所　研究员）
专著　200千字
英国麦克斯韦尔出版公司　1987年

本书系统介绍了中国保护知识产权的历史和现状，在比较研究的基础上深入分析了中国知识产权的特点、优点和缺陷，指出了中国知识产权法的发展趋势，特别是着重分析了中国已经加入和即将加入的国际公约对中国国内法已经产生和即将产生的影响。同时，本书还对国际知识产权界长期争论的一些问题进行了探讨，提出了独到的见解。本书出版后国际知识产权界予以高度评价，书中的观点经常被外国学者所引用。本书提出的一些观点和修改法律的建议，后来为我国立法实践所印证。

《论企业法人与企业法人所有权》

梁慧星（法学所　研究员）
论文　9千字
《法学研究》　1981年第1期

在这篇论文中，作者首先论证了“企业法人”的概念，分析了企业法人制度对于社会发展的进步意义，主张在我国建立以公有制为基础的社会主义企业法人制度。其次，作者提出了“企业法人所有权”的概念，认为社会主义的企业法人所有权是全民所有制的一种法律形式，我国国营企业改革的关键在于确认法人所有权。本文发表后受到民法、经济法学界以及经济学界的重视，产生了较大的影响。

《票据法概论》

谢怀栻（法学所　研究员）
学术性普及读物　230千字
法律出版社　1990年

本书为司法部法学教材编写组组织编写的“涉外经济法学教材”中的一部。为普及票据法知识，本书根据外国票据立法和理论，并结合我国的实际需要，全面系统、深入浅出地阐述了票据法的基本概念和基本理论。本书是我国第一部、也是迄今唯一一部票据法专著和教材，填补了学科的空白。出版后受到欢迎，在有关教学、职业培训和案件审理中产生了很好的作用，已先后印刷4次。

《中国新民主主义革命时期根据地法制文献选编》（四卷）

韩延龙（法学所　研究员）
常兆儒（法学所）主编
学术资料　1760千字
中国社会科学出版社　1981～1984年

本书是经过长期的搜集和认真的整理、考订、分类而编纂成的，精选了第二次国内革命战争时期、抗日战争时期、解放战争时期各根据地具有代表性的法律、法令、条例、训令等法制文献六百八十余种，其中不乏稀见珍品。本书比较全面地反映了新民主主义革命时期各根据地法制建设的概貌，为中国革命法制史、中国革命史的研究提供了珍贵的资料和可靠的根据。出版后受到重视，被认为具有重要史料价值和学术价值。

《关于审判林彪、江青反革命集团的意见和建议》

吴建璠、刘海年（法学所　研究员）等
调研报告　13千字
1980年上报中央两案审判委员会

本“意见和建议”由三份给中央领导同志的报告组成。1979年，审判林彪、江青反革命集团的工作着手进行，但起诉书如何写？是将罪行与路线错误混在一起写成一篇声讨檄文，还是将罪行与路线错误严格予以区分写成一个法律文书，意见不一。经过调查研究，同年12月给中央领导同志的报告列举五点理由，坚决主张严格区分罪与非罪，将起诉书写成法律文书。1980年春给中央的一份报告材料中提出区分罪与路线错误的三条标准：(1)“文革”中执行党中央制定的方针、路线、政策犯的错误，都属路线错误；(2)凡阴谋活动应属于罪行；(3)阴谋活动的特征是：背着党中央、毛主席，另搞一套。1980年10月，两案审判准备工作进入后期，针对审判林、江反革命集团适用法律的意见分歧，在给政治局的报告中，提出宜用新颁行的《刑法》，不宜用《惩治反革命条例》。而依据的三点理由是：(1)适用《刑法》符合该法第九条规定的从新从轻原则；(2)更便于体现区别对待政策；(3)由于符合法律，从长远看会产生好的影响。以上意见为中央领导同志所重视，对两案审判成功起了良好作用。

《中国政治制度史》

白钢（政治学所　研究员）主编

专著　710千字

天津人民出版社、新西兰霍兰德出版公司 1991年

本书上起三代，下至清末，全面系统地考察和研究了中国历代国体和政体的发展及其规律。本书在探索历代国家机关的组织形式、结构形式的基础上，着力于治理形式的研究，强调决策体制和政体运行机制，力图把政治制度史从官制史窠臼中解脱出来。从统一、多民族国家的历史实际出发，本书重视历史上中国国家政体的多元性特点，对以往中国政治制度史研究较少涉及的少数民族政权组织形式及运行机制也进行了考察，填补了诸多空白。本书的出版，在海内外学术界引起比较大的反响。许多学者给予本书高度评价，认为它网罗宏富，体大思精，有创见，有突破，反映了有关研究的新水平。

《中国社会发展报告》

陆学艺、李培林（社会学所　研究员）主编

专著　440千字

辽宁人民出版社　1991年11月

这是中国第一本“社会发展报告”，它以独特的研究视角和评价体系分析了建国以来，特别是1978年改革以来中国的社会发展状况。报告首次提出“社会结构转型”这个重要概念，认为中国在目前社会结构转型时期，社会结构的分化整合、社会运行机制的转轨、社会利益的重新调整和社会观念的变化都会加速进行并由此产生一些带有转型时期特点的新的社会问题。报告还指出，当前主要社会问题是城乡间结构性冲突显化；新旧体制的运行机制摩擦加剧；利益格局调整中社会利益差别扩大；科技、教育发展滞后；社会失序现象严重。报告认为，为了妥善解决转型期的新问题，尽量避免过大的社会震荡，必须使城乡管理、社会保障、劳动就业、收入分配、教育、科技、医疗、住房等方面的社会改革与企业、价格、财政、税收、金融、外贸、计划、投资等方面的经济体制改革相配合，为此报告还提出了一个较为具体的“社会改革整体配套方案”。

《中国民族关系史纲要》

翁独健（民族所　研究员）主编

专著　719千字

中国社会科学出版社　1990年2月

本书是目前国内外第一部全面、系统阐述中国历史上各民族关系的专著。本书紧紧抓住各民族互相吸取、相互依存的主流，深入探讨了中国民族关系史发展的客观规律，将这种关系概括为五个统一：从远古到秦汉的统一；魏晋南北朝至隋唐的统一；五代、宋、辽、金、西夏到元朝的统一；明清时期的民族关系到清朝的统一；近代民族关系及其在新中国的质变。系统地总结了各民族间既互相联系影响，又互相矛盾斗争过程中的规律和经验教训，并就一些重大理论问题进行了

探讨。书中还重点介绍了各少数民族在政治、经济、文化、科技、艺术等方面的成就和对祖国文化宝库的贡献。本书出版后引起国内外广泛注意和高度评价。

《蒙古族简史》

翁独健（民族所　研究员）主编

专著　382千字

内蒙古人民出版社　1985年11月

本书通过对大量汉、蒙、满、藏文史料和档案以及俄、日、英文资料进行全面搜集、研究的基础上，以历史唯物主义的观点，全面、系统地论述了蒙古族的起源和形成，各个历史时期的分布和活动、政治和社会状况、经济和文化面貌、宗教和生活习俗，将蒙古族的历史全貌呈献给广大读者，并对成吉思汗、忽必烈等蒙古族著名人物的功过作了中肯的评述，全面阐述了蒙古族在中国统一多民族国家发展中的重大作用和贡献。本书出版后得到史学界的广泛好评。

《凉山彝族奴隶制社会形态》

胡庆钧（民族所　研究员）

专著　404千字

中国社会科学出版社　1985年5月

本书是作者积数十年实地调查研究写成的，对凉山彝族奴隶制社会形成和发展的历史背景作了说明，对民主改革前凉山彝族的生产力水平、土地制度、等级关系、政治机构、婚姻家庭及意识形态进行全面系统的论述。首次对“安家”（阿加）的授予奴隶的性质作了论证，从而为确认民主改革前凉山地区彝族的奴隶占有制社会性质提供了有力论证。本书与其他同一选题的著作相比，以其全面系统见长。

《中国少数民族语言简志丛书》

民族所语言研究室

专著　6520千字

民族出版社　1980～1987年

本丛书为国家民委民族问题5种丛书之一。被列为国家“六五”民族学科重点项目之一。包括57种语言简志。每本简志较全面深入地论述了我国某种少数民族语言的语音、词汇、语法、方言、文字的特点和语言使用、语言系属分类的一般情况，书末附录一千多常用词。本丛书是在对我国少数民族语言普遍调查和重点深入调查并经过初步研究的基础上完成的，被视为中国少数民族语言研究的一个里程碑。国内外语言学界高度评价它的学术水平，其中一些简志已翻译成外文在世界各地出版。有八十多位专家学者参加了本丛书的编著，其中80％为本院民族研究所人员。

《农业面临比较严峻的形势》

陆学艺（社会学所　研究员）

研究报告　9.5千字

中国社会科学院《要报》·1986年第18～20期

文章最早提出1985年后中国农业面临比较严峻的形势的看法。指出1985年粮棉减产的原因是宏观决策方面对农业发展盲目乐观、投入减少削减了农业发展的物质基础和挫伤了农民生产积极性的结果。并且具体指出了耕地日益减少、农民负担加重、流通体制改革滞后等十一个方面的制约因素。文章在深入调查研究的基础上指出，从农村发展形势看，很可能出现农村经济形势很好，农村二三产业发展快，但农业不好；牧业、副业、渔业等方面农业形势好，但粮棉形势不好。文章较早提出了要区分农村经济形势和农业形势这两个不同的概念。提出，要加强调查研究，统一对农业问题的认识，增加农业投入，挽救扶植农用工业，理顺粮食价格，改革粮食统购统销体制，稳妥地完善农村合作制，制订有关的农业法规。1986年6月10日邓小平同志在听取中央领导同志汇报经济情况时的讲话引用了本文观点（《建设有中国特色的社会主义》，第132页）。

《我国少数民族语言文字使用与发展问题研究》

罗美珍（民族所　研究员）等

研究报告　55千字

1989年12月

本报告是国家哲学社会科学“七五”规划民族研究重点项目“中国少数民族语言使用情况和文字问题调查研究”的一个课题的研究成果，包括七个单篇报告，就我国少数民族语言文字使用和发展中存在的问题作了科学分析并提出对策性建议，供中央和上级主管部门参考。报告指出认识民族语文在社会主义时期的作用以及处理好民族语文和汉语文的关系问题，是当前民族语文使用和发展中存在的核心问题。报告的部分内容和提法在国务院1992年32号文件中被引用。

《我国社会发展水平到底居世界多少位》

朱庆芳（社会学所　副研究员）

论文　4.3千字

《人民日报》　1990年7月9日

本文是国家社科“七五”重点课题“社会指标”研究成果之一。它选择有代表性的16个经济社会指标，用综合评分法，对世界120个国家的社会发展水平进行综合评价和排序。从中可找出我国的优势和薄弱环节。本项目研究属国内首创，由过去外国人评我国的被动局面改变为我国能客观地评价世界各国，也扭转了过去用经济指标或用总量指标评估我国居世界位次过低或过高的片面性。文章发表后李鹏总理引用了其中数字，在国内外产生了较大反响。

《中国民族史人物辞典》

高文德（民族所　研究员）主编

工具书　2170千字

中国社会科学出版社　1990年5月

本书是目前国内外第一部全面、系统介绍中国少数民族历史人物的大型专科辞典，全书收录古代至清末少数民族历史人物五千五百余人。本书的特点是：收词较全，是目前国内外收录中国少数民族历史人物最多的辞书；内容较详尽，在详略得当、重点突出的情况下，力求介绍更多的内容和信息；并尽可能吸收国内外已公认的最新研究成果，反映了当前民族史研究的新水平。

《西藏地方是中国不可分割的一部分》

姚兆麟（民族所　研究员）主编

资料集　400千字

西藏人民出版社　1986年8月

本书是国家“六五”重点科研项目。从大量正史、历朝实录、文书档案及藏文资料中筛选编辑而成，并附数十幅封文、封印等珍贵文物图片。本书所辑资料系统展示了西藏地方与中原地区各民族之间，在政治、经济、文化等方面相互沟通、交流和依存关系发展的历史进程。证明早自13世纪中叶以来，西藏地方一直是中国不可分割的一部分，历代中央政权均以不同形式对西藏行使管辖权和治理权。本书在维护祖国的统一和民族团结方面的现实意义，中央有关部门和西藏自治区党政部门作了高度评价。

《回鹘式蒙古文文献汇编》

道布（民族所　研究员）

古籍整理　605页

民族出版社　1983年6月

本书共收元、明两代用回鹘式蒙古文（即古蒙古文）写成的文献22种。文献用原件照片形式刊布。每件文献都写了题解，作了注释，用现代蒙古文加以转写。大部分文献还附有摹写本，以便阅读。导言中运用中外史料考证了回鹘式蒙古文形成的年代，阐述了回鹘式蒙古文文献的学术价值和国内外学术界研究回鹘式蒙古文献的历史。此书为研究蒙古族古代文字和文献提供了一套比较完备的资料。出版以后被有关院校蒙古语文专业用作教材，并在一些学者的著述中和研究生毕业论文中多次引用，受到较高的评价。

哲学、宗教学科

《前苏格拉底哲学研究》

叶秀山（哲学所　研究员）

专著　243千字

三联书店　1982年

本书研究了早期希腊哲学产生、发展的社会历史背景和思想内容，侧重探讨主要学派所提出的主要范畴，并力图将这些范畴的意义与当时的历史背景和文化条件联系起来考察，以求其本来意义。本书研究了英、美、法、德等主要西方国家学者研究该领域的基本成果，并做出恰当的评价。本书运用了马克思、恩格斯关于古代希腊社会和哲学的分析，特别着重研究了早期希腊哲学与古代希腊奴隶主民主制的关系，这是本书不同于西方学者的特点。

《“西方马克思主义”》

徐崇温（哲学所　研究员）

专著　468千字

天津人民出版社　1982年

本书是国内第一部全面系统地评价“西方马克思主义”的著作，在我国有开拓作用。和国外同类著作相比，本书的主要特点是牢牢把握“西方马克思主义”的两重性：一方面，根据它在总结西方革命失败的教训的基础上，冲破教条束缚，考察资本主义社会出现的新情况，探索西方革命的道路，揭露和批判苏联模式的缺陷等情况，指出它基本上是一种造资本主义反的意识形态，提出了极有价值的思想资料；另方面，根据“西方马克思主义”借助西方唯心主义流派去重新发现马克思原来的设计，针对西方新左派学者把它奉为“马克思主义的现代化”的观点，指出它所反映的是小资产阶级激进的世界观，并搞不同哲学流派的折衷混合。

《理学的演变》

蒙培元（哲学所　研究员）

专著　368千字

福建人民出版社　1984年

本书对理学的形成、演变和体系进行了全面、系统的考察和分析，提出了与海内外理学研究一些不同的见解，主要有：（1）过去学者从个别反佛人物说明理学的形成很不系统；本书提出的理学形成“三阶段说”着眼于佛儒既冲突又融合，既是哲学又是文化，作为文化思潮进行研究，说明理学是三次大规模文化运动的结果。（2）从来的研究都认为理学只分两派或三派，没有内在联系；本书认为，无论从逻辑或历史而言，朱学体系中不仅演变出王夫之哲学，而且演变出王阳明哲学。（3）理学演变“五阶段说”，使用新的资料所写的二十多位人物，过去从未被人重视过，作者做了填补空白和拓荒工作。本书出版后国内外反响较大。1991年台湾文津出版社出版该书。

《形式逻辑原理》

诸葛殷同（哲学所　研究员）等

专著　296千字

人民出版社　1982年

本书主要内容是站在现代逻辑高度，着眼于传统逻辑必然发展到数理逻辑的高度来介绍传统逻辑关于思维形式的基础理论。其新的贡献是：(1) 首次在国内把形式逻辑定义为主要是研究思维形式的科学，其核心问题是推理形式、证明形式；(2) 不少内容属国内首创；(3) 纠正了1949年以来流行于苏联、中国的一系列错误提法；(4) 根据现代逻辑精神安排全书结构；(5) 特别看重对汉语这种自然语言作逻辑分析。本书对提高国内逻辑教学水平和此后出版的逻辑著作产生了重要影响。

《马克思主义哲学与现时代》

李景源（哲学所　副研究员）主编

专著　531千字

重庆出版社　1991年

本书立足于当代现实，对当代科技革命和社会改革实践中所提出的一系列迫切问题，从哲学层次上进行了新的探索；对近年来国内外围绕马克思主义哲学的若干理论争论，有针对性地进行了分析和研究，并力求做出马克思主义的理解和回答。本书的新贡献主要有三：(1) 研究的重点由传统性课题向现代课题转移，从结构到内容更多的具有探索的性质；(2) 注意解决哲学争论问题上的方法论问题；(3) 注意吸收分支学科的新概念、新成果，丰富和发展马克思主义哲学。该书出版后在学术界引起广泛关注和好评。

《宗教学通论》

吕大吉（宗教所　研究员）等

专著　711千字

中国社会科学出版社　1989年

本书五大部分分别论述了宗教学的性质、内容、特点、理论和方法，宗教的本质及其组成的四大要素，宗教的起源和发展，宗教与其他社会上层建筑和各种文化形式的关系，宗教与社会主义。其新的贡献有：(1) 提出了“宗教四要素说”；(2) 在四要素说的基础上提出了“宗教要素的结构分类法”，又在恩格斯关于宗教形态随社会形态的演变而演变的理论基础上提出了“宗教发展的历史性分类法”，并用这两种分类法对宗教现象进行比较研究和分类，构建了我国宗教理论体系；(3) 资料丰富；(4) 力图创造性地应用唯物史观的理论和方法，在评价各种宗教和宗教现象时，得出了许多独创结论。本书出版发行后在学术界和社会上引起较大反响。

《中国道教史》

任继愈（宗教所　研究员）主编

专著　592千字

上海人民出版社　1989年

本书是国内第一部全面系统论述道教史的著作，论述了道教从东汉孕育诞生，直至近代大约两千年的历史发展过程，涉及的问题包括道教的教团组织、经典、教理、著名人物、内外丹、养生术、符箓咒术、斋醮科仪以及道教对民间秘密宗教的影响等。全书以历史唯物主义为指导，以道教历史发展为线索，阐明了道教在不同阶段的特点，以及当时社会背景和思想文化潮流的关系。本书对道教思想的研究，补充了以往哲学史的某些缺环；关于道教内外丹和养生学的研究，揭示了道教对中国古代科学，特别是化学、医药学发展的重要贡献。本书出版后在中国内地、港台地区及日本学术界有较大影响。

《伊斯兰教史》

金宜久（宗教所　研究员）等

专著　478千字

中国社会科学出版社　1990年

本书概述了伊斯兰教发生、发展以及在各地传播的历史，主要介绍了伊斯兰教兴起的社会政治、经济和文化背景，伊斯兰教创立者穆罕默德的生平，《古兰经》的基本内容和伊斯兰教的教义、礼仪制度，伊斯兰教在不同地区有关诸宗教学科和自然、社会科学发展的历史，同时还涉及教派运动、智力运动、神秘主义的发展史。由于伊斯兰教和政治的密切关系，本书还探讨了哈里发制度兴衰的过程和原因。作为一部通史，本书除重点介绍中世纪史以外，还对地区伊斯兰教的发展（包括北非、西班牙、中亚、波斯、南亚、东南亚、东非和西非以及中国）、近现代伊斯兰教的发展作了简明扼要地介绍。本书是国内撰写的第一本伊斯兰教通史，为高校的教学参考书。

《佛教史》

杜继文（宗教所　研究员）等

专著　450千字

中国社会科学出版社　1991年

本书以唯物主义为指导，将佛教作为一个整体，记述其自产生至今约二千五百年在有关国家、民族和地区的演变及其所表现的特色，包括古印度本土、南传、北传和欧美的各派佛教。北传佛教中国是中心，以汉文系和藏传系两种形式，向周边国家传播，佛教成了东西文化，特别是古代中西文化交流的重要纽带。关于佛教史研究的著作很多，但大都限于地区性和宗派性范围，本书把佛教世界作为一个整体，涵盖它所经历的一切时空加以论述，是其创新之处。港、台出版社拟在海外出版该书。

《何晏王弼玄学新探》

余敦康（宗教所　研究员）

专著　283千字

齐鲁书社　1991年

本书通过对何晏、王弼的哲学思想分析，试图勾勒魏晋正始年间的玄学概貌，以期达到对那个时代的精神把握。汤用彤先生40年代写的《魏晋玄学论稿》，站在哲学高度，指出汉魏思想发展的基本线索乃是从宇宙论向本体论的转变。本书把这种看法向社会政治的领域延伸，试图证明玄学本质上是一种以本体论的哲学为基础的内圣外王之道。

《预测科学（未来研究学）》

秦麟征（文献信息中心　研究员）

专著　310千字

贵州人民出版社　1985年

本书以人类社会的预测活动和未来研究活动为中轴，用马克思主义的观点，从新的角度，全面论述了以这种活动为研究对象建立一门预测科学的必要性和必然性，并探讨了这门学科的理论、方法论、学科体系和实际应用等方面问题。在分析预测科学一系列基本问题的基础上，本书提出下列新主张：变革当前世界未来学和预测学的研究对象，使两者结合成真正的预测科学即未来研究学，并建立包括理论、方法论在内的新的预测论体系和整个预测学科体系；同时，把马克思主义的理论和方法同现代社会的科学预测活动相结合，在中国建立和发展马克思主义的预测科学体系。本书为国内第一部预测科学的著作，对国内同类研究起了推动和促进作用。

《论智能革命——高技术发展的社会影响》

童天湘（哲学所　研究员）

论文　18千字

《中国社会科学》　1988年11月

本文论述了智能革命的必然性，指出以人工智能为代表的智能技术是高技术的核心，智能“核爆炸”将引发一场世界性的智能革命，创造出智能社会。这场革命由两股洪流汇合而成，一是计算机向智能机发展，实现计算机革命；二是工业机器人向智能机器人发展，实现机器人革命。于是自动化、信息化就发展成为智能化，智能机器的广泛使用而使社会智能化。智能机器是新一代生产力的代表，最终决定社会的发展。智能机器是智能社会的物质技术基础，它不仅改变产业结构，而且改变生产规模。本文的贡献是：充分论证了工业社会之后是智能社会，不是信息社会。本文引起学术界和有关决策部门的重视。

《隋唐时期中国与朝鲜佛教的交流——新罗来华佛教僧侣考》

黄心川（亚太所　教授）

论文　16千字

《世界宗教研究》　1989年第1期

文章对隋唐时期中国与朝鲜的佛教关系进行了历史的回顾和评论，对117名新罗王国来华的僧侣情况作了详细的考证，探索中国和朝鲜记载的异同，还对当前日本和韩国对这一问题的研究作了比较和评论。作者认为，朝鲜佛教无疑曾受中国佛教的影响，但朝鲜佛教是在其历史条件下，适应朝鲜社会的斗争而产生的，有着独自的传统和特质，不能认为朝鲜佛教的宗派就是隋唐佛教宗派的“延伸”或“移植”，作者具体地分析了隋唐佛教各个派别与朝鲜相应派别的关系，并阐明了朝鲜佛教的特征。此文发表后在国内外引起广泛注意。韩国和日本著名学者在1993年国际佛教会议上投票授予该文“第四次国际佛教学术奖”。

《天津市农村天主教现状与思考》

彭耀（宗教所　副研究员）等

论文　70千字

公安部内部发表　1989年4月

本调查报告以历史唯物论为指导，以唯真唯实的态度，客观地阐述了对天津四郊区县所进行的宗教调查结果。文章以量化的方法描述和分析了天津宗教界和宗教工作者的现状及其在改革中的态度变化、宗教与商品经济之间的适应与互动和宗教实体当前存在的一些问题及发展趋势，并提出了具体的相应对策。这项调查首次把社会学的研究方法引入我国宗教领域，用抽样问卷和调查相结合的方法进行定量定性研究。为有关部门制定政策及进行工作提供了可靠参考。本报告为内部调研，上报后得到国务院有关部门的高度重视，也受到宗教界爱国人士的好评。

《世界十大宗教》

黄心川（亚太所　教授）等

学术性普及读物　315千字

东方出版社　1988年

本书对世界十大宗教的起源、发展、演变以及教义、主要经典文献、教派组织、祭祀仪式、教规等都作了概要的论述，还着重从文化史的角度谈了宗教和文化的关系、宗教对文化的巨大贡献和影响，并系统地介绍了其大部分教派在我国的影响和发展。此书出版后在国内外获得较高评价。有的评价认为，本书具有开拓性，观点新颖，作者能用历史唯物主义及各种新方法揭示各宗教的形式和发展。本书一些章节已被译成英文，成为外国一些学者研究中国宗教史的重要参考书。本书曾获1989年全国优秀图书奖。已再版四次。

《宗教文化通俗丛书》

杨曾文（宗教所　研究员）等

学术性普及读物　816千字

齐鲁书社　1989～1991年

本丛书包括《佛教文化面面观》、《道教文化面面观》、《基督教文化面面观》、《伊斯兰教文化面面观》四本独立著作，以五百余则专论和答问的方式，全面系统地介绍了佛教、道教、基督教、伊斯兰教各自的起源、发展、重大事件、主要人物、重点教义，通俗具体地解说了这四种宗教作为文化现象对东西方文化史所产生的影响，指出了它们对人类文明和社会发展的价值、意义及其局限。整部丛书贯彻了科学性、知识性、趣味性、通俗性相结合的原则。本书通过学术性普及读物的形式向社会集中传播正确的宗教专业知识和有关研究成果。

《中国伊斯兰教史参考资料选编（1911～1949）》

李兴华（宗教所　副研究员）等
学术资料　1070千字
宁夏人民出版社　1985年

该书收录了民国时期（1911～1949）全国各地汉文报刊（丛刊）中对研究或说明中国伊期兰教某一方面有一定参考价值的有关论文、译文、调查散记、报道文章197篇，主要包括：伊斯兰教传入中国和在中国传播、发展、衍变的历史；各地清真寺的创建和沿革；著名伊斯兰教阿訇和学者等的生平、贡献；中国伊斯兰教的主要教派和门宦情况；中国伊斯兰文化和教育的历史；中国穆斯林对伊斯兰教典籍的翻译、著述和伊斯兰文化同中国传统文化在有关方面的结合；伊斯兰教在全国各地的传播情况；中国穆斯林民情风俗、家谱等领域的一些记述等等。最后还附录了部分未收资料484篇的篇名、作者、出处，伊斯兰教主要中文刊名、类别、创办日期、主编、社址、备注一览表，从中可窥见民国年间中国伊斯兰教研究的大致面貌。该书的发行为研究中国伊斯兰教史提供了比较完整的历史文献资料。

《道藏提要》

任继愈（宗教所　研究员）等
工具书　1210千字
中国社会科学出版社　1991年

本书是第一部以提要形式揭示道教内容的大型工具书，吸收了国内和日本学者的研究成果。该书大多数篇章是研究考证的结果，每一篇几百字或数十字的提要，都需要翻阅大量的工具书，细心研读原著，对比不同道书的思想特点、文字术语特征，才能找出判定时代和作者的证据。此书在考据学、目录学上取得的成果，超过了翁独健所编的《道藏子目引得》、法国施博尔主编的《道藏工程》项目，对刘师培、陈国符、吉冈义丰等国内外学者的研究成果亦有所补充，纠正不少错误。该书出版后国内外学者给予很高评价。

《全部知识学的基础》

王玖兴（哲学所　研究员）
译著　191千字
商务印书馆　1986年

本书原著是德国古典哲学主要代表之一费希特的主要哲学著作，在费希特的哲学体系里，本书的地位和作用，相当于《逻辑学》在黑格尔哲学体系里的地位和作用。该书全面系统地阐述了费希特的哲学思想，在西方哲学史和德国哲学发展史中影响深远。该书继承了康德发动的哲学革命，反映了法国大革命的精神，全书浸透了大革命所宣扬的主要精神，即自由。费希特本人指出了该书的主要目的：我的体系是第一个关于自由的体系，在其第一个命题中把人描述为独立的本质。该书原文十分艰涩，作者出色地完成此书的翻译工作，被认为是哲学古典名著翻译的典范。

《黑格尔〈自然哲学〉》

梁存秀（哲学所　研究员）等
译著　484千字
商务印书馆　1980年

本书是黑格尔的重要著作、西方自然哲学史上的划时代作品、哲学史上的经典。该书的翻译出版是我国学术界研究黑格尔哲学、西方自然哲学的重大成果。译者有高级哲学学术水平和德语翻译水平，在翻译过程中参照了三个德文版本，与两个英文版本、两个俄文版本进行了细致对照。译文使用了严格、准确、规范的术语概念。同国外非德语版本相比，译文准确、流畅，可读性强，具有较高的学术水平。该书翻译出版后引起国内外学术界的关注，对中国的黑格尔研究和自然哲学研究和教学起了重要作用。

《五十奥义书》

徐梵澄（宗教所　研究员）

译著　866 千字

中国社会科学出版社　1979 年

《奥义书》汇集了韦檀多时代的许多派别的思想，记述了古代印度的祭祀活动和修行生活；反映了当时的种姓阶级制度和教育文化、民间风俗等种种社会生活；同时还着重探讨宇宙本源与人的本质等哲理，标举“梵”与“自我”的同一，以及轮回解脱等宗教思想。佛教和诸哲学的思想在其中都有所反映。该书原文为梵文，是首次在国内翻译出版。

《简明中国百科全书》

汝信（院部　研究员）、丁伟志（院部　研究员）、李凌（出版社　编审）等

工具书　1700 千字

中国社会科学出版社　1989 年

本书是关于中国各领域、各方面的百科全书，分为二十编，计有：国土与人民、历史、社会与政治结构与法律制度、国民经济、对外贸易和对外关系、人民生活和社会保障、武装力量、教育、科学技术、哲学社会科学、医药卫生、体育、文学艺术、文化设施、新闻广播电视与出版、民族、宗教信仰、外交政策和对外关系、侨务、一国两制统一祖国，以及九个附录。本书是由英方提出，经邓小平同志同意，中央和国务院下达，在中国社科出版社与英国培格曼出版公司合作出版的英文版《中国概况》的中文稿基础上补充新材料改名出版的。本书各章节都作为一个专题，聘请专家学者撰稿，内容详实准确、结构合理、图文并茂（附图 430 幅）。具有较高的学术价值和权威性。

《当代中国社会科学手册》

易克信（文献信息中心　译审）、汝信（院部　研究员）主编

工具书　2500 千字

社会科学文献出版社　1989 年

本书是一部大型学术资料性工具书，全面、系统地向读者提供了自建国以来，尤其是党的十一届三中全会以来中国社会科学发展的概况和各种基础资料。全书分三篇，第一篇集中介绍了三十多年来我国社会科学各学科研究取得的主要成果，发生的各种重大学术争论及发展趋势；第二篇分别介绍了我国各省、自治区、直辖市社会科学发展概况；第三篇为基础资料，分别介绍了全国社会科学研究机构、学术团体、学术会议、学术人物、工具书、社会科学大事记等。本书是建国以来第一部综合性的全面、系统反映我国社会科学发展的学术资料性工具书，具有较高的学术价值、资料价值和实用价值。本书曾获中国社会科学情报学会首届情报产品优秀成果奖。

文学学科

《管锥编》

钱钟书（院部　研究员）

专著　1360 千字

中华书局　1979～1991 年

本书以传统的札记和随笔的形式考论文学和思想。它围绕《周易正义》、《毛诗正义》、《左传正义》、《史记会注考证》、《老子王弼注》、《列子张湛注》、《焦氏易林》、《楚

辞洪兴祖补注》、《太平广记》、《全上古三代秦汉三国六朝文》等十部中国古典著作阐发心得。书中除论述文、史、哲方面的问题，还触及心理、语言等方面，并直接引用四五种西方语言的古今名著，意在探寻中西作者艺术构思的共同规律。其中独抒己见、启人神智之处比比皆是，有重大发现可视同定律或原则的论述不下百十则。这部著作无论是内容的丰富或方法的新颖都倍受学界的高度评价和重视。目前，以《管锥编》为研究对象而撰写的专著已出版了几部。

《中国美学思想史》

侯敏泽（文学所　研究员）

专著　1470千字

齐鲁书社　1987年7月～1989年9月

本书上起史前远古时代，下讫旧民主主义革命结束，从审美意识的发生和发展入手，在探讨和分析我国多元民族文化的形成，文化、思维方式和心理结构的特点的基础上，历史地论述了我国美学思想体系的科学内涵，其萌发和形成，及其在各个历史时期的发展和演化。这是我国第一部完整、系统的中国美学史著作，它从审美发生的源头写起，较同类著作具有开创性。资料翔实广泛，论证缜密，分析透辟，结构宏大严谨。在论述方法上，打破时空界限和学科制约，融会古今中外，沟通文史哲，被称为是“美学界的重大收获”。

《文学原理——发展论》

钱中文（文学所　研究员）

专著　327千字

社会科学文献出版社　1989年9月

本书探讨了文学的发生与文学本体论的问题；论述了文学的发展是文学本体的发展；从文化系统的角度研究文学的发展，文学与各种文化因素——审美文化与非审美文化因素的相互关系，提出了“民族文化精神”与“当代性”在文学发展中的作用；考察了各种类型的文学史及其方法论，提出了撰写文学史的原则与方法。本书从马克思主义基本原理出发，提出了文学是一种以艺术语言为中介的“审美意识形态”的核心观念以及由此指导下的诸多观念。其迭出的创见，受到文艺理论界的高度评价。该书被认为在全局上达到了新水平。

《南北朝文学史》

曹道衡、沈玉成（文学所　研究员）

专著　378千字

人民文学出版社　1991年12月

本书是“六五”国家重点科研项目“中国文学通史系列”中的一部。它以南北朝文学为研究对象，对过去不大受重视或片面加以贬斥的一百七十年间的文学现象重新加以审视，拓宽了研究领域。该书从大量原始材料出发，理清了南朝文学的发展线索，并对十六国和北朝文学作了首次较为详细的描述和评论，对南北文化的不同特色、形成原因以及南北文风的融合过程作了深入的探讨。注文中运用了作者大量的关于作家生平及文学现象的考订成果，很有特色。同行专家认为这是该研究领域迄今为止容量最大、材料最丰富、于平实中见创新的专著。

《元代文学史》

邓绍基（文学所　研究员）主编

专著　430千字

人民文学出版社　1991年12月

本书是“中国文学通史系列”之一，它全面反映了元代文学的历史面貌。全书共二十七章，分别对杂剧、散曲、南戏、诗、词、文、小说作了论述。综述与分论相结合，每一种文体的发展概况都设有综述章加以论述，同时有分论作家、作品的专章。它是建国以来第一部元代文学史著作，其涵盖的内容和涉及的问题都超过了以前的有关著作。尤其是它第一次对元代诗文进行了全面的研究和介绍，具有填补空白的意义。

《中国现代小说史》

杨义（文学所　研究员）

专著　1520千字

人民文学出版社　1986～1991年

本书描述了自晚清以来中国现代小说史发展的历史面貌，系统地勾勒出这个时期小说的理论观念、思潮流派、文体风格及其与中国古典文学、外国文学的内在联系的历史脉络。它以数千种原版著作和报刊资料为基础，分别研究了三十个流派、作家群的产生和发展，分章节论述的作家110人，涉及者达700人，评述作品二千余部，在高度评价以鲁迅为代表的左翼文学和40年代解放区文学的主潮地位的同时，还小说史以其丰富多采的本来面目。本书规模宏大、格局较新，解决了一批教学中的疑难问题。出版以来，海内外二十余家报刊发表了书评，称赞该书的开创之功。

《法国文学史》

柳鸣九（外国文学所　研究员）主编

专著　1200千字

人民文学出版社　1979～1991年

本书论述了从中世纪到第一次世界大战的法国文学历史发展过程，共分六编。各编概论对所属时期的历史社会背景、文化氛围、文学发展过程、思潮流派以及体裁、艺术形式等问题均有论述。对第一流的作家均有专章论述。二三流作家则分节述及。全书对二百多位作家、一千多种作品进行了深入细致的分析评论。这是我国迄今为止规模最大、资料最丰富、最具理论性与评析深度的法国文学史著作。与法国同类著作相比，它以马克思主义理论为指导，不但有中国特色，亦有他人不及之处。该书具有广泛的社会影响，是外国文学教学中常用的主要参考书。

《美国文学简史》

董衡巽（外国文学所　研究员）等

专著　500千字

人民文学出版社　1986年

本书上起16世纪，下迄20世纪80年代，共分五章，即：殖民地时期、浪漫主义文学、现实主义文学的兴起、两次大战之间、当代文学。全书重点落在当代文学，约占十分之七。书中评述力求运用马克思主义的立场、观点和方法，多数作家作品为首次介绍到中国，且用第一手材料写成。国内同类著作一般根据二手材料写成，未有中文译本之作则回避评述，其准确性与系统性难与本书相比。与国外相比，亦有其独到之处。出版后一些著名同行专家撰文予以评论和推荐。这部中国学者撰写的第一部美国文学史已被列为大学文科教学参考书，其中材料和观点常被同行引用。

《现代汉语八百词》

吕叔湘（语言所　研究员）主编

专著　517千字

商务印书馆　1980年5月

本书共收词八百余条，以虚词为主，每个词按意义和用法详加说明。它针对非汉族人包括外国人学习汉语的特点和难点，在论述这些词的意义和用法时，特别着重固定格式和习用语的说明，以及近义词语的辨别。卷首“现代汉语语法要点”是吕叔湘起草的一篇简明扼要的语法大纲。这是我国第一部以用法为主要论述对象的语法著作，它不同于以理论分析为主的语法书，其编写方法具有开创性。近年来重视词语用法的研究都受到本书的影响，对外汉语教学受本书影响更大。

本书出版十余年来已再版多次。日本出版了日文译本，汉语学家牛岛德次认为卷首“‘现代汉语语法要点’是当前汉语语法研究的一大精华”。

《中国语言地图集》

李荣、傅懋勣（语言所、民族所　研究员）等

专著　36×50cm 彩图 35 幅　文字说明 600 千字

香港朗文出版有限公司　1987～1989 年

本书首次以多幅大张彩色地图形式，配以详细的文字说明，全面反映了中国的汉语方言和各少数民族语言、方言的分布和分区分类，如实反映了中国语言统一和分歧的实际情况。书中每幅图的文字说明除语言、方言情况外，还包括人口统计、参考书目及其他有关资料。因此，它为我国的国情调查提供了重要根据，可供制定文化教育各项政策作参考。地图集和所配文字说明包含了大量的新内容，具有开创意义。这项工作受到国际科学院联盟的高度重视，得到一致好评，被认为是巨大和艰难的工程，是一项创举。

《普通话语音分析和合成的基础研究》

语言所语言室

专著、论文、软件　510 千字

高等教育出版社　1986～1990 年

这是国家“七五”重点项目，在普通话语音分析方面，着重研究了普通话轻声，轻重音，变调，音段和超音段协同发音，词语时长分布以及声调知觉等；在普通话语音合成方面，在单音节合成的基础上，较充分应用普通话语音传统的和现代的研究成果，合成出儿化字音，带轻声字组和正常重音字组。该项目在上述研究方面取得了较多的研究成果，不仅有语音学意义，而且有言语工程学上的意义。这些研究大多是目前语音学研究的前沿性课题，是实现人机语音通信所必须的基础性课题。该成果已通过院级鉴定，被认为在同类研究中居国内外领先地位，使我国关于语音分析和合成的研究水平向前迈进了重要的一步。

《曹雪芹佚著辨伪》

陈毓罴、刘世德（文学所　研究员）

论文　35 千字

《中华文史论丛》复刊号

上海古籍出版社　1978 年 7 月

本文专为 1973 年吴恩裕撰文公布曹雪芹的若干佚著及传记材料而发。作者通过大量的考证，查阅了乾隆年间北京地区历年的《晴雨录》以及其他许多档案资料、诗文集、笔记等，进行了细致深入的分析，证明曹序、董序、敦记三篇文字系出于后人的伪托，而所谓《自题画石》诗则是“抄存者”将其外祖父的一首诗冒充的。由于虚侮和伪托的大量有关曹雪芹的“文物”的出现以及不少学者的盲目相信，造成了学术研究中的不少混乱。该文一出，即获得了学术界绝大多数人士的首肯，并迅速平息了由吴恩裕文章在社会上引起的轰动。此文对曹雪芹家世、生平的研究，对《红楼梦》的研究，均起到了有益的推动作用。

《关于中国现代文学史料工作的总体考察》

樊骏（文学所　研究员）

论文　76 千字

人民文学出版社《新文学史料》　1989 年第 1、2、4 期

全文共分六节，主要论述的问题有：现代文学史料建设的重要性和紧迫性；新时期这项工作所取得的成果及其不足；史料的整理鉴别存在的明显欠缺；史料工作的独立品格和完整体系与社会化、现代化的客观要求；如何改变观念，使研究工作避免大量的重复

劳动和填补空白。与同类成果相比，该文的贡献在于从理论的高度阐述史料工作与研究工作的关系，史料工作存在之不足与问题，主张现代文学史料工作既要继承朴学的良好传统，又要力求现代化，认为史料工作是树立实事求是学风的重要途径。本文发表后被认为是现代文学研究寻求突破的三件大事之一。

《恩格斯致哈克奈斯信与现实主义理论问题》

吴元迈（外国文学所　研究员）

论文　26 千字

《中国社会科学》　1982 年第 3 期

本文论述了现实主义的细节真实和典型环境的真实的辩证关系，认为细节真实是 19 世纪现实主义的不可或缺的条件之一，但现实主义的核心在于“真实地再现典型环境中的典型人物”。而典型环境的真实是指现实关系的真实和时代的真实，典型人物不仅仅是直接反映出时代的主流和正面社会力量的本质，前者要比后者丰富和广泛，典型人物非英雄人物或正面人物的同义词。本文发表后曾被一些报刊转摘，产生了一定的社会影响。

《唐诗选》

余冠英（文学所　研究员）等

学术性普及读物　507 千字

人民文学出版社　1978 年

本书为大型唐诗选本，入选诗人一百三十余家，诗六百三十余首。除李白、杜甫外，还重点选了陈子昂、王维、孟浩然、高适、岑参、白居易、元稹、柳宗元、刘禹锡、杜牧、李商隐等有影响的唐代诗人的作品以及各流派的其他诗人的佳作，全书分前言、诗人小传、作品、注释四个部分。本书选目是在通览全唐诗之基础上定下来的，基础扎实、科学性强。书中小传、注释是科研成果，运用了第一手材料。编写注重普及与提高相结合，因而深受读者的欢迎，出版至今，已发行达百万册。本书受到国内外一致好评，被认为是当代最佳的唐诗选本，它不但是科研、教学工作者的必备之书，也是诗歌爱好者的必读书。

《1913～1983 鲁迅研究学术论著资料汇编》

文学所鲁迅室

学术资料　10000 千字

中国文联出版公司　1985～1991 年

本书共有五卷，外加索引一卷。第一至四卷收集了 1913～1949 年 9 月所有能够搜集到的鲁迅研究学术论著资料和有关的评论、反响、报道等。第五卷按思想研究、小说研究、杂文研究等专题分类编选了重要的鲁迅研究论著。各卷与各专题前撰有鲁迅研究学术史概述。这套资料是鲁迅研究学术史上最完整、系统、详尽、确实的学术论著资料汇编，为系统研究鲁迅、研究学术史提供了完整的基础资料，对研究中国现代文化史、文学史、文艺思潮史也有重要的参考价值。本书受到著名鲁迅研究专家王士菁、唐弢的称赞，台湾称这是近年大陆鲁迅研究的主要成果之一。

《蒙古民歌一千首》

仁钦道尔吉（少数民族文学所　研究员）等

学术资料　2000 千字

内蒙古人民出版社等　1979～1984 年

本书共五卷，收民歌 1001 首，歌词、曲谱俱全。每首歌都有编号，按内容分为八大类。这是一套科学性资料，所收民歌涉及内蒙古、辽宁、吉林、黑龙江、新疆、青海、甘肃和宁夏等省区，反映了中国蒙古民歌的全貌。各个地区流传广、影响大的有代表性蒙古民歌都收入此书。编选者亲自到有关地区进行了调查和搜集。这是一部国内外空前的巨型蒙古民歌选集和权威性研究资料，运用了科学的分类法，对编选工作和解放前欧洲人和俄罗斯搜集出版的多种蒙古民歌资料也加以介绍和分析。本书不仅被蒙古民歌研究者所广泛运用，而且也使一些著名歌唱家受益。

《马克思主义文艺理论丛书》

叶水夫（外国文学所　研究员）等编

学术资料　4000千字

人民文学出版社　1978～1983年

本丛书系“六五”国家重点项目，共出版了12种，除马克思、恩格斯和列宁《论文学与艺术》两种外，还选入了普列汉诺夫、梅林、拉法格、卢那察尔斯基、高尔基、葛兰西、卢森堡、蔡特金、季米特洛夫和沃罗夫斯基等有关文学、艺术的论述10种。丛书出版后，受到文艺界及文艺爱好者的重视和欢迎，它使人们更全面地认识了马克思文艺理论的内容。丛书内各种书的原文材料均从各该国收集而来，并根据俄、德、法、意等原文直接翻译，译者多为一流学者或翻译家。译文忠实可靠，得到翻译界的好评。

《外国文学研究资料丛书》

陈燊（外国文学所　研究员）主编

学术资料　18885千字

中国社会科学出版社、上海译文出版社等六家　1979～1991年版

本丛书为“六五”国家重点项目，至1991年止共出书51册，主要由两大类组成。一是文学理论问题的资料，其着重点是文艺界所关切或有争议的问题。除选入马克思主义经典作家的论著外，还收入卢卡契、加罗蒂以及西方马克思主义等论著，按内容编选的则有关于形象思维、现实主义、浪漫主义、形式主义和新批评等的资料。二是有关外国重要作家、名著以及重要文学现象的资料。本丛书力求科学性、系统性、代表性，尽量选取第一手材料。在中国成为该方面填补空白的系统工程，为我国外国文学和文学理论研究者提供了一种大型参考书。

《近代汉语语法资料汇编·唐五代卷》

刘坚（语言所　研究员）主编

学术资料　425千字

商务印书馆　1990年6月

本资料汇编共三册，唐五代卷是第一册，以禅宗语录、敦煌变文和《祖堂集》为主。本书选录文献资料，底本力求可靠，并尽可能采用善本。如《游仙窟》的底本和校本是日本所藏最早的钞本和刊本；《祖堂集》的底本是影印高丽复刻本；所收敦煌变文也都依据原卷缩微胶片逐字校录，纠正了过去印本中不少错误。目前，国内外尚无这种性质的语言资料汇编出版，是个创举。它既可节省研究者的时间，还可减少使用不可靠的资料。同时，它给年代不明确的白话文献的断代工作创造了条件。

《现代汉语词典》

语言所词典室

工具书　2730千字

商务印书馆　1978年

本词典是以记录普通话语汇为主的中型词典，供中等以上文化程度的读者使用。所收条目，包括字、词、词组、熟语、成语等，共约五万六千余条。它是为推广普通话、促进汉语规范化服务的，除一般语汇外，也收了一些常见的方言词语、文言词语以及某些习见的专门术语。此外，还收入了一些用于地名、人名、姓氏等方面的字和少数现代不常用的字。这是国内第一部记录普通话语汇的中型词典，填补了我国词典领域里的一项空白。本词典系统地反映了现代汉语词汇的全貌，在推广普通话、促进汉语规范化和语文教学方面发挥了重要作用。该词典深受国

内外广大读者的欢迎，国内发行已逾两千万册。国内编的一些双语词典，如汉英、汉俄等也都以《现代汉语词典》为蓝本。

《莎士比亚悲剧四种》

卞之琳（外国文学所　研究员）

译著　446 千字

人民文学出版社　1988 年 3 月

莎士比亚的“四大悲剧”《哈姆雷特》、《奥瑟罗》、《里亚王》、《麦克白斯》与其他莎剧一样，是诗剧，文本主体，是近似中国旧剧中的道白，是念的，不是唱的，用的是“素诗体”，以规律化语言表达丰富曲折的戏剧性诗情诗意，译者根据现代汉语与现代英语相违相通的特色，不以中国传统文言诗的平仄律而以语体新诗加以改进到成熟的音组随原文亦步亦趋，相应传达原文的艺术表现形式，收到原文的艺术效果。由此，莎氏“四大悲剧”在中文里显现了它们的本来面目。评论称该译本较此前的五种译本要进一步，能够传达原文的风格。本书曾被用作教学参考书，被国内一些选本选用，还是电影配音和戏剧演出常用的文本。

《堂·吉诃德》

杨绛（外国文学所　研究员）

译著　694 千字

人民文学出版社　1978 年

本书是西班牙作家塞万提斯于 17 世纪初写的一部伟大的现实主义小说，是公认的世界名著。译者根据 1952 年马德里出版的《西班牙经典丛书》中弗朗西斯戈·罗德利盖斯·马林编注本第六版翻译。此前，国内曾有过几种译本都是据其他文种转译，而译者的译作是我国第一部译自西班牙原文的中译本，译笔忠实生动。台湾于 1989 年出版了这部译作。译者获得了西班牙国王卡洛斯授予的“智慧国王阿方索十世十字勋章”。

《普希金诗集》

戈宝权（外国文学所　研究员）

译著　206 千字

北京出版社　1987 年 7 月

这是一部普希金诗的选集，译者精选了诗人八百余首诗作中的五十首抒情诗及五首童话诗。其中有些诗是新译的，对旧的译文都重新作了修改。译文忠实于原文，通俗流畅，为诗歌界和广大读者所喜爱。本译作受到苏联学者的高度评价。译者为此获得苏联文学基金会授予的“普希金文学奖”。本译作中《渔夫和金鱼的故事》被收入小学语文课本，其他很多诗篇多次在中央和地方广播电台及诗歌朗诵会、文艺晚会上被朗诵。

国际问题学科

《经济系统的自组织理论——现代自然科学与经济学方法论》

沈华嵩（世界经济与政治所　研究员）

专著　186 千字

中国社会科学出版社　1991 年 4 月

本书描述了自然系统从混沌到有序的结构和功能，即通过涨落达到有序这一自组织原理，力图把这一现代知识体系引入经济学，以革新经济学传统的分析方法。这项研究以经济学的时间因素、不确定性问题和经济系统的非线性相互作用为线索讨论了经济学的重建和革新以及一些重要经济问题，为经济学从微观到宏观、从存在到演化、从实物经济到符号经济的描述，提供一个统一的方法论框架。有关专家学者对该书给予较高评价，认为作者的创造性的论述对世界经济理论建设具有重要意义。

《美国农业政策》

徐更生（世界经济与政治所　研究员）

专著　309 千字

中国人民大学出版社　1991 年 11 月

本书全面、详细地介绍了美国建国二百多年来农业政策、计划制订、执行及其对美国农业经济发展的影响。全书分上下两篇：上篇论述了美国农业政策的目标、经济依据及其发展历史，农业立法和执行过程，以及各项政策对农业发展的作用；下篇介绍了农业价格和收入政策，水土资源保护和利用政策，教育、科研和推广政策，信贷、税收和对外贸易政策等。本书出版后在国内外受到好评，对我国制订农业政策和立法有一定的参考价值。

《发展中国家的经济发展战略与国际经济新秩序》

陈立成（世界经济与政治所　特邀研究员）、谷源洋（研究员）、谈世中（研究员）主编

专著　200 千字

经济科学出版社　1987 年 10 月

本书是钱俊瑞生前为建立马克思主义世界经济学而计划撰写的专著之一。主要内容为：(1) 着重分析了发展中国家的含义、主要经济特征及类型、各种经济成分、产业结构及经济发展前景；(2) 深入分析了发展中国家主要经济发展战略理论、内容、实施条件及利弊得失，指出在新形势下调整发展战略的必要性；(3) 历史地分析了国际经济旧秩序的形成、特点及其对发展中国家经济发展的阻碍作用；强调建立国际经济新秩序的必要性、主要内容，以及应采取的战略措施及斗争策略。本书首次在国内全面论述发展中国家经济发展战略和建立国际经济新秩序等问题，一些主要论点被实践证明是正确的，对我国制订发展战略和政策亦有借鉴意义。

《美国对华政策的缘起与发展（1945～1950）》

资中筠（美国所　研究员）

专著　400 千字

重庆出版社　1987 年 6 月

本书系统而详尽地叙述了二战结束后到朝鲜战争爆发美国政府对华政策的演变过程，说明美国政府如何从主观上企图阻止中国内战或避免自己卷入，到一步步陷入片面支持蒋介石打内战，反对中国革命，终以失败告终的历史。在当时的国际背景下从纵横两个方面论述了美国国内对华政策的大辩论、政策转变、重大事件和不同方面影响美国对华政策的各种因素的消长，导致了美国政府的错误决策和行动，以及对中美关系的历史和现实所产生的深远影响。本书出版后在国内外学术界产生了较为广泛的反响和好评。

《美国经济与政府政策》

陈宝森（美国所　研究员）

专著　776 千字

世界知识出版社　1988 年 4 月

本书着重研究了美国五十年来国民经济的发展变化及其基本特征；探讨了美国进入国家垄断资本主义阶段后国家对社会再生产进行的宏观调节；考察了美国经济结构和产业结构的发展变化及政府政策在调节经济和社会矛盾中的作用；论述了美国对外经济关系及美国在国际经济中的地位和影响。一些著名美国问题研究专家学者均对该书给予高度评价，认为是国内“迄今出版的有关美国经济的最好的一本书”。1992 年 11 月该书获中国人民大学吴玉章奖金一等奖。

《美国政府和美国政治》

李道揆（美国所　研究员）

专著　664 千字

中国社会科学出版社　1990 年 9 月

本书是全面研究美国政治制度及其实际

运作的专著。着重考察美国的各种政治制度、法律、机构、政党、政府决策程序及实际运作，在经济和社会发展或出现危机时的作用以及历史局限性和问题等，使读者正确地了解和认识美国。该书出版后，受到中央党政部门的重视和学术界专家学者的高度评价，认为该著是“多年来中国学者研究美国政治制度的一项最重要科学成果”，是“国内美国学研究工作的 项突破”。

《战后西欧国际关系（1945～1984）》

陈乐民（西欧所　研究员）

专著　360千字

中国社会科学出版社　1987年4月

本书着重研究了西欧在二战后四十年中所处的国际环境和在国际政治中地位的变化，特别是西欧在东西方关系中的处境，以及主要国家、主要政治家的政策思想和实践。作者提出“西欧联合”是不可逆转的潮流，而西欧并不是统一的实体，而是由各个民族国家组成的联合体等观点。该书出版后受到国内学术界的好评，认为该书是国内研究战后国际关系领域内“第一本通史式的专著”。

《非洲社会主义：历史·理论·实践》

唐大盾（西亚非洲所　副编审）

张士智（副研究员）等

专著　300千字

世界知识出版社　1988年4月

非洲社会主义是当代非洲问题研究中的一个重大理论和现实问题。本书对战后在非洲大陆上兴起的非洲社会主义的由来和发展、不同流派及其基本特征和本质、历史作用和影响作了比较全面系统的综合论述，特别是对纳赛尔的阿拉伯社会主义、桑戈尔的民主社会主义、尼雷尔的乌贾马社会主义和卡扎菲的伊斯兰社会主义等11种具有代表性的“非洲式”社会主义的理论和实践作了典型剖析和评价。本书是国内第一本运用马克思主义的立场、观点和方法，对非洲社会主义进行比较全面系统阐述的专著，资料丰富翔实。

《拉丁美洲对外经济关系》

陈芝芸（拉丁美洲所　研究员）等

专著　250千字

世界知识出版社　1991年12月

本书以战后国际经济关系的深刻变化为背景，比较全面系统地论述了拉丁美洲在利用外国直接投资、举借外债、发展外贸、开发自由贸易区和出口加工区、开展国际经济合作和地区经济一体化等方面的理论和实践、成功与失败、经验与教训。该书是国内第一本比较全面系统论述拉美对外关系的专著。拉美国家经济发展的经验教训对我国具有借鉴意义。有关高等院校将其作为教学和研究参考书。

《拉丁美洲国家经济发展战略研究》

苏振兴（拉丁美洲所　研究员）

徐文渊（研究员）主编

专著　300千字

北京大学出版社　1987年10月

本书从整体上对九个不同类型国家战后的经济发展战略作了全面系统的论述和分析，总结了各自的经验教训，并对拉美国家战后不同阶段流行的经济理论作出分析，提出作者的看法。该书以马克思主义的立场、观点和方法为指导，对拉美国家的经济发展战略进行论析，在国内尚属首部。拉美国家经济发展战略的理论与实践对我国具有借鉴意义。该书出版后受到社会上一定好评。

《中印经济发展比较研究》

孙培钧（亚太所　研究员）主编

专著　290千字

北京大学出版社　1991年3月

本书着重对中印两国建国后经济发展起步的历史背景、发展战略、国民经济管理、工、农、科技、财政金融、外贸、外资、人民生活以及发展前景等，作了比较研究。作者运用马克思主义观点，既论证了中国社会主义制度的优越性，也阐述了印度在发展民族经济中所取得的成绩、经验和教训。该书是国内第一部对中印两国经济发展进行比较研究的专著。该书出版后受到有关部门和专家学者的重视和好评，1991年10月，该书获"陆文星、韩素音中印友谊奖"。

《改变传统的农业观念，走以畜牧业为主的发展道路》

刘振邦（世界经济与政治所　研究员）

论文　4千字

《人民日报》　1979年7月31日

本文认为，长期以来，一提到农业人们就会想到粮食，粮食成了农业的同义语。这种传统观念不打破，中国农业现代化就很难实现。打破关于农业的传统观念，就要变革农业内部的结构，使我国农业从以粮食为主逐步向以畜牧业为主的方向发展。

该文是第一个在报刊上提出反对"以粮为纲"、主张大农业观的。该文发表后引起了有关领导的重视，并在全国引起了广泛的讨论，对纠正"以粮为纲"的片面农业经济政策起到了重要作用。

《论我国引进外国直接投资的部门选择》

李向阳（世界经济与政治所　助理研究员）

论文　10千字

《国际贸易问题》　1990年第1期

本文认为，在一定时期内一国引进外国直接投资的数量不可能也不应该是无限度的，故合理的部门选择是能否实现引进外资目标的必要条件之一。作者利用引进技术溢出矩阵，分析了产业间的技术联系，并发现了产业技术溢出程度与其技术水平的相关性，提出我国引进外国直接投资的重点应放在原有技术力量相对雄厚的电子、化学及纺织业，认为这三个产业有能力成为我国经济起飞的带头产业群。作者第一次利用"技术溢出矩阵"来研究国际技术转移理论，并提出我国引进外国直接投资的部门选择建议，具有较高的学术价值和实际参考价值。

《美国人口的分布、流动和地区经济发展》

茅于轼（美国所　研究员）

论文　12千字

《美国研究》　1988年第1期

本文分析了美国历史上人口流动与地区经济发展的关系，描绘了一百五十年来人口重心西移的速度变化，作者发现美国各地区间人均收入差异甚大，同时美国各地区之间存在着极活跃的人口流动。作者提出一动态数学模型，以寻求人口流动的规律与地区经济发展及人均收入增长的关系。有关专家认为，作者用预期收益理论，建立动态数学模型，提出"人们从预期收入增长低的地区流向预期收入增长高的地区"的观点，具有一定的应用价值。

《过渡时期国际形势的若干问题》

何方（日本所　前所长）

论文　20千字

《国际展望》（半月刊）　1992年第1、2期

本文概述了作者对国际格局变动后若干重大问题的看法。新旧国际格局交替的过渡时期；过渡时期的两大趋势，以和平和缓和为主；经济成为各国战略和国际关系的重点，欧洲最不稳定，亚太形势相对平稳；西方国家的矛盾成为国际关系中的主要矛盾；过渡

时期的国际形势对我利大于弊，机遇大于挑战。该文对两极格局结束后国际关系中主要矛盾的提法曾引起国内学术界广泛重视和热烈讨论。

《法国社会阶级结构的变化》

吴国庆（西欧所　研究员）

论文　10千字

《西欧研究》　1985年第6期

本文对近二十年来法国资产阶级、工人阶级和中产阶级的结构变化进行了分析研究，指出战后形成的现代法国资产阶级是相当复杂的社会集团，仍与国家政权相结合是其本质特征。当代法国工人阶级的构成也发生了很大变化，这些变化对法国社会和国际共运都产生着影响。现代中产阶级特别是新中产阶级的兴起，其稳定和发展，在法国政治、经济、科技和文化中起着重大的作用。有关专家认为该文对法国社会阶级结构的变化，特别是对新中产阶级在法国社会中的作用的分析，对研究当代资本主义发生的新变化有一定的参考价值。

《西方政治制度的分类与比较研究》

杨祖功（西欧所　研究员）

论文　12千字

《西欧研究》　1990年第4期

本文是作者主持的国家“七五”计划重点项目《西方政治制度比较》绪论中的部分内容。该文提出了西方政治制度的分类标准、相关概念，并以此对西方政治制度作了初步分类；用马克思主义的立场、观点和方法对西方政治制度进行总体的比较研究，既防止用唯心主义看待政治制度的演变，又避免机械唯物主义；作者还对西方学者在政治制度研究中存在的片面性、局限性作了分析批判。该文提出了一些独到见解，受到有关方面的赞赏。

《从“美洲倡议”看拉美关系走向》

苏振兴（拉丁美洲所　研究员）

论文　11千字

《拉丁美洲研究》　1991年第5期

本文就美国前总统布什提出“美洲倡议”的国际与国内背景；美国提出这一倡议所要追求的政治与经济目标，美国为此所采取的行动措施，拉美各国对此作出的不同反应、支持与疑虑，这个倡议对美国与拉美关系产生的影响等问题，进行了全面系统的研究和论述。该文系院重点项目，发表后受到国内专家学者的好评和拉美有关国家的重视。《北京周报》将全文译成西文发表，墨西哥《日报》转载了这篇文章。

《海湾危机的前景及若干对策建议》

刘靖华（西亚非洲所　助理研究员）

研究报告　2.6千字

《中国社会科学院要报》　1990年9月8日第56期

本文认为，海湾危机“政治解决”希望甚微，发展结果将是一场战争，而战争的结局将是伊拉克的彻底失败。上述分析和预测基于：（1）美伊双方不具备谈判基础，妥协余地几近于零；（2）美加紧战争准备，条件成熟就会寻机动手；（3）美要实现其基本目标和最高目标，非付诸一战不可；（4）如美失败，以色列极有可能“动手”；（5）苏不会以直接军事卷入支持伊。作者随之提出了我国的应对之策。作者在海湾危机后仅月余就撰文对海湾危机的前景和结局作了正确的分析和预测，完全符合事件发展的实际。专家们认为，该报告具有重大参考价值，并难能可贵。1992年该报告获中国社科院青年优秀成果一等奖。

《关于新时期我国国防政策中若干问题的探

讨与建议》

张静怡（美国所 研究员）

研究报告 40千字

国务院国际问题研究中心《研究报告》

1986年第1～4期

本文分析研究了全球战略环境发展的大趋势，我国周边国家形势及我国在全球战略格局中的地位，论证了我国国防现代化内外环境的基本特征，我国军事力量的基本优势，未来战争和武装力量运用的基本特征，以及我国国防现代化建设的若干问题等。作者运用毛泽东军事辩证法和邓小平关于军队建设的思想，以及我国古代军事战略思想的精华，探讨了新时期我国国防建设的若干问题，填补了我国战略研究中的一项空白。中央有关部门和领导同志对此给予高度重视和评价，并采纳了作者的某些观点和建议。

《对苏联当前政局及其发展可能性的几点分析与估计》

东欧中亚所课题组

研究报告 10千字

《苏联东欧情况》 1990年2月19日

本文对1989年末和1990年初东欧国家发生剧变后苏联政局动荡的形势、面临的严峻局面以及出现这种局面的原因和苏联当时采取的政策措施进行了分析，并对其发展前景的可能性作了估计，报告还对苏联局势变化对我国的影响和我国对苏政策的有关问题提出了建议。该报告比较冷静客观地观察和研究了当时苏联的政局形势，受到有关部门的重视和研究苏联东欧专家学者的好评。

《关于我国对苏、美、日政策的几点想法》

李静杰（东欧中亚所 研究员）

研究报告 5千字

内部报告（白皮书） 1982年11月

本文在分析研究苏、美、日对华政策及它们相互关系的基础上，提出了我国处理同这三大国的关系、实现我国最高利益应遵循的原则和某些具体政策建议。在对苏关系方面，作者强调改善同苏联的关系，承认当时的苏联是社会主义国家。在对美关系方面，作者强调发展同美国及西方国家的关系，以充分学习和利用西方国家所创造的人类文明优秀成果。在对日关系方面，作者强调在发展我国对外经贸关系中，把日本放在最优先的地位。该报告受到著名国际问题专家宦乡和有关外事部门的重视和好评。报告中提出的一些观点和意见，实践证明基本上是正确的。该报告曾获1984年中国社科院“优秀研究报告”奖。

《“资源小国”的压力与活力》

冯昭奎（日本所 研究员）

考察报告 2.3千字

《新技术革命专刊》 1984年11月26日

本文以丰富和生动的第一手材料阐述了日本的自然资源和历史资源贫乏、日本文明中的弱点、老龄化社会的困扰和企业激烈竞争等压力以及由此压力所激发产生的活力，促使日本科技和日本经济得以高速发展的经验。该报告受到中央及有关部门的高度重视和评价。

《关于加强我国与西欧关系的意见》

西欧所课题组

研究报告 13千字

国务院国际问题研究中心《情况反映》

1984年5月

本文全面地阐述了80年代初期整个欧洲局势的概况、特点及发展趋势，欧洲在世界格局中的地位；就我国在改革开放的新形势下，如何利用政治、经济、社会文化等多渠道，加速发展中欧关系，提出了建设性意见。该报告系中央办公厅交办任务，有关专家认为该报告观点明确、条理清晰，其中某些建设性意见今天看来仍有现实意义。

《非洲国家解决土地问题的一种尝试——关于津巴布韦重新安置计划的调查》

何丽儿（西亚非洲所　研究员）

钱榆圭（副研究员）

考察报告　15千字

《西亚非洲》　1987年第5期

本文论述了由于殖民主义者掠夺的结果，独立前的津巴布韦土地问题严重。独立以后，津巴布韦政府用重新安置的办法解决农民的土地问题，这是非洲白人移民较多的国家普遍采用的一种模式。作者通过实地考察客观地评价津巴布韦政府推行该计划取得的主要成就和存在的问题。指出单靠安置计划难以从根本上解决，提出了抓改变土地所有制，抓提高土地利用率，同时抓控制人口增长的三项主张。这是作者通过实地考察写出的有见地的报告。

《世界格局变化中的古巴》

毛相麟（拉丁美洲所　研究员）

研究报告　7千字

中共中央政策研究室《苏东研究参阅资料》　1991年7月20日

本文分析和研究了世界格局变动给古巴带来的巨大压力和困难，古巴坚持民族独立，坚持社会主义方向而迎战困难的革命精神及其采取的政策措施。报告指出古巴国内局势基本稳定，古巴党和人民将能够顶住压力，战胜困难，继续坚持走社会主义道路。它的存在和发展，将为国际共运和第三世界国家的独立与发展增添新的经验。该报告受到中央有关部门的重视和好评，报告对古巴形势的估计和预测，基本上符合古巴形势发展的实际情况。

《在宣传报道东盟国家的华人中值得注意的问题》

程毕凡（亚太所　研究员）

研究报告　3千字

中国社会科学院《要报》1984年7月26日

本文以事实说明在某些报刊宣传与讲话、文章中相当频繁地出现违反我国有关华人政策的提法，这种状况不利于我国同东盟国家建立正常关系。报告提出了改变这种状况的政策建议。该报告受到中央有关领导同志的重视，当时任中共中央书记处书记的胡乔木同志作了批示。该报告1984年获中国社会科学院“优秀研究报告”奖。

《资本主义兴衰史》

樊亢（世界经济与政治所　研究员）主编

学术性普及读物　317千字

北京出版社　1984年9月（1991年修订）

本书作者运用马克思主义辩证唯物主义和历史唯物主义观点，用大量的历史事实和资料，系统地阐述了资本主义从14～15世纪萌芽到20世纪90年代初的发展历史，概述了资本主义发展的各个阶段及其特征、主要问题，分析评论了当代资本主义的新发展，探讨了未来发展趋势，论证了资本主义走向衰亡的历史必然性和最终为社会主义、共产主义所取代的客观规律性。该书是受中宣部委托编写的，《人民日报》等全国性重要报刊和电台向国内外介绍评论过该书，引起了热烈反响，受到社会各界的高度重视和好评。

《印度文化与民俗》

王树英（亚太所　副研究员）

学术性普及读物　260千字

四川民族出版社　1989年12月

本书从民俗学的角度，审视、分析、研究并向读者介绍了印度的历史、地理、宗教、民族、语言、风俗、文学、艺术、教育等方面的情况，还介绍了中印两国人民在过去两三千年中文化交流的历史史实。该书出版后受到中印学术界的重视和好评，1992年获“陆文星、韩素音中印友谊奖”。

《梵文〈妙法莲华经〉写本（拉丁字母转写本）》

蒋忠新（亚太所　研究员）

古籍整理　455千字

中国社会科学出版社　1988年8月

本书系编注者从手稿学、文字学、年代学、语言学和文献学方面对民族文化宫馆藏梵文《妙法莲花经》原写本进行研究和解读的成果。《妙法莲花经》是大乘佛教最重要的经典，在佛典中被誉为“大乘九宝之一”，是对南亚、中亚和东亚的文化影响最为广泛深刻的一部佛教典籍，历两千年不衰。该书问世是我国学者对国际学术界的重要贡献，在国际上引起很大反响。日本、法国和台湾省的著名专家学者均对该书给予高度评价。1985年被授予首届“陆文星、韩素音中印友谊奖”。

《苏联概览》

徐葵（东欧中亚所　研究员）主编

工具书　514千字

中国社会科学出版社　1989年5月

本书是一部有关前苏联的百科性读物。对前苏联从自然地理、自然资源、人口、民族、语言、历史、宗教，到经济、政治制度、军事、外交、文化教育、科技、社会团体，各加盟共和国、自治共和国，以及中苏关系、斯大林肃反、苏德条约等，都作了客观和实事求是的介绍。该书内容全面，资料丰富翔实，是研究前苏联的资料参考书，出版后受到读者的欢迎。

《东欧概览》

张文武（东欧中亚所　研究员）、赵乃斌（研究员）、孙祖荫（研究员）主编

工具书　550千字

中国社会科学出版社　1991年12月

本书是有关东欧国家的百科性读物。全面系统和客观地介绍了东欧国家阿尔巴尼亚、保加利亚、捷克斯洛伐克、罗马尼亚、民主德国、波兰、匈牙利、前南斯拉夫的社会、政治、经济、历史、外交、国防、文化教育、科技、宗教等各方面情况。该书资料丰富翔实，出版后受到读者的欢迎。

历史、考古学科

《新中国的考古发现和研究》

夏鼐（考古所　研究员）主编

专著　800千字

文物出版社　1984年5月

本书是一部对建国三十年以来中国考古学的发现与研究情况进行系统论述的综合性学术专著，揭示了旧石器时代、新石器时代、商周、秦汉、魏晋南北朝、隋唐至明各个历史时期的物质文化面貌及其发展、演进的规律；全面总结了三十年来中国考古学事业发展的巨大成就。本书曾获中国社会科学院夏鼐考古学研究成果一等奖。

《中国古兵器论丛》

杨泓（考古所　研究员）

专著　380千字（增订版）

文物出版社　1986年5月

本书以田野调查发掘所获实物及图像为主要资料，结合历史文献，深入探讨了中国古代的甲胄、弓弩、刀剑等兵器和战车、步兵、骑兵、水军发展演变的历史过程。本书注重结合社会性质的变迁、生产技术的进步、战略战术的变化等问题研究古兵器产生、发展与演变的规律。书中还利用复原、模拟、实

验等手段，再现了各种古兵器的结构与原貌。

《青海柳湾》

谢端琚（考古所 研究员）等

考古发掘报告 500千字

文物出版社 1984年5月

本书是对青海乐都柳湾发掘的1500座原始社会墓葬全面系统地报道及研究的成果。它是我国迄今考古发掘中规模最大的一处原始社会氏族公共墓地，出土遗物三万余件。本书首次提出了马家窑文化半山、马厂类型与齐家文化等不同文化类型的特征、分期及其相互关系；总结了柳湾墓葬器物从半山经马厂至齐家文化的形制特点和变化规律，建立了该地区的古文化发展序列。本书还找到了与甘青地区同类文化遗存的异同，指出了柳湾齐家文化的独特性，提出了“齐家文化柳湾类型”的命名；同时，还对齐家文化的社会性质、埋葬制度、居民的经济生活，以及私有制的产生、阶级起源等重要问题提出了一些新的见解。本书曾获中国社会科学院夏鼐考古学研究成果奖。

《宝鸡北首岭》

刘随盛（考古所 工程师）等

考古发掘报告 260千字

文物出版社 1983年12月

北首岭遗址是一处保存较为完整的仰韶文化村落遗址，共发掘房屋50座、墓葬451座、灰坑75个，出土各种遗物六千余件。本书对这一遗址的发掘情况与遗物做了全面系统整理与报道，并对关中仰韶文化以及当时的建筑形制、埋葬制度、社会生产力发展状况等问题进行了深入研究。本书首次提出了北首岭下层文化早于仰韶文化半坡类型的论点，引起学术界的重视，为深入研究仰韶文化提供了重要的资料。

《殷墟妇好墓》

郑振香（考古所 研究员）

考古发掘报告 200千字

文物出版社 1980年12月

妇好是殷王武丁的配偶，最早的记载见于甲骨文。妇好墓是自殷墟发掘以来，唯一一座未遭破坏并能确定墓葬年代和墓主人身份的殷代王室墓。该墓出土随葬品一千九百余件，其中许多玉器、青铜器是前所未见的精品。本书在对出土资料进行系统整理的基础上，对墓葬年代、墓主身份等关键问题均进行了缜密地考证与论述，对于殷商考古和殷商历史文化研究产生了重要影响。

《满城汉墓发掘报告》

卢兆荫（考古所 研究员）等

考古发掘报告（2册本） 400千字

文物出版社 1980年10月

本书科学、系统地报道了1968年河北满城陵山两座汉墓的出土资料。这两座墓规模宏大，保存完整，随葬品十分丰富，是我国重要的考古发现之一。本书根据墓葬的地理位置、墓葬形制和器物铭文并结合文献记载，论证了这两座墓为西汉中山靖王刘胜和王后窦绾的陵墓；同时还就西汉诸侯王陵墓及其丧葬礼制进行了探讨。书中对金缕玉衣、铁铠甲、铜帐钩、玉具剑等重要文物做了复原研究，解决了这些文物的形制、结构和使用制度等学术问题。此外，还充分利用现代科学技术对部分出土器物进行了多方面的分析鉴定，丰富了我国古代科学技术史的内容。

《西汉南越王墓》

黄展岳（考古所 研究员）等

考古发掘报告 500千字

文物出版社 1991年10月

南越国是西汉初年的一个地方政权，1983年6月，第二代南越王赵胡的墓在广州被发现。本书在对随葬器物进行全面清理、报道的基础上，对墓葬的结构形制、墓主的身份与生卒年代、南越国的都城、农业经济、重要手工业、交通、贸易、度量衡制度等学术问题进行了分析与研究；对出土的丝缕玉衣、铠甲、屏风等重要文物进行了复原研究；对出土的铜器、银器、铁器、玉器、丝织品、纸状残片也都做了科学的研究鉴定。该项研究成果，将西汉时期南越国及岭南地区的历史、社会、经济研究提高到了一个新的水平。

《定陵》

王岩（考古所　副研究员）等

考古发掘报告（2册本）　500千字

文物出版社　1990年5月

定陵是新中国成立后经国务院批准，有计划、有步骤发掘的第一座帝王陵墓。定陵出土的文物种类多、数量大，其中许多是稀世珍品。本书即是对这次重大发掘及出土器物的全面整理与研究。书中通过对出土的丝织品、刺绣、缂丝衮服、冠服饰物、帝后口腔、头发的技术鉴定，为明代的经济、文化、典章制度以及中国古代纺织史、冶金史、工艺美术史、医学史的研究提供了全新的实物资料和技术资料，并且补充了文献记载的不足。

《碳十四测定年代成果》

仇士华（考古所　研究员）等

考古新技术

1977～1991年

这一重要成果由一部50万字的专著《中国^{14}C年代学研究》、一部资料集《中国考古学中^{14}C年代数据集》、28篇研究论文和15篇碳十四测定年代数据报告组成。它对我国碳十四测定年代技术的发展与应用做了全面的研究与总结，为各地区史前文化序列建立起了准确的年代框架，为中国史前考古学与史前考古年代学的发展奠定了可靠的基础。

《殷周金文集成》

王世民（考古所　研究员）等

学术资料集（18册本）　2000千字（说明文字）

中华书局　1984年

本书收录了北宋以来数百种书刊著录，国内外百余家博物馆收藏、各地历年出土的殷周时代铜器铭文拓片一万二千余种，其中大量为精拓本，经过查对核实、合并重复、剔除伪器等整理工作，按照器类和铭文字数编排，基本上按照原大用珂罗版印刷。书中对每一器铭的字数、时代、著录情况、出土时间、出土地点、收藏情况都做了介绍与说明。本书代表了当前金文学术资料的最高水平。本书曾获全国首届古籍整理图书评奖一等奖。

《小屯南地甲骨》

刘一曼（考古所　研究员）等

学术资料集（2卷5册本）　850千字（说明文字）

中华书局　1980～1983年

本书是经科学发掘所得甲骨的一部最科学的著录书。1973年，河南安阳小屯南地出土甲骨刻辞四千六百余片，本书即是对这批甲骨的全面整理与研究的成果。本书按出土单位著录甲骨，使之成为甲骨学史上第一次为研究者提供的可与出土地层及有关遗物相互联系起来的科学资料。书中还对收录的甲骨做了释文并编制了各种索引，极便使用与检索。甲骨上钻凿形态的观察研究是甲骨文分期断代的一个新途径，本书在这方面也做了可贵的尝试，并成为目前国内学者关于钻凿形态与分期断代关系方面较为全面、系统的论述。

《尚书学史》

刘起釪（历史所　研究员）

专著　391千字

中华书局　1989年9月

《尚书》是我国最早的一部重要史籍，文字晦涩，内容艰深，历来被认为是一部极难读的古籍。《尚书学史》对《尚书》的源流作了系统的总结；对《尚书》今文、古文、伪古文以及各种流派的争论进行了全面的清理并加以清晰的叙述和分析。

《中国古代服饰研究》

沈从文（历史所　研究员）等

专著　250千字

商务印书馆香港分馆　1981年9月

本书以出土和传世文物为主体，考释了自殷周至明清各个历史时期的服饰制度；论述了历代政治经济背景、社会生活、宗教、艺术、科学技术、中外文化交流对服饰演变的影响。书中对大量出土文物及古代名画所反映的服饰资料做了极为精细的考证，是我国第一部高水平的服饰史研究专著。

《宋明理学史》

侯外庐、黄宣民（历史所　研究员）等

专著　1344千字

人民出版社　1984年4月（上卷）　1987年6月版（下卷）

本书全面、系统地叙述了宋、元、明和清初理学的产生、发展、演变的历史过程及其在中国思想史上的重要地位。书中以“性与天道”这一中心论题为主线，分析了理学的主要范畴和命题；突破了理学研究中只重程、朱、陆、王的局限，对理学在不同时期的主要派别，特别是元代理学做了较为全面的研究；同时还论述了理学与经学，理学与佛、道的关系以及反理学思想，大大拓展了理学史的研究领域。

《清代全史》（十卷本）

王戎笙（历史所　研究员）等

专著　2000千字

辽宁人民出版社　1991年10月

本书从满族的兴起写到清王朝灭亡，是建国以来第一部完整的大型清史学术专著，对有清一代的政治、军事、经济、民族关系、思想文化、社会生活、典章制度等重要问题，都做了全面、系统的研究。本书以相当大的篇幅对清代的经济进行了叙述，对各地区经济发展的不平衡，尤其是区域经济、部门经济、行业经济都做了极为详细地探讨。书中有关中国境内各兄弟民族之间相互关系方面的内容也非常充实；对清政府的民族政策也做了全面、客观的分析与评价。

《甲骨文合集》

胡厚宣（历史所　研究员）等

学术资料集（十三册本）　4开5241页

中华书局　1978～1983年

这部集大成式的甲骨著录，是建国以来学者全面集中、整理、刊布甲骨文资料所取得的丰硕成果，被誉为古籍整理工作的最大收获，曾多次受到国家和其他各种形式的表彰与奖励。国内外公、私收藏的甲骨共有十五万多片，还有一些甲骨拓片、照片、摹本等约有二十万片。本书编者以此为基础，经过访拓、换片、对重、去伪、拼合、选用等一系列的科学整理，从中选出41956片，按时代分为五期，每期内再按卜辞内容分为四大类二十二小类，为甲骨文和殷商史的研究提供了一个无可替代的学术资料总集。与本书相配套的《〈甲骨文合集〉释文》和《〈甲骨文合集〉来源表》也正在编著中，届时对本书的使用将会更为方便。

《徽州千年契约文书》

王钰欣、周绍泉（历史所　副研究员）等
学术资料集（40卷）　20000千字
花山文艺出版社　1991年

本书分“宋元明编”和“清民国编”，每编20卷，精选收录了徽州地区从宋代到民国各个历史时期的散件文书3200件，簿册122册，鱼鳞图册16部以及土地、房屋买卖契约、典当、租佃契约、税契凭证、卖身契、合同文书、抄契簿、租税簿、诉讼案卷、试题、试卷、兰谱、祠堂和社会祭祀记事与账目、商业账簿、黄册底籍等，共计四千余件。本书采用原物照拍，电子分色印刷，清晰地展示了各类文书的历史原貌及其发展演变过程。所收文书涉及政治史、经济史、社会史、法制史、文化风俗史、宗法宗族制度史等各个方面，具有极高的学术价值、史料价值和文物价值。

《英国所藏甲骨集》（上下编）
李学勤、齐文心（历史所　研究员）等
学术资料集　1000千字
中华书局　1985年（上编）　1991年（下编）

本书首次以墨本的方式刊布了英国收藏的全部甲骨，共计2735片。其中三分之一以上为从未发表过的。书中所收甲骨，照时间顺序划分为五个时期，在每个时期之下，又根据其内容分为世系、农业、畜牧、田猎、天文、历法、医学等20个类别。书中附有12个材料对照表，可使本书著录号、其他几种主要甲骨资料集的摹本号、11个收藏单位或个人的藏品号相互检索；并对是否已发表过摹本，是否错摹、漏摹，是否缺反面文字、能否与其他甲骨拼合等情况，都做了说明。

《试论周初青铜器铭文中的易卦》
张政烺（历史所　研究员）
论文　20千字
《考古学报》　1980年第4期

青铜器铭文中常见一种奇字，即三个、六个、十二个数目字连接在一起，长期以来无人能够识读。本文首次提出了“奇字为易卦的×数”的著名论断，即三个数的是单卦，六个数的是重卦，十二个数的是变卦。本文不仅解决了古文字学上的一个重大疑难问题，而且还揭示了易卦起源的时间与地域，要比已知的早得多、宽广得多。本文的重大发现与独到见解，已被学术界公认为易学史上划时代的突破。

《明朝的配户当差制》
王毓铨（历史所　研究员）
论文　25千字
《中国史研究》　1991年第1期

配户当差制是明朝的户籍制度，这个问题是明朝社会经济史研究中的一个极为重要的课题。本文从明朝的实录、方志、文集、政书等大量文献中稽查出八十余种各类户役，详细介绍了这些户役的名称、性质、数额、管辖机关，同时还论列了明代二十几个县的总户数，役户种类与户数，首次全面揭示了明代配户当差制的整体面貌。本文还就这一制度中的役皆永充、役因籍异、役有役田、以户供丁等特征进行了深入的阐述。

《中国古代土地私有化的具体途径》
林甘泉（历史所　研究员）
论文　31千字
《文物与考古论集》　1986年12月

本文对中国古代土地私有化的历史过程和具体途径进行了深入的探讨，指出土地从部落公有制到个人私有制需要经历公有制和私有制两种因素并存的共同体所有制阶段，首次提出了古代中国土地私有化通过两个途径实现的观点，即一是由家庭公社和农村公社共同体成员的份地变为个体农民的私有土地；二是由国家分封和赏赐给贵族的田邑变为私人的土产，同时对劳动者的私有制和非劳动者的私有制作了严格区别。本文强调指出，土地私有制与土地私有权的确立既有联系又有区别，研究古代土地制度时，既要注意到土地使用权、占有权和所有权的区别，又应看到它们之间并没有不可逾越的鸿沟。

《沙俄侵华史》

余绳武（近代史所 研究员）等

专著（4卷5册） 1252千字

人民出版社 1978～1990年

本书全面论述了17～20世纪近三百年间沙皇俄国对我国政治、军事、经济、文化、领土的侵略以及我国各族人民的反抗斗争。书中结合各个时期的国际背景，系统地阐述了沙俄的侵华政策与过程；对沙俄侵占中国外蒙古地区和兼并唐努乌梁素海的经过等重要问题也做了详细地论述。

《太平天国史》

罗尔纲（近代史所 研究员）

专著（4册本） 1544千字

中华书局 1991年9月

本书是一部体裁新颖的学术专著，全书由序论、纪年、表、志、传五部分组成。序论概述太平天国历史的全貌，阐明作者的理论观点，着重论述了金田起义的背景、太平天国的性质、分期、失败原因及其对中国近代史的影响。纪年逐年记述了1843～1869年间太平天国的所有重大事件。表是将零星分散的史料经过钩稽分类，编排成会党、各族起义、各类官爵人物等表。志是研究叙述太平天国的典章制度，如上帝教、天朝田亩制度、政权、政体、刑律、历法、外交、艺术等。传记述了太平天国约一百七十位各类人物的主要事迹。

《胡适研究论稿》

耿云志（近代史所 研究员）

专著 402千字

四川人民出版社 1985年10月

本书重点研究了胡适与“五四”时期的新文化运动、胡适与文学革命、胡适的史学成就及其理论与方法、胡适的实验主义哲学、胡适的中西文化观、胡适的教育思想、胡适从“五四”运动到30年代初期政治态度的改变、胡适与梁漱溟的比较研究、胡适与陈独秀的比较研究、胡适的博士学位及其他问题等。书中的胡适年谱，则对谱主一生的思想、言论、活动都做了较为全面的总结。

《中国轮船航运业的兴起》

樊百川（近代史所 研究员）

专著 497千字

四川人民出版社 1985年10月

本书详细论述了中国近代航运发展的过程与规律，内容涉及清代帆船航运业的昌盛、外国轮船业在中国的垄断、中国帆船航运业的衰落、早期官僚资本与轮船招商局、华商行驶轮船禁令的解除与各地小轮船航运业的兴起、20世纪初中国的轮船航运业、第一次世界大战前后中国轮船航运业的发展与半殖民地轮船航运业格局的确立等问题。

《北洋军阀——1912～1928》

章伯锋（近代史所 编审）等

学术资料集（6卷本） 4860千字

武汉出版社 1990年6月

本书是目前唯一一部全面反映北洋军阀及其统治时期的大型资料集。所收资料较为系统地概括了这一历史时期各个重大历史事件的全过程。由于本书广泛收集和充分利用了大量档案史料、未刊稿本、回忆录、珍贵报刊和罕见史籍以及外交档案，从而能够提供大量有关北洋军阀中皖系、奉系、直系及其与日、英、美等国关系的第一手资料，对研究这一时期的政治、军事、外交等问题极具参考使用价值。

《近代来华外国人名辞典》

黄光域（近代史所　研究员）等

工具书　506千字

中国社会科学出版社　1981年12月

本书辑录了与中国近代史事有关的来华外国人物二千余人，他们中有参赞以上的外交官，重要口岸领事官，海关、盐务、邮政机构主管职员，租借地行政长官，政府顾问、著名传教士、军人、汉学家、新闻记者、商人、“探险家”、科学家等。书中对这些人物的原姓名、生卒年、国籍、汉名或惯用译名、规范译名、来华时间、在华的主要活动及履历、所编著的有关中国的著述等都做了介绍。

《中山舰事件之谜》

杨天石（近代史所　研究员）

论文　17千字

《历史研究》　1988年第2期

本文详细阐述并分析了1926年3月20日发生的中山舰事件的经过与起因，揭示了这一长期被掩盖的重大历史事件的真相。文章分析了孙中山逝世后国民党内部左右派斗争的情况、蒋介石与苏联顾问及汪精卫与共产党人之间的矛盾，从偶然性与必然性两个方面对这一事件的起因提出了新见解，认为就蒋介石轻信国民党右派的谣言来说，事件的发生有其偶然性，但就蒋介石反对苏联军事顾问团负责人，排汪反共，企图掌握所谓“自动地位”而论，事件的发生又有其必然性。

《重评〈多余的话〉》

陈铁健（近代史所　研究员）

论文　13千字

《历史研究》　1979年第3期

本文从《多余的话》联系到瞿秋白的一生，对瞿的内心世界做了深入探讨，认为瞿以文人投入政治斗争，历经坎坷，因不改本色而产生了种种心理矛盾，如文人与政治家的矛盾、绅士意识与马克思主义的矛盾等。而《多余的话》则是这样一个襟怀坦白而又心情复杂的人在临终之际所作的一篇自白。它不仅无损于烈士的革命大节，相反却以罕见的自我解剖，深刻表现了瞿内心世界的种种矛盾，人们从中可以比较清楚地看到瞿灵魂深处某些本质的东西。

《古代印度与古代中国——贸易与宗教交流》

（英文）

刘欣如（世界历史所　副研究员）

专著　231页

牛津大学出版社　1988年

本书分析了公元1～6世纪欧亚丝绸之路上的贸易与佛教传播之间的联系，探讨了前资本主义社会中商品交换的形式与内涵，论证了各种形式的物资交换对意识形态的改造作用以及意识形态对商品交换的引导作用，内容涉及这一历史时期印度与中国北部的城市兴衰与商路变迁、重大事件对贸易的影响、奢侈品贸易的持久性和经济意义、佛教教义与机构产生的根本性变化、欧亚大陆的商业活动对佛教理论和实践的影响、佛教机构的扩展与佛事活动对印中贸易发展的促进等一系列重要问题。

《外国历史大事集》

朱庭光（世界历史所　特约研究员）等

工具书（10册本）　5519千字

重庆出版社　1985年1月～1989年10月

本书选择在外国历史发展的各个阶段中曾经产生过重大影响的政治、军事、经济、思想文化、宗教、艺术、科学技术等方面的约五百五十个历史事件进行了专题研究与介绍。本书取材广泛、内容丰富、结构严谨、叙事生动，是一部形式新颖的通史性学术著作。书中有关美国西部的开拓、加拿大自治领的建立、澳大利亚的发现及其沦为英国殖民地、远东共和国、社会主义工人国际的成立、犹太复国主义及以色列国的建立、亚非国家的民族民主运动及其建设与改革等方面的内容，在我国世界史研究领域中尚属首次得到系统、充分的论述，填补了世界史研究中的若干空白。

《南沙群岛史地研究》

吕一燃（边疆史地中心　研究员）等

调研报告　26千字

1986年6月上报

本报告通过对大量中外文献资料与实物资料的研究，对历史上中国人民发现、命名、经营南沙群岛，中国对南沙群岛的管辖及行使主权等问题做了全面系统的论证，明确指出中国政府对南沙群岛的管辖与行使主权，是经历了较长的历史发展过程的，尤其是明清以后，南沙群岛更成为中国版图中不可分割的一部分，为中国拥有南沙群岛主权的事实提供了充分、确凿的历史依据。本报告还针对越南当局关于南沙主权方面的种种谬论，逐一进行了有理有据的批驳。我国外交部中越边界谈判专家小组将本报告作为重要参考资料。

二　一九九三年主要科研成果

经济研究所

《明清时代封建土地关系的松解》

李文治（研究员）

专著　478千字

中国社会科学出版社　1993年

中国封建社会后期明清时代，政治、经济乃至意识形态都发生了较大变化，用什么作划分时代的标志，众说纷纭，莫衷一是，本书着重从经济关系方面进行论证。关于论证方法，认为经济基础的发展变化，首先须从生产关系方面着手；封建社会时期，生产关系又主要反映于土地关系，而封建所有制则是其基本内核。因此本书着重对这一时期封建所有制的发展变化进行论证。

封建所有制具有两个组成部分：一是封建地权，封建地租是封建地权的实现形式；一是基于实现封建地租的需要而产生的封建依附关系。明清时代，二者都在发生变化，而封建依附关系的变化尤为突出，如尊卑贵贱等级关系的变化，地主身份地位的变化，农民和地主相互关系的变化等等，从这种种发展变化论述封建土地关系松解的发展过程，最后在此基础产生了资本主义萌芽。

为了深入论述这种发展变化，对促成这种发展变化的历史条件也进行了分析，诸如生产力及商品经济的发展，土地财产进一步商品化，农民阶级的反抗斗争，以及国家所采行的政策措施等，都进行了介绍。

《清代社会的贱民等级》

经君健（研究员）

专著　200千字

浙江人民出版社　1993年8月

清代有一套完整的等级制度。贱民等级是这个等级制度的组成部分之一。本书研究了清代贱民等级的特点，指出贱民等级的存在是封建国家的普遍现象，并进而讨论了清代等级制度的特点及其社会功能。

《经济和谐论——中国市场经济长期稳定协调发展研究》

刘迎秋（副研究员）

合作者谷书鉴、逄锦聚、王光伟

专著　265千字

中国经济出版社　1993年4月

通过统计分析，论证和说明了我国经济发展的阶段性、目前所处阶段、我国国民经济适度增长率和适度增长、国民收入分配格局变化以及国民经济增长过程中的波动现象，相应地提出了改革对策。

《总量关系及其制度分析——兼评宏观经济研究中的一些理论观点》

张曙光（研究员）

论文　15千字

《经济研究》　1993年第1期

这是一篇辩论性文章。首先指出在总需求和总供给分析中平衡是个核算和统计概念，均衡是个行为函数和运行过程概念，混淆换算问题和运行问题，就会把宏观经济学变成会计学。其次，在总供求相互关系分析中，短期分析的目的在于说明经济波动，需求决定和需求分析在短期分析中占有主导地位和决定作用。这是宏观分析的主要领域。长期分析的目的在于说明经济增长，供给决定和供给分析占有主导地位。混淆短期分析和长期分析，就会造成不必要的混乱。再次，总量关系的制度分析是重要的，应当是从变量→行为→制度，再从制度→行为→变量说明如何对需求膨胀进行制度分析以及混淆体制政策和过程政策、制度变量和政策变量在政策分析上造成的混乱。

《中国农业史上的“多元交汇”——对中国传统农业特点的再思考》

李根蟠（研究员）

论文 30 千字

《中国经济史研究》 1993 年第 1 期

中国农业不是从单一中心起源而向周围辐射，而是在广阔地域内的若干地点同时或先后发生的，各地区各民族基于不同的自然条件和社会传统，经过分化和重组，逐渐形成不同类型、相对异质的农业文化。

中国古代农业，是由这些不同地区、不同民族、不同类型的农业文化融合而成，并在它们的相互交流和相互碰撞中向前发展。这种现象可称为“多元交汇”。多元交汇和精耕细作构成中国传统农业的主要特点，并成为其巨大生命力的源泉。此论突破以前农史研究偏重汉族和经济发达地区的局限，较全面地反映了多民族统一国家农业发展之面貌与机制。

《清代前期的小农经济》

方行（研究员）

论文 20 千字

《中国经济史研究》 1993 年第 3 期

清代前期，农产品和手工业品商品生产的发展，主要表现为一个向农村扩散、与小农经济相结合的过程。在此过程中，农民的生产形成了自给性生产与商品性生产相结合的模式。二者相辅相成，有利于农民家庭实现生产与消费平衡，有利于小农经济的稳定和发展。这种可以根据各种生产条件、灵活配置自给性生产与商品性生产比例的模式，既与恰亚诺夫所提出的以自然经济为主体的小农经济模式相区别，也与舒尔茨所提出的以商品经济为主体的小农经济模式相区别，是具有中国特色的一种小农经济。

《清代押租制度新探》

魏金玉（研究员）

论文 25 千字

《中国经济史研究》 1993 年第 3 期

押租制度是在地权与佃权分离、佃权商品化的前提下出现和发展起来的。押租制度有三种类型：押租制度的先行形态——执赀受田之俗例；典型的押租制度；以及加押减租而后形成的押重租轻的押租制度。这三种类型又代表着押租制度依次相连的三个发展阶段，而不同类型是可以同时并存的。在不同地区，它的主要发展阶段又可以是不相同的。总的来说，押租制度是以定量货币抵押佃权的制度。经过押租制度的筛选，充当押租佃户的是一批经济实力比较充实的农民，在主佃关系中有更多的自由。因此，押租佃户的经营积极性和经营效果就远非一般佃户可比，押租制度对农业生产还是有促进作用的，这一点不可忽视。

《论清代徽州地区的亩产》

江太新（研究员） 合作者苏金玉

论文 36 千字

《中国经济史研究》 1993 年第 3 期

本文系专论安徽省徽州地区清代的粮食亩产问题。文章共分四部分：（1）亩产研究中应注意的问题；（2）徽州地区的亩产；（3）资料的使用问题；（4）清代徽州地区的亩产在下降。文章利用徽州地区收租簿记的第一手资料，对该地区的粮食亩产进行系统地、全面地研究，并提出徽州地区清代粮食亩产下降的原因更主要是由于自然灾害影响的结果，这是作者提出的新见解。同时，作者还指出过去粮食亩产研究中存在的问题，从而使粮食亩产的研究建立在更加科学的基础上；把粮食亩产的研究推进到新的高度，对国内外学者研究清代粮食亩产问题将会产生重要影响。

《资源配置与社会主义市场经济体制模式》

徐逢贤（副研究员）

论文　8千字

《厂长经理日报》　1993年4月19、26、30日

论文论述了社会资源配置的两种功能，即生产力要素配置和生产关系、利益关系要素配置两种功能。资源配置机制这两种功能的充分发挥，是实现经济、社会协调发展并取得最大的经济效益的前提。建立在公有制基础上的社会主义市场经济，更需要自觉地运用计划和市场两种手段，充分发挥资源配置的两种功能。在生产力方面，要使市场在国家宏观调控下对资源配置起基础作用，使经济活动遵循价值规律要求，适应供求关系变化，实现合理配置。在生产关系方面，必须坚持以公有制为主体，多种经济成分共同发展；坚持按劳分配为主，其他分配形式为补充；必须加强宏观调控等本质要求。为此，论文系统地提出了深化改革、建立社会主义市场经济体制模式的十个方面的内容。

《明代京杭运河的工程管理》

封越健（助理研究员）

论文　16千字

《中国史研究》　1993年第1期

京杭运河是明清两代最重要的南北交通线，供应京师百官俸禄、军饷、宫廷消费的漕粮也由运河输达。因此，明朝视运河如命脉，十分重视运河的管理。本文根据沿河地区的地理条件，考察了运河的工程管理。包括水源管理，实行国家管理，主要内容为“积泄有法，盗决有罪”；闸坝管理，有一定的启闭制度、岁修制度与一定的规制；河道管理，包括河道疏浚与堤防维修两个方面，分为定期大修和常规维修。运河工程管理由专门的运河夫役承担，是相当周密完备的，基本保证了运河畅通，漕运顺利，并为清代所继承。但是明代运河工程管理也受到社会政治制度的制约。

《清前期的公共事业经费》

徐建青（助理研究员）

论文　23千字

《中国经济史研究》　1993年第4期

政府对公共事业经费的筹集情况反映了一个政府的行政效力，及其在再生产中的作用。本文从农田水利、河道海塘、桥路、仓储、救灾五个方面考察清前期的公共事业经费筹集情况，并由此探讨清前期政府对社会再生产的作用。

工业经济研究所

《社会主义流通经济研究》

张卓元（研究员）主编

合作者王绍飞（主编）

专著　280千字

中国社会科学出版社　1993年6月

本书分别从微观、宏观和国家经济职能方面系统地阐述了流通过程，对社会主义流通过程的内在规律及其在社会再生产过程中的地位和作用，对如何提高经济效益，以及国家对流通经济、经济管理的政策体系进行了全面阐述，为流通经济的组织管理、调控

与改革提供依据。本书是一部从全新角度系统论述社会主义流通经济理论问题的专著，许多论述具有可操作性。

《市场经济与企业经营》

陈佳贵（研究员）

专著 258千字

经济管理出版社 1993年12月

我国向社会主义市场经济体制过渡，对企业来说面临着种种深刻的外部环境的变革与挑战。企业如何适应社会主义市场经济的要求，是一个十分广泛而复杂的问题。它不仅涉及宏观经济体制的改革，而且还涉及微观经济体制的改革；不仅涉及企业经营机制的转换，而且还涉及企业素质和企业管理水平的提高。围绕企业的这些重点问题，本书进行了深入讨论。主要讨论了市场和市场经济概念；我国社会主义市场经济的特点；实行市场经济后企业与市场的关系；企业经营机制的内涵；社会主义企业经营目标模式；如何提高企业素质，增强活力；企业按照市场经济原则对企业的计划管理、生产管理、销售管理以及产品开发等进行改革；企业的生命周期、企业联合等等问题，对企业有很强的操作性。

《区域经济学》

陈栋生（研究员） 合作者魏后凯、李海舰、陈耀、周民良

专著 261千字

河南人民出版社 1933年4月

该书在借鉴和总结前人研究成果的基础上，排除了专门研究厂商、家庭区位选择的微观领域，以及区域经济特性不明显或关系不密切的领域，而把研究侧重点放在区域经济发展、区际经济关联和区域经济政策方面。全书共分三篇十二章（包括导论一章）。第一篇区域经济发展，包括四章，即区域经济增长、区域产业结构、区域空间结构和区域经济发展战略。这一篇考察区域个体问题，着重单个区域的经济增长机制、结构和战略的研究。第二篇区际经济关联，包括四章，即区际经济分工、区际要素流动、区际贸易和区际经济合作。这一篇将视角从单个区域移向不同地区之间，着重对众多区域的关联与耦合进行总体研究。最后一篇区域经济政策，包括三章，即区域经济政策原理、我国区域经济政策和特殊类型地区经济政策。这一篇在前两篇客体研究（第三章除外）的基础上，着重论述如何根据客体的运动规律，进行政策选择与设计。

《美德日中企业决策体制比较》

王元（研究员）

专著 250千字

山西经济出版社 1993年12月

决策活动是人类活动中最基本的现象，它产生于人类活动的目的性及其实现途径的多样性。企业的决策活动是一种被组织起来的过程，决策目标的确定、贯彻和保证既体现了这一过程中各类活动可分的阶段性特征，又构成了这一过程运行乃至循环不已的基本链环。本书正是按照这样一种内在的逻辑关系，对美、德、日、中几个国家企业的决策体制进行了比较和分析。本书共分为五篇十二章。第一篇“导论”，主要提出了有关的理论概念和全书的比较分析框架；第二至四篇是比较篇，具体比较并分析了各国企业决策体制的结构特点和过程特点；第五篇为“分析的结论”，提出了在社会主义市场经济条件下建立有特色的企业决策体制的基本设想。这是以比较分析方法来研究企业决策体制的学术专著，受到了有关专家、学者的较高评价。

《中国工业发展与对外经济贸易关系的研究》

江小涓（副研究员）
专著　305千字
经济管理出版社　1993年4月

本书采用实证分析为主的方法，研究中国工业发展与对外经济贸易的关系问题。内容主要有以下几方面：(1) 对中国四十多年工业发展与对外经贸的关系进行定性与定量分析，具有较强的史料价值；(2) 简介有关发展中国家外贸与外资的历史实践，评价国外工业化贸易战略理论；(3) 分析影响对外经贸作用方式和作用程度的重要因素，预测中国对外经贸面临的国际环境；(4) 探讨了中国对外经济贸易的战略和政策。

作者力求使判断建立在对统计资料和现实问题分析的基础上，对今后外资、外贸、贸易结构、汇率等方面的变化，给出了量化的有操作意义的预测，提出了针对性较强的政策建议。书中提出的主要观点是，作为一个已有相当工业基础的发展中大国，中国今后仍然要以促进国内工业整体发展为目标，而不宜以某种对外贸易战略确定工业发展模式，因而其特征既不是出口导向型也不是进口替代型，而应该根据工业发展目标，兼收并蓄不同贸易战略中的有效成分，在这个前提之下，对外经贸将在中国工业发展中发挥多方面的重要作用。

《中国劳务市场的组织与管理》
陈乃醒（副研究员）
合作者胥和平、王延中等
专著　320千字
经济管理出版社　1993年12月

劳务市场是中国社会主义市场体系的组成部分，对中国劳务市场的组织与管理，是建立市场经济新体制的重要任务。本书对中国劳务市场组织与管理的各方面内容，进行了较为全面的论述。内容包括三大部分：(1) 介绍什么是劳务市场、社会经济发展与劳动力的流动、市场经济与劳务市场、在改革中促进劳务市场的发育等。(2) 论述劳务市场的模式、性质和特点，功能结构与运行，劳务市场的建设与发展，劳务市场管理的职能机构，劳务市场立法、劳动合同、劳务价格、劳务信息系统、职业介绍、职业选择、就业指导等。(3) 论述劳务市场的外部环境，包括改革劳动管理体制，配套改革措施，劳务市场的宏观调控，以及国外劳动就业的组织与管理等。

《公司制度与企业改革》
黄速建（副研究员）　合作者沈志渔
专著　310千字
经济管理出版社　1993年11月

我国经济体制改革的实践证明，面对市场经济的挑战，我国的传统企业制度已经越来越不适应经济发展的需要，唯一可行的选择就是承认传统体制的弊端，加快对传统企业制度的改革，在我国建立并逐步完善现代企业制度。全书围绕着这一主题对建立中国的现代企业制度和企业改革进行了详细的研究，内容可分为五个方面：(1) 中外公司制度、传统的社会主义企业、中国企业改革的理论与实践的简要回顾。(2) 公司制度的共性与特性、企业经营方式的比较研究。(3) 公司制度与企业集团、公司制度与国有资产管理的研究。(4) 国有企业实行公司制度的问题研究，公司制度作为我国国有企业改革的基本目标模式的轮廓式描述。(5) 对其他有关专题的研究，如推行公司制度的必要性、公司制度与公司法、公司制度与集中、政府职能的根本转变，关于推行股份制、集体所有制企业的股份制改造、企业集体股、社会募集公司的财务公开，等等。

《关于国有企业产权的几个问题》
周叔莲（研究员）

论文　12 千字

《中国工业经济研究》　1993 年第 7 期

本文探讨了改革国有企业产权的意义，国家所有制怎样与市场经济相容，所有制是不是经济手段等问题。作者认为，在坚持国家对国有企业财产所有权的同时，承认企业作为法人对自己经营管理的财产所有权，是改革国有企业使之适应市场经济的基础工作。国有制和市场经济是相容的，但这种相容是有条件的，要求打破整个社会的独家所有制，使社会上的众多企业成为有财产的真正独立的市场竞争主体。作者还论述了所有制和计划市场一样也是一种经济手段。因此"所有制有一个选择问题、改革问题、创新问题，就应该使之有利于生产的经营"。并指出"社会主义的所有制结构以公有制为主体，以国有制为主导，这有其客观必然性"。

《毛泽东〈新民主主义论〉研究——纪念毛泽东诞生 100 周年》

汪海波（研究员）

论文　15 千字

《经济研究》　1993 年第 12 期

本文针对我国学术界普遍忽视毛泽东提出的"新民主主义论"不仅包括"新民主主义革命论"，而且包括"新民主主义社会论"的状况，明确提出"新民主主义论"是包括这"两论"在内的，并从这"两论"的形成和发展过程、内容，付诸实践的时间以及赖以形成的实践基础等方面作了详细论证。

本文提出：就"新民主主义论"对马克思主义所做的重大发展来说，就它完整地、系统地解决在世界无产阶级社会主义革命中居于极重要地位、并占世界人口大多数殖民地半殖民地国家的民族民主革命，以及在革命胜利以后通向社会主义道路来说，把它看作是马克思主义的划时代发展，是当之无愧的。

本文还分析了毛泽东创立"新民主主义论"给我们的有益启示。主要是：要坚持实事求是；要坚持适应社会生产力发展的要求；要坚持马克思主义普遍真理与中国具体实践相结合；要反对"左"的和右的错误倾向，特别要着重反对"左"的教条主义。

《对当前吸收外商直接投资工作的几点思考》

陈慧琴（研究员）

研究报告　13 千字

《中国工业经济研究》　1993 年第 8 期

当前我国吸收外商直接投资掀起来势甚猛的第三次高潮。1992 年签订合同四万八千多项，协议外商投资 575 亿美元，超过前 13 年的总和；实际利用外资 112 亿美元，为 1991 年的两倍以上。特点是放开了一些禁区，外商投资领域扩大；大项目、高技术项目增多；外商投资地域逐步扩大到内陆地区；新的利用外资的方式与渠道开始试点。但在大发展中出现片面追求数量、越权扩大优惠政策和"开发区热"、"房地产热"等问题。为此，建议"坚持讲究质量与效益；围绕建立公平竞争秩序的原则调整外商直接投资的政策与法规；按产业政策引导外资投向并实施按行业倾斜的优惠政策；加强对"三资"企业的产后管理；改善投资环境与配套工作；发展吸收外资的新方式。

《"返关"对我国工业战线的影响》

陈慧琴（研究员）

研究报告　10 千字

《开放导报》　1993 年 6 月第 2～3 期合刊

"返关"以后，我国工业战线必将受到严重的冲击。一些密切关系到我国工业结构高度化，即综合国力发展前景的技术密集与某些资金密集型的工业将首当其冲。价格体系面临的抵消战，也将影响某些工业的竞争优势。从近期的、静止的角度看，"返关"给我国带来的挑战与冲击有可能大于机遇，但机遇寓于挑战之中，关键在于能否使我国经济在严峻的挑战面前变压力为动力，大力提高经济活力与国际竞争力。为此，对内要完善并加强国家对经济的宏观调控体系，并切实加强对科技与教育的投入；继续抓紧为企业提高活力创造有利的经济环境，尤其是平等竞争的市场环境；依靠政府的指导与民间行业组织切实保证对外经济活动的某些必要的一致性。对外抓紧建立与完善保护企业与国家利益不受侵犯的经贸法规体系。

《我国工业增长与结构变动的若干新特征》

江小涓（副研究员）　合作者赵英等

论文　20千字

《中国工业经济研究》　1993年第8期

中国工业增长和结构变动方式正经历着一次全面的变化，工业发展将进入新时期：(1) 在竞争比较充分的行业中，大企业的竞争优势明显，大企业主导时期开始到来。(2) 以投资为主带动的高速增长，促使基础产品和加工产品的比价趋于合理，有利于基础产业发展和资源产区发展的利益机制正在形成。(3) 资源配置刚性使存量调整难度增加。(4) 加工工业进入新一轮产品与设备更新期，“长线”问题不可避免。(5) 市场协调体制的低效率已成为经济发展面临的主要制度障碍。因此，从市场经济的观点出发，对许多问题应重新认识，它们或者是市场经济中的正常现象，或者是转轨中必然要付出的代价，政府不必进行过多的干预。

《市场工资论》

陈乃醒（副研究员）

合作者胥和平、王延中

论文　8千字

《经济管理》　1993年第7期

市场工资就是以市场调节为基础形成的工资。由此形成的工资完全是市场调节的结果。市场工资的特点是，工资弹性大，随机性大，供求双方选择余地大，机遇平等，体现竞争原则，反映双方的意愿。它具有自动调节机制，有利于调动劳动者积极性和企业经济效益的提高，促进劳动力合理流动，更好地体现按劳分配原则。

以市场为中心，市场工资运行可以分为两个层次，一是工资的生产，二是工资的消费。通过这两个层次形成一系列相关的制约因素。

实施市场工资必须在深化经济体制改革的基础上，形成劳动力市场的宏观环境，制定相应国家调控政策，并处理好工资制度转变过程中的工资水平衔接、劳动合同、工资方式等问题，建立起相应的微观基础。

《关于集体所有制企业股份制改造的探讨》

郑海航（副研究员）

合作者黄速建、李海舰

论文　15千字

《中国工业经济研究》　1993年第1期

本文是在对集体企业调研和集体企业股份制设计基础上进行的理论探讨。目前，国有企业股份制已经有了政策依据，但集体所有制企业的股份制至今尚无国家政策。

本文在对集体所有制企业特点进行分类研究之后，对企业的产权界定原则和方法、企业职工集体股等问题进行了探讨并提出若干政策建议。

《我国的农村工业化与城镇化问题》

魏后凯（助理研究员）

论文　8.5千字

《财政问题研究》　1993年第9期

从世界各国工业化的历史看，工业化与城镇化一般呈现出相互促进和同步发展的关系。然而，由于我国一直实行严格的户籍管理制度，城乡间人口不能流动，导致城镇化严重滞后于工业化。乡镇工业布局的分散化不仅严重浪费土地资源，污染环境，而且缺乏规模经济，不便于管理和专业化分工协作。为适应市场经济发展的需要，必须改变过去那种“离土不离乡”、“进厂不进城”的做法，树立“离土又离乡”、“进厂又进城”的现代商品经济观念，把乡村工业化与城镇化有机结合起来，选择一些生产经营条件较好、地理位置优越的地区，集中建设一批乡镇工业密集小区，走集中化和集约化的城镇化道路。

《区域经济的新发展观》

魏后凯（助理研究员）

论文　9.5千字

《中国工业经济研究》　1993年第5期

在我国区域经济发展战略选择上，长期流行着“平衡发展论”和“不平衡发展论”两种观点。从我国区域经济发展的实践经验看，这两种观点在理论上都具有较大的局限性，其政策有较大的片面性。作者提出一种新的区域经济发展观——非均衡协调发展观。所谓非均衡协调发展，就是通过适度非均衡增长或适度倾斜与协调发展相结合的途径，逐步实现各地区的共同富裕和繁荣。实行适度非均衡增长或者适度倾斜与协调发展相结合，具有三方面的含义：一是在地区间的资源分配和政策投入上，实行适度的地区倾斜与必要的区域补偿相结合；二是在各地区的产业发展上，实行适度的地区专业化与必要的多样化相结合；三是在经济活动的空间分布上，实行适度的地理集中与必要的地理分散相结合。

《恢复GATT席位对我国宏观经济的影响与宏观经济对策》

李海舰（助理研究员）

论文　30千字

载入《关贸总协定与中国企业经营指南》，中国统计出版社　1993年2月

文章认为，恢复GATT席位对我国经济发展的影响主要表现在：(1)对国民经济总量的影响，诸如市场供求平衡、国际收支平衡、财政收支平衡、经济发展波动、宏观管理失控等问题；(2)对国民经济部门的影响，诸如机电、纺织、服务、农业、高新技术等；(3)对经济体制的影响，诸如企业制度、价格制度、外贸体制、财税体制、金融体制、会计制度、社会保障制度等；(4)对经济政策的影响，诸如区域政策、产业政策等。在此基础上，作者分别就上述各方面提出了一系列的政策建议。

《论我国经济增长模式的转换》

郭克莎（助理研究员）

论文　20千字

《中国社会科学院研究生院学报》　1993年第4期

文章在考察我国经济增长模式的演变过程及其效果的基础上，系统地探讨了推动经济增长模式转换的依据、条件和途径。目前我国的经济增长模式再度面临着速度型（高速增长型）还是效益型（适度增长型）的抉择。我国经济运行的现实条件和发展阶段的基本特点，决定了由速度型增长模式向效益型增长模式转换的必要性、重要性和紧迫性。历史经验和理论分析均表明，最高增长不等于最优增长，效益目标比速度目标更为重要。我国与其他先进国家的经济差距扩大，根本性问题不在于增长速度不快，而在于人口增长太快和经济增长效益太低。当务之急是通过改善资源条件、调整投资重点，协调结构关系和推进体制改革，来促进经济增长模式的转换。

农村发展研究所

《中国农村工业化道路》

陈吉元（研究员）主编　合作者韩俊等

专著　250 千字

中国社会科学出版社　1993 年 12 月

本书对近百年来中国农村工业的发展作了系统的研究，全书共分十三章，第一章新中国成立之前中国农村工业化的萌芽及其特征；第二章新中国成立以后，尤其是 70 年代末以来中国农村工业的发展及其影响；第三章农村工业化与中国现代化的关系，“二次工业化”的理论；第四章农村工业化政策的演变及其影响；第五章农村工业化的资金积累；第六章农村工业化增长的数量特征，农村工业化增长的来源；第七章农村工业化的结构特征；第八章城乡工业的结构关系及协调发展问题；第九章农村工业化的组织制度和产权结构；第十章农村工业化与农村人口城市化的关系，我国农村人口城市化的道路选择问题；第十一章农村工业化的环境影响及环境经济政策；第十二章发展中国家农村工业化的特点；第十三章发达国家农村工业化发展的历程与经验。本书系统搜集了农村工业发展的历史资料，对农村工业化道路进行了理论探讨，提出了一些具体的对策建议。

《中国农业劳动力转移》

陈吉元（研究员）　合作者庾德昌、姚梅、张军、胡必亮、韩俊等

专著　270 千字

人民出版社　1993 年 9 月

本书借鉴国内外的历史经验和农业劳动力转移理论，结合我国实际，研究了中国农业劳动力转移问题。全书共分十四章：农业剩余劳动力转移的理论与方法；农业剩余劳动力的供给与需求；农业剩余劳动力转移的速度与规模；农业剩余劳动力转移的产业选择；农业剩余劳动力转移的技术选择；农业剩余劳动力转移的地域选择；农业剩余劳动力转移方式；农业剩余劳动力转移的经济效益；农业剩余劳动力转移与劳动力素质；农业剩余劳动力转移的宏观调节；中国农业剩余劳动力转移的历史经验；农业剩余劳动力转移的国际经验；西方迁移兼业理论与我国农业剩余劳动力转移。

《中国农村合作经济运行机制》

刘文璞（研究员）　合作者魏道南、国鲁来、王代、苑鹏、潘劲

专著　170 千字

成都出版社　1993 年 4 月

中国农村在深化改革的进程中，商品经济、市场经济日益发达，经济运行逐渐发生变化。合作经济也随之有了变化。不论是社区合作组织还是各类专业合作组织，其运行机制都有别于以往的合作经济组织。为研究这种变化，以及影响这些变化的宏观环境，本书以中国农村现有的合作经济为研究对象，联系中国过去和国外的有关理论与实践，从合作经济的组织系统、生产要素组合方式、功能、利益结构以及与国家和其他经济形式的关系等方面，剖析其运行机制。通过对合作经济运行机制特征的研究，结合中国农村的具体实际，探索中国农村合作经济运行机制。本书系本院“七五”重点课题“农村合作经济研究”的最终成果。

《中国农村股份合作经济理论、实践、政策》

韩俊（副研究员）主编　合作者张庆忠等

专著　400 千字

经济管理出版社　1993 年 8 月

该书详细介绍了 80 年代以来我国各地农村股份合作经济的发展实况，从理论与实践结合的角度，对农村股份合作经济发展中

的重大理论问题、政策问题和具体操作问题，进行了深入的探讨。该书还收录了当前比较有代表性的部分地区股份合作经济组织的规章制度。作者认为，现实中的股份合作经济组织可概括为社区型股份合作制、企业型股份合作制两大类别；股份合作经济是继80年代推行以家庭联产承包责任制为目标的第一次改革后，我国农村改革中具有更深层次意义的又一次重大突破，它将成为今后农村深化改革的重要内容；农村股份合作制的深层意义在于变革农村的产权制度；股份合作经济不可能成为独立于合作制和股份制之间的一种独立的经济组织形态，今后将向着开放的合作制和规范的股份制的方向演变；在农业生产和流通领域，合作制将更具生命力；而在农村非农产业领域，股份制将更具生命力；农村产权制度变革的总目标应是强化农户和企业作为财产主体的地位，而弱化社区对农村财产的直接支配。

《中国工农业协调机制研究》

庾德昌（研究员）

合作者韩俊、姚梅、张军等

研究报告集　194千字

中国物价出版社　1993年12月

工农业是社会化大生产的两个主要物质生产部门，是社会经济活动的主体。工业与农业协调发展才能为国民经济各部门之间的协调运行提供坚实的物质基础，是国民经济协调发展的关键。长期以来，我国工农业往往处于不协调的状态，主要原因是发展战略、协调运行机制与工农业协调发展不相适应。实现工农业协调发展的基本条件是：资源分配相宜，利益分配合理。当前，这两个基本条件都不利于工农业协调发展。为此，要重构工农业协调发展机制；重构工农业协调发展机制的目标；重塑适应市场经济发展需要的微观运行主体；培育有利于工农业协调发展的市场体系；强化政府对工农业发展的宏观调控。

《富国富民：从梦想到现实》

姜百臣（助理研究员）

专著　90千字

广西人民出版社　1993年8月

财富是人类社会普遍存在的永恒主题。东西方两个差异极大的社会曾经诞生了极其相似的有关财富的思想。尽管中国古代乃至现代没有产生自己的经济学说和系统的经济思想体系，但是，富国富民的思想言论却源远流长、极其丰富，对当代社会仍然富有启迪。西方人则以其缜密的理性思维方式把财富及其增值手段当作一门独立的科学和管理的艺术来研究，产生了西方经济学。今日的经济学尽管门类繁多、包罗万象，但是，财富增长与分配问题自始至终是它的主体。由于片面认为地球上的自然财富取之不尽、用之不竭，并把它排斥于经济研究之外，因此，西方经济学所研究的财富实质上仅仅局限于经济财富。人们已经普遍地习惯于把发展等同于财富增长，并以狭义的经济财富来替代广义财富概念；又把财富增长等同于经济增长；而经济增长又只表现为国民生产总值或国民收入的增长；似乎这就是唯一的目标和最终目的。其结果是，经济财富的增长以不断削弱自然财富基础为代价，增长已难以为继。因此，重新理解财富概念，重新审视、选择财富增长途径，寻求更稳妥、可持续的发展方式，并使其体现在新的富国富民战略思想之中，这是本书中提出并尝试解决的主要论题。

《论市场经济体制下农民的自我保护》

丁泽霁（研究员）

论文　5千字

《中国农村经济》　1993年第4期

农业向市场经济转变，一方面要国家采取保护政策；另一方面要农民自我保护。农民不但要适应市场，而且要组织起来影响市场。我国原有的集体组织，对农民个人的经济、社会和文化活动的组织程度很高，但组织的社会化程度很低，不适应市场经济。在市场经济中的农民组织的职能应有三项：(1) 提供生产服务；(2) 谈判商品交易与价格；(3) 在政府与农民之间起纽带与衔接作用。承担这三项职能的组织有两种形式：由三个组织分别承担这三项职能（如德国），由农业合作社综合承担这三项职能（如瑞典）。这两种形式都既要有基层组织，又要形成全国的系统。我国可以在供销合作社与信用合作社的基础上，通过改革，成为既是农民自下而上的联合组织，又有自上而下的各级系统。

《生态农业是我国农业发展的新阶段》

王松霈（研究员）

论文　11千字

收入《中国生态农业的理论与实践》

改革出版社　1993年6月

生态农业为我国农业的发展提供了崭新的指导思想。生态农业是先进生产力的代表，既能发挥社会生产力的作用，又能挖掘自然生产力的作用；它又是人和自然关系协调的代表。生态农业指出了人们对农业生产认识的新阶段，即农业生产是在农业生态系统中进行的，这一认识将推动农业开发利用三个新的领域；它促进了对农业现代化生产模式特征和建设总体认识的深化；它指出我国农村经济改革是生态经济的改革，既要改革一切不合理的生产关系和上层建筑，又要改革一切不合理的人与自然之间关系的制度和措施，充分利用合理自然力，促进经济和生态的协调发展。

《灰色区域理论概述》

胡必亮（助理研究员）

论文　13千字

《经济研究》　1993年第6期

本文全面、系统地介绍了目前国际学术界流行的一种新的区域发展理论——“灰色区域”理论，并对这一新理论的政策含义作了评介。近年来在很多发展中国家特别是亚洲发展中国家的城市与农村之间，出现了一些城、乡经济要素高度混合、土地利用多元化及制度选择非规范化的特殊空间地带，即所谓的“灰色区域”。从实质上讲，“灰色区域”只是传统的、封闭的“城市”及“农村”结构的一种空间转换形态。它在发展中国家的产生与发展，具有客观必然性。伴随着它的出现与发展，发展中国家有可能走出一条新的建立在区域发展基础上的城市化道路。适应这种新的城市化特点，发展中国家的宏观政策至少还应做出七个方面的相应调整。

财贸经济研究所

《社会主义市场经济理论》

郭冬乐（研究员）主编　合作者宋则等

专著　200千字

经济管理出版社　1993年5月

本书共计十章，较全面地阐述了社会主义市场经济若干重要理论问题，包括社会主义市场中的资源配置、市场体系、企业、政府职能、财政体制和财政政策、金融体制和货币政策、收入分配和社会保障、市场管理及对外开放问题，对计划与市场的关系、市场机制在资源配置过程中的基础作用、社会主义市场体系的协调发展、政府职能的转换及“小政府”与“大社会”的标准、财政政策和货币政策目标、建立效率导向的收入分配制度、市场管理变革的方向，以及进一步推进对外开放等，进行了有益的探索。

《财政分配与价格分配》

李扬（副研究员）

专著 120千字

经济科学出版社 1993年

在传统体制下，财政分配和价格分配是政府掌握的两大最重要的分配和配置资源的手段。在统收统支体制下，这两种分配手段的矛盾并不突出。经济改革以后，随着发展市场经济的要求出现，这里隐含的矛盾便突出了。首先，大规模的价格分配，使得我国的价格结构不能正确反映市场供求信号，从而不能发挥引导资源有效配置的作用。其次，大规模的价格分配，使得国民收入在企业的分配难以公平。再次，正是大规模的价格分配的存在，使得财政补贴的规模急剧跃增，致使财政难以履行其正常职能。上面所说的价格分配仅限于产品的价格分配。对此，国内文献已有论述。本书更进一步探讨了要素价格的分配问题，并且指出，这是比产品价格分配更深层次的，因而对国民经济运行影响更大的价格分配。这种价格分配导致了我国财政分配结构的扭曲，从另一个方面加剧了财政的困难。今后的改革方向主要是，逐步减少乃至基本取消价格分配，让财政分配在一个科学合理的分配基础上正常运行。

《生产资料流通新论》

宋则（副研究员）

专著 293千字

中国物资出版社 1993年9月

本书对市场经济条件下生产资料资源配置、流通的规律性及其客观要求进行了分析研究。全书分理论篇、运行篇和体制篇，计十三章，涉及生产资料流通的内在发展规律，物流、商流、信息流，微观、中观和宏观以及流通体制的过去、现在和将来等广泛的问题。主要观点是，生产资料流通过程存在着加速复杂化的发展规律。它是由社会化大生产内在矛盾（分工专业化、生产单一化与需求多样化）决定的。每增加一个专业生产门类，市场流通网络中便会相应增加一组新的横向经济联系；原有生产部门的基数越大（即分工专业化水平越高），每次新增加的横向联系的组值（交往系数）便越大。生产资料流通过程加速复杂化是现代经济生活复杂化的一个侧面。它给微观经济运行造成了日益复杂的外部环境；对城市经济功能提出了更高的要求；引起了经济变量的加速增长和市场机制作用的增强；向纵向型管理体制提出了挑战；引起了经营企业群体的职能综合化；引起了商品流量和信息流量的急剧增长，要求通讯、储运事业必须优先发展。中国经济改革与发展，需要对“加速复杂化”规律及其多向性影响给予足够的重视，并提出系统化的对策措施。

《价格双轨制的历史命运》

杨圣明（研究员） 合作者李军

专著 150千字

中国社会科学出版社 1993年

生产资料价格双轨制是历史的选择。它是渐进式改革的必然之举，是短缺经济下改革的必然产物，是正确决策的结果。双轨制的最大历史功绩在于，它开辟了在紧张经济环境下进行了生产资料价格改革的道路，推动了价格形成机制的转换，把市场机制引入了国营大中型企业。双轨制还促进了我国主要工业生产资料生产的大发展，哺育了几百万乡镇工业企业，活跃了流通，促进了市场发展。当然，双轨制也只是一种过渡形式，有其局限性。双轨制利弊的评价，要与环境状态相结合。无论宏观经济环境还是微观经济环境，对于双轨制都有重大的制约作用。双轨制有许多具体形式，既有基本形态又有各种变形。在实践中要对双轨制进行规范化的管理。价格双轨制的历史可以追溯至很远。50年代，中国的粮食、棉花、煤炭等都实行双轨制价格。前苏联在20年代的粮食价格中也实行过双轨制。日本的大米价格也是双轨制。印度、巴基斯坦也有双轨制。双轨制的历史归宿是市场价格。要根据宏观经济环境的态势，确定并轨的步骤和时间表。

《社会主义市场经济与商业改革》

贾履让（研究员）

论文　8千字

《商业经济与管理》　1993年第2期

文章从理论高度论述了市场经济的基本特征之一就是具有发达的商品流通，现代市场经济必须建立在发达的商品流通的基础上。发达的商品流通必然产生现代商业，而现代商业发展水平是一个国家经济发展程度的重要标志。文章认为，市场经济是一种特定的经济组织形式。它的基本特征大致可以概括为：企业自主化、贸易自由化、价格市场化、竞争平等化、管理法制化。商业流通体制改革必须根据这些基本要求，结合商品流通和商业的特点进行设计。当前应该特别强调树立消费者至上的指导思想和平等竞争、优胜劣汰的观念。

《论财政政策赖以奏效的基础性条件及应解决的主要问题》

刘溶沧（研究员）

论文　9千字

《财政研究》　1993年第6期

文章认为财政政策在宏观经济管理中赖以奏效的基础性条件主要是：必要的集中性国家财力后盾；适当市场经济要求的微观基础；基本经济关系和财政行为的双向制度化、法律化。当前应解决的主要问题是：尽快扭转财政收入在国民收入中所占比重过低的不正常局面；从根本上解决国有企业的软预算约束问题，使财政政策调节具有必要的微观基础；解决好“三权”（所有权、经营权与宏观调控权）分离问题；注重中央财政转移手段的运用；制定符合国情的国债政策。

《论我国银行体系的完善和再造》

赵效民（研究员）

论文　6.5千字

《财贸经济》　1993年第2期

文章认为为了适应建立社会主义市场经济的要求，我国的银行体系必须进行重新构造：(1)发展多元化的银行体系。这包括：坚持公有金融为主体，发展股份制银行、私人银行、外资银行、合资银行等。对其必要性、可能性和对策作了论证；(2)在建立多样化银行的同时发展银行体系。主要内容包括：把人民银行建设成真正的中央银行，将专业银行办成真正的金融企业——商业银行，有步骤地发展一些区域性商业银行，下决心成立政策性银行。文章就这些方面提出了比较具体的设想。

《城乡社会服务体系的关系》

白仲尧（研究员）

论文　5千字

《服务经济》　1993年第1期

城乡社会服务体系是互相连接、互相支援的。在发展农村社会服务体系的时候，往往不注意城市的作用；而建立和完善城市社会服务体系却容易忽略农村。我们要处理好它们的关系，使城乡两个社会服务体系在互相促进中共同发展。农村社会服务体系是围绕农业生产和农民生活发展起来的，但它必然要延伸到城市，同时要求城市对它提供服务。城市社会服务体系必须满足城市对社会服务的需要，它也同样需要向农村延伸。对服务行业的服务商品生产来说，城乡是互为市场的。从我国的实际情况出发，城乡社会服务体系都要发展、都要完善。农村较早地提出这一任务是正确的和必要的。但城市社会服务体系处于基础地位和起主导作用，也要尽快发展起来。

《“复关”对我国进出口贸易的影响及对策》

陈家勤（研究员）

论文 6千字

《国际贸易》 1993年第9期

“复关”后中国进出口贸易发展的机遇：(1)可以享受最惠国优惠税率待遇和减少非关税壁垒的限制，遏制贸易保护主义的蔓延，有利于促进进出口贸易的发展；(2)可以利用反补贴和反倾销措施，抵制非正当的反补贴与反倾销的诉讼，有利于我国产品的出口；(3)可以进一步促进我国外贸体制改革向国际规范靠拢，为我国进出口贸易发展注入新的活力。“复关”后中国进出口贸易面临的挑战：(1)工业品出口将面临国际市场激烈竞争的挑战；(2)我国技术密集型、资金密集型和知识密集型产品，在市场准入的条件下，将面临国外工业制成品进口激烈竞争冲击的挑战；(3)医药、农用化工进出口在实施知识产权保护后，面临国外同类产品激烈竞争的挑战。

《中国市场经济下财政必要规模的研究》

何振一（研究员） 合作者申长平等

研究报告 40千字

《财贸经济资料》 1993年第10期

改革以来，我国国民经济高速增长。但财政收入占国民收入的比重却持下降态势——其原因是在打破财政统收的同时，没有打破统支，没有及时调整财政职能范围；其结果带来财政平衡的严重困难。因此，深化财政改革，转换财政职能范围和提高财政比重是两个重大问题。对策建议概括为：紧紧抓住堵塞财政流失的漏洞；拓宽税收征收的覆盖面，把一切政府收入全面纳入国家预算等三个环节，在不增加企业和个人负担的前提下，增加财政收入，将财政比重提高到23%左右。本报告集中讨论了在我国社会主义市场经济体制下，财政收入的合理规模问题，并引用了必要的参考数据，对财政收支的变化做了定量分析，以便理顺国民经济分配关系，保障改革开放顺利发展。

《关于深化粮食价格改革的若干问题》

温桂芳（副研究员）

研究报告 30千字

《财贸经济资料》 1993年第9期

本报告通过分析深化粮价改革的必要性、深化改革面临的经济环境、深化改革上的认识误区和障碍，着重阐明下述观点：(1)90年代农业的主要问题依然是粮食问题，而粮价问题依然是影响粮食生产的一个重要因素，发展社会主义市场经济需要发展粮食生产和保护农民利益，而这又只有通过深化粮价改革才能实现。(2)现阶段深化粮价改革的经济环境已发生深刻变化。(3)深化粮价改革，不是把粮价放开了事，也不能简单地等同于把农民推向市场，更不能作为财政甩包袱的手段。(4)粮价改革的目的是解决好粮食产量目标与农民收入目标的矛盾，保证农民在增加产量的同时增加收入。(5)应该把建立和完善放开粮食经营和价格后的宏观调控与管理体系作为改革的重点。

《当前我国边境贸易的问题及调控对策》

于立新（副研究员）

论文 7千字

《经济研究》 1993年第10期

当前我国边境贸易存在的主要问题是，“挂靠”经营使边贸经营秩序混乱，不利于边境贸易规范化发展。引导边贸健康发展的宏观调控机制尚未建立，新开辟的边境口岸、海关、商检等机构不健全，法规不完善，缺乏与周边国家的司法协调联系。解决对策是：按规范化、制度化的原则来制定宏观调控措施，建立一个有利于我国与周边国家开展边境贸易的市场经济新体制。(1) 从立法入手，狠抓规范化管理。创造有利于边贸健康发展的体制环境。(2) 建立市场经济条件下的有利于边贸发展的宏观调控机制。(3) 加强口岸、海关、商检等综合配套机构及基础设施建设。(4) 按照国际惯例，完善边贸法规。(5) 鼓励境外投资建厂办店，开拓东北亚、中亚、东南亚区域经济市场。

《社会主义市场经济与股票市场》

温桂芳（副研究员）

论文　10千字

《财经问题研究》　1993年第4期

股票市场是市场经济的重要组成部分，但由于在不同的社会制度下的市场经济既有共同的基本属性和一般内容，又存在本质的区别，从而决定了不同社会制度下的股票市场，不仅具有共同的运行规律，而且存在相互区别的不同特点。据此，在我国发展市场经济，培育和发展股票市场，既不能离开国际惯例另搞一套；又不能不顾国情简单地模仿或照搬西方国家的模式。必须从本国的具体实际出发，走出一条具有中国特色的股票市场发展之路。

《市场经济与利率机制的市场化》

何德旭（助理研究员）

论文　12.8千字

《经济学家》　1993年第3期

文章认为，在市场经济中，利率机制在实现国内和国际收支平衡以及保证资金的有效分配、影响可用于投资资金的需求和供给、影响经济组织的投资和消费决策等方面发挥着重要作用；我国应进一步改革利率机制，使其充分发挥调节国民经济结构和引导资金投向、调节社会总供需平衡、市场货币流通量及信贷资金供求，促使社会资源合理配置的功能。而改革的方向就是逐步实行利率市场化，其思路是：(1) 由中央银行根据经济情势和市场动向自主地决定或变更基准利率；(2) 在近几年试行的基础上，逐步完善浮动利率，包括扩大浮动范围，提高浮动幅度，创新浮动形式，下放浮动权限等，直至完全向市场利率过渡；(3) 积极创造条件，克服不利因素，最大限度地发挥市场利率的调节作用。

《市场经济与土地使用制度改革》

张敬东（助理研究员）

论文　8千字

《中国土地科学》　1993年3月第七卷第3期

十年来，我国已开始形成两种土地市场：政府出让土地使用权的市场（一级市场）和土地使用者之间的土地使用权转让市场（二级市场）。在一级市场上，政府具有垄断竞争条件、出让价格的地位，加之政府作为土地所有者和社会管理者的双重身份又使其具有双重的定价动机。由此产生的地价并不能反映市场价格，有可能形成扭曲的地价信号。为此，宜采取以下改革措施：(1) 限定和约束政府行政划拨和出让土地的范围和行为，缩小政府直接分配土地量；(2) 创造条件扩大和完善土地使用权转让市场，加速其公开化、规范化的进程；(3) 开征以土地及其地上建筑物价值为课税对象的不动产税；(4) 调整或改造现有城市规划的依据和方法，使其适应对土地使用权转让市场的宏观管理。

《我国转向市场经济的战略、内容及其他》

李晓西（副研究员）

论文　30千字
收入《我的市场经济观》
江苏人民出版社　1993年9月

论文探讨了市场经济的基本理论，阐述了走向市场经济的具体途径、困难和战略、策略，强调了人民在创造社会主义市场经济方面的伟大作用。(1) 正面阐述了包括产权明晰、交易自由、企业平等等内容的市场经济基本理论，以消除人们对市场经济的一些顾虑、担心和不信任。(2) 阐述了向市场经济的过渡应激进与渐进相结合，并认为现在到了改革迈大步的关键时候了。(3) 论述了向市场经济转变的主要内容，即：政府干预适度化，社会管理法制化，宏观调控规范化，市场主体多元化，国有私有平等化，经济运行市场化，计划调节间接化，经济特区全国化，对外开放国际化。(4) 针对当前经济发展中的问题，针对市场经济发展与计划体制的种种摩擦和冲突，提出要用市场经济的原则和办法来解决这些新问题。

《发展期货市场需要研究的几个问题》

叶杰刚（副研究员）
论文　5千字
《物资流通研究》　1993年第4期

期货交易或期货市场是有特定含义的经济范畴，并有其特殊的运动规律和运行程序。在观念上不能把作现货交易简单地等同于现代期货交易。实际上，期货交易或期货市场是“定期交易”的一种特殊形态。其基本意义和特点是：(1) 交易者以自由买卖标准合约为凭证（或依据）彼此结为市场关系；(2) 交易活动是在特设的场所内，依照特定的程序和规定进行和完成的。期货交易或期货市场是商品经济发展到高级阶段以后出现的经济现象。开展期货交易和兴办期货市场必须具备一定的物质条件或物质基础：(1) 必须构筑一定规模和一定水平的“硬件”设施和“软件”设施（通讯系统，仓储设施和完整的规章、规则和健全的组织体系等）。(2) 设立相应的职能机构（如：结算部、监察部等)，并使这些机构能够正常、有效地发挥其作用。(3) 确立能够协调市场活动的调控和约束机制。

数量经济与技术经济研究所

《科技进步及其评价和案例》

袁嘉新（研究员）　合作者裘子法等
专著　278千字
北京科学技术出版社　1993年3月

决定社会发展水平的根本因素是生产力，直接的生产力是人和生产工具。而决定生产力发展水平的是科学技术。人掌握了先进的科学技术就能制造出先进的生产工具，先进的生产工具又能帮助人去扩大生产、推动经济的发展。掌握了先进的科学技术的人又能通过科学的管理，提高各项活动的效率，也必然会推动科学技术本身的发展。新的科学技术一旦被人掌握又会产生更高的生产力。所以说科学技术是第一生产力，是决定社会发展水平的首要因素。因此半个多世纪来世界经济学界和相关学科领域的学者们，一直把研究科技进步以及评价测算科技进步在经济增长中所起作用的大小作为一项热门课题，至今长盛不衰。本书搜集整理了前人的有关研究成果，并作了必要的述评。同时对如何改进现有成果以适应我国国情的需要方面也有深入的研究，测算方法得到进一步完善和丰富，为企业测算科技进步在生产增长中的份额提供了具体方法和案例。该书对科技进步本身也进行了系统的论述，特别在科技进步管理方面的论述中，针对当前存在的问题，提出了对策和建议。

《中美日宏观经济连接模型及应用》

张守一（研究员）主编

专著　310千字

辽宁人民出版社　1993年6月

从1988年开始，中国社科院数量经济与技术经济所、国家统计局综合司与美国宾州大学、斯坦福大学就中美日宏观经济连接模型开展合作研究，本书为第一阶段（1988～1991年）的研究部分成果。

在本书的代序中，对1988～1992年数量经济学模型及其应用的过程作了全面的分析，它们与政治的关系极为密切，是伴随着经济体制改革发展起来的。全书分为四部分共十八章，第一部分包括五章，分别介绍了中、美、日，世界其他国家模型和贸易矩阵；第二部分为理论与方法研究，讨论了经济波动时期的建模方法、一种新的线性回归技术、横截面生产函数、固定资产年代与生产函数、反向经济政策模拟；第三部分为中国模型的应用，介绍了应用模型对1990～1992年进行经济预测与政策分析的结果；第四部分对新模型技术作了介绍，其中有向量自回归、经济计量学的亨德里学派、对策论及其在经济中的应用、混沌模型及其在经济中的应用。

《体制转换中的中国工业生产率》

郑玉歆（副研究员）

合作者［美］T.G. 罗斯基

论文集　360千字

社会科学文献出版社　1993年8月

本书收集了中美两国的经济学者合作进行“改革与中国工业生产率”研究的部分成果。这些成果多数以论文形式已在国内外发表，其中一些在国际上被广泛引用。收入本书的论文主要包括以下几方面的内容：对改革以来中国工业生产率的测算、不同部门间的比较、产出和投入的估计、增长核算和生产率来源分析、技术进步趋势和技术创新状况的研究，改革对中国工业企业行为、资源配置、经济效益的影响，工业改革的策略，以及生产率的方法和数据问题等。

《加强宏观调控的意义、方式和手段》

李京文（研究员）

论文　11千字

《中国社会科学院研究生院学报》 1993年第6期

本文认为加强宏观调控，既是现代市场经济的基本要素，也是建立与发展社会主义市场经济体系的内在要求。宏观调控应以经济杠杆为主要手段，以间接调控为主要方式。各种经济杠杆中，最为重要的是金融政策、财政政策、计划与产业政策。全文分为四个部分：（1）加强宏观调控与国民经济持续高速健康发展。市场经济不仅必须充分发挥市场在资源配置中的基础作用，也必须通过宏观调控加强各企业、部门、地区间的经济分工与协调。（2）加强宏观调控与社会主义市场经济体制的建立。宏观调控之所以必要和重要，是因为市场并非万能。（3）宏观调控的目标。总目标是使经济稳定而又高效高速发展。（4）宏观调控的方式与手段。

《泡沫经济及其检验模型》

张守一（研究员）　合作者葛新权

论文　15千字

《数量经济技术经济研究》 1993年第10期

具有不变贴现率的有效市场模型、内在无价值资产模型和恶性通货膨胀模型是三种基本的泡沫经济模型。第一个模型揭示了投机泡沫的存在。在横截性条件成立下，股价是预期未来股息的贴现现值，但该条件不成立时，股价还要受到投机泡沫——一个另外影响股价的随机事件的影响；第二个模型揭示了货币泡沫的存在，研究了纸币引入经济后对资源配置的影响；第三个模型揭示了价格水平泡沫的存在，研究了通货膨胀形成的机制，价格为市场基本解与价格水平泡沫之和。这三种模型为我们研究股价的变动、货币价格变动和通货膨胀问题提供了新的思路和新的方法。该文还介绍了若干种判断泡沫现象存在的检验方法。

《中国中长期经济社会发展与数学模型》

姚愉芳（研究员） 合作者贺菊煌

论文 10千字

《数量经济技术经济研究》 1993年第9期

文章采用分析与模型研究相结合的方法，对未来60年中国经济社会发展前景及可能会遇到的困难以及影响中国未来经济社会发展的主要因素为人口、资源、环境与生产的原因进行分析与研究。文章设计了中国未来经济社会发展的数学模型结构，即生产、资源、人口、环境、科技等子块以及国民收入，需求、资本、消费与储蓄等部分组成。模型围绕着经济增长为核心，通过国民收入分配调整生产或需求。模型还研究了人口、资源、环境、科技等相互间的关系。

《一个全面反映储蓄率、技术进步率与产出增长率之间相互作用的经济增长模型》

贺菊煌（研究员）

论文 12千字

《数量经济技术经济研究》1993年第4期

本文指出了哈罗德-多马经济增长模型和新古典经济增长模型的不足之处，提出了一个改进的经济增长模型。改进有两点：一是将技术进步与投资联系起来，使技术进步部分地内生化；二是引入消费函数，使储蓄内生化。文章通过计算机模拟与数学推导相结合的方法，求得了模型的长期动态特性。其基本结论是：长期经济增长率不仅与劳动力增长率、技术进步的外生部分、产出的资本弹性有关，而且与储蓄行为参数、投资推动技术进步的参数有关。这一结论与新古典经济增长模型的结论（长期经济增长率与储蓄率无关）形成鲜明的对照。

《收入分配研究中一个错误的命题》

周方（研究员）

论文 16千字

《数量经济技术经济研究》1993年第8期

本文是论文《关于“Gini系数”》(《数量经济技术经济研究》1993年第6期）的扩展。本文运用严密的数学推理，对变异系数、Gini系数以及任何的用以度量收入分配不均等性的“测度指数”进行了分析论证。其分析论证得出了下述结论：收入分配只能唯一地用Lorenz曲线、或Lorenz密度函数、或Lorenz分布函数（系作者命名）来描述，收入分配的不均等性乃是一个不可能进行实证测度的属性。从而揭示了自1912年C. Gini建立Gini系数以来一直存在于经济学中的一个错误命题——“实证测度收入分配的不均等性”。因此，构造任何的一个或有限个“测度指数”，企图“测度”收入分配的不均等性，不仅在理论上是错误的，而且在实践上也是毫无意义的。

《关于市场经济体制与政府调控的几个问题》

袁嘉新（研究员）

论文 7千字

《经济师》 1993年第10期

经济体制是决定经济运行机制的基本内在依据。经济体制改革主要是指经济运行机制的改造和设计以改善经济运行状态。经济体制改革的目的主要是通过经济运行状态的调整来发展生产力，提高经济活动的效率。市场调节实际上是一种经济运行机制，历史的事实已经证明它比传统的计划经济体制在资源配置方面成本更低、效率更高。从理论上讲，市场调节的种种优越性是针对完全竞争的市场而言的。由于实际市场离完全竞争的理想市场尚有一定差距，以及市场调节本身也存在其固有的局限性，因此，政府调控是不可缺少的。社会主义市场经济体制是一种前所未有的、协调而充分地发挥市场调节与政府调控作用的、而又体现社会主义本质特征的、空前高效的运行机制。

《中美宏观经济效益比较分析》

张守一（研究员）

论文　12 千字

《北京经济瞭望》　1993 年第 6 期

文章对中美两国的劳动生产率、投资效益、物质消耗的经济效益进行了比较研究，在分析收入分配、经济周期与经济效益的关系以后，得出了一些结论，如虽然中国劳动生产率增长速度比美国高，但每个劳动者的产出比美国低很多；中国是投资型经济，增长快；美国是消费型经济，增长慢。

《生产率与中美日经济增长研究》

李京文、郑友敬（研究员）

合作者　D. 乔根森（美）、黑田昌裕（日）等

研究报告集　455 千字

中国社会科学出版社　1993 年 4 月

本书以 1949 年以来及改革开放后的中国经济增长为对象，运用国际生产率研究领域中最新理论和方法，对中国经济增长因素进行了科学分析，在定量分析中辅以定性研究，得出了一系列令人瞩目的新观点，特别是关于中国 34 个产业部门产出增长中要素贡献的研究实属首创，对研究我国经济结构的演进趋势提供了新思路。本书包括生产率理论、生产率与中国经济增长分析、中国产业部门产出增长分析、资本投入度量与分析、劳动投入度量与分析、劳动投入数据库、时序投入产出模型生成方法、多比例拟合迭代法、拉格朗日未定系数法等。为进行国际比较，书中还包括乔根森和黑田昌裕两位美国和日本的权威经济学家的研究成果。

《1993 年和 1994 年经济形势分析与预测》

汪同三（研究员）

合作者姜忠孝、郑京平

研究报告　10 千字

《经济研究》　1993 年第 5 期

本报告对 1993 和 1994 年我国国民经济的发展提出了预测，并对当前国民经济运行存在的主要问题进行了分析。首先给出了 1993 和 1994 年主要经济指标的预测值。接着对 1993 和 1994 年的经济形势进行了分析，讨论了 1992 年经济增长的特点、1993 年经济继续高速增长的原因、1993 年经济运行存在的问题、如何看待当前的经济形势及 1994 年的经济发展趋势。最后提出了若干政策建议，包括：加快改革步伐，发展社会主义市场经济，是防止过热、保证国民经济又快又好地持续发展的关键；整顿金融信贷秩序，及时适度提高存贷款利率，加速银行体制改革；加强财政税收改革，保障国民税收，发挥财政对宏观经济的调控作用；加快投资体制改革的步伐；制定和执行合理的产业政策。

《顺周期和反周期政策的模拟分析》

沈利生（副研究员）

论文　9 千字

《数量经济技术经济研究》1993 年第 12 期

本文利用中国宏观经济计量模型对我国 1979～1991 年的经济发展轨迹作出模拟，通过设定不同的政策，定量探讨顺周期政策和反周期政策对经济发展过程的影响，主要包括两个方面：经济增长速度和社会零售物价总指数的变化。通过模拟结果的定量分析可

得到如下结论：(1) 我国经济增长速度存在波动起伏，政策因素可能是波动原因之一。(2)加快经济增长将伴随有通货膨胀的增加。(3) 如果通过调整投资或贷款来影响经济增长速度，要充分考虑其时滞特征。(4) 若把高增长期的一部分投资用于低增长期，可减小波动幅度，若用于瓶颈产业部门会有利于产业结构调整。(5) 我国经济在1992、1993年连续高增长，若要避免大起之后的大落，现在已是到了采取措施的时候了。

《中国生产率变动的因素分析》

曾力生（副研究员）

论文　24千字

收入《中国生产率变动趋势之研究》

社会科学文献出版社　1993年7月

文章运用投入产出法提出了一种度量产业部门的综合要素生产率的方法，即每个部门的生产率是该部门的最终产品与该部门直接和间接投入的所有部门的全部初始生产要素与全部中间生产要素的总的加权和之比。文章不仅研究生产率的水平及其随时间的变化，而且试图识别每种投入要素对生产率的影响。并用1981和1983年中国的实际数据，对1981～1983年中国34个部门的生产率及其变化做了计算和分析。

《区域技术进步的不均等性测度》

龚益（副研究员）

合作者周方、李晓光等

论文　18.7千字

《数量经济技术经济研究》1993年第3期

经济发展中存在着生产技术水平的不断变动。这种变动同样推动着中国经济的发展。若进一步考察，宏观的技术进步又是由多种成分构成的。同样的道理，在整体经济发展中不可避免地存在着地区性的差异。从区域经济学的角度考察技术进步，也会看到在各个不同的地区之间所存在的技术变动不均等性。这种不均等性除了受到区域禀赋条件的影响之外，更受到国家宏观政策的影响，受到国家指令性计划的控制。通过对地区间技术进步不均等性的研究，可以部分地判断出国家在某一历史时段内所采取的政策究竟是平衡的还是非平衡的。本文探讨了中国各省区技术进步的不均等性并考察其不均等程度，对技术进步中的不同组份进行了分解和分析。

《不同类型企业间技术开发活动要素配置的比较分析》

郑玉歆（副研究员）

合作者谢千里、罗斯基（美）

论文　15千字

《数量经济技术经济研究》1993年第4期

文章在七个城市、三个行业的254个企业的调查基础上，构造了以技术创新成果为产出，以激励、自主权和资源作为投入的生产模型。并利用调查数据考察了国营、城镇集体和乡镇三类企业在进行技术创新活动中成果、激励、自主权和资源配置上的差异，并检验了关于技术创新活动的资源在不同类企业间的分布与激励、自主权等要素分布之间存在不相匹配的假定，以及在技术开发中存在着城镇集体和乡镇企业“追赶”国营企业的假定。

《目前农村改革的热点问题》

周丽（助理研究员）

论文　3千字

《数量经济技术经济研究》1993年第10期

农村改革在整个国民经济总体改革中至关重要，自1978年改革开放至今，广大农村发生了巨大变化，特别是近期，随着总体经济大环境的变化，出现了几个引人瞩目的热点问题，从中可看出一些经济发展的现实动态。热点问题主要包括：农村股份合作制、建设各种经济开发区、开发培育市场体系、乡镇企业迈向新高度。

人口研究所

《中国人口》

胡伟略（研究员）

专著　90千字

人民教育出版社　1993年3月

全书共分六章：第一章我国历史上的人口发展。指出历史上人口发展为中国现代人口发展打下了庞大的基数，影响至今。第二章新中国人口发展的三次高峰及当前人口状况和特征。第三章人口问题。在社会主义条件下，人口增长与经济社会发展既相适应又表现出很多很大矛盾，而解决人口问题的前景是光明的。第四章人口与社会主义现代化建设的关系。主要问题是保持经济长期稳定的发展；正确处理人口和积累、消费的关系；重视农业，走有中国特色的农业现代化和人口城市化的道路，逐步调整经济技术结构，使人口结构与经济技术结构均衡发展；加强文明建设提高人口素质。第五章人口政策和计划生育工作。计划生育基本国策是一条总方针，控制人口数量和提高人口素质是总方针的两个基本点，生育政策中提倡生一个是特殊的生育政策。计划生育要科学化管理。第六章人口发展趋势。

《面对21世纪的选择——当代妇女研究最新理论概览》

孙淑清（副研究员）

合作者熊郁、战捷、刘启明等

专著　375千字

天津人民出版社　1993年11月

面对21世纪，妇女问题将成为人类所关注的大问题，人们已开始用新的眼光和态度来审视人类的一半——妇女。本书从广阔的领域研究了妇女在社会发展过程中的发展理论与实践，主要包括以下几个方面的问题：(1)当代妇女发展的历史演变和妇女发展学说；(2)当代妇女就业理论与就业特点；(3)教育理论和教育对妇女发展的影响；(4)婚姻家庭研究理论与实践；(5)妇女地位与生育率转变理论；(6)女性迁移理论的发展与迁移现状；(7)女性死亡与健康。总之，本书是从历史学、社会学、人口学、心理学、教育学等多学科角度研究了当代妇女发展的理论与实践，将有助于妇女研究的发展和开拓。

《"中观"人口控制与社区综合发展》

田雪原（研究员）

论文　10千字

《中国人口科学》　1993年第1期

本文提出"中观"人口控制概念，并将社区定为中观人口控制的基本领域，从这一范畴探讨人口控制新路子。文章从实际出发，将当前我国社区划分成传统农业型、现代产业结构型、过渡产业结构型三种基本类型，这三种类型大体同人口再生产高增长、低增长、由高增长向低增长过渡型相适应。通过对海南人口与社区综合发展的考察，将人口控制纳入社区综合发展之中，实行一定的向独生子女和计划内生育子女倾斜的政策，为人口控制开辟一条新路。

《市场经济体制下的人口控制》

田雪原（研究员）

论文　15千字

《中国社会科学》　1993年第6期

本文应用微观人口经济学，孩子成本——效益理论，结合改革开放实际，在肯定人口控制必须运用以往成功经验做法基础上，寻求改革出路：微观上增大独生和计划内生育子女效益,同时增大超生子女成本,分配上向脑力劳动适度倾斜,加快家庭由投入孩子数量成本向质量成本的转移;中观上通过发展社区经济、文化和服务,改变孩子成本效益作用的条件,改变人们的生育观念,实现人口控制与家庭生育行为的对接;宏观上要在人口政策、发展战略方针、管理机制、宣传教育、人口科学研究等,增强政府的综合调控能力。建议成立国家人口委员会以发挥在协调政府各部门中的作用。

《论农业经营形式的选择——着重于社区合作组织的经济学分析》

蔡昉(副研究员)

论文 10千字

《经济研究》 1993年第1期

经济物品就其产权特征来讲具有三种类型:私人财产、公共品和“公共池塘”资源。后面两者的存在是由于物品的生产和使用中具有外部性。农业是一种典型的具有外部性特征的产业。适当的农业经营形式的选择或产权的界定方式应考虑到外部性的程度和交易费用的多寡。由此农业经营有三种基本形式:私人产权家庭中进行的直接生产过程;具有外部性服务领域的政府参与;适当范围和程度上的合作。由于劳动计量的困难,农业中的合作经济存在诸多悖论,因而其能否成功至少是有条件的。这些条件包括:合作必须是可选择的;资源的外部性不能过大;资源排他的技术成本不宜过高;合作的成员必须对合作的服务有强烈需求;合作的组织水平应相应提高。

《论农业保护及其替代政策》

蔡昉(副研究员)

论文 12千字

《农村经济与社会》 1993年第2期

许多国家和地区的发展经验表明,实行对农业的保护政策,会加重消费者和纳税人的负担;引起国际贸易摩擦;扭曲了产品和要素的价格从而影响资源配置的方向;并总是与经济上的无效率和社会生活中的腐败相伴而生。因此,实行农业保护政策同实行剥夺农业的政策一样都是扭曲性的政策,会给国民经济带来巨大的福利损失。而农业保护政策的出现大多是在一国经济发展和结构变革较快、农业份额下降、比较优势趋于丧失的时期。由我国资源秉赋特点所决定,我国农业特别是粮食生产缺乏比较优势;迅速的经济增长又加速了农业比较优势的丧失。因此,在目前阶段,要避免错误政策选择。我国农业政策选择应建立在发挥比较优势、参与国际分工的基点上。

《北京市15~19岁低龄段育龄妇女婚姻、生育演变的分析》

杨子慧(编审)

论文 18千字

收入《'90北京人口》

中国统计出版社 1993年1月

本文应用北京市1990年人口普查资料、1‰人口生育抽样调查数据和1988年生育节育抽样调查资料,对北京市1974至1989年期间15~19岁育龄妇女的婚姻和生育状况,作了全面、系统的分析研究。指出,北京市由于80年代以来早婚早育回潮的影响,致使北京市育龄妇女总和初婚率、平均初婚年龄、标准化平均生育年龄、总和生育率百分比分布、一胎总和生育等测度指标都发生了明显变化,表明早婚早育对北京市的计划生育、人口控制产生了强劲的冲击。文章还着重探析了早婚早育回潮的多学科原因,从六个方面作了详细阐述,提出了可供操作的制止早婚早育的对策和建议。

《当代中国妇女家庭地位的比较研究及成因

探析》
刘启明（助理研究员）
论文　8千字
《中国人口科学》　1993年第5期

本文利用我院人口所1991年在中国上海市、山东省、陕西省、广东省进行的“当代中国妇女地位调查”的原始数据，借鉴西方国家对妇女地位的有关界定，以“女性”为聚焦点，以“男性”为参照系，从不同层面、不同区域对中国妇女家庭地位进行实证研究，并通过男女两性在家庭中的收入管理权、收入支配权、消费决策权、对子女前途的发言权、生育决策权、自我意愿决定权的地区和城乡比较研究，指出虽然中国妇女正逐渐摆脱长期以来社会赋予女性的传统的家庭角色，但是总的水平特征仍然表现为男性地位高于女性。提高一个地区的整体经济水平和开放程度，特别是提高女性的经济收入，是提高女性家庭地位的关键所在。

哲学研究所

《中国哲学主体思维》
蒙培元（研究员）
专著　153千字
东方出版社　1993年8月

本书认为，中国哲学提倡以人为中心的主体思维，重视人在宇宙自然界的地位和作用，提倡“人为天地立心”，强调自我直觉与体验，以人与自然的统一和谐为目的，而不以人主宰自然为目的；以天人合一、主客合一为特征，而不以天人分离、主客对立为特征。它在建立人的德性主体方面起过重大作用，但在认识世界方面又有不可否认的局限性。

当代思维研究新论》
邱仁宗（研究员）
专著　258千字
中国社会科学出版社　1993年6月

以计算隐喻理论为基础的当代认知科学是思维研究领域的一次范式转换。传统的思维研究基于笛卡儿的朴素反射论和巴甫洛夫的精致反射论，这些理论以及在现代盛极一时的行为主义都以人心为黑箱作为理论预设，但认知科学的成就表明，可以将思维比作计算，即信息的加工或处理。在人心处理或加工来自外界的信息过程中，涉及记忆、意象、概念、语言、解题、推理、创造等一系列问题，而人们的认识正是这一信息加工过程的结果。认知科学的成果不仅有利于心理学、计算机科学和神经科学的发展，也对哲学认识论具有重要意义。本书在论述认知科学的重大成就、揭示其认识论意义时，也讨论了计算机隐喻理论的局限性、人工智能与天然智能的区别，人脑两半球功能差异等重要问题。

《数理逻辑发展史——从莱布尼茨到哥德尔》
张家龙（研究员）
专著　370千字
社会科学文献出版社　1993年8月

本书是一部论述从莱布尼茨到哥德尔的数理逻辑发展史的专著，它用马克思主义哲学观点总结了数理逻辑产生和发展的规律性。在第一章导论中，论述了数理逻辑史的对象和分期、研究数理逻辑史的方法论问题。第一编简要论述了数理逻辑前史——古典形式逻辑的发展。第二编论述数理逻辑初创时期的成就，内容包括数理逻辑产生的时代背景、莱布尼茨的数理逻辑思想、逻辑代数、关系逻辑。第三编论述数理逻辑奠基时期的成就，内容包括逻辑演算、从素朴集合论到公理集合论、逻辑类型论、直觉主义的数学基础和逻辑、形式公理学和证明论。第四编论述数理逻辑发展初期的成就，内容包括哥德尔完全性定理、不完全性定理、选择公理和广义连续统假设的一致性、塔尔斯基的语言层次理论、一般递归函数、λ转换演算和丘吉论题、图灵机和可机算函数、波斯特的符号处理系统、塔尔斯基证明不可判定性的一般方法。本书还用马克思主义哲学观点对数理逻辑一些重大成果的哲学意义进行了讨论。

《中国传统智慧引论》

王树人（研究员）

教科书 100千字

德国哈根 1993年

本书揭示了中国传统智慧产生的自然与社会历史条件，指出源于内陆比较封闭的中国文化与西方源于希腊比较开放的海洋文化的区别。同时，由于中国社会长期处于宗法制即“家国一体”的伦理主义统治之下，使中国文化表现为突出的“认同性”，即对古代经典那种寻祖归宗的认同性。汉字作为中国传统文化的载体，凝结着深刻的智慧，是中国文明的一条根，不仅对于文化的承传，而且对于中华民族保持统一，以及对中国艺术发展和人的智能开发，都具有巨大的功绩。儒家思想体系比起其他思想体系更适应维护中国封建等级制度，并且其体系具有“损益”的开放与融合其他思想的特性，从而使之能在中国历史发展中保持主流地位。意境论与写意精神是中国传统美学的核心思想。意境论的抒情写意精神，区别并高于西方摹仿论写实美学，更能揭示艺术的真正本质。中国传统思维方式以“形象中心主义”，而区别于西方的语言和逻辑唯心主义。从形象中心主义出发，中国传统思维具有从整体直观出发、重内省体悟、经验辩正等突出特点。

《信仰与革命》

李鹏程（副研究员）

专著 272千字

人民出版社 1993年10月

本书从18世纪末至19世纪初叶德国宗教哲学发展的路向的侧面，论述了黑格尔宗教哲学观念、老年黑格尔派和青年黑格尔派的宗教观念、青年黑格尔派对宗教的批判。上述思想史过程被作为德意志精神在该历史时期的世俗化进程加以学术考察。全书共分为绪言、导论、正文四章及总结几大部分。绪言说明了本书的写作目的和本论题的研究意义；导论论述了从宗教改革到19世纪上半叶德国宗教哲学发展的基本线索，阐明了黑格尔宗教观的文化历史背景；第一章论述了黑格尔的宗教观，分析了黑格尔观点的两重性，阐明了德国信仰意识衰落的必然性；第二章论述老年黑格尔派的宗教观，主要阐明在新旧思想斗争中传统观念的演变态势；第三章论述青年黑格尔派的宗教批判，主要阐明德意志思想世俗化的几个基本阶段（以主要代表人物为线索）及基本趋势，说明了世俗化的艰难，指出了世俗化过程中发生的主要问题；第四章论述马克思的宗教批判和意识形态批判，认为这标志着德意志精神史上信仰时代的结束和近代社会化思想的起源，是近代德国思想史上的最伟大的转折。

《批判哲学与解释哲学》

郑涌（副研究员）

论文集 320千字

中国社会科学出版社 1993年6月

这是一本论文集，是研究解释哲学的第一部分。追溯H. -G. Gadamer解释学的理论来源之一——Kant批判哲学，特别是从Kant的第三个批判——《判断力批判》的对艺术的哲学思考入手，试图从艺术的角度，艺术地解释哲学即被称之为精神科学的当代世界哲坛的解释学。另外，讨论了M. Heidesser和H. -G. Gadamer的一些基本思想，如Heidejser的关于词的意义和艺术的起源的思想，Gadamer 的关于口语文学、传统等思想。在讨论中，涉及到 J. Habermas、J. Devridu、P. Ricour 等人的有关思想。

《道藏与佛藏》

胡孚琛（副研究员）　合作者方广锠

专著　120 千字

新华出版社　1993 年 12 月

本书收入汤一介、季羡林等主编的《神州文化集成》丛书中。其中"《道藏》的由来和现状"由胡孚琛执笔，"《佛藏》的历代演变及传播"由方广锠执笔。道藏为上卷，分七章，有"小引"、"早期道书的造作和自由造经时期"、"三洞四辅分类法及有关道经"、"南北朝及隋代道经的编纂"、"唐宋金元时期的《道藏》"、"明清的《道藏》和藏外道书"、"余论"。该书对陆修静三洞经书目录、梁代《玉纬七部经书目》、北周和隋代的道经、唐代《道藏》、宋代《道藏》、金元《道藏》的编造规格、卷数、收集道书情况等都进行了详细考证，纠正了前人的一些误失，并对元世祖忽必烈焚毁道经等历史事件提出新的看法。同时，对明《正统道藏》和《万历续道藏》的编纂及清代以来的藏外道书也进行了考证，指出了现存《道藏》的一些缺点。三洞四辅十二类的道书分类格式是自六朝始创经唐代至北宋逐步定型的，现在已不适应查阅的需要。唐、宋、金、元时期 750 年间，《道藏》时毁时复，屡遭劫难，反映了中国文化史的一些特点。唐宋金元时期都曾编成远远超过明《正统道藏》规模的珍贵《道藏》，但都在战乱中焚毁殆尽，元代甚至发生人为的焚经之祸，这都是严重的历史教训。现代亟需以新的分类法重新编纂《道藏》，并收齐近代遗存的藏外道书。

《中西哲学话"长生"》

叶秀山（研究员）

论文　12 千字

《中国哲学史》（集刊）　1993 年第 2 期

由讨论道家之"长生"观，引出西方传统——古代希腊人以"人"为"有死者"的观念，探讨西方人关于"生"之"意义"的观念对中国传统——主要是道家传统之参考价值。

文中研究了中国道家——主要是道教关于"长生"技术之经验性、特殊性，及其对科学性技术的区别和补充作用，由此发挥"技术"观念对哲学思考的意义，科学对特殊性技术（特异功能）的宽容及其限度。科学（技术）之普遍性及普及性，与特殊技术之经验性、特殊性，以及它们各自的历史原因，亦有所论及。

"意义"观念对"长生"观念之抑制作用，西方关于"意义"观念的历史发展，近代西方关于"意义"的强调；"生命"一次性与"意义"、"责任"的关系。"长生"与"生命"多次性对于"责任"的消除，从而滋生"游戏人间"的生活态度。

《生命伦理学应给发展中国家提供什么?》

邱仁宗（研究员）

论文　16 千字

《自然辩证法通讯》1993 年第 15 卷第 4 期

论文在分析了发展中国家生命伦理学的思想基础后，提出了发展中国家面临的难题，如对技术成功的过度期望，为满足个人和社会非医学需要而引起的问题，传统文化与现代技术之间的价值冲突，以及卫生资源的不公正分配。对发展中国家更为关键的问题是：技术上可能做的是否应该做、医学中的家长主义与病人自主权如何平衡、现代化和传统文化的价值冲突如何解决，以及伦理学原则是具有普遍性还是随文化而异。论文的重点在于论证生命伦理学在发展中国家的发展要求实行思维变革，对西方国家生命伦理学占支配地位的范式提出了挑战，如侧重权利的研究路线、个体论的导向、对技术的崇拜、对健康和生命意义的忽视。该文的英文本发表在国际生命伦理学学会会刊 1993 年第 7 卷第 2～3 期上。

《理性与理想：中国现代人文主义哲学的基本精神》

郑家栋（副研究员）

论文 9.5 千字

《哲学研究》 1993 年第 8 期

文章立足于中西方现代人文主义哲学的比较，指出：理性与理想、真理与价值的分离是西方现代哲学的重要特征，科学主义与人文主义哲学往往是各执于一端。相比较而言，中国现代人文主义哲学则遵循一条基于理性以建立理想的道路，致力于在谋求理性与理想之统一的前提下重建儒家理性的、道德的理想主义。具体的则表现为一方面反对把理性抽象化，反对把它限定在某种狭义的逻辑理性、认知理性的范围；另一方面亦批判非理性的、浪漫的理想主义，而认为人的本质的自我实现既不是表现为以理性压抑、拒斥感性生命，亦不是表现为以感性生命对抗理性，而是表现为以理性生命转化、点化感性生命，以求达到知与行、理性与感性、形上与形下、真理与价值的完美统一。文章具体阐述了中国现代人文主义哲学由梁漱溟、熊十力中经冯友兰到唐君毅、牟宗三的发展历程，比较了不同的代表人物与发展阶段的同异之处及继承传统的侧重点，同时也指出了他们在融会中西、谋求传统哲学的现代转化方面所存在的普遍性问题。

《牟宗三对儒家形而上学的重建及其限制》

郑家栋（副研究员）

论文 24 千字

《中国社会科学》 1993 年第 1 期

文章剖析了当代新儒家最重要的代表人物之一牟宗三通过站在儒家陆王心学的立场上，吸收和改造康德哲学所建构的庞大的“道德的形上学”体系。指出牟氏理论的核心在于运用儒家特别是宋明理学有关本心、性体、良知的观念改造康德的自由意志概念，把在康德那里作为理性所追求之“理念”的自由意志本体化、实体化，使之成为一个普遍的、绝对的、贯通道德界与存有界的、决定一切亦创造一切的形上实体，此形上实体不只是道德实践所以可能的根据，而且成为科学知识所以可能的根据，由此跨越了康德所严格遵守的自然世界与应然世界之间的界限。这样一种理论，一方面充分彰显了人在道德方面的自主、自立和追求自我超越的无限潜能，另一方面亦未能修正和弥补传统儒家“以仁为笼罩，以智为隶属”、使认识之真完全屈从于伦理之善的缺陷与不足。

《从物理实在观的变革到关系实在论》

胡新和（副研究员）

合作者罗嘉昌（副研究员）

论文 14.4 千字

《自然辩证法通讯》 1993 年第 3 期

关系实在论是作者由现代物理学、特别是量子力学中物理实在观的变革的启示而在近年来形成的一种实在论观点。量子力学诠释问题上六十年来的争论表明，经典的实体实在观已为量子力学揭示的量子整体性、几率性和波粒二象性等微观实在的本质特征所不容。关系实在论强调关系的客观性、内在性和不可还原性，强调它们对于实在的认识论意义和本体论规定。关系实在论的特有观点是：(1) 实在是关系的，它限定于一组本质上不可分离的关系结构中，其性质在特定关系中实现。(2) 关系是实在的，表现为本体论上的内在性和不可还原性，认识论上的客观性和普遍性。(3) 关系在一定意义上先于关系者。(4) 关系表述和性质表述的互补和转化，由此得到不同关系参量限定下的不同性质描述的种种实在世界，既回击了反实在论倾向，又谐调和丰富了实在观。

《遗传学的发展及其社会伦理思考》

赵功民（副研究员）

论文　23 千字

收入《科学前沿与科学》

中共中央党校出版社　1993 年

一部遗传学发展史，渗透和贯穿着人们对基因认识的不断深化过程，基因的物质实体化的概念在科学实践中不断地得到充实和完善。分子遗传学在基础研究上的重大突破，使遗传学开辟了一个新的研究领域，遗传学逐渐走向社会，走向产业化道路。随着科学技术进入社会，人们往往很关心科学技术对社会的实际效应。社会按科学技术的社会功能进行评价。如果对社会产生的影响是消极的、负作用的，这种技术将会受到社会的严格批判。当一种新技术融合到人类社会已有的道德范畴中时，人们会对新技术的真正价值予以重新评价。新技术会带来法律、社会福利等方面的问题，从而引起人们的关注。

《道教医学和内丹学的人体观探索》

胡孚琛（副研究员）

论文　15 千字

《世界宗教研究》　1993 年第 4 期

本文是作者根据自己对道教医学和内丹学的多年研究，从现代生理学和心理学的角度将古老的内丹学说推演出一套新的理论体系，因而为破解内丹千古之谜开辟一条途径。道教医学和内丹学实际上是把人体看作是由形（躯体结构）、气（生命结构）、神（心理结构）三个层次组成的。这种三重结构的人体观在内丹学的精、气、神理论中呈现更精致、更科学的形式。内丹学的精、气、神有先天和后天之分，先天是无形的、功能性的、自然本能状态的、超越时空限制的；而后天则是有形的、人为的、受时空限制的。内丹学实际上是一套身、心（即形、神）相互作用学说，它将人的意识分为常意识（即识神，指日常的认知、思维活动）、潜意识、元意识（即元神，遗传的本能意识）三个心理层次。内丹学是一套凝炼常意识、净化潜意识、开发元意识的人体系统工程，是探索脑科学奥秘的心理实验程序。内丹学的关键功法是通过阴阳交感秘术将宇宙中的先天一炁招摄到体内。先天一炁是宇宙初始状态的信息源，是自然界普适的内在节律，它可以在阴阳交感中通过与人体节律的调谐技术将元意识凝炼为阳神或将潜意识凝炼为阴神。这样，内丹学也是一套开发“自我”，认识自我，将潜意识乃至元意识通过精、气、神的凝炼逐步人格化的心理程序。

马克思列宁主义
毛泽东思想研究所

《毛泽东思想研究在中国》

韩荣璋（研究员）主编

合作者杜魏华、王宜秋、李晓勇、毛立言

专著　180 千字

重庆出版社　1993 年 8 月

该书在占有大量第一手文献资料的基础上，首次从把握毛泽东思想研究工作的规律、正确开展研究工作的视角，对毛泽东思想这一科学概念提出以来各个历史阶段对毛泽东思想的研究状况做了系统全面的概括，总结了毛泽东思想研究工作中正反两个方面的经验，指出了正确开展毛泽东思想研究工作应持的态度和方法。

该书讴歌了邓小平等老一辈无产阶级革命家为坚持毛泽东思想，为把毛泽东思想研究工作引上健康的发展道路所做出的杰出贡献。强调了在当前国际风云变幻、国内改革大业迅猛发展之际，高举马列主义、毛泽东思想的旗帜，正确开展毛泽东思想研究工作的极端重要性。

《毛泽东思想研究五十年》

韩荣璋（研究员）主编

合作者肖德才、邵和平、陈登才等

专著 53.8千字

湖北人民出版社 1993年11月

该书系统全面地回顾了毛泽东思想研究的历史，揭示了毛泽东思想研究工作的特点和规律，并依据历史的发展，将五十年来的毛泽东思想研究工作分为研究的起点、展开、面临窘境、新阶段四个时期。

该书坚持毛泽东思想是中国共产党集体智慧的结晶这一要义，不仅对五十年来毛泽东本人各个方面思想的研究进行了评述，而且对老一辈无产阶级革命家对毛泽东思想的贡献的研究进行了评述。特别是对邓小平同志建设有中国特色社会主义理论的研究进行了系统的总结。

为了全面反映毛泽东思想研究工作所走过的曲折道路，并放眼世界探究毛泽东思想的国际意义，该书还收编了国内毛泽东思想研究大事记，并介绍了五十年来国外毛泽东思想研究工作的演变、研究的主要问题、代表性的著作和通常采用的研究方法。

《毛泽东军事思想简论》

韩荣璋（研究员）主编

合作者林建公、黄伟民、陈立旭

专著 160千字

陕西人民教育出版社 1993年12月

该书系统全面地阐释了毛泽东军事思想的定义、产生的条件、形成发展的历史、理论体系的基本内容以及邓小平同志在新时期对毛泽东军事思想的重要发展；论述了发展与坚持毛泽东军事思想的辩证关系；强调了毛泽东军事思想不仅是指导我国人民夺取革命胜利的强大思想武器，而且是指导我国加强军队建设和国防现代化建设的强大思想武器。

该书还有针对性地说明了毛泽东军事思想在高技术战争条件下的指导作用，批驳了那种借口现代战争同过去不同了，进而否定毛泽东军事思想科学价值的错误观点。

《分析学派的马克思主义》

余文烈（副研究员）

专著 240千字

重庆出版社 1993年12月

本书是国家社会科学研究基金(青年)项目“分析派马克思主义与当代资本主义”的主要成果。分析派马克思主义是1980年以来在英美地区悄然崛起的一股研究马克思主义的新思潮。它把分析哲学的方法（包括语言分析、数理分析、博弈论等工具）运用于马克思主义的研究，宣称要重新确立马克思主义理论的“微观基础”；在“分析”的过程中对马克思原有的理论命题有的澄清，有的修正，有的拓宽，也有曲解和攻击。本书在搜集大量第一手材料的基础上，对该学派理论的三大组成部分——经验理论、规范理论、方法论——进行综合研究。全书分八章，透过该学派扑朔迷离的理论形式，依次剖析了：柯亨对历史唯物论的语言及逻辑分析，罗默重构的剥削的一般理论及其具体形式，赖特建构的当代资本主义社会阶级分析的框架，伍德和胡萨米对马克思主义观的讨论，布伦克特对马克思的“自由的伦理观”的论证，柯亨和范帕里斯对社会科学的功能解释的辩护，以及埃尔斯特和罗默倡导的“方法论的个人主义原则”和理性选择原则——博弈论在马克思主义理论分析中的运用。

《中国特色社会主义通论》

马国泉（副研究员）主编

合作者赵良玉（主编）

专著　350千字

中国国际广播出版社　1993年10月

本书分四篇：总论篇、经济篇、政治篇、文化篇。

总论篇主要阐述世界形势发展趋势，中国走向21世纪的必由之路；经济篇主要论述发展生产力的重要性和建立社会主义市场经济体制的必要性；政治篇主要说明中国特色的社会主义国体与政体；文化篇阐明了建设有中国特色社会主义必须在马克思主义指导下进行。

本书从不同视角对有中国特色社会主义理论和实践做了较全面、系统的探讨，特别是对发展社会生产力和建立社会主义市场经济体制的重要性和必要性进行了深入的分析和论述。该著作对有中国特色社会主义理论的产生、形成和发展过程，作出了清晰的描述。本书还对反右防"左"和反"左"防右以及当前主要是防"左"，从历史和现实相结合的角度，进行了辩证的分析，并总结了一些规律性的经验教训。

《马克思主义在当代中国实践中》

孙连成（研究员）

论文集　520千字

黑龙江教育出版社　1993年11月

该书收集了作者自1986年以来研究邓小平思想和有中国特色社会主义理论的主要论文。这些论文紧紧围绕建设有中国特色社会主义理论这一中心，从坚持和发展马克思主义、社会主义初级阶段的基本理论、社会主义经济体制改革、政治体制改革、社会主义市场经济的建立、对外开放、农民和农业发展问题、统一战线、"一国两制"等方面，进行了深入的探讨。

《论先富与共富》

孙连成（研究员）

论文　8千字

中共吉林省委《新长征》杂志　1993年第7期

本文主要从理论上阐述两者辩证关系，进一步阐明我党"鼓励一部分人先富起来"是符合社会主义发展规律，"是整个社会走向共同富裕的必由之路"的科学性。全文分三个部分：（1）走社会主义道路，就是要走共同富裕的道路；（2）共同富裕不等于同步富裕，同步富裕实质上是共同贫困；（3）一部分人先富裕起来是全体劳动者走向共同富裕的必由之路。

《关于两个文明关系的再认识》

孙凯飞（副研究员）

论文　8千字

《社会经济问题研究》　1993年第9期

社会主义物质文明和精神文明建设一起抓是社会主义建设的战略方针，关系社会主义的兴衰成败。但实际工作中往往是精神文明建设一手硬不起来。解决这方面的深层次问题需要把两个文明关系的认识从哲学层次推进到文明层次。哲学层次：物质与精神何者为第一性上是物质在前，精神在后。但文明层次上讲，人类的物质文明都是人类精神文明的产物。文化是精神文明的客观表现，思想是精神文明的主观表现，思想建设和文化建设也要两手抓。社会发展到今天，文化成了社会财富的源泉。科学技术是第一生产力，要重视科学技术和教育事业，把文化建设摆到应有的重要战略地位上。要克服文化建设中的混乱无序现象，社会主义现代化建设才有希望。

《谈市民社会——从黑格尔、马克思到葛兰

西》

李少军（助理研究员）

论文 7.5千字

《求是学刊》 1993年第5期

本文比较了黑格尔、马克思和葛兰西的市民社会概念，侧重阐述了葛兰西赋予该概念的新意。黑格尔、马克思在理论上明确了市民社会与政治社会的对立以及市民社会的私人性质和经济性质。马克思更明确了市民社会是政治社会的前提，认为市民社会是上层建筑的基础和对立物。在葛兰西的理论中，市民社会有了全然不同的内涵。它不是经济关系的总和，而是精神与智力生活的总和。它与国家共同构成为上层建筑的两个层面，同时又与政治社会共同构成为国家的两个层面。葛兰西认为，革命必须有意识形态条件。资产阶级意识形态占统治地位，无产阶级夺取政权没有意义，只能在市民社会同资产阶级进行持久的“阵地战”。葛兰西的理论为发达国家工人阶级探索新的斗争道路奠定了基础。

世界宗教研究所

《基督教史》

唐逸（研究员）主编

合作者颜昌友、文庸、乐峰等

专著 352千字

中国社会科学出版社 1993年5月

本书系应国家教委委托，以大学文科学生为对象的教科书。以质朴明快的笔触，为读者提供作为一大世界宗教的基督教自古及今发展嬗变的完整而扼要的图景。对于教会史和思想史并重，在叙述历史事件的同时，对各时代的基督教思潮、各学派的理论和各教派的教理教义的形成与演变，皆作出明晰扼要的分析说明。内容包括：基督教产生的历史背景；史料中的耶稣；《福音书》中的耶稣；早期社团与教会；七次公会议；古代教父；东西教会的分裂；中世纪教会与教皇；经院神哲学；十字军；修道制；异端教派；东正教；文艺复兴时期的教会；宗教改革；罗马教会的反改革与整顿；英美福音运动；近代传教运动；19世纪新教神学思想及其渊源；20世纪的普教运动；20世纪的主要神学思想和教派；中国早期基督教；中国近现代基督教与本色合一运动；基督教大事年表；天主教及新教来华部分传教士人名录等。

《伊斯兰教法概略》

吴云贵（研究员）

专著 243千字

中国社会科学出版社 1993年2月

伊斯兰教法集宗教、法律、伦理于一体，是伊斯兰教教义的核心内容。本书在借鉴东西方研究成果基础上，对伊斯兰教法的起源、法的实体与程序及近现代伊斯兰教法的改革、发展趋势作了系统的论述。全书分为三部分。第一编用六章篇幅论述了伊斯兰教法产生的历史过程，分析了它与《古兰经》、早期阿拉伯的社会习惯、教派、学派、政治斗争的关系，介绍了早期法学思想倾向。第二编用七章篇幅论述了伊斯兰教法各部门的基本内容，涉及婚姻家庭、遗传继承、宗教公产、刑法、商法、法院与审判程序、政治学说（哈里发制度）等。第三编用六章篇幅论述了近现代伊斯兰教法的基本发展趋势，分门别类地分析了各部门法制改革的历史背景、理论基础、具体做法，分析了伊斯兰国家现代改良主义和原教旨主义两种互相对立的潮流。书末有五个附录，尤以伊斯兰教法学术语中外文对照表更具参考价值。

《当代佛教》

杨曾文（研究员）

合作者黄夏年、张大柘、郑天星、黄陵渝

专著 320千字
东方出版社 1993年7月

对当代世界各国的佛教流传情况作概要介绍。(1)为使读者了解各国佛教的历史和基本教义,在第一章综合介绍佛教的起源、基本教义及南传佛教、北传佛教的简史和分布区域。(2)对当代南亚、东南亚国家的概况和佛教历史进行概要介绍后,对在这一区域流传的南传佛教的现状、佛教与政治、文化的关系,作了比较详细的介绍;特别对战后斯里兰卡的佛教复兴运动、佛教在民族民主运动中所起的作用;对缅甸、柬埔寨等国的"佛教社会主义"思潮等,作了论述。(3)战后日本在美国占领军总部的指导下进行了一系列"民主化"改造,佛教中的传统宗派和新兴宗派得到新的发展。对此,本书结合日本战后的社会政治情况对其佛教传播、佛教在社会政治、文化中的影响,战后的新兴宗派,作了分门别类的介绍。(4)以往中国对朝鲜、蒙古、前苏联的当代佛教研究较少。本书单辟章节对此作了专门介绍,执笔者曾亲自到蒙古、前苏联现地调查过,其中关于蒙古、前苏联的宗教政策、佛教现状的介绍,有许多过去不为我国了解的新内容。(5)对欧美佛教和佛教传播、佛教研究情况也作了介绍。书后附有二战后世界佛教大事年表。

《万法归宗——气范畴通论》

李申(研究员)
专著 214千字
华艺出版社 1993年8月

全书由导论、结语及正文组成,正文分五章。导论介绍了西方哲学中原子论和非原子论的对立,认为气是一种非原子论的物质观,可归入现代所说的场论系统。第一章,气的中介作用。论述气产生于对物与物相互作用的中介的认识,叙述了气的分类及其中介作用的各种表现,指出当前气功界所说气可遥感的荒谬。第二章,气的运行。论述古人关于阴阳二气周年消长循环的学说在历史上的价值,论述了中医学五运六气说的本质,指出中国古人对气自己运动认识的哲学意义,也指出了阴阳二气消长说、卦气说、五运六气说的失误。第三章,作为质料的气。论述气作为构成世界万物的质料及其与上帝、鬼神和人的精神现象的关系。第四章,气与道、理。论述气与道、气与理的关系,分析了道、理的本质及其哲学界定,同时又进一步分析了气、理与人的精神现象的关系。第五章,气质人性论。论述气与人性、人心的关系,也论述了中国古代人性学说的其他表现形式,如佛性、道性等。结语分三段:气论成熟于汉代,汉代哲学是先秦哲学的综合与深入;气论与原子论是思维水平相当的两种世界图象;应进一步研究思维的本质。

《敦煌新本六祖坛经》

杨曾文(研究员)
资料论文集 231千字
上海古籍出版社 1993年10月

《六祖坛经》是禅宗的基本经典之一,记载禅宗南宗创始人慧能(638~713)的生平事迹和传法语录,是禅宗传教和教授禅法的主要依据。在本世纪20年代发现敦煌本《坛经》前最流行的本子是元代宗宝改编的《坛经》,其他诸本已经佚失。日本矢吹庆辉在1923年从敦煌遗书中发现唐写本《六祖坛经》,经校订收入《大正藏》。铃木大拙对此本《坛经》重作校订,成为最流行的早期《坛经》校印本。此外,在日本又发现宋代的《坛经》兴圣寺本、大乘寺本、真福寺本等。但现流行的敦煌本《坛经》缺漏、错讹较多,虽经校订仍有不可读通的地方。现存敦煌县博物馆的《六祖坛经》是任子任在1935年发现的,与原流行的敦煌本为同本异抄本,字迹清晰,错讹较少。本书就是对此敦煌新本校订和研究的成果。全书有三大部分：(1) 全文发表敦煌新本《六祖坛经》的校订本；(2) 附编（一）：全文转载铃木大拙校的宋惠昕本《坛经》之一的大乘寺本及《曹溪大师传》等关于慧能的传记资料；(3) 附编（二）：专题研究论文（10万字）《〈坛经〉敦煌本的学术价值和关于〈坛经〉诸本演变、禅法思想的探讨》，对《坛经》诸本和慧能的传记、思想作了全面综合的研究。

《中国禅宗通史》

魏道儒（副研究员）著

合作者杜继文（第一作者）

专著　536千字

江苏古籍出版社　1993年8月

论述从禅学初传汉地到禅宗演变至清雍正朝的主要历史，希望揭示禅的实际内涵，有助于全面认识我国的历史和文化。侧重探索两个方面的内容：其一，中国封建社会对禅宗形成、演变及其独具性格和风貌的制约作用。禅学从汉代传入我国内地，至东晋十六国经历了独立化运动。南北朝以来的流民构成禅宗产生的社会基础。禅宗在唐代经历了官禅与非官禅、非农禅与农禅的较量和斗争。宋代禅宗的巨变，其主流全是迎合士大夫的需要。元代以后禅宗衰落，直接原因是统治阶级限制其独立发展的宗教政策，更深刻的社会根源是农民秘密结社和文人会党的相继兴起。其二，指导禅宗全部活动和历史演变的宗教哲学、思维模式。禅宗的哲学基础集中反映在《大乘起信论》的双重本体论上，从这个外观极简单的绝对唯心主义本体论结构中，敷演出三支真正具有哲学意义的理论体系。禅宗中存在着置逻辑矛盾于不顾或模糊矛盾的现象，这是导向神秘主义的一种思维方式。南宋初兴起的看话禅，从揭示无穷尽的逻辑（语言）矛盾中，将精神世界推向一种近乎绝望的混沌和蒙昧状态，获得类似朦胧的醒悟和安适，这也是导向非理性的一个重要途径。

《唐代后期儒学的新趋向》

张跃（副研究员）

专著　150千字

文津出版社　1993年4月

本书论述唐代儒学的发展及其后期出现的新趋向，论述了唐代后期儒学新趋向和宋明理学的关系。全书共分六章。第一章，时代的课题和儒学的使命。概述了汉以后儒学的发展，指出由于佛道二教的发展及唐代中期的社会动乱，如何使社会安定成为当时的时代课题，为儒学提出了新的使命。第二章，儒学学风的变化。论述了唐代前、中期儒学学风的败坏，指出了古文运动及春秋学的兴起对转变儒学学风的作用。第三章，关于天人关系的讨论。评论了韩愈、柳宗元、刘禹锡等人的天人观以及儒家道统说的建立。第四章，关于三教关系的辩论。评述了当时儒者对佛道二教的不同态度，以及儒学融合佛道二教的必然性。第五章，对于性情问题的探讨。论述了性情问题在当时儒学中的意义，评述了韩愈、李翱等人的性情论。第六章，唐代后期儒学的意义和影响。论述了唐代后期儒学对宋代道学的影响，指出，正是韩愈、柳宗元等人的共同努力，为宋代新儒学的诞生准备了条件。

作者是冯友兰关门弟子，病故于1991年底。该书的基础是作者的博士论文。书后附有《阐旧邦以辅新命，极高明而道中庸》等文，是作者生前介绍冯友兰先生哲学探索历程的专论。书中还附有任继愈、余敦康、宗璞、李申等人写的序言、悼词和后记。

《周易图象学思潮》（上、下）

李申（研究员）

论文　21千字

《文献》 1993年第1、2期

该文上篇分五节：(1)易学基础之转变。论述宋代易图学兴起的原因。(2)河图、洛书的问世。论述宋代学者创作黑白点河图、洛书的动因。(3)汉代河图观及其影响。论述汉代学者心目中的河图、洛书形象及其对后代影响，指出这个形象与宋代学者的黑白点根本不同。(4)阴阳鱼图的出现及其意义。(5)阴阳鱼图的内容。论证阴阳鱼图出现于元末明初，原本叫河图，旨在用图象表明太极、阴阳八卦之关系。下篇主要论述周敦颐太极图、先天图的源流及其意义。指出先天图是为修正卦序、改进卦气图而作，非源于丹道或《参同契》。最后还评述了图象派在易学史上的地位。

《伊斯兰教义学的阶段性特征》

吴云贵（研究员）

论文 12千字

《世界宗教研究》 1993年第4期

本文从宗教与外部环境的关系出发，概述了伊斯兰教教义学的发展历程及阶段性特征。文章描述了教义学演进中的五个阶段性特征：(1)政治斗争——早期教义学争论的决定性因素；(2)外来文化——思辨教义学产生的动因；(3)中庸之道——艾什尔里新正统教义学的基础；(4)体系重建——安萨里经院教义学的初衷；(5)神秘主义苏非认主学——正统教义的重要补充。文章指出，历史上伊斯兰教的形态、趋向和功能主要受政治环境和文化环境的影响：受王权庇护的正统学说有一统天下之势，而社会的动荡和分裂又使大一统不复存在；对外来文化的开放态度导致思辨教义学的勃兴，而传统文化的回归又使因循守旧思想抬头；理性权威的加强使宗教信仰发生动摇，而否认哲学又使宗教哲学难以立足。

《日本古代佛教民族特色的形成》

杨曾文（研究员）

论文 8千字

《世界宗教研究》 1993年第1期

本文对日本佛教在古代适应日本社会历史环境中所形成的特点作了考察和论证。认为日本的佛教虽是中国佛教的移植和发展，但它已演变为日本民族的佛教，具有自己的民族特色：(1)佛法护国的观念；(2)神佛同体和一致论；(3)鲜明的宗派意识；(4)念佛和唱题的盛行；(5)世俗化倾向。此论文曾在日本京都的“国际日本文化研究中心”召开的“日中文化交流”的学术研讨会上发表。

《中国封建社会中宗教与王权政治的关系》

彭耀（副研究员） 合作者李成栋

论文 12千字

《世界宗教研究》 1993年第3期

本文着重对中国封建社会中系统化宗教与王权政治的互动关系和特点进行了宏观的论述。作者认为，教权和君权的关系具有以下几个层次和形态：(1)君权与教权是融合与互动的；(2)教权从属于王权；(3)少数民族虽然政教合一，但仍没脱离中央政府。同时，中国封建社会宗教与王权政治的关系有许多不同于西方的鲜明特点：(1)具有适应与不适应的两重性；(2)宗教与王权政治关系的基本形式是借用与顺应，强化王权政治是其主要社会功能，借用、顺应是互动的主要形式，借用与控制相结合，而禁毁与反抗的社会冲突是二者关系的次要方面。

《论徐光启“补儒易佛”思想——兼论明末士大夫皈依天主教的原因和意义》

郭熹微（副研究员）

论文 8.8千字

《哲学与文化月刊》(台湾) 第二十卷第五期，1993年5月本文对徐光启提出的"补儒易佛"思想从中国文化发展的背景做了探讨，并对徐光启等士大夫皈依天主教的原因进行分析。本文认为，中国传统文化的主流——儒学，为一种实用的政治伦理学，缺少终极关怀。魏晋玄学以及佛教都是对这种缺陷的挑战与补充，宋明理学便是在吸收佛老思想的基础上再建的孔孟传统。徐光启等人认为佛老思想并没有真正补足儒学的缺陷，而使之沾染了虚无的弊病，只有天主教才可能取代佛老真正补足儒学的缺陷。本文还从徐光启等明末士大夫皈依天主教的动机进一步阐明"补儒易佛"思想，其入教动机是为了追求世界本原及道德价值渊源，科学技术始终只被作为救世的手段与认知的工具而已，而不是其入教的目的。

《中亚五国的宗教问题及其对政局的影响》

沈翼鹏（副译审）

论文 6千字

《中亚研究》 1993年合刊

本文包括以下几个方面：(1) 目前中亚各国伊斯兰教复兴的主要表现；(2) 中亚五国在伊斯兰教复兴方面又各有自己的特点：哈萨克斯坦伊斯兰化的时间较晚，伊斯兰教的影响不如中亚其他国家大；塔吉克被认为是中亚伊斯兰原教旨主义势力最活跃的地区；吉尔吉斯人从来不是虔诚的穆斯林；乌兹别克斯坦的伊斯兰教恢复和发展很快；土库曼受原教旨主义影响较深，但对伊朗原教旨主义存有戒心。(3) 中亚各国目前直接受中东穆斯林国家的影响。这些影响主要表现为两股大的潮流：一为泛伊斯兰主义，一为泛突厥主义，前者以伊朗为代表，后者以土耳其为代表，伊朗鼓吹泛伊斯兰主义，希望在中亚复活伊斯兰原教旨主义，于中亚各国建立政教合一的政权。而土耳其则大肆宣传泛突厥主义，希望中亚各国走土耳其模式建立政教分离的世俗政权，以促进突厥语民族与土耳其合作。

考古研究所

《中国玉器全集·2·商、西周玉器》

陈志达（副研究员）

合作者方国锦（故宫博物院）

专著 45千字

河北美术出版社 1993年5月

《中国玉器全集》系中宣部规划编写的《中国美术分类全集》之组成部分，共六册，商、西周玉器是其中的第二册，全书共收录玉器约三百件。有两篇论文，陈志达的《夏商玉器综述》一文，比较全面地收集商代玉器的资料，以时代为纲，将商代玉器划分为早、中、晚三期，进而按地区、器类有重点地加以论述。文中着重介绍商代晚期的殷墟玉器，将两千余件殷墟出土的玉器分为七大类，按类介绍、探究。认为殷墟玉器是我国古代玉器发展史中的第二个高峰，是商代文明的重要标志。对于殷墟以外的商代晚期玉器，也有重点地分别予以阐述，并与殷墟玉器进行比较研究，指出其共同点和差异，由此分析各该地区文化与殷文化的关系。对于商代晚期的玉石文字作了扼要叙述，认为某些记事性刻辞，其意义与甲骨文等同。对于探索中的夏代玉器，以某些学者对夏文化的论述为依据，有重点地对夏代玉器作了介绍，并对其发展水平提出看法。玉器是当前学术界热门的研究课题，《中国玉器全集》的出版，受到海内外考古学家、文物鉴赏家等的关注。

《汉杜陵陵园遗址》

刘庆柱（副研究员）

合作者李毓芳

发掘报告 14.8千字

科学出版社 1993年7月

本书是汉宣帝杜陵陵园遗址的考古发掘报告。杜陵陵园遗址的考古工作主要包括了汉宣帝和孝宣王皇后陵园门阙、寝殿、便殿遗址的发掘，陵庙、陵邑遗址与陪葬墓、陪葬坑的分布勘察，以及两座陪葬坑的清理。通过上述考古工作，首次揭示出汉代帝陵陵园的布局结构与陵寝制度等，解决了汉代礼制研究中的许多重大问题。西汉帝陵陵园营建受到都城平面布局的影响。皇帝与皇后同墓而不同穴。他们各有一套完整的陵寝建筑，但二者规格上则有明显的不同。这从其建筑规模、形制和建筑材料上都可反映出来。寝园是西汉帝陵的主要礼制建筑。寝园由寝殿和便殿组成。杜陵寝园的考古发掘，使人们第一次了解了寝园建筑结构、平面布局、使用功能。汉杜陵陵园遗址的考古发掘中出土了大量遗物。由于该遗址时代明确，这就为汉代遗物的时代特点之认识，年代序列之建立有着重要作用。杜陵的众多陪葬墓的考古调查，为认识汉代陪葬墓的特点，以及它们所反映的深层次的重要历史问题提供了宝贵资料。

《中国新石器时代考古文献目录》（1923～1989）

缪雅娟（馆员）编

合作者郭引强、刘忠伏

工具书　300千字

科学出版社　1993年12月

本书是一本专题目录索引。著录1923～1989年间国内公开出版的有关中国新石器时代考古发掘和研究方面的中文书籍、报刊资料，兼收部分内部资料及若干相关学科的文献。书目部分，共收有关论著237种；报刊资料部分，收文献4851条，引用期刊425种、报纸53种；分析著录专著、论文集、资料集83种。著录文献，书目部分除注明著者、出版年月、开本、页数，并摘录书内章节和主要内容；论著资料编排分新石器时代专题研究和区系研究两大部分；田野资料按现行政省区、依发表年代顺序编排。

《中国史前玉器类型初析》

任式楠（研究员）

论文　22千字

收入《中国考古学论丛——中国社会科学院考古研究所建所40年纪念》，科学出版社　1993年5月

本文广泛收集考古发掘出土有图示的、以琢磨成形为特征的中国史前玉器资料，着重进行一番较系统的归类和区分基本型式的工作。划分为工具和武器、器具附件和生活实用品、礼仪性玉器、装饰品、葬玉五大类，其中再根据具体材料区分小类和型式。我国的滨海地区和长江中游即东南半壁是史前玉器主要分布地，内陆区史前玉器不甚发达。以玉器的发展历程和在当时社会生活中的作用考察，大体以公元前三千余年为界，可划分为前、后两大时期。前期为初创阶段，这时佩戴玉器装饰品者，表现其习俗的通行性和人员的大众性，而并非属于极少数人的专用物。后期为繁盛阶段，尤其在玉器主要分布区内的少数先进地区，繁盛期的玉器文化在原始社会瓦解和进入阶级社会的过程中，具有独特的意义，不仅是作为高技术、强专业的治玉劳动部门，更重要的还在上层建筑领域起了很大的社会作用，它是这类地区迈向文明时代的特殊指示物之一，成为中国文明社会的一个显著特点。

《南邠州碾子坡先周墓葬和西周墓葬——周人早俗探讨之一》

胡谦盈（研究员）

论文　16千字

收入《中国考古学论丛》

科学出版社　1993年5月

本文根据碾子坡先周早、晚期墓葬和西周墓葬资料，对周人早期葬俗作了分析研究：流行土葬，多为竖穴墓，洞室墓少见。覆斗形墓穴在先周墓中约占1/2，在西周墓中只占1/5。先周墓穴流行人架脚端略宽于头端，西周墓穴的情况则相反，以人架头端略宽于脚端的现象为多见。葬具是长方形木棺，少数是Ⅱ形或⊥形木棺，先周墓中有石棺葬和石棺葬孑遗现象。用席子裹尸和用席子覆盖木棺上下的习俗异常流行。男性实行俯身葬，女性实行仰身葬，这是一种新发现。随葬陶鬲为主，其中先周墓盛行随葬乳状袋足鬲，瘪裆鬲极少见。西周时代则相反，流行随葬瘪裆陶鬲，袋足陶鬲极少见。三个不同时期的茔区墓葬方向固定，都是埋在向阳的斜坡地上，头在高处，脚朝低处，这似暗示人死以后仍像活着时候一样头在高处以仰视远方。一大一小两座墓左右并列形成一组的情况常见，可知它是当时颇为流行的一种习俗。两座墓主人是同辈份的人，其中先周时期是血缘同性并列葬和姻亲异性并列葬两种不同形式同时并存流行；到了西周初期，姻亲异性并列葬成为主要的习俗，血缘同性并列葬的现象已濒临绝迹。

《现代自然科学技术与考古学》

仇士华（研究员） 合作者蔡莲珍

论文 9千字

收入《中国考古学论丛》

科学出版社 1993年5月

本文主要论点如下：

（1）考古学发展史表明，自然科学技术应用于考古学，极大地促进和推动了近代科学考古学的产生和发展。（2）考古研究需要使用现代自然科技手段尽量扩展获得考古资料和古代社会信息的渠道，对大量考古资料和古代信息进行综合研究处理。（3）近几十年来，中国考古学中应用勘测技术、分析技术、断代技术、数学与计算机方法、生态环境等自然科学技术取得了丰硕成果。（4）广泛应用自然科技手段是促进中国考古学现代化的必由之路。

《殷周青铜鼎器名、用途研究》

张亚初（研究员）

论文 45千字

《古文字研究》第18辑 1993年3月

该文对1853件鼎铭中带有自名材料的861件，作了分类考察，把132件自名材料归纳成24类，考证了它们发生、发展与衰亡的历史。青铜鼎的名称和用途，是所有青铜器中最为错综复杂的。本文为解决这一问题，取得了较好进展。

《红山文化三环石坛的天文学研究——兼论中国最早的圜丘与方丘》

冯时（编辑）

论文 13.5千字

《北方文物》 1993年第1期

根据《周髀算经》记载的七衡六间图和钱宝琮复原的盖图，本文研究了发现于辽宁省建平县牛河梁的红山文化三环石坛，并且认为它是目前所见最完整的盖天宇宙论图解。作者依石坛保存的原始数据复原了三环，图中二分二至的昼夜长度之比表现得相当准确，因此它比《周髀算经》所记载的盖图更符合实际天象，因而也更具有实用性。本文同时根据古文献的记载，论证了三环石坛以及与其同时发现的两处石筑方坛就是中国历史上最早的圜丘与方丘。

《巴蜀徽识研究》

王仁湘（副研究员）

论文 18千字

收入《中国考古学会第七次年会论文集》

文物出版社 1993年

战国至汉初的巴蜀铜器上，刻铸着一些人形、动植物形和几何形符号，符号具有明显的组合规律。本文首先将出现频率较高的图形符号区分为27个单元。详细分析了各图形单元的组合形式，提炼出9种最重要的组合：双弧组合、虎形组合、手心形组合、人形组合、蝉形组合、鹿戈形组合、双折线组合、栅栏形组合、锋形组合。这些图形组合表现出五个明显的规律：组合的分类有明确的地域分布，各种组合的结构方式比较统一，组合形式有由简到繁的发展趋势，特定的组合单元有明显的替代关系，有些组合专铸于某一类兵器。巴蜀图符及组合的性质，过去曾认定为古代的一种文字，或是原始巫术符号，或是图像语言，或是图腾与族徽。本文认为这些图符组合多数应是巴蜀人的徽识，甚至有的是家族和个人的标记。因为图形单元的使用有明显的禁约现象，分布地域稳定；组合法则严格，当时人观之即明；少数组合仅见于一地一墓。巴蜀本地确实也有与这些徽识并存的一种象形文字，也刻铸在兵器上，由于出土标本不多，目前还无法辨识。

历史研究所

《三至十四世纪中国的权衡度量》

郭正忠（研究员）

专著　352千字

中国社会科学出版社　1993年8月

本书是一部研究我国古代度量衡史的系统专著。著者在半个世纪以来的前人研究基础之上，着力就东汉末、魏晋南北朝、隋唐五代、宋辽金元时期的度量衡器别规格、计量体系、单位量值及其变迁脉络，进行了新的探索，并以宋代为中心，论述了度量衡行政管理、技术检定与流通行用等设施与体制。本书的特点之一，是尽量注重出土实物资料的搜集和考辨，将其同各种文献资料中有关度量衡的载述结合起来进行分析；从而对出土晋量、魏权、唐器铭文、辽量和宋尺等实物提出一些新的认识。特点之二，是发掘某些特殊文献中的珍贵资料并加以辨析，譬如将医药、数学、音乐、宗教史方面的载述同一般文献载述相比照，补充了一般资料之不足，考订了某些传统见解的疏误——诸如李淳风、司马光、赵翼、俞正燮乃至吴承洛等人的旧说。特点之三，是注意度量衡的实用惯例和特殊情况，提出与官方文件不同的许多器制与计量方法——诸如240步以外之亩，加量，省量，里制，字制，各种秤法、斛法，加斤，省斤，加尺，省尺等等。

《中国近代启蒙思想史》

侯外庐　黄宣民（研究员）校订

专著　300千字

人民出版社　1993年10月

本书是侯外庐旧著《中国近世思想学说史》下卷（1945年重庆三友书店出版）的重订本，与其《中国早期启蒙思想史》（即《中国思想通史》第五卷）为姊妹篇。本书以康有为开篇，是因为完整意义上的中国近代启蒙思想史应从康有为开始。第二章是维新思想的健者谭嗣同。第三、四章论述章太炎的科学成就及其对于公羊学派的批判和具有时代特征的哲学思想。第五章述古史学家王国维的治学精神、科学成果及其古史决疑之诸范例。附录中有“论洪秀全与洪仁玕”、“严复思想批判”、“孙中山的民主主义”、“鲁迅与中国传统思想”等等。卷首有作者“中国近世思想学说序”（1944年）和“中国早期启蒙思想史自序”（1955年），卷末有黄宣民所作“后记”，记述了本书的出版经过和作者晚年对中国近代思想史分期的观点。

《金文编订补》

陈汉平（副研究员）

专著 530千字

中国社会科学出版社 1993年9月

《金文编》为容庚先生倾毕生心血所编纂的金文字典，此书先后曾经四次辑补增订，使之渐趋完善，四订本于1985年出版。由于编纂时代及当时学术水平所限，此书存在大量错误及可商榷之处。因编纂仓促及编辑疏漏，此书存在大量技术性错误及未妥之处。因古文字材料不断出土，古代汉字研究不断进步，此书须待重新修订辑补。

本书对《金文编》正编、附录上、附录下的各种错误和缺点，逐字、逐条作有全面订补，共提出各种修订意见两千余条。本书中附有《古代汉字破译法》一文，提出了作者在古代汉字破译方法及理论上的新的认识。

《隋唐两京丛考》

辛德勇（副研究员）

专著 110千字

三秦出版社 1993年2月

隋唐时期的长安、洛阳两座都城，在当时是世界上最著名的都会。目前虽然已经出版和发表了许多关于这两座都城的研究成果，但基本上都是沿用《唐两京城坊考》等书的记述。然而在《唐两京城坊考》中却存在着大量谬误，一直无人考辨，以致这些错误的记述被大量沿袭到现今各种著述当中。本书的主旨即在于纠正这些错误的记述，为隋唐长安与洛阳两城的研究提供一个坚实可靠的基础。书中广泛搜集隋唐史籍、诗文、碑志等各种资料，不仅考订了各种史料的错误记述，同时也纠正了历史、考古学界流行的许多不妥当的看法。

近代史研究所

《中国通史》（第8册）

蔡美彪（研究员）

合作者李洵、南炳文、汤纲

专著 285千字

人民出版社 1993年6月

本书是范文澜、蔡美彪等著十卷本《中国通史》中之一卷，叙述明代政治、经济的历史发展，分为两章。第一章明朝的建立与集权统治的发展，包括：（1）明朝统治的建立；（2）疆域的奠立与国都的迁徙；（3）经济的发展与各地的农民起义；（4）抗御蒙古与皇位更迭；（5）武宗的荒嬉与农民的反抗，共五节。第二章商品经济的发展与明朝的衰落，包括：（1）世宗的新政与内阁的演变；（2）革新的继续与反侵略斗争；（3）经济的发展与社会各集团；（4）朝政的昏乱与人民的反抗，共四节。附有明代纪年表、行政区划简表、地名表及人名索引。卷首选刊彩色图版八幅，书内编录地图及插图。本书基本上依据年代顺序，对这一时期政治、经济的历史作综合的叙述，对若干重大历史事件和明代历史的发展历程提出了作者的独立见解。对与明朝政治关系密切的蒙古历史作了较详的叙述，理清了发展的线索。对藏族与边疆各族的状况也分别有一定的篇幅加以论述，以显示这一时期历史的全貌。

《抗日潮流的起伏》（1931～1935）

陈铁健（研究员）主编

合作者李新（主编）、马模贞（分卷主编）等

专著 580千字

上海人民出版社 1993年4月

本书是多卷本《中国新民主主义革命史长篇》的第五卷，依次记叙了1931～1935年所发生的重大事件，即“九一八”事变和中国人民抗日高潮的兴起；气壮山河的“一二八”淞沪抗战；东北义勇军和东北抗日联军的抗日斗争；长城抗战、察哈尔抗日同盟军

和福建事变；革命根据地的反“围剿”战争和红军的长征。全书贯穿的中心思想，是日本对华武装侵略，威胁全中国人民的生存，使中日民族矛盾开始成为中国社会的主要矛盾。全国各民族、各阶级、各阶层人民、国民党内有识之士、爱国官兵以及部分地方实力派，都强烈要求抵抗侵略，救亡图存。国民党当局推行“安内攘外”政策及其造成的恶果，是这一时期的历史逆流。这股逆流虽未能阻止中国历史前进，但它使这一时期的抗日潮流起伏跌宕，始终未能冲破蒋介石统治的堤防，形成举国一致的抗日局面。其次，中共高举抗日旗帜，领导支持各地抗日救亡运动以及东北义勇军抗战。但是，当时中共中央领导者却实行“左”倾教条和关门主义，使党脱离实际、脱离群众，自陷于孤立境地。不仅未能肩负起领导抗日救国的重任，而且导致抗日运动遭受挫折，革命力量蒙受重大损失，这也是抗日潮流时涨时落的重要因素之一。

《中美关系史》(1911～1950)

陶文钊（研究员）

专著　443千字

重庆出版社　1993年10月

本书系统阐述了1911～1950年的中美关系，剖析了中美双方的决策过程，比较了美国与别的大国的对华政策，探讨了中美关系演变的种种因素。书中指出，在辛亥革命期间，列强在对华政策方面形成共同阵线，威尔逊执政后，美国打破共同阵线，但它竞争不过日本，只好对日本做出让步；孙中山寄很大希望于美国的支持，但美国政府蔑视孙中山，从未同情、支持过他的事业；在巴黎和会上威尔逊出卖中国利益，使中国人民十分失望；在华盛顿会议上，美国率领大战期间从中国撤退的欧洲各国对日本进行了成功的反击，中国也收回了若干权益；在20年代中国大革命时，列强又形成共同阵线，南京政府成立后，首先与美国了结宁案，并使美国同意中国关税自主，从而打破了共同阵线；史汀生的不承认主义是对日本侵略的软弱反对，“七七”事变后美国总的政策是向着援华制日方向发展的；抗战时期美国政策是援蒋容共抗日，战争末期通过赫尔利使华转变为扶蒋反共；中共力图运用美国影响，在战时促使蒋介石实行民主，在战后制止蒋发动内战；解放战争时期美苏国共之间四方的政策互相作用，关系错综复杂；美国军事侵朝，中国派志愿军入朝后，中美两国对抗的格局确定了下来。

《寻求历史的谜底》

杨天石（研究员）

论文集　470千字

首都师范大学出版社　1993年7月

中国近代史充满着谜团。本书是对这一时期若干重大谜团和尖端问题的探索。作者依据多年来在海内外精心访求的珍贵而可信的资料，抉幽钩隐，向世人揭示了许多重大的历史奥秘，诸如康有为谋围颐和园、捕杀西太后，梁启超谋诛袁世凯，同盟会内部两次要求孙中山下台的风潮，蒋介石刺杀陶成章，汪精卫和蒋介石的矛盾与中山舰事件的发生，武汉政府密谋逮捕蒋介石，胡汉民密谋武装推翻南京政府，李宗仁密谋向蒋介石夺权迫使其出国等重要史实，均有确凿而生动的阐述。对近代史上民生主义、国粹主义、无政府主义等几种重要思潮，作者也提出了不少引人深思的问题。

本成果获1993年北京市优秀学术著作奖。

《20世纪初中国政治改革风潮——清末立宪运动史》

侯宜杰（编审）

专著　440 千字
人民出版社　1993 年 5 月

该书对清末立宪运动及预备立宪作了全面系统的阐述，填补了中国近代史专题研究中的一大空白。提出了立宪派与革命派的阶级基础都是整个民族资产阶级；革命派反对实行君主立宪的理论难以成立；立宪运动是资产阶级进步的爱国民主运动，是时代潮流的一个重要组成部分，宣传了爱国主义，大大提高了人民民主觉悟，解放了人民的思想，在规模、理论、成效、影响诸方面，远远超过戊戌维新，推动了清政府预备立宪，为辛亥革命的爆发与胜利做出了重大贡献；清政府的预备立宪不仅在政体上采取了资本主义的形式，在国体上民族资产阶级也开始取得议政参政权，是中国政治制度资本主义近代化的开端等等独到见解。叙述了许多鲜为人知的史实，纠正了不少以往论著中史实方面的错误。

《崇祯皇帝大传》

张德信（副研究员）　合作者谭天星
专著　350 千字
辽宁教育出版社　1993 年 12 月

崇祯皇帝朱由检是明代的亡国之君，也是一位颇有争议的历史人物。本书把朱由检放在明朝末年这个动荡的历史舞台上，予以描述，尤其是他在处理朝政、后金入侵及李自成的反抗过程中的得与失，力图通过对动荡年代的方方面面进行具体、生动的描述，集中揭示出朱由检的性格特点和明朝灭亡的根本原因。

《中国边疆民族管理机构沿革史》

赵云田（副研究员）
专著　370 千字
中国社会科学出版社　1993 年 12 月

本书是一部有关中国历代边疆民族管理机构沿革的通史性专著。共分五编十一章，时限起自商周，止于清末，全面、系统、具体地叙述了我国边疆民族管理机构的萌芽、产生、发展、完备的历史过程；探讨了历代边疆民族管理体制的异同、运行规律及其继承和革新，并认真总结了历史经验教训。本书认为，边疆民族管理机构作为国家政权的组成部分，无论是中央机构还是地方机构，无论是我国历史上统一政权时期，还是几个政权并立的时期，它的历史作用表现在：巩固了当时国家政权的统一，促进了各民族间的经济文化交流，促进了民族融合，促进了边疆民族地区的经济发展。本书认为，中国边疆民族管理机构的特点，既和我国统一多民族国家不断巩固发展密切相关，也受到了汉族和各少数民族的关系，我国政治制度、特别是职官制度的发展变化等因素的制约。在产生阶段，中国边疆民族管理机构已经表现出多样化的特点。在发展阶段，则表现为组织的严密性，职能的多样性等。在完备阶段的清朝，中央机构表现为满蒙联合体制，地方机构则表现为因俗而治和因俗设官。

《中国近代人口史》

姜涛（副研究员）
专著　320 千字
浙江人民出版社　1993 年 9 月

本书阐述了自 17 世纪中叶清代初年直到 20 世纪中叶中华人民共和国成立的三百年间中国人口的历史发展。全书共分四篇十四章。第一篇考察人口数量，结合对清初以来有关统计资料的辨析，廓清了近代人口问题上的若干模糊、错误认识，认为近代中国人口的发展并非停滞型或萎缩型，而是具有周期波动机制的增长型人口。第二篇考察了在此期间中国人口分布的变动与国内外的人口迁移运动，指出：东部季风区域、西北干旱区域和青藏高寒区域等三大自然区域的系统差异，从根本上决定了中国人口分布的基本态势；而清代以来的人口迁移，以秦岭—淮河线为界，相当明显地区分出北方和南方两大地域系统。第三篇人口结构，从城市与乡村的对立统一出发，初步剖析了近代人口的若干结构，尤其是社会经济结构，指出：中国传统社会的人口城乡结构，具有高度的稳定性；而乡村人口的阶级结构，亦具有高度的稳定性。第四篇对人口与历史关系的问题进行了探索，认为：以人口数量的变动说明，是一种过分简单化的、极为肤浅的做法。因为人口数量的增减变化，归根到底取决于人口自身的矛盾运动，取决于作为历史创造者、作为社会的人而存在的人与自然界的相互关系。

《先觉者的悲剧——洋务知识分子研究》

李长莉（副研究员）

专著　170 千字

学林出版社　1993 年 5 月

本书较全面地论述了洋务运动时期新型知识分子的产生、群体结构、思想观念、文化心态、社会处境、社会作用及历史地位。本书认为：(1) 洋务知识分子是中西文化交汇初期，在中国知识阶层和文化边缘处产生的新文化力量，是伴随着社会变动而形成的中国近代第一个新型知识分子群体。(2) 洋务知识分子在洋务事业中从事新的技术、文化活动，与近代性的经济、文化因素相联系；接受了西方近代文化的影响，形成了初步的近代思想观念，即以“尚富强”的新价值观为核心的，以“中体西用”二元思想模式为形式的近代观念。(3) 洋务知识分子既受到洋务官僚的束缚，又受到正统士大夫的排斥，在社会困境中形成了扭曲的文化心态和矛盾人格。(4) 洋务知识分子为洋务事业学习西方科技、文化活动发挥了重要作用，并对维新思想的产生、维新运动的兴起起到了铺垫作用。

《商会与中国早期现代化》

虞和平（副研究员）

专著　300 千字

上海人民出版社　1993 年 8 月

本书比较系统地研究了近代商会的整体状况，及其在中国早期现代化（1840～1936）中的作用。上编研究了商会的产生发展过程及其内外社会原因，商会的组织结构、社会属性、内在功能和现代特性。认为中国的商会是在外国商会和在华洋商商会的影响下，在本国资本主义经济发展的需要下而产生发展起来的；它作为一种目标认同作用体系，随着其组织从地方到全国的发展，使资产阶级实现了从区域到全国的整合；它作为一种商办法人社团，具有沟通官商关系、商界自治和促进工商业发展的功能；它的组织特征则具有次属群体、正规组织、功能特定、现代整合、政治参与等现代性。下编研究了商会在中国早期现代化中的作用。在经济方面，商会通过参与国家的经济立法、提倡实业教育、寻求平等互利的国际经贸关系，促进了资本主义经济秩序的初步形成，培养了大量的实业人才，开拓了国际市场；在资产阶级民主制度建设方面，商会通过参与各种政治活动，既在一定程度上支持和促进了资产阶级民主革命，又表现出“在商言商”的软弱性；在争取民族独立方面，商会不仅反对列强的侵略行为，而且表现出一种理性化的民族主义意识和行动取向。

《梁漱溟与现代新儒学》

郑大华（副研究员）

专著　260 千字

台湾文津出版社　1993 年 9 月

本书全面分析研究了梁漱溟新儒学思想的发展历程、主要内容、历史地位以及现代新儒学的发展阶段及其评价问题。本书认为：梁漱溟新儒学思想经历过三个发展阶段，即“五四”前后的形成期；20年代中至30年代的实践期；40年代至80年代的发展期。就梁的新儒学思想的内容而言，大致可分为文化与哲学两个方面，文化方面包括三个内容，即“三大文化路向说”，“理性为体，本能理智为用”和“民主科学与儒学的复兴”；哲学方面也包括三个内容，即“批判科学主义”、“认同陆王心学”和“谋求儒学的现代化”。梁新儒学思想的历史地位可用四句话来概括：西化思潮的批判者，现代新儒学的开拓者，马克思主义的反对者，又是中国共产党人的朋友。现代新儒学可划分为四个发展时期，即发端期（“五四”前后）、形成期（30～40年代）、发展期（50～70年代）和走向世界期（80年代以后），对现代新儒学应做一分为二的评价，它既有理论建树，又有理论局限。

《中东铁路护路军与东北边疆政局》

薛衔天（副研究员）
专著　280千字
社会科学文献出版社　1993年4月

本书着重研究了自19世纪末俄国在中国东北中东铁路沿线设立护路军之后，俄国在东北地区侵略势力的消长，中国东北边疆政局的安危，东北军民抗俄斗争的缓激，都与这支部队的变化、活动密切相关。本书利用大量中俄文档案资料和文献，揭示了沙皇俄国在中国东北腹地设立的殖民军产生、发展和灭亡的过程，以及这支部队的变化与活动同东北边疆政局关系等问题。全书分上下两编，上编叙述1896～1917年俄国设立护路军以及这支军队践踏中国主权、镇压义和团运动等侵略活动；下编叙述1917～1924年中国政府收回路区主权，设立自己的护军并取代了这支护路军的过程。

《鸦片战争档案史料》

郦永庆（助理研究员）编　合作者朱金甫
资料集　4500千字
天津古籍出版社　1993年1月

本书是对收藏在中国第一历史档案馆的大量有关鸦片战争的清政府的档案史料所做的整理与汇编，共分七册。它是当时中国政府方面的第一手记录，不仅具有历史的佐证作用，而且其中的许多内容，对全面客观地研究鸦片战争的起因、经过、结果和影响等方面，都有其他史料难以具有的作用。这部档案史料特别强调了选材方面的全面性和客观性，以便向读者提供比较完整的历史真实记录。

《中苏国家关系史资料汇编》（1917～1924）

黄纪莲（助理研究员）编
合作者薛衔天、李嘉谷、李玉贞
资料集　827千字
中国社会科学出版社　1993年2月

本书资料选自当时的中国北洋政府档案、有关地区地方档案、中俄文报纸，以及有关中、俄、英文书刊，其中，北洋政府筹办中俄交涉事宜公署档案为首次发表。编排上，以中苏逐步开展外交关系直到正式建交的历史过程为经，以在这一历史过程中所发生的事件和问题为纬，力求展示这一时期历史发展的全貌。全书共分二十一个大问题：十月革命与中国；北洋政府参加协约国武装干涉苏俄；苏俄第一次对华宣言及中国的反应；苏俄第二次对华宣言；远东共和国派代表来华；北洋政府停止旧俄使领待遇、筹收旧俄租界；苏俄首次派代表团来华；越飞、加拉罕先后来华和中苏会议的筹备；中苏协定；中苏建交；奉俄协定；中东铁路问题；外蒙古问题；唐努乌梁海问题；中国新疆当局与苏俄边疆当局的有关交涉；庚子赔款问题；松黑航权问题；商务问题；中苏侨务问题；孙中山与苏俄；其他问题。书后附有重要职官表和重要同名异译表。

中国边疆史地研究中心

《古代中国的北部边疆》

马大正（研究员）　合作者华立

专著　105千字

内蒙古人民出版社　1993年

本书对中国自秦汉以来至清代的中国北部边疆作了概述性阐论，重点分析了在中国历史占有突出地位的大一统帝国：秦汉王朝、隋唐王朝、元王朝、明王朝、清王朝治理北部边疆政策、历程和历史作用。"治边思想与边疆政策"一章，深入分析了华夷之别与大一统、羁縻与怀柔、行政管理与军事部署、从和亲到联姻、经济开发与民间交往等中国古代边疆政策中带有共性的重大问题。作者还在"古代边疆政策评议"一题中分析了中国古代边疆政策的特点，即：历史的继承性、地域的广阔性、内涵的多样性、影响的现实性，并阐发了进一步深化研究的设想。对于深入研究中国古代边疆政策具有一定启迪作用。

《边疆与民族——历史断面研考》

马大正（研究员）

论文集　259千字

黑龙江教育出版社　1993年

本书分上、下两篇，集中了作者1985～1991年间写作的主要论文。上篇为边疆篇，收论文7篇，从不同角度审视了中国边疆研究者的历史使命，对中国古代边疆政策的研究状况考析。并对台湾史坛的边疆史地研究现状、禹贡学会的学术组织成绩与经验、20世纪的新疆考察，以及新疆乡土志稿和新疆地方志编纂的历史，均做了深入分析。下篇为氏族篇，收论文11篇，论述了隋唐王朝与突厥、回纥、吐蕃政治、经济关系发展的历史进程，以及清代卫拉特蒙古著名历史人物噶尔丹、渥巴锡历史评价。同时对1771年土尔扈特东返祖邦的一些历史疑案，以及卫拉特蒙古历史的一些人和事，进行了深入研考。

世界历史研究所

《从信仰到理性——意大利人文主义研究》

张椿年（研究员）　合作者郭方

专著　156千字

浙江人民出版社　1993年2月

本书认为：人文主义是思想体系，是在复兴古典文明的口号下，从超理智转变为理智的思想文化运动。它历经三百年，其核心思想是伦理道德，涉及政治、文化、艺术、历史、语言、教育等各个方面的内容，不只是人论。人文主义是文艺复兴的一个方面，文艺复兴是对意大利特定时期内经济、政治、文化、思想、艺术（包括建筑）等方面发生转折的最一般的概括。因此，总体来说，文艺复兴发生的原因也就是人文主义发生的原因，但是，每个方面的变化，还有其特殊的原因。政治和阶级斗争对人文主义的发生发展起着直接的作用。人文主义是一个历史范畴，有发生、发展和消亡的过程。它在发展的不同阶段上有不同的特点。它的衰落主要是由于出现了符合新时代需要的自然哲学、空想社会主义和宗教改革。人文主义产生于西欧一些国家，主要是意大利。无论其产生的历史背景，还是其内涵，皆不同于中国文化思想史上的人文主义，其区别如同东西方文明的差异。人文主义亦不同于人道主义，后者作为一种道德规范只是到了19世纪末才出现。人文主义孕育了空想社会主义和宗教改革。从它开始，近代西方文化思想从一个阶段推向更高的阶段。

《香港与英国的殖民撤退》

陈启能（研究员）主编
合作者黄思俊、丘立本、杨灏城等
专著　120千字
中国社会科学出版社　1993年9月

要了解当前的香港问题，了解英国今天在香港问题上挑起的事端，就必须了解英国殖民扩张和殖民撤退的历史。本书在介绍大英帝国的扩张历程和瓦解的过程后，以大量篇幅揭露英国被迫从各殖民地撤退的过程，特别是它在撤退前后玩弄的种种手段。这些殖民地包括印度、缅甸、巴勒斯坦、埃及、苏丹、伊拉克、马来亚、塞浦路斯、肯尼亚、尼日利亚、中非、圭亚那、伯利兹。英国从这些地方撤退后都埋下祸根，留下无穷的后患，指出英国今天在香港的所作所为实是故技重演。

《大英帝国从殖民地撤退前后》

志诚（研究员）　合作者雨川、宋昱
专著　230千字
香港新天出版社　1993年4月

本书以资料为根据，以严谨而又生动的笔触，较为全面地向读者介绍二战之后英国被迫从印度、埃及、马来亚、塞浦路斯、巴勒斯坦、非洲大陆撤出时所玩弄的种种政治的、经济的、宗教的手段，并具体揭示了英国为了尽量保留自己的影响和利益，软硬兼施，机关算尽，致使它在撤出这些地方后给当地人民埋下了祸根，留下无穷的后患。本书揭示的种种史实有助于人们认清英国今日在撤出香港之前的所作所为的真实意图。书末附有主要参考书目和其他资料。

《中西文化交流先驱——从利玛窦到郎世宁》

许明龙（研究员）主编　合作者郝贵远、顾宁、李兰琴、张顺洪、尹建平等
专著　290千字
东方出版社　1993年12月

在中西文化交流史上，17、18世纪是一个极为重要的时期。二百余年间，大批欧洲传教士来到中国，若干中国文人旅居欧洲，从而促成了中国与欧洲的文化交流高潮。在此期间，中国与欧洲增进了相互的了解，彼此从对方的文化中汲取了不少有益的成分。本书选取这次文化交流高潮中较为重要的24个人物，其中既有欧洲的启蒙思想家和来华传教士，也有中国的皇帝和文人，对他们在此次文化交流高潮中的活动和贡献，做了详尽的介绍和实事求是的评价。

《古代王权与专制主义》

施治生（研究员）主编
合作者刘欣如（主编）、郭方、徐建新、尹建平、赵文洪、李韵琴、王明毅等
专著　359千字
中国社会科学出版社　1993年10月

本书为中国社会科学院重点研究课题“古代王权研究”的最终成果，是从世界范围内系统论述这一问题的学术性论著。书中选取了古代欧、亚、非洲几十个重要国家和地区，从不同侧面深入探讨早期王权的起源、演变，专制主义的产生条件和存在基础，以及不同国家和地区王权的性质特征，并评述了古代思想家有关王权的思想观点。然后通过历史典型剖析和综合比较研究，探索古代王权的历史发展规律。

本书着重分析君王的权力和地位，君王与臣民、神的关系及其国家机器和政权基础，由此阐明早期王权和专制主义有着不同的性质特征，将它们划分为两个历史发展阶段，从而否定专制主义自古有之的传统说法。并指出，专制主义的出现意味着以阶级压迫为本质的国家达到相当成熟的地步。至于专制主义的产生条件和基础，则应主要从社会历史发展，特别是从社会经济结构变化和阶级斗争加剧导致统治阶级强化国家机器和加强集

权统治需要去寻找，同时还注意到专制主义的起因随地而异，其生长的基础又是多种多样的。书中还对专制主义的产生途径进行了历史考察，对专制主义的历史作用也做了较为客观的评价。

《卡达尔与匈牙利》

阚思静（副研究员）

专著　207 千字

世界知识出版社　1993 年 6 月

本书全面描述了匈牙利卡达尔改革的发动、繁荣、危机一波三折的复杂历程，揭示了卡达尔政权的兴衰和更迭。围绕这个中心着力展示卡达尔的生平及其时代的基本特征。探索匈牙利剧变的主客观原因以及匈牙利制度和政权更换后的政治、经济、意识形态领域的现状和特点，拉伊克事件，1956 年事件始末，匈苏关系内幕，卡达尔晚年生涯及他对历史的反思等问题。本书还比较全面地梳理、勾勒出匈牙利建国千年发展史的概貌，对 1848 年欧洲资产阶级革命、奥匈帝国、1919 年匈牙利苏维埃共和国等对世界和欧洲有过重大影响的历史事件也有周详的叙述；对马札尔民族起源和国民性等问题也进行了探讨。

《巴尔干人民反法西斯战争史》

马细谱（副研究员）

专著　250 千字

海南出版社　1993 年 1 月

本书叙述第二次世界大战中南斯拉夫人民在以铁托为首的共产党领导下，经过四年坚韧不拔的斗争，粉碎了国内外敌人的多次大规模进攻，创建了一支强大的人民军队，建立了人民政权机关，从法西斯占领下解放了自己的国家，并创造性地将人民解放战争转变为社会主义革命，赢得了人民解放战争和社会主义革命的胜利。为自治的社会主义南斯拉夫联邦的诞生奠定了基础。本书在着力描述南斯拉夫人民解放运动的同时，还对中南两国人民的战斗情谊、南游击战争及主要领导人在中国进步刊物上的反映，乃至南斯拉夫的基本概貌、民族成分以及两次世界大战之间的南斯拉夫等问题也有较为全面的概述。

《加拿大简史》

吴必康（副研究员）　合作者黄鸿钊

专著　150 千字

香港开明书店　1993 年

本书前五章着重论述了从古代直至 20 世纪加拿大的重要历史变迁和历史事件：从亚洲而去的古代先民；土著民族的历史状况；欧洲移民的到来及其影响；新法兰西时代的社会变迁；英国殖民统治的建立及其发展；1867 年立国前后的成长过程；20 世纪中的成熟、危机和走向发达；移民的多次高潮等。后五章专门论述了加拿大政治制度和内政外交的历史演变及现状，经济发展的主要阶段及其成就与问题；社会中多民族的构成；多元文化主义的形成与发展；教育、家庭和社会福利以及华人移民等。

《史学理论与历史研究》

陈启能（研究员）

论文集　250 千字

团结出版社　1993 年 9 月

本书是作者有关史学理论、史学研究和思想史的论文集，共收 23 篇文章。按内容可分四组：第一组文章论述马克思关于资本主义产生和向社会主义过渡的思想，重点说明马克思并没有把资本主义的产生只局限于西欧国家；同时说明，按照马克思的设想，落后国家在什么历史条件下有可能跳过资本主义的完整发展阶段直接过渡到社会主义。第二组文章是关于史学理论和史学研究的，涉及我国新时期史学理论的发展、历史认识论、西方史学的新发展、所谓“叙事史复兴”、历史学的跨学科研究等问题。第三组文章是关于具体历史问题研究的，从内容上说主要是关于思想史的。第四组文章是专门关于普列汉诺夫，尤其是关于普列汉诺夫的思想的研究。这后两组文章虽是具体历史问题的研究，但都涉及理论问题。

文学研究所

《中国文学理论批评史》（增订本）

敏泽（研究员）

专著　1133千字

吉林教育出版社　1993年3月

《中国文学理论批评史》，是1981年出版的，连印两版，印数达三万套，曾发生了较广泛的影响。但1982年后，作者即要求停止再版，进行修订；一为修订原书中之排印及作者个别之失误：二是根据这一学科之新发展，对原书中论述欠周之处进行重写（约占全书1/3）；三是增加了一部分前人从未论述过的问题，如春秋笔法及意象问题；四是增加了大量关于词曲、小说等方面的理论，使之更加系统和完整。溯以至其源，顺以至其汇；横以显时代观念，纵以见历史因革，既去作家论之弊，又补问题史之不足。合计增加篇幅较原著多出35万字左右。

《文学理论流派与民族文化精神》

钱中文（研究员）

专著　215千字

吉林教育出版社　1993年2月

这是作者主编的《文艺理论建设丛书》已出七种著作中的一种。本书根据作者80～90年代初部分论文编纂而成。上编主要讨论文学理论观念、流派，这些问题都是80年代的理论热点，极多分歧。其中有关法国文学理论流派、前苏联文学理论走向的阐释，都是作者根据与外国同行的对话写成的，提供了许多学科的前沿信息，同时捕捉到80年代外国文学理论新的走向的动态，提出今后文学理论研究的意见。随后这一原则又扩展为“主导、多样、鉴别、创新”，成为作者从事理论研究的一个准则。下编就民族文化精神与小说创作的关系作了探讨。作者论述了民族文化精神的涵义，指出这是一种儒、道、佛互补但以儒家入世思想为主的民族文化心理，它具有民主精神、崇高智慧、不断更新自己的内驱力。

《美感教育研究》

王善忠（研究员）

专著　193千字

吉林教育出版社　1993年2月

本书的构想是从对于美育的理解谈起，简要回顾了中外美育史上有代表性的学者关于美育现象的见解，然后从实施美育的物质和精神条件、生理和心理因素、理论和知识准备等方面探讨美育的基础，接下来论证美育的几个主要特点（美育是一种认识活动的结果、美感教育的特殊功能——情感教育、寓教育于愉悦，愉悦中受教育、潜移默化，受教育于不知不觉之中、倾心赏美，就是乐意受教的表现）。在本书的后半部分，涉及美育的实施途径问题（包括基本原则、主要方式、主要手段），最后，在美育的意义部分，分别论述了美育与德育、智育、体育、劳育的关系以及如何引导、培养正确的美育观念。

《美学散论》

王善忠（研究员）

论文集　252千字

社会科学文献出版社　1993年2月

本文集按文章性质划分为三类：一类是阐述马克思主义经典作家关于古希腊艺术的

不朽魅力、革命悲剧问题的文章以及美学研究的认识论、方法论问题；另一类是探讨我国古代美学思想、特别是音乐美学问题（关于《乐记》、孔子的乐论与乐教、《声无哀乐论》等）的文章；最后一类是论述美学对象、自然美、艺术种类等问题的文章。

《毛泽东文艺思想大辞典》

张国民（研究员）主编

辞典　2430千字

武汉出版社　1993年11月

本辞典是阐释毛泽东文艺思想基本内容、收录毛泽东及其他中央领导人文艺论述、举要介绍毛泽东文艺思想实践及研究成果的大型工具书。

《中外机智人物故事大鉴》

祁连休（研究员）主编　合作者冯志华

工具书　642千字

知识出版社　1993年3月

“机智人物故事”是我国民间文学界对以徐文长、阿凡提一类滑稽多智、诙谐善谑的人物为主人公的故事群的总称。它作为民间故事的一个富有幽默感和喜剧性、充满笑的乐趣的独特门类，在民间广泛流传，历久不衰。本书系机智人物故事的专科辞书。共收词目2260多条，从基本理论、基本知识，中国古代机智人物故事，中国现代汉族机智人物故事，中国现代少数民族机智人物故事，外国机智人物故事，机智人物故事书籍等六个方面，较为全面、系统地介绍包括中国在内的亚洲、欧洲、非洲各国的机智人物故事。

《无边的挑战——中国先锋文学的后现代性》

陈晓明（副研究员）

专著　230千字

时代文艺出版社　1993年5月

本书作为全面论述中国先锋文学的第一本专著，就80年代后期出现的注重形式和语言实验的创作群落，作了深入的分析。本书认为，80年代后期以来，文学创作不再在意识形态推论的框架内来叙事，年轻一代的作家没有像知青群体那样深厚的历史记忆，而转型期多变的现实情势，也使年轻一代的作家无法与之对话。因此，强调小说叙事的形式结构和语言风格，就成为他们无法逃脱的选择。也正因如此，年轻一代的作家创造了非常个人化的艺术经验，把当代小说创作推向一个很高的艺术水准。先锋小说在触及到那些生活无法摆脱的错位情境，用极端的语言策略和形式手段去表现那些乖戾的生存形态，表现了某种“后现代”倾向。而他们在特殊的历史背景下，讲述一些奇特的历史故事，以抒情性很强的句式去表现人类无法解脱的境遇，又显示了别具一格的“后悲剧”风格，并且由此表达了他们的精神祈祷。

《地之子》

赵园（副研究员）

专著　281千字

北京十月文艺出版社　1993年6月

这是一部从文学的视角研究中国知识分子与乡村、农民、农民文化的关系的专著。研究中国知识分子与乡村、农民的精神、文化联系及其演变，是作者十几年来所致力的“文化——文学”、“文学——知识分子”研究的一个方面的收获。本书以“文学——知识分子”为基本线索，分析了20年代以来作品中“大地”、“乡土”、“荒原”等意象中的知识者意识，论述了出自知识者之手的“农民”形象及知识者（作家）对“农民文化”的注释。此书还将“知青作者与知青文学”作专章论述。本书着力于“史”的过程的梳理——中国知识分子与乡村间关系的演变历史及有关的文学史轨迹；乡村文学、乡土文学的历史发展；同时注重文学现象、作家作品的分析。既重视文学作品所包含的意识形态内容，又力图显示其美感形式。较之作者于1986年出版的《艰难的选择》（上海文艺出版社），因论题较为集中，也因吸收了80年代以来的理论成果，论述更为深入。

《二十世纪西方美学主流》

毛崇杰（副研究员）主编

合作者张德兴、马驰

专著 860千字

吉林教育出版社 1993年11月

本书以总论与分论约半、网络纵横的布局与结构，研究了本世纪，特别是其中后期西方美学的主流派别与思潮。把美学与批评置于本世纪自然科学、哲学、政治的文化背景中加以主体交叉透视。如第一章“自然科学的挑战”以约七万字纵览了这方面的发展，其中特别对物理学的三次革命提出了独自的哲学见解。对切近60～70年代以来的新思潮特设以重章，第三章以约十四万字专论了西方美学的新走向，包括“新理性的召唤”与“新马克思主义与新历史主义”（至90年代）。本书力求推出新意，如精神分析学派因国内外研究较多则避免赘叙不作专章，而70年代崛起的第三思潮——马洛斯洛心理学与美学的关系则立专论。在总论部分还论述了本世纪西方美学的“非体系的开放性与多极倾向；否定性与活力；泛主体化；主体性消失；非理性主义与语言本体论问题”。分论部分则个别地介绍评述了存在主义、西方马克思主义、分析美学、俄国形式主义-结构主义-解构主义与现代解释学美学的思潮与诸代表人物。

《台湾新文学理论批评史》

古继堂（副研究员）

专著 370千字

春风文艺出版社 1993年6月

该书以辩证唯物主义和历史唯物主义为指导，以爱国主义和民族主义为准则，系统地总结和论述了自本世纪初到90年代的台湾新文学理论和新文学批评的发生、发展和演变状况。共分六编十七章。在绪论里论述台湾新文学理论批评史和中国数千年文学理论批评发展的渊源，证明台湾文学理论批评是中国文学理论批评的一部分。第一编为：台湾新文学理论批评的历史沿革和基本内涵。在四章的篇幅内论述了台湾新文学理论批评与“五四”运动的关系，论证了台湾新文学理论批评的萌芽、奠基和左翼文艺思潮的发展壮大并与日本“皇民化文艺思潮”斗争的状况。第二编：台湾当代新文学理论批评发展的状况和走向。以四章的篇幅论述了台湾社会转型期文学理论和批评的成就，突出论述了三民主义文艺思潮、现代派文艺思潮及其理论批评的状况。论证了从西方引进的理论批评的成就和得失。论述了一大批文学理论批评家和他们的论著。第三编至第六编是文体研究。分别论述了台湾文学史研究、小说理论批评、新诗理论批评、散文理论批评的发展演变状况。该著在行文中旗帜鲜明地批评了“皇民化文学”、三民主义文学、分离主义文学逆流。

《关于建设有中国特色社会主义文化的问题》

敏泽（研究员）

论文 18千字

《社会科学战线》 1993年第2期

文章主要在于论证建设有中国特色社会主义文化的根本方法和途径，以弥补学术界关于这一问题所提出的“综合创造论”之不足和缺陷。指出有中国特色社会主义文化的建设，固然需要进行“综合创造”，但是“综合创造”既需要马克思主义原则的指导，需要坚持社会主义之“体”及方向，也需要以民族文化传统（包括革命的文化传统）为基础，因为它是我们建设有中国特色社会主义文化的基础或立足点。新的文化的建设，因应吸收西方的，以至全人类的文化创造成果，但更需要批判地继承我们民族几千年来所创造的文化成果。批判地继承传统文化，是我们的民族精神和民族凝聚力之所在。文章对多年来在这一问题上的不科学的观点也进行了分析和批评。

《意象、表象、意境辨章》

杨匡汉（研究员）

论文　11千字

《文艺理论研究》　1993年第6期

文章首先将通常的喻体表象和特殊的诗歌意象加以缜密的区分，认为前者重“形”而轻“神”，更多地强调物象的主要特征，后者则重“神”而轻“形”，更多地给事物以异常的影象，并使之浸泡于新的意绪与气氛之中；表象是诗的感觉手段，意象则生成为诗之生命体的基本单元。文章进一步论证了意象因“空间”的作用而需有相应的“扩张”，以发展为有意有境的活生生的、灵境动荡而又深沉幽渺的艺术新生命，指出意象所表达的是“意”与“象”的特定关系，意境所进至的则是完整的艺术化境界。

《“朦胧”与“后朦胧”的诗与思——新时期诗歌潮流观察之一》

杨匡汉（研究员）

论文　13.5千字

《当代作家评论》　1993年第5期

本文对改革开放十五年来的大陆当代诗歌进行了整体考察，着重论述具有“现代意味”的新潮诗歌之功过。文章指出“朦胧诗”作为“文革”劫后诗界的一个丰碑，其价值在于以肯定人的自我意识、唤起人的觉醒而复活诗的本性与尊严，并开辟了一个使生活心灵化的艺术表现领域；其缺憾是某些作品耽于沉思的模糊状态而缺少感性与理性相融合的力量。至于更年轻的“新生代”的“后朦胧”诗作，纷呈杂陈，无拘无束地传达着种种人生忧患、生存状态、人文意识和诗学观念，但也存在着步入文化两难困境和“宣言大于作品”的通病。文章强调需要在进一步的反思和调整中，促进新人们的创作扎实地与民族优秀的文化传统衔接起来。

《文学理论：回顾与展望》

钱中文（研究员）

论文　11千字

《文艺理论研究》　1993年第1期

本文是作者1992年在开封召开的“中外文艺理论研讨会”上的主题报告。文章首先肯定了80年代我国文学理论的重大进步，在各个领域都有一批优秀的论著问世。今后的发展趋向，一是文学理论中的各单向分支理论研究将会继续发展。二是它们的横向交叉、相互渗透将会继续深入，并将有重大发展。三是中外文论的研究与融合的研究，会有前所未有的加强。在探索新理论中，必然会有体系的出现与建立，这是十分不易的。这是既要重视文艺本质问题的探索，也要重视审美经验的分析，那种只要后者而排斥前者的观点是不对的，因为它使探讨者难以从总体上去把握文学问题。同时要使这个格局得到健康发展，使之走向多样与创新，就要不断解放思想、更新观念。

《毛泽东与古典文学研究》

张炯（研究员）

论文　11千字

《文学遗产》　1993年第6期

本文引证丰富的材料，论述毛泽东对促进我国古典文学研究方面的科学进展所做出的贡献。指出毛泽东对古典文学的总的态度是批判地继承和借鉴，并认为毛泽东提倡运用辩证唯物史观去研究古典文学，以是否促进历史的进步和对待人民的态度作为评价古典作家作品的重要价值标准；还认为毛泽东十分重视古典文学的多种社会功能，包括它的政治、思想、道德伦理的教育功能和认识功能、审美功能。文章指出，毛泽东对研究古典作家作品，很注意知人论世，十分重视材料的翔实考证；最后，文章认为，毛泽东对待古典文学作品非常重视“古为今用”，既为发展今天的文学作借鉴之用，也每每引用古典文学作品中的人物形象与精彩的词句，为今天的政治所用。

《毛泽东诗论与新中国诗歌》

张炯（研究员）

论文　10 千字

《文学评论》　1993 年第 6 期

本文认为，无论作为政治家、理论家的毛泽东，还是作为诗人的毛泽东，对新中国诗歌的发展都有巨大而深远的影响。而毛泽东的诗论，更擘划了新中国诗歌发展的基本格局和方向，而且深刻地阐明了诗歌创作的历史规律，为中国诗歌的未来走向指明了宽广而正确的道路。

毛泽东主张新旧诗体并存，一正一副，表达了他对新中国诗歌发展格局的战略构想。这种新旧诗都要发展，但应以新诗为主的主张，至今已实际体现于新中国四十年诗歌中。其次，毛泽东对中国新诗发展的方向，也做出极有见地的回答：即在民歌和古典诗歌的基础上去推陈出新，发展新诗。再次，文章认为毛泽东关于“诗要用形象思维”、“比、兴两法是不能不用的”论断，完全符合我国诗歌发展的历史规律，实际也道破了诗歌艺术的真谛。

《坚持和发展马克思主义文艺理论的典范——纪念毛泽东同志诞辰一百周年》

张国民（研究员）

论文　20 千字

《文艺研究》　1993 年第 6 期

毛泽东坚持和发展马克思主义文艺理论，对马克思主义文艺理论做出了多方面的贡献，主要是：(1) 彻底解决了革命文艺方向问题；(2) 制定了社会主义文艺发展的一整套方针；(3) 提出了文艺和生活的辩证关系的科学原理；(4) 丰富了马克思主义文艺创作理论；(5) 补充了马克思主义文艺批评理论。从整个世界马克思主义文艺理论发展史来看，毛泽东不愧为坚持和发展马克思主义文艺理论的一个典范。他为后人继续坚持和发展马克思主义文艺理论（包括毛泽东文艺思想）树立了光辉榜样。

《关于近一百多年中国文学历史的编写工作》

樊骏（研究员）

论文　17 千字

《河南大学学报》　1993 年第 5 期

本文对 80 年代以来的十余年里，中国近百年文学史编写工作的发展演变，作了初步概括。认为就史书的体例格局的创新而言，大致可以分为“扩大型”、“重新组合型”、“了解型”、“兼顾综合型”四种类别。文章对此分别作了剖析，肯定它们打破长期以来的单一、雷同的局面，各有特色和长处；同时指出存在着未能充分发挥各种新的体例新的写法的特点、对有关的理论问题思考探讨得不够、史家自身的史学意识和文学史观有所欠缺等弱点。所以，还不能说已经编写出史学形态发育成熟的文学史。

《历史转型与后现代主义的兴起》

陈晓明（副研究员）

论文　26 千字

《花城》　1993 年第 2 期

本文认为，80 年代后期中国文化处在一个全方位转型时期，一个在文化上的多元化时期正趋于来临。不管是经济发展水平，还是文化模仿，都有可能找到产生后现代因素的土壤。但是，当代中国文学中的“后现代性”归根结蒂是中国本土文化孕育的结果。“文革记忆”在某种意义上构成了青年一代作者的文化底蕴，由此影响了他们在艺术创作上选择的叛逆之路。他们所置身于其中的文化境遇，给他们规定了“晚生代”这样的角色：(1) 面对知青群体，他们具有“历史的晚生感”；(2) 面对前辈大师，他们无法摆脱艺术上的“迟到感”；(3) 面对传统，他们陷入文化上的“颓败感”。后现代主义的倾向，并不是对外来文化的单纯实验性模仿，更重要的是对他们所面临的现实和所拥有的“文革记忆”进行的历史叙事。

少数民族文学研究所

《草原交响诗——玛拉沁夫小说创作论稿》

朱兵（副研究员）

专著　180 千字

内蒙古人民出版社　1993 年 11 月

此书系统总结了当代著名作家玛拉沁夫 40 年小说创作的经验和不足。从纵向研究了玛拉沁夫小说创作的发展道路，在每个时期都与同时期的重要作家，进行了一定程度的比较。从玛拉沁夫的文学发展道路，提出几个文学理论问题：文学与生活的关系，文学与人民的关系，文学继承与文学创新问题等。这些问题，对已经走过这条道路的老作家，如何总结自己的创作，会有一定启发和帮助，对刚刚起步的中青年作家，如何沿着正确的道路健康前进，会有一定借鉴和警钟作用。从横向总结和概括了玛拉沁夫的小说创作个性和独特的艺术风格。把玛拉沁夫的小说与世界文学的一些作家，如苏联的肖洛霍夫，俄国的屠格涅夫、契诃夫进行了一些比较，从而可以看到玛拉沁夫如何在继承祖国文学优秀传统和借鉴世界文学优秀传统方面所做的努力以及他如何创造自己的艺术世界、塑造自己的文学典型、实现自己的美学理想、形成自己的艺术风格。

《柯尔克孜民间文学概览》

张彦平（助理研究员）　合作者郎樱

专著　230 千字

柯孜勒苏柯文出版社　1993 年 6 月

本书是第一部系统评价柯尔克孜族民间文学的著作，全书共分概述、神话、民间传说、史诗、叙事诗、民歌、民间故事、谚语、谜语、绕口令等七个部分。书中所引用的资料主要是作者长期在柯尔克孜地区调查、搜集和翻译的第一手资料，许多资料是第一次刊布、第一次译成汉文。柯尔克孜民间文学是口承文学，它与柯尔克孜民族的民俗、民间信仰、生产与生活方式有着密切的关系，本书在评价柯尔克孜民族民间文学的过程中，对柯尔克孜人民的民俗事象、萨满教信仰以及柯尔克孜民族的狩猎、草原游牧生产与生活方式也做了介绍。

《国际东巴文化研究集粹》

白庚胜（副研究员）译　合作者杨福泉

译著　250 千字

云南人民出版社　1993 年 6 月

翻译近百年来美、英、德、法、日等国学者研究纳西族东巴文化论文 21 篇，内容涉及宗教、文学、民俗、文字、语言、哲学、艺术等学科。在卷首附国际纳西族东巴文化研究综述一篇，共两万字，全面评述了国际东巴文化研究史，对代表性学者、成果、研究方法做了中肯的评价。

《江格尔与神话宗教》

仁钦道尔吉（研究员）

论文　15 千字

收入《丰碑》论文集
内蒙古文化出版社　1993年11月

本文内容要点如下：

(1) 分析了英雄史诗《江格尔》里反映的萨满教观念，诸如：关于创世时代、宇宙的三层结构、灵魂观念、神奇的人物、萨满及其功能等问题上都反映了蒙古古代神话萨满教观念，但还有萨满因素和佛教因素的融合现象；

(2) 探讨了史诗中的佛教因素，说明了在《江格尔》里不仅有佛教现象，而且还有不少佛教思想的反映；

(3) 在这部史诗里，萨满教因素和佛教因素往往在同一处对同一事物和现象的描写上融合在一起；

(4) 史诗里的萨满教和佛教因素反映了16～17世纪蒙古社会的思想意识形态。

《中国文学史的五个建设阶段》

邓敏文（副研究员）
论文　13千字
《民族论坛》　1993年第1期

文章从多民族文学史建设的角度，将中国文学史的建设看作一项宏大的整体工程，并提出完成这项工程的五个建设阶段：(1)文史混杂的筹建阶段（从古代至清末）；(2) 汉语文学史编写阶段（从20世纪初至今）；(3) 各民族文学史编写阶段（从1958年至今）；(4) 各民族文学关系史研究阶段（从20世纪末至21世纪中）；(5) 中华民族文学通史编写阶段(21世纪初以后)。文章对这五个建设阶段的时间划分、主要任务和重要成就做了较充分的论证。

《阿拉伯-波斯文化对哈萨克民间文学的影响》

穆塔里甫（助理研究员）
论文　9千字
《中国比较文学》　1993年第2期

阿拉伯-波斯文化，以中世纪伊斯兰教的崛起为动力，在世界范围内得以广泛的传播，并对世界文明产生过巨大影响。随着哈萨克信奉伊斯兰教，大量的阿拉伯-波斯传说、故事及宗教故事也介入哈萨克中。那些神奇瑰丽、充满幻想的描绘哈萨克草原生活之外的宫廷奇闻、名人轶事、经商冒险、航海奇遇等丰富内容，对哈萨克民间文学的繁荣与发展产生了巨大的影响。与此同时，哈萨克人以其自己的理解和艺术表现方式，使这些外来文学变异为本民族所独有的文学类型。本文从三个方面进行了探讨：(1) 外来文学的内容与艺术特点；(2) 阿拉伯-波斯文学在哈萨克中广泛传播的因素；(3) 民族文化融合外来文学的表现形式与特点。

《柯尔克孜图腾文化的内涵及嬗变》

张彦平（助理研究员）
论文　12千字
《西域研究》　1993年第3期

本文参考突厥语诸族7～8世纪遗存的叶尼赛地区鲁尼（文）碑群的发掘成果，研究辨析柯尔克孜民间文学中诸多族源神话传说中图腾崇拜的遗存，以及基于图腾意识而演变形成的这个民族的独特信仰习俗所作的逆向推理，在这一基础上对柯尔克孜民族图腾文化的基本范畴、崇拜类型、多元化的结构形态以及由典型形态向转形形态的嬗变规律做了多侧面的探讨，并提出了自己的不同见解。

《朝鲜民族南来考》

苑利（编辑）
论文　50千字
《韩国学研究》　1993年第2期

本文旨在说明：朝鲜民族不是本格的北方民族，而是从南方迁至北方的南方民族。在此之前，它曾长期生活在今天中国东南沿海浙江省的河姆渡一带。可以说，朝鲜文化是河姆渡及其周边文化的一支，因此，远古河姆渡文化同今天的朝鲜文化在许多方面多有暗合。

第一章朝鲜族曾居东南沿海考；第二章农业生产类型（稻谷种类、劳动工具、农业信仰）的比较；第三章饮食习俗及饮食工具的比较；第四章居住习俗及其有关语言学方面的比较研究；第五章鸟图腾崇拜的比较研究：朝鲜族的金鸡崇拜与河姆渡文化中的太阳鸟崇拜；朝鲜族的鹤崇拜与东南沿海远古文化中的鹤崇拜遗痕。

外国文学研究所

《20世纪初俄苏文学思潮》

李辉凡（研究员）

专著　340千字

社会科学文献出版社　1993年

20世纪的俄苏文学思潮具有极其丰富、复杂而又深刻的内容。这方面过去只有鲁迅先生做过一些译介工作。最近时期我国学术界开始重视这个问题，有关文章慢慢多起来。但是许多情况迄今仍然若明若暗。本书就是试图用马克思主义观点，依据目前所能掌握的第一手资料，认真地探讨一下俄苏文学所走过的这段路程，思考并总结某些历史经验和教训，从中得到一些启迪。全书分上下两篇：上篇（共七章）是文艺思潮，下篇（共五章）为文学理论。“思潮”篇介绍并评估了20世纪初诸文学流派如象征派、阿克梅派、未来派的概况；十月革命后的无产阶级文化派、意象派、“锻冶场”、“谢拉皮翁兄弟”、“构成派”、“山隘”及“拉普”等文学思潮；1924～1925年苏联文艺界的一场大论战以及1925和1932年联共中央的两个关于文艺政策的决议。此外也扼要地阐述了二三十年代俄苏现实主义文学创作的新成就。“文学理论”篇则重点论述了早期俄苏文学中的形式主义理论、庸俗社会学倾向、列宁对马克思主义文艺理论的新贡献、卢纳察尔斯基和高尔基的文艺思想及其对早期俄苏文学发展所起的重要作用等。

《文学·人学》

李辉凡（研究员）

论文集　180千字

重庆出版社　1993年6月

这个集子收集了作者从1963至1990年在报刊上发表的有关高尔基的创作及文艺思想问题的十多篇文章。文章涉及的大部分是关于高尔基早期创作，包括其革命浪漫主义和革命现实主义短篇，《母亲》及剧本《底层》等作品中的问题，后期作品中只有《〈克里姆·萨姆金的一生〉赏析》一篇。文论则涵纳了高尔基关于人道主义、文学史、文艺创作的特性、戏剧创作理论及社会主义现实主义等问题。高尔基的创作及其文艺理论上的建树给苏联文学及全人类的进步文化做出了十分重要的贡献，正如列宁所指出的，这位“伟大的艺术天才给世界无产阶级运动作出了而且还将作出许多贡献”。作者认为，高尔基全部作品的精义在于其文学是“人学”的思想。在高尔基看来，文学就是通过审美手段陶冶人、教育人，使人得到不断发展、不断完善，从而帮助人、改造人的客观世界和主观世界。伟大的无产阶级作家高尔基一辈子都在为人民的觉醒、人类的解放、人民的幸福和全人类精神上的不断进步和完善而呐喊、而抗争。因此，本书题名为《文学·人学》，是符合高尔基的整个文艺思想的，它也表明本集子的作者对高尔基全部创作精义的理解。

《文学作品的存在方式》

吴元迈（研究员）

专著　110千字

海南出版社　1993年

文学作品是20世纪文艺学的基本概念之一，也是20世纪文艺学的基本成就之一。文学作品是什么，亦即它的存在方式或本体论地位，是一个重要、复杂而又极富争论的难题。俄苏形式主义、英美新批评、现代结构主义、现象学、存在主义、“西方马克思主义”等，都作了独特的探讨，提出了各自的观念与模式。它们的探讨既有合理的内核又存在明显的片面，或把客体绝对化或把主体绝对化。实际上，文学作品是现实→作家→文学作品→读者→现实这一动态过程和动态系统中的一个基本环节。这些环节既相互联系又各具相对的独立性。同时，文学作品是多层次、多侧面、多成分的；是物质因素和精神因素、审美反映和艺术创造的辩证统一；是客观性、稳定性和开放性、变化性的辩证统一。文学作品总是为“收件人”（依一定的读者为模型）而写。“收件人”不仅是作家构思和创作过程的参加者，也是作品结构和风格的参加者。文学作品由于阅读行为才现实地成为文学作品，因而文学接受始终是一个积极的、能动的、创造的过程；文学接受没有文学作品便失去了对象，因而文学接受又是一个受动的、受制约、受限制的过程。从这个意义上看，文学作品和文学接受始终互为媒介。

《歌德接受史》

高中甫（研究员）

专著　200千字

社会科学文献出版社　1993年

歌德是一位享有世界声誉的伟大作家，两个世纪以来，他在德国文学、德国民族的精神生活和文明史上占有一个重要的地位，几乎在每个历史时期，他和他的作品都有着程度不同的现实意义，起着这样那样的作用。随着历史的发展，人们对他的评价和接受也不相同，有时甚至大相径庭，围绕着肯定和否定的争论，疏远和接近的情况从来没有中断过。对歌德的接受在不同历史时期的不同和对立，有着深层次的社会原因，应从整体上去加以研究和考察。这部《歌德接受史》以纵向为主、以横向为参照的方法，以历史唯物论和辩证唯物论的观点为指导，对歌德自第一部有影响的作品《葛茨》(1773）问世直到1945年近二百年在德国的接受进行了历史的论述。这本著作充分利用了德国歌德研究的成果和资料，并同时论及某些著名作家和学者的歌德观，提出了自己的看法。接受史是文学科学的一部分，也是构成一部完整的文化史、社会史的一部分。通过对歌德这样一位伟大作家的接受史的论述，不仅能更全面更深刻地认识歌德及其作品，并且也能对不同时期的审美情趣、鉴赏能力、社会思潮等有所了解。

《当代法国文学史纲》

张容（副研究员）

专著　250千字

辽宁教育出版社　1993年

本书利用新资料，尽可能全面、系统、客观地描述和介绍、考察和分析当代法国文学及其发展状况，主要概括战后的文学。共分五章，第一章考察法国社会文化大背景及其对文学的影响；第二～五章按体裁划分，分别介绍小说、诗歌、戏剧、文学批评的发展情况。在每一章中，通过按流派、类型划分的方法，对各个领域中的各个流派的历史渊源、发展过程、代表人物、代表性理论和作品、发展趋势和影响做了具体描述。

《阿拉伯文学简史》

伊宏（副研究员）

专著　116千字

海南出版社　1993年

阿拉伯文学是既古老又年轻的文学，也是世界上最有成就的文学之一。本书概括地介绍了这一文学在16个世纪里走过的道路。在古代文学部分，论述了贾希利叶时期、伊斯兰初创期、伍麦叶时期和阿拔斯时期的文学成就，突出了悬诗、《古兰经》、《一千零一夜》、玛卡梅韵文故事等作品和乌姆鲁勒·盖斯、伍麦叶三杰（哲利尔、艾赫塔勒和法拉兹达格）、阿布·努瓦斯、麦阿里、贾希兹等大诗人和散文家。在近现代文学部分，分别论述了阿拉伯文学复兴的社会文化背景，复兴派的古典主义诗歌，笛旺派、旅美派和阿波罗诗社的浪漫主义诗歌创作的理论，以及现代小说、现代戏剧、现代文学批评的发展与繁荣，强调了纪伯伦、邵基、塔哈·侯赛因、阿卡德、努埃曼、哈基姆、台木尔等文学大师的贡献。全书以历史发展为主线，全面概述与重点突出相结合，适当加入一些评论，基本反映了阿拉伯文学的历史发展、它的代表人物和代表作品。这是我国出版的第一本较系统介绍阿拉伯文学的史书，它力图向读者展示：除了他们所熟悉的民间文学作品《一千零一夜》之外，阿拉伯文学宝库中，还有许许多多发光的东西，值得我们去浏览、去探寻。

《飘落的心瓣——意识流小说》

冯季庆（助理研究员）

专著　110千字

海南出版社　1993年

意识流小说是20世纪西方文学中令人瞩目的现象。它超然于19世纪博大精深的全景式小说制作，以内省的笔触将小说的表现对象扩展到意识的整个范围，使潜意识和无意识成为文学的合法领域。本书深入研讨了引发意识流小说萌生的文化思想背景及社会张力。剖析了以弗洛伊德为代表的精神分析学和柏格森的直觉主义美学如何诱导小说把描写对象拓宽到意识的广泛范围，去追究人类意识的“绵延”。同时论述了后工业社会对人类生存方式的剧烈冲击，所引发的20世纪西方哲学、社会学、伦理学中更为突出的个性主义、个人主义思潮对意识流小说创作的直接影响。本书细致分析了意识流小说的独有艺术特色：心理分析式的内心意识独白、跳跃穿插的自由联想情节、时序的颠倒和融合以及语言与文体的标新立异的试验。同时对当代西方最著名的四位意识流小说大师——普鲁斯特、乔伊斯、伍尔夫和福克纳做了细微而有意味的介绍。

《俄罗斯诗神——普希金的诗歌》

吴晓都（助理研究员）

专著　99千字

海南出版社　1993年12月

普希金是享誉世界的俄国诗人，他的名著《叶甫盖尼·奥涅金》堪称“俄罗斯生活的百科全书”。普希金在俄国文学的一切方面都独领风骚，创建了现代俄国文学语言，对现代俄罗斯语言文化的发展产生了极为深远的影响。可以说，不读普希金的诗歌，就无法了解俄罗斯文化的底蕴。本书从普希金的抒情诗、童话诗、传奇诗、诗体小说和诗体戏剧入手，评析了这位杰出诗人的创作特色及其对当时和后来俄国文学的意义。普希金赋予俄国文学以神圣的使命，这就是为人民而创作。他本人就用诗歌参与社会的变革运动，扩大了文学的容量，拓宽了它的反映面。他大量地吸收民间大众的生活口语，将俄国传统文学的语言和现代口语结合起来。诗人使俄国作家懂得这样一个真理：文学只有植根于时代和社会，才会有永恒的活力。普希金以他的创作证明了这个规律：越是具有民族特色的文学，就越能成为世界文学宝库的一部分。在诗人看来，向俄国人民学习语言是俄国作家的第一课。他在自己的创作中灵活地运用俄罗斯民间故事、寓言和典故，运用民众的生动口语，从而缩短了作者与读者的距离，使作品饱含了民族的特质和近代人文精神。

《社会主义文艺的国际特色和民族特色》

吴元迈（研究员）

论文 10千字

收入《冯至先生纪念论文集》

社会科学文献出版社 1993年6月

各国各民族的社会主义文艺既具国际特色又具民族特色。这两者相辅相成，不可或缺，是社会主义文艺的共性和个性相统一的表现。国际特色是以不分国家不分民族的无产阶级和劳动人民的共同斗争、共同利益、团结统一为内容的；是同民族沙文主义和民族排外主义格格不入的；不仅包括民族的优秀传统也包括世界各民族的优秀传统。文艺是生活的审美反映。只要生活本身存在民族特色，包括社会主义文艺在内的一切文艺都不可能不去反映和表现民族特色。文艺的民族特色是生活对它的呼唤和要求。民族特色既指民族的语言、风格、自然景观、性格、心理等，也指民族的独特的历史生活和历史进程，也就是说，既包括民族的形式也包括民族的内容，即客体、客观的方面和主体、主观的方面。那种认为社会主义文艺的形式是民族的而其内容是非民族的观点，是不正确的、值得讨论的。

《托洛茨基的〈文学与革命〉》

李辉凡（研究员）

论文 12千字

《苏联文学》 1993年第3期

托洛茨基的《文学与革命》(1923年)一书，可以看作是苏联最早的一部苏联文学史著作。本文对托洛茨基的这部书作了较全面的介绍和评论。一方面对其正确的有意义的部分作了肯定的评价，认为作者有时像一位内行的文艺批评家，对某些文艺现象能说出很中肯的话，不但谈思想倾向，也谈艺术价值，对某些作家、作品的分析比较切合实际；另一方面也指出，托洛茨基的批评观点带有庸俗社会学和纯政治功利主义的性质，例如，他把十月革命以前的整个俄国文学宣布为资产阶级文学而加以否定。而对无产阶级文学，他则采取了取消主义的立场，否定了苏联无产阶级文学的存在。托洛茨基这本书对尔后的苏联文学有重要的影响。特别在文学批评方面、文学价值观方面，至今仍可以找到它的滥觞。

《北欧文学漫笔》

张黎（研究员）

论文 24千字

收入《冯至先生纪念论文集》

社会科学文献出版社 1993年6月

本文共分三部分：第一部分讨论北欧文学在中国传播的历史，目的在于说明，“五四”前后的先贤们介绍北欧文学，带有明确的功利目的，即唤起人民觉醒，振奋民族精神，抵御外侮、改造中国。第二部分从横向和纵向两个角度，讨论了北欧文学的发展历史，作者认为，北欧文学广泛吸收了来自大陆的异质文化，同时又极为重视自身的传统，极少陷入某种流行的模式和框框。19世纪末期，有一批北欧作家，在吸收大陆文学成就，表现本国伦理道德题材方面，为世界文坛提供了前所未有的经验。第三部分主要是讨论20世纪北欧文学，重点讨论了北欧文学既呈现出流派纷呈的局面，又保持和发展了现实主义传统。北欧作家并不热衷于把文学创作推到某种极端的死胡同里去。这一点很有借鉴价值。

《哈佛读书札记：美国文化批评》

赵一凡（副研究员）

论文集 140千字

三联书店 1993年

本文集题为《美国文化批评》，主旨是针对当代美国学术动向与理论批评，分别就其政治、经济、历史、社会、教育、文学与文化批评等领域的发展趋势与热点问题，作出基于中国立场的分析判断。文集收编了作者在《读书》杂志上专栏连载的14篇论文。它们虽然是以“读书札记”的形式写出，但是命题重要而新颖，多为当今欧美学术界的争议热点。如《贝尔与资本主义文化批判》、《哈佛的教育思想》、《什么是新历史主义》、《霍夫斯塔特与美国政治思想史》、《埃德蒙·威尔逊的俄国之恋》等。文章力图以中国文化的本位立场，主动而积极地借鉴西学新论和变革精神，同时突出以法兰克福学派的“文化批判”视角，结合我国现代化建设的实际理论需要，对当代美国文化趋势施以多学科综合研究，并得出一些批评性结论。

《法国的修辞学派和里昂派》

吴岳添（副研究员）

论文 13千字

收入《冯至先生纪念论文集》

社会科学文献出版社 1993年6月

修辞学派和里昂派是法国最早的诗歌流派，它们处于法国中世纪文学和16世纪的文艺复兴之间，对于研究法国文学流派的起源和演变有着重要的意义。过去无论中外都对这两个流派不予重视，不是一笔带过，便是斥之为“晦涩难懂”和“贵族情调”。本文具体分析了这两个流派产生的历史条件，以及它们的艺术风格和形成这种风格的原因，肯定了它们在法国文学史上的地位，以及对后世法国诗歌的影响，并且详细分析了它们和“七星诗社”之间的异同和继承关系，从而改变了前人对这两个流派的错误评价，也使读者对法国诗歌的来龙去脉有了系统的了解。

《裴多菲诗歌创作简论》

冯植生（副研究员）

论文 17千字

《外国文学研究集刊》(第15辑） 1993年

本文较为全面地分析、评论裴多菲的诗歌创作。全文分为四个部分，分别论述裴多菲各个时期诗歌创作的特点及裴多菲爱情诗歌的特点。论文的中心思想是论述裴多菲如何从一位平民诗人通过自己的创作走向民主主义革命的道路，从而为他在匈牙利文学史和世界诗坛获得巨大声誉。

语言研究所

《山西方言调查研究报告》

侯精一（编审）主编

专著 1224千字

山西高校联合出版社 1993年7月

本书是对山西方言全面、系统的研究报告，分上下两卷。上卷是对山西全省方言的综合描写、研究。内容有山西方言概说，山西方言语音、词汇、语法特点，文白异读，全省42个代表县市的字音、词汇对照及语法例句与长篇记音材料。下卷描写山西方言内部差异，介绍山西中部、西部、南部、东南部、北部的方言特点。逐点列出音系及声、韵、调表，并附有地图32幅。

《〈金瓶梅〉俚俗难词解》

张惠英（研究员）

专著 350千字

社会科学文献出版社 1993年6月

明万历本《金瓶梅词话》有很多难懂的

方言词、俚俗语、生造字。本书用方言、音韵、训诂的研究方法，对那些难懂的字词作出解释。正文按回目次序安排，书后有拼音索引，以便查找。书后还附有作者已发表的关于《金瓶梅》的语言及作者的研究文章七篇。这些注释和文章，代表了作者“金学”研究的一个重要段落。

《泉州市方言志》

林连通（副研究员）

专著 246千字

社会科学文献出版社 1993年2月

本书是福建省泉州市方言的研究报告。导论部分对泉州方言的源流、地位和内部差别作了简要的介绍。第一、二章对泉州方言的语音系统作了简要的描写和分析。第三、四章把泉州音分别与中古音、北京音作了比较，展示它们之间一般的对应情形。第五章是词汇，介绍了泉州方言的词汇特点，并提供了两千多条常用的方言词语。第六章从构词法、词类、语序和句子结构等几方面较为详细地说明泉州方言的语法特点。第七章是若干成篇语料，作为前面各章描写、分析的佐证。

《关汉卿戏曲词典》

蓝立蓂（副研究员）编

工具书 600千字

四川人民出版社 1993年9月

该词典收录关汉卿戏曲著作中与今义不同的词语，内容涉及有关元代社会风俗习惯、典章制度的名词用语，方言词语，蒙古语借词，熟语，成语，戏曲专有名词术语等，计6130条（主条5290条，副条840条）。

《唐代诗词语词典故词典》

陆尊梧（副编审）主编

工具书 1800千字

社会科学文献出版社 1993年1月

本书充分搜集唐代诗词中有关语词、典故，释义准确，简明易懂，适合一般中等水平读者使用。

《古今词义辨析词典》

王克仲（研究员）主编

工具书 650千字

黑龙江人民出版社 1993年6月

本词典对1600个古今同形异义词语进行辨析。造成古今同形词语差异的原因很多，其中最主要的原因是词义本身的发展变化。本书重点解释词语古今变化的异同；除此之外，还解释了因繁简字、通假字、词类活用、方言等原因形成的古今差异。全书设“古今通义”、“今义”、“古义”三栏，把所释词语的不同意义分别系于各栏之下。所释词语属于词的，注明词类；属于词组的，说明属于哪种结构类型的词组。书中另设“辨析”一栏，用于与该词语有关的其他解说。

《崇明方言词典》

张惠英（研究员）编

工具书 370千字

江苏教育出版社 1993年8月

本词典记录并注释了崇明方言中天文、地理、时令时间、农业、植物、动物、房舍、称谓、亲属、身体、疾病、医疗、衣服、穿戴、饮食、日常生活、讼事、交际、商业、交通、文体活动、动作行为、位置、代词、形容词、副词、介词、数量词等各类常用词语。书前有崇明方言声母、韵母、声调的描写，连读变调的规律以及连读时某些浊音声母所发生的有规律的变化，单字音表，以及崇明方言的特点等简要说明。

《中国语文研究四十年纪念文集》

刘坚（研究员）主编

合作者侯精一（编审）主编

论文汇编　338千字

北京语言学院出版社　1993年

本纪念文集总共收录69篇论文。其中现代汉语语法19篇，现代汉语方言11篇，现代汉语语音5篇，现代汉语词汇（包括词典编纂）5篇，近代汉语4篇，古代汉语词汇、语法5篇，音韵训诂4篇，通论8篇，文字（包括机器翻译）4篇，回顾《中国语文》4篇。多数论文是对语文研究的某一领域进行回顾、评述，也有一些论文是就某一个专题进行深入讨论。

法学研究所

《依法行政论》

刘瀚（研究员）　合作者陈春龙等

专著　297千字

社会科学文献出版社　1993年6月

依法行政是现代行政和行政法的最核心的原则，是加强和健全社会主义法制的最主要的一个方面，是现代法理的一个重要原则。在我国，依法行政已经推开，并健康发展，需要从法理上加以阐发，以指导依法行政健康地发展。该书就行政与法，依法行政的概念，依法行政的实践，行政合法原则，依据法定行政程序原则，行政适当原则，行政立法中的依法行政，行政执法中的依法行政，行政司法中的依法行政，非常时期的依法行政，对行政的监督，违法行政的法律责任，相对人权益受行政侵害后的救济等问题，作了全面、系统、深入地探讨和论述。该书出版后，受到学界、特别是行政管理部门的关注，成为依法治市、依法治县、依法治厂、依法治校等活动中的重要参考书籍之一。

《中国近代警察制度》

韩延龙（研究员）

合作者苏亦工、林炎、赵九燕

专著　620千字

中国人民公安大学出版社　1993年9月

本书由前言、导论、三编二十七章组成，除正文外，书后附彩色、黑白图片106页。该书全面、系统地论述了近代警察制度在我国初创、形成和演变的历史，是迄今为止这一研究领域的第一部专著。

导论阐述了古代“警察”和近代警察的本质及其区别，指出中国近代警察制度属于资产阶级警察制度的范畴，但又不完全等同于西方警察制度而带有自身的特殊性，认为中国近代警察制度始创于1898年戊戌变法期间，经历了清末、北洋军阀和国民党统治时期三个相互衔接而又各具特色的阶段。

本书三编分别探讨了中国近代警察制度初创、形成和发展三个时期的历史背景和基本特点，中央、首都和地方警察机关的设置和沿革，警察的来源和警官的任用，警员的待遇、考绩与奖惩，警察服制和服务规程，警察教育和对警员的培训，警察的种类及其职权，女警的由来和发展，各类警察辅助组织、特务组织和警察机关的关系，各个时期重要警察法规的颁行及其基本内容。

在撰写此书时，作者使用了历史档案、法制文献、报刊杂志、史书方志、文集杂著、报告统计、时人著述等多方面的珍贵资料，对以往论著中的讹误之处，有所匡正。

《澳门基本法导论》

王叔文（研究员）主编　合作者吴建璠、谢怀栻、郑成思、吴新平、韦健

专著　300千字

中国人民公安大学出版社　1993年8月

本书根据“一国两制”的伟大构想和我国对澳门的基本方针政策，对基本法中出现的许多理论和实际问题，从理论的高度进行论述，并通过与我国和外国有关立法进行比较研究，阐明了基本法内容上的特点，对起

草基本法的经过、基本法的基本精神、内容和条文，都作了比较全面的系统的阐述。

由于我国对香港和澳门的基本方针政策是相同的，所以澳门基本法的总体结构和主要原则与香港基本法是一致的。与此相适应，本书在对澳门基本法进行阐述时，与《香港基本法导论》在总体上保持了一致。同时，本书也反映了澳门基本法的特点；在作理论剖析时，注意与澳门的实际情况相结合。

《知识产权法教程》

郑成思（研究员）主编

合作者刘春田、陈美辛、庞正中

专著　300千字

法律出版社　1993年9月

本教程是我国建国以来第一部综合性的知识产权统编教材（过去曾出版过专利法、商标法两个领域的统编教材），该书出版后已重印六次，销售量近十万册。这在法学书籍中是较少见的。

该书首先论述了知识产权的特点、知识产权法与其他法的关系、知识产权各不同部门法之间的关系等一些基本问题。

在“著作权”、“专利权”与“商标权”三编中，分别阐述了有关的权利主体、客体、权利内容、权利限制、侵权责任及诉讼程序等。对于专利、商标权这些依行政批准方才产生的民事权利，还分别介绍了取得权利的过程（包括申请程序、审批程序、异议程序、无效程序等）。

在各编中，还对过去一些学生中、研究人员中有误解的问题进行了专门探讨。例如，过去的统编教材曾误将“联合商标”与“防御商标”视为相同，本书中专门讲述了二者的重大区别。

该书最后一编广泛涉及我国已参加及正争取参加的知识产权国际（多边）条约，如伯尔尼公约、世界版权公约、保护工业产权巴黎公约等。对中国正争取参加的世界贸易组织中的知识产权协议，也作了一定介绍。

《法理学面临的新课题》

刘瀚（研究员）　合作者夏勇

论文　11千字

《法学研究》　1993年第1期

我国社会主义市场经济体制的建立和逐步完善，对法理学提出了一系列新课题。我们要以建设有中国特色社会主义理论为指导，重视实践，面向社会，使法理学具有真正的开放精神，对法的价值理论、范畴理论、权利理论、历史理论、社会理论、规范理论、解释理论以及方法论等，作深入研究，提高法理学的学术价值和应用价值。对社会主义市场经济秩序和与之相适应的新的社会秩序所必须的一系列基本原则，更应着重加以探求、论证和阐述。其中包括法治原则、公平原则、自由原则、个体利益与社会利益双重本位原则等。同时，要把对社会主义法本质的认识同对社会主义本质的认识统一起来；把对法的作用的认识同对社会主要矛盾的认识统一起来，从多个侧面，给法理学不断注入新的内容，使之在社会主义民主和法制建设中起到应有的作用。

《二十世纪西方法哲学基本问题》

信春鹰（研究员）

论文　8千字

《法学研究》　1993年第4期

西方法哲学是西方社会政治意识形态的一部分。西方自由主义传统为西方法哲学的发展变化提供了一个基本的背景。20世纪以来，资本主义社会的固有矛盾日益突出，自由主义意识形态面临挑战。自由主义理念与当代社会现实的矛盾集中地表现在政治法律领域；资产阶级上升时期所倡导的法治原则已经成了日益扩大的政府权力的限制。法律与道德、权力与权利、法律与政治、市民社会与国家的矛盾反映在法哲学中，表现为不同学派对这些矛盾的不同观点，它们集中表现在下面四个基本问题上：（1）法律及其对法律的评价是否应当包括伦理道德价值观；（2）法律关系基本上是纵向的还是横向的；（3）法律主要是由立法机关制定的还是主要是司法判决；（4）法律推理是分析性质的还是非分析性质的。对于这些基本问题的探讨构成了当代西方法哲学的主要发展脉络。

《论法系划分的方法与标准》

高鸿钧（副研究员）

论文　15 千字

《外国法译评》　1993 年第 2 期

本文系统考察了古今中外法学者关于法系划分的理论、方法及标准，指出各种划分理论、方法及标准的利弊，认为无论是单一标准和多重标准都有一定缺陷，前者虽能贯彻逻辑的一致性，但难于适用于复杂的法系分布情况以及同一法系具有不同侧面和特点的客观特征；后者在逻辑上难以贯彻一致性，用不同标准划分出来的法系难于进行比较分析。文章作者认为，划分法系应坚持客观严肃的态度，既不应过于笼统，又不应过于琐细；应选取那些决定和直接影响法律制度存在和发展的重要因素作为判别标准；应采取静态划分，划分时应考虑世界最主要即影响较大的法律制度，在划分时不仅考虑“书本”中的法条，而且要考虑实际运作的活法，还要注意法律制度之间的亲缘关系。文章主张采用复分法，即分别以不同标准进行多次划分，每次划分只使用一个标准。根据上述主张，根据法律的阶级本质、经济基础和意识形态，可分为社会主义法系与资本主义法系；根据反映法律外在形式的法律渊源和诉讼技术，可分为大陆法系与英美法系；根据直接影响当代法律制度运作的特定文化传统，可分为西方法系、伊斯兰法系、印度法系、犹太法系和东亚法系。

《市场经济与经济法学的发展机遇》

王保树（研究员）

论文　13 千字

《法学研究》　1993 年第 2 期

为使中国的经济法学有大的发展，必须彻底清除前苏联现代经济法学派代表人物拉普捷夫经济法理论的影响。并且，伴随着国家实行社会主义市场经济体制，必须转变计划法是经济法龙头的观念，代之以竞争法是经济法核心的观念。在市场经济条件下，经济法的根本任务是建立和维护自由、公平的社会主义市场竞争秩序。为此，不能笼统地认为经济法调整经济管理关系，而只能将经济法的调整对象确定为以社会公共性为根本特征的经济管理关系。经济法所直接保护的是社会公共利益，而不是企业法人和公民的单个利益，也不是国家利益；它所采用的是社会整体调节机制，包括对经济的社会管理、社会制约、社会评价、社会监督和要求企业履行社会责任。

政治学研究所

《中国农民问题研究》

白钢（研究员）

专著　233 千字

人民出版社　1993 年 12 月

全书共分 13 个专题，探索了农民的历史与现状，尤其是农村发展道路问题。作者认为：我们习以为常的城乡分治体制所造成的城乡关系的格局，已不利于农村生产要素的流动和农村产业结构的变革，阻滞了全国统一的大市场的形成与发展。世界上一些发达国家用工业化和城市化的途径推进农业现代化的经验，对于我们不无启迪意义。中国农村的发展道路，应当坚持邓小平同志提出的朝着“高水平的集体化”方向发展。农村经济体制改革一方面要加快农村产业结构的调整，大力发展乡镇企业；另一方面，要加快中小城镇的建设，走工业化、城市化的道路，逐步实现中国农业的现代化。作者还在“论农民战争的历史地位”等专题中，系统考察了历代农民战争的历史根源、性质和作用，认为历代农民战争在打击封建统治的同时，导致了土地配置关系的变化，客观上促进了生产力的发展和生产关系的变化。

《中国皇帝》

白钢（研究员）

专著 478 千字

天津人民出版社 1993 年 6 月

从秦始皇到溥仪，两千多年间，中国先后出了 332 个皇帝。皇帝是封建国家的象征，标志着国家政体的类型。本书共分十三个专题，分别阐述了皇帝的产生及其形态，皇帝的类型，皇权的发展阶段、范围与限度，皇帝决策的依据、程序与特点，皇帝权力的异化，专制主义、中央集权与官僚政治，皇帝与封建特权，皇帝制度下的文化政策，皇帝制度与封建宗法关系，封建专制主义的经济基础，皇帝与农民，封建专制主义的负面影响等等。作者认为：皇帝是从等级君主制的“王”演变而来的。从等级君主制的“王”发展到专制君主制的“皇帝”，标志着社会经济结构、阶级结构、思想文化和政治形态的重大变革，标志着封建专制主义的形成与确立。封建专制主义，经历了军事封建专制主义和宗法封建专制主义两个阶段。汉武帝以后，宗法封建地主阶级以及地主制经济结构成为中国封建专制主义的阶级基础与经济基础，而以此为依托的封建生产方式，则给中国历史的发展以决定性的影响。封建专制主义的封闭性，决定了中国历史的发展总是死的拖住活的，近代以来中国社会的演进表明，只有彻底清除封建专制主义余毒，加强民主与法制建设，才能在社会主义现代化的大道上迅跑。

《廉政建设与政治稳定》

杨海蛟（副研究员）

论文 10 千字

收入《改革开放与政治稳定》论文集

中国民主与法制出版社 1993 年 9 月

该文认为历史和现实的社会运动展示了这样一个事实，为政清廉与政治稳定之间是一种正相关关系。剥削阶级占统治地位的社会之所以动荡不已，最终在动荡中毁灭，原因很多，其中一个重要原因就是严重地存在着腐败现象，因而为了巩固政治稳定的局面，必须加强廉政建设。为政清廉能够缓和冲突、调节矛盾，对政治稳定具有协调作用；能够吸引、感召群体成员，对政治稳定具有凝聚和整合作用；能够产生激励和晕光效应，对政治稳定有保障作用；能够感染、引导公众，具有示范表率作用，有利于政治稳定局面的形成和巩固。正因为如此，要统一思想，提高认识，通过一系列工程，筑起反腐防变的钢铁长城，使人民政权永远立于不败之地。

《正确处理人民内部矛盾与政治稳定》

杨海蛟（副研究员）

论文 8 千字

《理论探讨》 1993 年第 3 期

该文认为政治稳定是改革开放和社会主义现代化建设的前提条件和可靠保证。要维护政治稳定，正确处理人民内部矛盾是整个宏伟工程的重点项目。因为随着社会主义制度的建立和国家工作重心的转移，人民内部矛盾逐渐上升为主要矛盾，大量地表现出来，并渗透到社会生活的各个领域，正确处理人民内部矛盾日益成为党和国家政治生活的主题。正确处理人民内部矛盾对于调整社会利益格局、理顺各种社会关系、消除逐渐积聚的社会张力、避免社会矛盾激化有着重大的现实意义。为此各级领导要深入实际，调查研究，学会运用多种形式和方法解决人民内部矛盾，调动一切积极因素，保障政治稳定，促进改革开放的深入和社会的全面进步。

《再论在深化改革中寻求政治稳定》

徐功敏（副编审）

论文　13千字

收入《改革开放与政治稳定》论文集

中国民主法制出版社　1993年9月

文章总结中国人民在十年动乱和十一届三中全会以来现代事业蓬勃发展的正反两方面经验，指出保持政治稳定的极端重要性，从而提高其理论认识。继而分析政治稳定的三性：动态性、层次性、阶级性。最后，针对我国现存各种不稳定因素，提出相应对策。

《经济增长的政治动力之谜》

吴清（研究实习员）

论文　2.3千字

《经济学消息报》　1993年12月30日

本文通过对战后东亚、拉美及前苏联东欧地区市场化改革成败历史经验的考察，认为市场化过渡与持续高速经济增长之能否成功实现，在很大程度上取决于能否建立起新型的国家—社会互动关系。中国当前的改革应从加强政府社会管理体制建设、积极在各级政府与促进经济发展的各种社会力量之间建立制度化的对话渠道、打击腐败消除国家与社会间的中梗阻等方面入手，为市场化改革的最终成功及经济的持续增长，创造政治前提。

民族研究所

《〈类林〉研究》

史金波（研究员）

合作者聂鸿音、黄振华

专著　426千字

宁夏人民出版社　1993年1月

《类林》是唐代于立政编纂的一部重要私家类书，分十卷五十目，汉文本早已失传，西夏时期曾译成西夏文本。本世纪初西夏文本出土。本书对西夏文本《类林》作了全面研究。首先对其源流、版本进行考证，参照比较敦煌所出《类林》残卷和多种《类林》系类书，认为西夏文本的汉文母本比敦煌古本更多地保存着原《类林》本的原貌。书中论证了复原《类林》古本的原则和方法，使复原古本建立在可靠的科学基础之上。本书对这一重要民族文字译著的译文进行细致分析，探讨其特点，认为西夏文译者水平相当高，译文基本准确，较好地完成了这一难度很大的工作，同时也分析了翻译中的缺陷和不足。本书利用西夏文本《类林》进行西夏语研究，解开了西夏语语音中的二十多处难点，诠释了多种未解或过去误解的西夏文字义、词义，在语法方面也作了深入的探讨。作者将西夏文本《类林》全部译成汉文，其中包括西夏文和汉文字与字的对译和通译，两种译文都列于原件图版之下，作者对译文的考辨也附注于该页。作者利用科学推导出的复原原则和方法，并参照其他文献反复研究，复原了失传的古本。最后将法国、俄国藏敦煌所出《类林》残卷和《类林杂说》的序、总目、跋附载于书末，以供参考。

《南斯拉夫联邦解体中的民族危机》

郝时远（研究员）主编

合作者赵锦元、李嘉恩（副主编）等

专著　170千字

四川民族出版社　1993年12月

继苏联解体之后，南斯拉夫社会主义联邦共和国也在政治演变、经济危机和民族矛盾的交互作用下一分为五。本书以南斯拉夫解体中的民族危机为中心，分析和论述了民族矛盾在加剧政治演变、引发族际内战、造成国家分裂的重要作用，对南共联盟在建国前后处理和解决国内民族问题方面的理论认识、政策变化的得失进行了研究，分别论述了南斯拉夫的民族主义问题，经济发展中民族利益格局问题，南斯拉夫宪法之争中的民族因素，解体过程中爆发的塞克矛盾、波黑三方冲突、马其顿独立进程、科索沃危机等问题。书中还就巴尔干半岛作为欧洲“火药桶”的历史背景和现实作用，国际社会、西方势力、伊斯兰世界介入前南危机的情况进行了分析，对巴尔干半岛局势和前南危机解决前景作了研究预测，提出任何势力试图改变前南一分为五现实格局的企图都将加剧前南地区的总体危机，并引发巴尔干半岛更大的冲突，波黑危机的解决方式将对解决前南危机提供一种模式等观点。

《世界民族概论》

赵锦元（副研究员）

合作者李一夫、葛公尚等

专著　547千字

中央民族学院出版社　1993年6月

全书共分五大部分：

第一编绪论，谈世界民族学科的形成与发展；

第二编世界民族志略，谈各大洲民族分布特点及民族关系格局以及当前世界民族的基本情况；

第三编世界民族史略，谈世界民族形成和发展，民族关系格局演化和转换的一般历史进程，以及主要民族国家的形成和多民族国家内部民族结构形成的历史和政治背景；

第四编当代世界民族问题，谈当前世界民族关系与民族问题，各民族之间在语言、文化、宗教、经济等方面的实际差异与利害冲突；各大洲民族问题的表现形式及其特点，包括各主要民族之间、主体民族与少数民族之间、大小民族之间、外来移民与当地民族之间、跨界民族与有关国家之间的关系，以及因政治、经济、文化、语言、宗教等因素所引发的问题与形势；

第五编以外国民族政策和民族理论为专题论述，分别就当前世界民族问题的热点进行分析、论述并对解决问题的方式和前景作出预测。

《黎汉词典》（附汉黎对照词汇）

郑贻青（副研究员）　合作者欧阳觉亚

工具书　335千字

四川民族出版社　1993年

《黎汉词典》（附汉黎对照词汇）共收词六千七百多条。词典可供黎族人民学习汉语文和汉族人民学习黎语之用。所附的汉黎对照词汇部分可供国内外学者和语文工作者学习、利用黎语资料时查阅之用。本词典对研究黎语、学习黎语都将起到重要作用。

本词典主要以词为收录对象，所收的词以黎语侼方言罗活土语为基础，读音以该土语的乐东黎族自治县抱曲镇保定村的语音为标准。

《毛泽东对解决中国民族问题的历史贡献》

郝时远（研究员）

论文　15千字

《民族研究》　1993年第5期

毛泽东是最早关注中国民族问题的老一辈无产阶级革命家之一。他在领导中国革命和社会主义建设过程中，坚持依据马克思主义普遍原理与中国革命具体实践相结合的原则，对解决中国民族问题和发展马克思主义民族理论做出了历史性的贡献。本文从建国前毛泽东关于少数民族争取民族解放的斗争与中国革命的关系，各民族共同建立统一的人民共和国，中华民族的科学内涵与民族区域自治道路；到建国后毛泽东关于和平解放新疆、西藏的战略和策略，民主改革与培养少数民族干部，反对两种民族主义、重点反对大汉族主义、两种民族主义都属于人民内部矛盾，汉族与少数民族的依存关系和民族问题的长期性等七个方面，分析和论证了毛泽东的上述历史贡献，并对毛泽东晚年的错误与毛泽东思想的关系进行了论述。

《积极开展新时期的民族调查工作》

史金波（研究员）

论文　6 千字

《民族研究》　1993 年第 5 期

《中国少数民族现状与发展调查》是中国社会科学院的重点科研项目。本文论证了在当前开展民族调查研究的重要意义。首先这是时代的要求。在新时期，少数民族发展具有重要战略地位。建国以来民族地区发生了可喜的、惊人的变化，但仍很落后，改革开放以来，与东、中部地区差距拉大。目前民族地区有机遇，有挑战。党和国家需要民族研究工作者深入到民族地区了解实际情况，总结经验，反映存在问题和解决办法，为制定民族发展战略和政策提供科学的依据。第二是学科发展的需要。根据国内外民族学科的发展应调整研究重点，加强当代民族的经济、民族关系、宗教、教育、人口、生态环境等问题的研究。第三，民族调查是培养新一代民族学家的最重要途径。

《论改革开放中汉族和少数民族的关系问题》

杨荆楚（研究员）

论文　12 千字

《云南社会科学》　1993 年第 1 期

《云南教育学院学报》　1993 年第 1 期

中国是一个统一的多民族国家，汉族和少数民族关系直接影响民族团结和祖国的统一。在改革开放中，正确调整和处理好汉族和少数民族关系，具有十分重大的战略意义。

文章指出：随着改革开放的深入，东部沿海和西部地区、汉族和少数民族之间出现了一些新情况和新问题，核心是经济权益。文章着重论述了四个问题：(1) 东部汉族地区与西部民族地区发展差距问题。西部与东部相比，经济比重、发展速度、人均产值和收入过低；(2) 互助与互利问题。东部从资金、技术、人才与西部进行对口支援和横向经济协作，实现互利互惠；(3)“竞争”与共同繁荣问题。不同地区、不同民族商品生产者之间开展“竞争”，有利于冲破民族地区封闭和传统习惯势力，增强竞争力，加速民族地区的发展；(4) 汉族和少数民族人口双向流动问题。族际人口的双向流动，打破了地区和民族壁垒，促进了各民族相互学习和交流，有利于各民族共同繁荣。

此文原为学术会议提交的论文，在作者事先不知道的情况下，两家刊物同时发表，另两家刊物全文转载。一些学者，民族工作者对文章中论述的问题很感兴趣，评价较好。

《我国民族自治地方行政管理的几个问题探索》

杨荆楚（研究员）

论文　12.5 千字

《中央民族学院学报》　1993 年第 6 期

本文是应中国行政管理学会的要求撰写的，民族自治机关的行政管理，学术界没有给予应有的重视和研究。在改革开放中，民族自治机关行政管理水平，直接关系到民族自治地方的发展与繁荣。

本文从民族自治地方行政管理的特点、

制约因素、机构改革三个方面进行较全面系统的论述。民族自治地方行政管理最大特点在于它行使一般国家机关的权力之外，还享有民族自治权，最大的难点在于行政机构严重臃肿庞大，经济文化落后，上层建筑不适应甚至束缚生产力的发展。民族自治地方行政机构改革势在必行，但在精简机构和人员时不能和内地“一刀切”，必须考虑和照顾不同民族应占的适当比例，不能妨碍和影响自治民族行使自治权。民族自治地方的行政管理机关必须首先考虑各民族的共同利益，严格依法办事，真正做到在法律面前人人平等，各民族一律平等，反对任何民族享有超越法律的特权。加强和完善民族立法，是民族自治地方行政管理机构正确行使职权的法律保障。

《元代在西藏之政制》

孟庆芬（副研究员）

论文 12千字

《中国民族史研究》 1993年第3期

本文阐述元代自成吉思汗起，卫藏地区宗教势力就引起了统治者的注意，首先派多达那波入藏了解情况，根据多达了解的情况及建议，元朝统治者决定通过佛教领袖人物实现统一和治理西藏。阔端去信邀请萨班到凉州，萨班与阔端达成归顺蒙古的具体协议，自此整个西藏地区与元朝正式确立了隶属关系。忽必烈时封八思巴为“国师”，后升为“帝师”，其后元朝历届皇帝都尊奉一位萨迦派高僧为帝师，作为一个特殊职位，在朝廷中享有很高的地位。

元朝鉴于卫藏地区和整个吐蕃地区的社会中僧俗封建势力紧密结合的特点，因地制宜、顺俗而治，推行了有别于内地的一系列行之有效的特殊措施。除扶植佛教首领帮助自己治理西藏外，还在中央设置了掌管全国佛教事务和藏族地方行政事务的中央领导机构——总制院，授命八思巴以国师身份领总制院事。为进一步加强对西藏的管理，还派达门对西藏地区普查人口及整顿驿站等。使当时西藏地区和中国其他行政区域一样，完全置于元朝中央的直接管辖之下。

《美洲发现与世界种族和民族布局的变迁》

葛公尚（副研究员）

论文 7.5千字

《民族研究》 1993年第3期

人类文明是世界各种族和民族共同创造的。种族和民族作为人类各种文化的载体，在哥伦布发现新大陆之前与之后，在地球上的分布有很大不同。五百年前世界各种族分布在各自的传统洲域内，民族过程相对单一；新大陆发现后，世界各大种族在全球重新分布，与此同时，世界民族的分布以及民族过程的模式均被打破，涌现出一批颇具生命力的新兴民族，民族过程的多样化和一体化的出现，促进了人类各种文化的交流和融合，五百年来出现了世界文明大汇合和世界历史大变革，哥氏的历史功绩是不容置疑的。

《哈萨克斯坦当前的民族进程和民族关系》

穆立立（副译审）

论文 12千字

《东欧中亚研究》 1993年第4期

文章第一部分分析了苏联民族工作的成就和失误对当前哈萨克民族进程的影响以及目前哈萨克民族复兴的种种表现和面临的历史难题。

文章的第二部分分析了当前哈萨克民族和共和国境内的俄罗斯人以及其他一些民族的关系和矛盾。指出，当前哈萨克共和国境内的各民族都处于民族意识进一步觉醒和文化复兴的过程中，而大哈萨克主义的种种表现会对民族关系和社会进程带来消极影响。这正是哈官方强调民族和谐的原因。

《中国少数民族社会生活史研究的整体思考》

管彦波（研究实习员）

论文　14 千字

收入《中国民族史学会第四次学术讨论会论文集》

中央民族学院出版社　1993 年 7 月

对中国少数民族社会生活史的研究是一个急需大力开展以补白的重要理论命题。本文尝试性地就少数民族社会生活史的研究对象、内容，民族社会生活史与相关学科的关系及其具体的研究方法，社会生活史在民族科学研究中的意义及其目前存在的一些问题等几方面，作了较为深入的探讨。文中指出，少数民族社会生活史以中国历史上各种不同的民族共同体的群体生活和生活方式为研究对象，具体研究中国历史上各种不同的民族共同体的经济生活与文化生活的内在规律和外在现象，研究与民族共同体成员自出生→成年→婚配→成为亲长→死亡这一人生历程相关的社会生活内容，和人们围绕日历所进行的社会生活活动，研究维系和保障各民族社会生活正常进行的各种人际关系及相应的交往活动。同时，少数民族社会生活史还与传统民族史学、民族学、物质文化史等学科有着致密的关系，研究中须确定相关的概念、方法、手段，注意传统与变革、地区性与民族性的统一。

社会学研究所

《社会学方法论与马克思》（第一册：个体与整体）

景天魁（研究员）　合作者杨音华、沈原

专著　160 千字

人民出版社　1993 年 10 月

该书围绕个体与整体、结构与过程、事实与价值这几对社会学方法论的轴心范畴展开了历史（概念史）和理论相结合的探讨。在第一册：个体与整体中，廓清了这对范畴在社会学概念体系中的含义和地位，着重考察了这对范畴的理论前史、语义内涵和思想内容，阐明了围绕这对范畴所展开的方法论之争，在社会学理论中的核心意义。

该书的主要贡献是论述了马克思社会学理论的基本立场，尤其是解决个体主义与整体主义悖论的方法论原则，因而，朝着建立马克思主义社会学方法论迈出了一步。

《社会保障指标体系》

朱庆芳（研究员）主编　合作者盛兆萘等

专著　175 千字

中国社会科学出版社　1993 年 8 月

本书是“七五”国家重点课题研究成果之一（社会指标体系中的专题指标）。它以全社会为视角，系统阐述了社会保障与经济、社会发展的关系，初步建立了能综合反映社会保障内部结构、比例、速度变化、社会安全网覆盖面的指标体系，并用 24 个主要社会保障指标对 1991 年各省市区的社会保障水平作了比较与评价。书中还就社会保障的主要方面，用全社会的全面数字分析了改革开放以来的发展情况、存在问题并对今后的改革思路作了较详细的阐述，对我国社会保障的内涵和外延不明确、项目包括不全等问题作了分析并提出了建议。本书对完善我国社会保障体系以适应建立市场经济发展的需要提供了很有价值的科学依据。

全书共分 14 章，包括社会保障事业与经济社会发展的关系，社会保障事业的发展和社会保障指标体系，老年、社会医疗保障制度，社会福利制度，社会救助制度，社会优抚保障制度，社会失业、社会工伤保险制度，残疾人社会保障制度及指标体系，妇女儿童、农村社会保障制度，职工对现行社会保障制度的评价和意向，世界各国社会保障制度概况简介等。在每章后均列出了全面、翔实、系统的统计表。本书对从事社会保障事业的决策部门实际工作者及教学研究单位是一本有价值的参考书。

《新社会结构的生长点：乡镇企业社会交换论》

李培林（研究员） 合作者王春光

专著 220千字

山东人民出版社 1993年

人民公社解体以后，乡镇企业作为一种新的组织要素在农村的迅速成长，带来了农村从生产、生活方式到行为准则和思想观念的深刻变化，改变了传统农村的亲缘、地缘网络和高度集中的行政网络，逐步建立起以业缘契约关系为主导的农村社会新结构。作者首次利用“交换理论”透彻地分析了农村社会新结构的生成过程。

在大量经验材料的基础上，作者揭示了乡镇企业异军突起的“秘密”，指出亿万农民求生存、求发展、求富裕的内在冲动，是乡镇企业迅速发展的深层因由，而及时地抓住体制变动和市场提供的发展机遇，巧妙地运用传统道德规则降低组织成本，利用土地提供的社会保障建立风险机制，是乡镇企业克服资金、技术不足，降低社会成本，从而获得强大竞争力的直接原因。

现在，乡镇企业不仅已成为中国农民脱贫致富的必由之路，而且也是农村社会结构转型、农民改变职业身份和社会身份的根本途径；更深刻的意义还在于，乡镇企业成为社会主义市场经济新体制和农村社会新结构的生长点，并将成为整个国民经济的重要支柱和未来经济的增长中心、利润中心。

《中国文明与鲁迅的批评》

张琢（研究员）

专著 250千字

台湾桂冠图书股份有限公司 1993年5月

本书的主要内容为中国的地理环境与中国人和中国文化的起源，中国地理条件和中国传统社会文化的特点，地理环境作用的二重性；中国的家族制度、伦理道德与鲁迅的批评；中国近代社会的变迁与“国民性”问题，从梁启超到鲁迅对中国“国民性”的分析；中国文化的改革与建设：文化改革的国际比较，文化改革的对象和武器——“扫荡废物”与“拿来主义”，改革的动力——大众和先驱，改革的持久性和韧性的战斗精神。

附录《论阿Q的文化心理结构》，通过对鲁迅所塑造的作为中国精神文明的活载体的具像化典型阿Q的精神的展开——他的遭际和精神胜利法、奴才心理和排斥异端的思想，性心理及其无特操性，以及人生理想等诸方面，分析了他的心理结构。揭示了中国传统文化的二重性。

本书体现了作者的鲁迅研究由哲学而社会学、而社会心理学的研究轨迹。

《中华人民共和国社会发展水平图集》

朱庆芳（研究员）主编

合作者黄涛（主编）

图集

人民出版社 1993年10月

本图集是“七五”国家重点课题“社会指标研究”成果之一，由中国社科院社会学所和武汉测绘科技大学合作完成。图集用彩色地图和统计图表形式，客观、生动、形象地反映了1990年120个国家社会发展水平的国际比较，国内30个省市区和187个地级以上市的社会发展水平的比较。各地区可从图集中清晰地了解到本地区社会发展水平所居的位次，并能从主要指标的比较中看出进步与差距。本项研究用新的观点和量化手段来衡量社会发展水平，并能揭示矛盾、开阔视野、拓宽思路，扭转了过去单纯用经济指标评价社会发展水平的不完善做法。

本图集是我国第一本反映各地区社会发展水平的图文结合、图文并茂的集子，为各级决策部门推动社会发展提供了有力的量化工具和决策依据，也为理论教学、研究单位提供了实用的参考资料。

全集共64页，15张图表，包括国际比较图，改革开放以来各省区发展速度图，省区社会发展水平比较图，省区社会结构、人口素质、经济效益、生活质量、环保、社会秩序图，187个市社会发展水平图，各市社会结构、人口素质、经济效益、生活质量、社会秩序图（以上均列出前50位城市及省会级城市）。

《当今中国社会病》

张萍（副研究员）主编

合作者王铁等12人

专著　300千字

北京燕山出版社　1993年11月

本书以11章分叙了处于社会转型期的中国大陆存在的11种主要社会病：公职人员腐败渎职、团伙犯罪、经济犯罪、假冒伪劣产品的制造与销售、毒品犯罪、淫秽物品泛滥、卖淫嫖娼、性病流行、拐卖妇女儿童、违法婚姻和封建迷信。

该书由中国社会科学院社会学研究所张萍提出课题设计，组织中国社会科学院、监察部、中国政法大学、公安部、卫生部和浙江社会科学院有关专家合作完成。所用资料截至1992年底，并附有1980年以来中国大陆出版及发表的有关文献目录。

该书主编在序言中指出，从分析到的11种社会病看，大量的越轨、离轨和犯罪行为还是属于社会转型期中的行为手段方式上的社会失范，所以尚不足以危及社会生存和发展的基础，但发展下去，也会侵蚀对整个社会规范的信任和遵从，动摇公民对社会规范的神圣感和目标信念，甚至“无法无天”，一发而不可收拾，导致社会规范体系的崩溃。因此，必须对社会变迁、社会转型的规律及各种社会病发生的机制进行详细的调查了解，作出科学的分析，以进行有效的社会控制，确保现代化的持续稳定的发展，确保社会的健康文明。

《社会中间层：改革与中国的社团组织》

王颖（副研究员）

合作者折晓叶、孙炳耀

专著　240千字

中国发展出版社　1993年2月

随着改革开放的不断深入，社团组织大量涌现，并不断发展壮大，逐渐形成一股不容忽视的社会力量。社团在政府与社会组织及个人间架起了一座联结的桥梁，构成了“上挂下联”的社会中间层，使正处在转型时期的社会组织结构发生了根本性的变革。本书在典型社区调查的基础上，运用社会学理论，详细描述、系统总结了社团崛起的背景，社团的主要功能、组织模式及与政府和企事业单位组织之间的互动关系，分析了社团在社会组织体系整合中的作用，明确指出了社团发展的新动态和新趋势。

《生育与中国村落文化》

李银河（副研究员）

专著　160千字

牛津大学出版社　1993年

本书是继费孝通《生育制度》后中国第一部研究生育文化的社会学专著。作者以实地调查访问资料为根据，描述了中国生育文化的现状和渊源，从而提出了解释中国人生育动力的新尝试，即关于村落和村落文化的理论。

在中国出版的关于生育文化的研究，必

须在两个人的研究之外找到它的位置。其一是贝克尔的人口经济学，其二是费孝通对生育制度、生育文化的讨论。本书就是这样一个尝试。本书涉及的问题包括生育文化类型、人口学的困境、村落文化、生育的物质动机、生育的精神动机、生育动力的抑制、生育文化的现代化等。

几千年来，中国一直是个农业社会，近代以来，工业和城市虽有发展，但农民仍占人口的80%。必须在控制中国人口和改变国人生育观念上找出一个最终的解决办法。即使更多的人脱离村落文化的环境，进入都市文化之中。这就是由这项研究所得的主要结论之一。

《中国的一个小康市》(太仓小康社会实录)

金世明

合作者朱汝鹏、张雨林、吴大声等

专著　230千字

江苏人民出版社　1993年8月

我国第二步的奋斗目标是到本世纪末实现小康社会。小康是个什么样子？要拿出典型事例来。太仓市处在长江下游和东海入口的交界处，毗邻上海，经济比较发达，社会全面发展，人民共同富裕。这个市1984年跨过温饱线以后，仅仅花了五年时间就步入小康社会，是我国土地上率先、提前实现小康的典型之一，1993年在全国县级单位排名中列第八位。这本书的目的是向读者展示太仓市实现小康的历程，帮助大家领略一个诞生在中国大地上的小康先行者的风貌。全书记述了太仓经济的发展，在经济发展的基础上社会结构的深刻变化；接着重点分析了人民生活质量的提高，特别表现在"用"的消费和文化生活服务支出所占比重明显提高，前者1991比1983年提高近一倍，后者同期提高近五倍；人们的生育观念发生了深刻变化，1991年人口自然增长率仅为1.23‰，低于北京、天津，略高于上海，这和他们提前实现小康有密切关系；本书还描述了太仓城市化的发展，科教文卫的发展和人口素质的提高，社会保障的改进和完善，安定的社会环境，提出安定是实现小康的保证。本书最后扼要总结了太仓提前实现小康的经验。

《关于私营经济在我国再生的若干问题》

张厚义（研究员）

论文　15千字

《农村经济与社会》　1993年第3期

私营经济在我国再生的根源，不能简单地归纳为生产力水平低、发展不平衡，而是有着深刻的经济社会原因：(1) 货币财富在私人手中日益积聚，在一定条件下意味着私人收入资本化的物质前提已经具备。(2) 大量存在着相对自由的剩余劳动力。联产承包家庭经营形式的确立，使他们不再束缚于社区组织，可以自由地离开土地与家庭。对他们来说，雇佣关系从一开始就不是十分痛苦的事情。雇佣毕竟使他们得以与生产资料相结合，从而能够取得自己劳动成果的一部分。(3) 个体经济的恢复与发展，为私营经济的再生提供了现实基础。私营经济是个体经济发展的一种选择。(4) 城乡人民的需要，为私营经济提供了市场条件。

新闻研究所

《精神交往论——马克思恩格斯的传播观》

陈力丹（研究员）

专著　454千字

开明出版社　1993年8月

本书以马克思、恩格斯经常使用的德语词汇"ge is ti ger verk ehr"（精神交往）作为书名，并将这个概念贯穿全书。全书分为三大部分：(1) 第一至三、十六章论述马克思和恩格斯关于传播的基本理论。包括涉及传播的历史唯物主义基本观点，他们的传播观得以提出的“世界交往——世界贸易”的大背景，他们从人的本性角度对人类传播活动的考察等。(2)第四至五、七至十二章，分别论证了马克思和恩格斯关于语言、文字、宗教、文艺、舆论、宣传、新闻、报刊等传播形态或媒介的观点。(3)第六、十三至十五章论证了马克思和恩格斯关于传播的几个综合性问题：交往革命对社会发展产生的重大影响、对未来信息社会的某些预见、对各种交往政策的基本看法、从心理学角度对传播现象的思考、工人传播活动的发展阶段及其特点等。

《受众本位论浅析》

陈崇山（研究员）

论文　6千字

《新闻纵横》　1993年第2期

该文首次提出“受众本位”的论点，认为80年代初期的研究大都以新闻媒介为本位，审视受众在传播活动中的地位和作用，将受众视为领受媒介教育的对象，被媒介争取的对象。80年代中期的研究转向以受众为本位，将受众作为权利主体来审视，从受众作为社会主义新闻媒介的主人，作为传播活动的轴心，应该享有充分的知晓权、表达权、舆论监督权等权益意识出发，要求新闻改革的目标必须适应和满足受众的需要，维护受众的权益。受众的提高和发展，是传播活动的最终目的。一切传播活动均应随受众的意志为转移。

《谈谈我国的新闻消费》

陈力丹（研究员）　合作者宋小卫

论文　11千字

收入《市场经济与新闻事业》

北京燕山出版社　1993年11月

论文考察了我国当前的新闻消费。全文分为五小节。第一节“面临市场经济的新视角——新闻消费”，说明了市场经济条件下这个问题何以提出。第二节“马克思论新闻消费”，阐述了他关于“报纸是工人必要生活资料”的观点，以及他从消费看生产而得出的若干经济学观点。第三节“从新闻生产看新闻消费”，考察了在这个视角下新闻消费可能遇到的各种问题。第四节“当前新闻消费的倾斜”，分析了出现新闻消费低俗化的原因。第五节“建立适应市场经济的新闻消费运作和研究体系”，提出了五项对新闻生产、消费进行常年管理的措施和四项有关的研究课题。

《刍议社会主义市场经济条件下的新闻业》

孙旭培（副研究员）

论文　12千字

《新闻研究资料》　1993年总第61辑

在计划经济条件下搞“计划新闻”，不符合新闻规律，在市场经济条件下更不应该搞“计划新闻”，新闻只能在自由和法制的范围内运作。论文从分析新闻业与经济基础的关系着手，论述社会主义市场经济条件下新闻业必然发生的种种变化，如需要大幅度地提高信息量；切实发展舆论监督，特别是独立负责地揭露贪污、贿赂、徇私枉法等腐败现象，应该尽早实现；报业结构也将改变，需要发展高信息量、商业性、与普通群众新闻价值观念认同的报纸；就报道内容来说，报道的重点应该是市场，而不是生产单位；要逐步放宽言论尺度，参予与海外、国外的新闻交流和竞争。论文还论述了新闻媒介自身的改革和新闻业的宏观管理方面的改革。

《现阶段新闻舆论怎样发挥社会监督作用》

宁新（副研究员）

论文　5千字

《学习》　1993年第11期

该文从历史与现实的角度论证了我国新闻舆论监督的必要性及其性质、任务和特征。指出新闻舆论监督工作必须根据国家法律和党的基本路线与方针政策，在监督的内容、目标、方向与方式上体现中国特色，符合中国实际国情。该文提出，现阶段我国新闻舆论监督的重点内容与目标，应集中在党与政府和广大人民群众最关心的经济发展、社会风气、廉政建设三大社会问题上，充分发挥上对下的新闻舆论监督作用。该文最后还指明了我国和西方国家在新闻舆论监督上的根本区别。

《新闻侵犯公民隐私权行为研究》

张西明（助理研究员）

论文　16千字

《新闻研究资料》　1993年总第61辑

论文就健全公民稳私权的法律问题提出了一系列看法。全文分为六小节。第一节说明隐私权所涉及的较为广泛的内容，它包含阴私，但不等于阴私。第二节回顾了我国现有的有关法律，认为保护隐私权的法律滞后，但有的法律文件中已经出现了保护隐私的概念，这是一大进步。第三节论证了新闻侵犯隐私行为的三种主要的特征。第四节论证了由于现有法律的不完善而在处理隐私权问题上出现的八类难题。第五节论证了保障公民隐私权所要遵循的法律上的四项基本原则。第六节提出了调整新闻报道与公民隐私权关系的两项措施。

《论当代中国大众文化浪潮中的大众传播媒介》

杨瑞明（助理研究员）

论文　8千字

《新闻大学》　1993年冬季号

本文主要探讨当代中国的大众文化浪潮中大众传播媒介的社会功能问题。作者认为，我国大众传播业的发展及其所带来的社会心理和价值观念的变迁，都为催生和繁荣我国大众文化创造了充分的物质和社会意识条件。传播媒介又是一只藏在大众文化后的“看不见的手”，不仅在不自觉中培植了大众文化，而且也在自觉“制造”和“操纵”大众文化的传播内容和流行趋势。作者还认为，我国的大众传播媒介在市场经济运行机制中，不能仅为追求最大经济利益，附和庸俗低级的大众文化价值观，而应引导大众追求高尚的文化品味，这样大众传播才能推动大众文化健康蓬勃地发展。

《关于我国城市儿童的媒介接触与道德发展的研究报告》

卜卫（助理研究员）

调查报告　50千字

收入《传播媒介与儿童发展》

中国少年儿童出版社　1993年12月

报告根据1992～1993年全国城市儿童抽样调查的数据结果，描述和分析了我国城市儿童媒介接触的状况及其对他们道德发展的影响。研究认为，我国城市儿童的媒介接触与儿童的道德观念和行为具有显著相关。它主要表现在：(1)儿童接触印刷媒介和广播的频度与儿童道德得分呈显著正相关；(2)儿童媒介知识性内容的偏好与儿童道德得分呈显著正相关；(3)儿童接触电子声像媒介的频度与儿童道德得分呈显著负相关；(4)儿童的刺激性娱乐内容的偏好与儿童道德得分呈显著负相关。研究建议：(1)在儿童10岁以后，应该大力倡导和组织儿童阅读印刷媒介和收听儿童广播节目；(2)大力发展儿童电视艺术，并对儿童收看成人片进行控制和指导；(3)加强对儿童接触电子声像媒介的管理。

《理想的受众——1992年北京受众调查报

告》

宋小卫（助理研究员）　合作者闵大洪

调查报告　10千字

《新闻研究资料》　1993年总第61辑

近年来我国传播界开展的各种受众调研，主要侧重于通过受众研究观测大众传播的社会实效，寻求更加理想的传播方略与模式，多少忽视了对受众自身应有素质的反思与前瞻。本文依据一定的主、客观标准，对北京地区受众实践与受众观念的现代化状况进行了描述和测试，界定了“受众观念”和“现代化的受众观念”，并在态度和价值观这一层次对现代化的受众观念做了操作化的设计和实测，对北京地区受众的现代化水平进行了定量的总体性测定与评估，分析讨论了影响受众观念现代化进程的主要因素，为科学地开展和普及传播文化教育、提高受众的认识和实践水平提供了一定的实证素材和决策依据。

《北京地区少年儿童电视节目内容分析研究报告》

杨瑞明（助理研究员）

调查报告

《新闻研究资料》　1993年总第60辑

该报告对1991年9～12月北京地区四个频道播出的2979.6分钟的少年儿童电视节目进行统计分析，得出以下结论：(1)北京地区播出的少儿电视节目以知识性、教育性、娱乐性内容为主，内容健康、形式多样、形象、易懂。(2)北京地区播出的少儿电视节目总体比例上是国产节目占主导地位，但播出时间量最多的是动画片，而动画片中65%为国外进口动画片。(3)进口的少儿电视节目的内容以科幻、神话故事为主，形式较单一，不够丰富多采。(4)少儿电视节目推出的媒介形象，以正面的具有正直、勇敢、善良品质和个性的少儿人物为主。最后，该报告还根据研究结果提出一些对少儿电视节目制作具有参考价值的问题和建议。

《论美国社会责任论的发展与局限》

王怡红（助理研究员）　合作者宁新

论文　8.7千字

《北京广播学院学报》　1993年第3期

大众传播社会责任理论的发展经历了三个阶段，每一阶段都与新闻自由思想密切相关，也与责任的主体——公众，大众媒介和政府的权利、义务有关。20世纪60年代以来，社会责任理论进入了一个多元化发展阶段。研究者从不同角度，审视媒介的责任思想，并对责任的概念性质提出不同的见解。责任的概念已生发出多种含义，包括从政治性的、契约式的、市场的及职业道德精神等角度的论述。对责任概念应从社会性质的差异，从媒介与社会关系性质差异的角度理解。该理论虽然在发展，却始终无法逃脱它的局限性，私有制从根本上限制了责任思想和理论在实践中的运用。

世界经济与政治研究所

《当代资本主义论》

李琮（研究员）　合作者王怀宁、黄苏、俞可兴、王燕然、吴国庆等13人

专著　570千字

社会科学文献出版社　1993年4月

本书系统地从理论上对第二次世界大战结束迄今资本主义的新发展，进行了分析阐述。全书共二十章，分别论述了当代资本主义的生产力、生产关系、经济危机、社会结构、政治体制、意识形态、国际关系、历史地位等重大问题。作者认为战后资本主义已进入一个新的历史阶段，即国家垄断资本主义阶段。这个阶段可看作是资本主义的高级发展阶段，在此之前的垄断阶段，只是其中

级阶段。这个阶段出现了一系列不同于以前的新的特征。本书不认为资本主义已到了腐朽和垂死阶段，它还有生命力。但资本主义最后必将过渡到社会主义。

《当代世界农业》

刘振邦（研究员）

专著　200千字

中原农民出版社　1993年9月

本书分四部分：(1) 介绍了主要国家的农业土地政策，提出现代农业土地政策的总趋势是在土地私有和家庭经营的基础上实现土地集中，认为土地流动和有效经营是土地集中和商品农业追求的目标。(2) 提出了农业劳动力转移的层次和用资本替代劳动的现代农业内涵，认为农业劳动力转移的第一步是由种植业到畜牧业的内部转移，第二步是由畜牧业到食品加工业，提出了没有食品加工业就没有农业商品化的新论点。(3) 概括了世界农业的发展道路，认为土地改革使农民占领了生产，实现了自给自足，实现了第一次经济大解放；而商品农业阶段，应当让农民组织农工商一体化公司，实现产供销的纵向联合，尤其组成产前、产后的流通领域合作社，代表农民占领市场，使农民获得第二次经济大解放。(4) 从微观角度介绍了农场和一体化合作制公司的管理和章程，便于读者运作。总之，全书以市场经济条件下的农业问题作为出发点，认为农业的社会化服务体系实际上就是农业的市场体系，农产品是商品，生产农产品的土地、劳动、资本和智力等四大要素也应当是商品，为此必须加速土地流动、加速农业劳动力转移、建立真正的农业信贷和保险，把科学技术作为第一生产力，通过一体化道路解决上述问题。

《通向市场经济工业国之路》

王春法（助理研究员）

合作者赵伟、左中海

专著　317千字

西北大学出版社　1993年

本书分四篇对中外各类国家的工业化问题进行了分析和研究。第一篇对发达市场经济国家、发展中国家和中央计划经济国家工业化的历史和模式进行了系统的分析介绍；第二篇集中介绍工业化理论，包括工业化的条件，计划、市场与工业化，工业化过程中的产业结构，工业化与人口流动等；第三篇专门分析各国的工业化政策，包括早期资本主义工业化的政策、晚期资本主义工业化的政策、发展中国家工业化的政策和中央计划经济国家的工业化政策诸章；第四篇论述中国的工业化问题，对中国工业化的现状、面临的问题以及中国工业化的道路和前景等提出了自己的看法。

《世界经济信息统计汇编》

陈秀英（副研究员）主编

合作者苏国荫、桑炳彦、王佩琨等

资料集　210千字

中国物价出版社　1993年11月

世界经济信息统计汇编适应改革开放形势发展需要，汇总了当前国内外世界经济统计的精华，突出反映90年代世界经济发展的现状及热点问题。它将为国家经济建设、改革开放以及社会各部门研究、了解与借鉴国外经验和开展国际比较提供准确、丰富的经济统计信息。该书包括综合专题，国际组织、集团及国别两大部分，并有台湾、香港、澳门等地区近期统计资料和常用国际度量衡换算表两个附录。书中还增加了《世界主要国家综合国力比较》和《购买力平价》的计算资料，并附有1993～1994年世界经济形势发展预测资料。

《世界向多极化格局的转变与西方经济》

李琮（研究员）

论文

《世界经济与政治》　1993年第1期

本文说明了以下几个问题：(1) 两极格局结束后，由于资本主义发展不平衡，美国相对削弱，日本和德国加强，世界向多极化过渡；(2) 在目前历史条件下，大国之间的斗争只能以经济科技斗争为主，而不是以军事斗争为主；(3) 在当前条件下，大国为了加强自己的地位，只能建立以自己为中心的经济集团，而不能建立军事集团；(4) 目前大国经济科技斗争的主要领域是贸易、金融、投资和高科技。

《国外农业经营规模及经济效益》

徐更生（研究员）

论文　15千字

《世界经济年鉴》(1992)　1993年

本文针对国内农业经济学界关于“农业规模经营”的争论，简要地介绍了关于农业规模经济的理论。文章在研究了第二次世界大战后主要一些农产品生产国的农场经营的发展变化后指出，各国农场经营规模通常是扩大的，其中各发达国家大约增加了一倍。但是，各国农场规模的扩大是有条件的。它们是：土地所有权和使用权的自由转移、农业劳动力的及时和适度转移、农业机械化及其他科学技术的广泛使用、农业社会化服务体系的建立和完善。在一定技术条件下，农场可以通过扩大经营规模来提高经济效益。但是，不同经营规模对劳动生产率、土地生产率和资本生产率的影响是各不相同的。本文还介绍了各国为保护农用土地、扩大农场经营规模和提高经济效益而普遍采取的各项政策。

《公有企业对意大利市场经济的宏观调控》

戎殿新（研究员）

论文　11千字

《世界经济》　1993年第10期

国家对经济的宏观调控正在形成一门专门学科。当代发达资本主义国家的经济运行，已摆脱过去那种单纯以市场自发调节为特征的时代，形成了一种以市场调节为主、以国家宏观调控为辅的双元调控机制。随着市场规模越来越大、市场层次越来越多、影响和制约市场机制的因素越来越复杂，宏观调控手段也就越来越多样化。各种形式的公有企业，也是一种重要的宏观调控手段，而且在有些国家的宏观调控手段中具有举足轻重的地位。意大利运用了多种形式的宏观调控手段，其中公有企业发挥着特殊重要的作用。在世界性的改革浪潮中，意大利虽然在向更活跃的市场经济倾斜，但公有企业这种宏观调控手段仍具有重要意义。

《简析IMF对中国经济的重估——兼评现行汇率与购买力平价换算》

陈秀英（副研究员）

论文　6.5千字

《世界经济与政治》　1993年第9期

1993年5月间，国际货币基金组织没有采用现行汇率法而采用购买力平价法测算世界各国的人均GNP（或人均GDP），然后以此推算各国GNP（或GDP）总值，并以此为据对世界各国经济实力进行了新排序，将中国排在美国、日本之后，名列世界第三。西方新闻媒介纷纷就中国在世界经济中的新排序发表评述，一时引起了种种猜测。为了有助于正确认识中国经济实力及其地位，作者撰写此文主要从统计学方法论与经济学层面做些初步剖析。本文主要分析了现行汇率换算美元作为国际比较方法的弊端；也分析了目前按国际比较项目即购买力平价法进行国际比较存在的缺陷。最后指出国际货币基金组织对中国经济实力的估计夸大了。

《论中国与东亚经济一体化合作》

沈骥如（副研究员）

论文　14千字

《学术季刊》　1993年第3期

作者认为，当前我国已经建立和正在形成的若干个相对独立的对外开放经济区（圈），从长远看，有使我国统一市场遭到割裂的危险，不利于全国统一市场的形成和对外开放的进一步深化。我国在“复关”以后，将面临以下四项挑战，即：实行自由贸易和保护我国幼稚民族工业这一对矛盾的挑战、世界经济中地区经济一体化潮流的挑战、东亚地区生产要素跨国优化配置——雁行式还是平等合作的挑战以及祖国统一大业的挑战。作者论证了中国积极参加东亚经济一体化合作是使我国社会主义市场经济与世界经济接轨的最好途径，是我国迎接世界经济与政治向我国提出挑战的最佳对策。

《略论法国市场经济的宏观管理》

李玉平（副研究员）

论文　11千字

《世界经济》　1993年第9期

文章从法国市场经济的主要特征以及宏观管理的主要形式和手段概述了法国式的宏观经济管理模式。阐明法国市场经济的宏观管理既不同于美国的“自由经济”模式，也有别于德国的“社会市场经济”模式，而是以推行独特的“混合经济”管理体制为其主要特征。在这种管理体制中，“国家”始终起着突出的作用，被称之“国家资本主义”的典型。市场经济管理的核心问题是国家与市场之间的关系问题，着重解决决策权、所有制及资源配置方式等问题。法国进行宏观经济管理采用的主要形式和手段是国有化、计划调节、产业结构政策及财政金融手段等。为适应70年代后国内外经济形势的新变化，法国大力向“自由经济”管理体制转变，这是对国家与市场之间的关系所作的一次重新调整，法国的“混合经济”管理体制并不因此有根本改变。

《日本保护产业和市场的运行机制及其网络》

张宝珍（副编审）

论文　10.5千字

《世界经济》　1993年第9期

本文分析了日本产业和市场保护的形成及其连续性、应变性、选择性、隐蔽性、诱导性和强制性相结合的特点。论述了其以政府宏观保护为核心，以企业自保为中坚，以国民崇尚国货的消费习惯为基础的官民一致的综合保护机制和网络。日本的市场保护主要是为了发展新兴产业和成长产业，提高其国际竞争能力，最终成为扩大出口的生力军。因此市场宏观保护在很大程度上是产业保护。政府的宏观保护为新兴产业和成长产业的发展创造了良好的外部环境，真正的市场保护在于企业提高产品质量和效益，增强国际竞争能力，进行自我保护。日本居民崇尚国货的消费意识和心理是保护国内产业和市场的坚实基础，政府宏观保护和企业自我保护才能真正起作用。

《论当代西方发展理论的危机》

曾智华（研究实习员）

论文　10千字

《世界经济与政治》　1993年第7期

本文对二战后的当代西方发展理论（包括发展经济学、现代化理论、依附论、世界体系论、“另一种发展观”等等）做了系统的评判。作者在肯定了它们对现代化和发展问题的一些积极贡献的同时，指出了它们共同存在的一个致命缺陷。那就是：由于当代西方发展理论都没有能从终极原因上提出并回答现代化历史发展过程的最终的因果必然性和普遍的规律性这样一些重大的理论问题，仅限于对若干西方国家的历史经验或某些第三世界的发展实践做单层次的经验描述和事实归纳，并把由此得出的所谓“经验法则”奉为现代化的“普遍模式”。这样就使它们无论在理论上还是在实践上都陷入了不可自拔的困境之中。

东欧中亚研究所

《从列宁到戈尔巴乔夫：苏联社会主义理论的演变》

刘克明（研究员）主编

合作者吴仁彰（主编）

专著　250千字

人民出版社　1993年

该书分12个专题系统地介绍和分析了十月革命后至苏联解体止74年中苏联社会主义理论演变的过程、内容、争论的问题以及历史背景。书中提出：理论是行动的先导，苏联的演变，首先是指导思想的演变，先是在历史上长期犯“左”的教条主义错误，后来又在改革中犯“右”的机会主义的错误，一“左”一“右”两股祸水把苏共冲垮。苏联演变的历史教训表明，“马克思列宁主义与本国革命和建设的实践结合”这一思想路线是正确的，这是20世纪国际共运的最宝贵的经验。

《对前苏联与东欧各国向市场经济过渡若干问题的分析》

陆南泉（研究员）

论文　10千字

《世界经济》　1993年第3期

论文第一部分论述前苏联与东欧各国向市场经济过渡的选择来自过去经济体制改革失败的实践。这些国家漫长的改革，没有解决的重要问题有：与改革国有制有关的商品生产的主体问题；计划与市场关系问题；价格改革问题。长期的改革，都没有从本质上触动以产品经济理论为基础的、以行政指令性为基本特征的中央计划经济体制模式，一直没有选择以市场经济体制为目标模式。文章第二部分对向市场经济过渡方式提出看法，着重分析激进与渐进式过渡的利弊，指出不能简单地肯定哪种方式好哪种方式坏，而要根据各国国情及具体历史条件。论文最后一部分，分析向市场经济过渡的主要措施及其内在矛盾。一般采取的措施有：放开价格，形成自由价格制度；控制财政赤字，紧缩银根；控制居民收入增长速度；在压缩财政支出的同时，设法增加财政收入；实行对外经贸体制改革；实行私有化等。在向市场快速过渡过程中，往往出现一些难以在短期内解决的矛盾：如强硬的财政政策与稳定经济的矛盾；在垄断没有打破的情况下放开价格，难以达到刺激生产的目的；难以与私有化同步；加速对外开放的宏观改革措施与保护及促进本国企业发展的微观改革措施难以协调等等。

《中俄经济体制改革若干问题比较》

陆南泉（研究员）

论文　8千字

《经济学动态》　1993年第12期

论文就中俄两国在经济体制改革的一些主要问题上进行比较分析。(1)关于市场经济模式的选择问题。俄罗斯政府选择了自由市场经济来振兴它的经济。但从历史条件与现实情况来看，这种模式对它并不适用。中国从14年的改革过程中，市场关系逐步得到发展，在1992年提出改革的目标是建立社会主义市场经济。(2)关于向市场经济过渡的方式问题。中国采取渐进的方式，但这并不意味着向市场经济过渡的过程拖得很长。实践证明，渐进方式较为符合中国实践。俄罗斯采取激进的过渡方式，并未取得成功，经济出现了全面衰退性危机。(3) 关于所有制改革问题。这个问题的实质是如何对待国营企业，如何改造所有制关系(即涉及规模、速度、非国有化的实施方法等)。在这个问题上，中俄两国存在很大区别。(4) 关于改革与发展关系问题。改革本身不是目的，改革的目的是为了发展经济。中国一直十分坚持这样的看法，通过经济体制改革，首先必须保证经济稳定地发展，在此基础上不断地提高居民物质与文化生活水平。前苏联与今天的俄罗斯，都没有解决好改革与经济发展两者之间的关系，也没有通过改革使经济稳定发展和广大居民生活水平的不断提高。这主要是改革战略和政策出现一系列失误造成的。

《东欧国家过渡问题探讨》

赵乃斌(研究员)

论文 12千字

《东欧中亚研究》 1993年第4期

东欧诸国在发生剧变后都出现了一个从旧的政治经济体制向新的体制过渡问题。由于后社会主义的发展没有任何历史先例，这一过渡时期是东欧诸国不断探索的过程。本文根据东欧诸国官方和学术界提供的资料，探讨了“大过渡”即包括政治、经济在内的整个国家制度的转变，以及“小过渡”即为实现“大过渡”的最终目标而推行的政治上从一党制向多党制议会民主制和经济上从中央计划经济向市场经济过渡的政治体制的转变。本文指出，无论是“大过渡”还是“小过渡”都将是一个长期的历史过程；对国情各不相同的东欧国家，在过渡中所遇到的问题，采取的过渡方式，过渡的初步经验和教训等作了比较研究。本文还对新兴的“过渡经济学”以东欧诸国的理论观点和实践为实证作了一些探讨。

《浅谈中亚的当前形势》

刘庚岑(副研究员)

论文 10千字

《东欧中亚研究》 1993年第2期

自1991年“八·一九”事件以来，尤其自1991年底以来，中亚形势一直保持相对稳定。其原因是：(1) 该地区除塔吉克斯坦外，各国最高领导层比较稳定，基本上还是苏联解体前的原班人马；(2) 中亚诸国对共产党虽持否定态度，但对共产党员并不进行迫害；(3) 中亚各国都比较注意民族和睦与团结；(4) 中亚地区激进民主势力比较薄弱。中亚地区在保持相对稳定的同时，也隐藏和潜伏着不稳定因素：(1) 当地大民族主义有所抬头；(2) 边界争议日渐显露；(3) 经济相当困难，这也是影响该地区安定的另一个因素；(4) 各种外部势力对中亚展开争夺，是这里又一个不稳定因素。中亚诸国为了维护安定形势和消除某些不安定因素做出了多方面的努力：(1) 努力发展经济，保障人民的生活需要；(2) 对破坏安定局面的民族主义或反对派势力采取有力措施加以疏导、防范和打击；(3) 对伊斯兰原教旨主义，中亚绝大多数国家都表示反对，并加以抵制；(4) 中亚各国主要领导人都主张维持边界现状，谋求形势稳定。据分析，在今后一段时期内，中亚的相对稳定形势还将继续保持下去，不会出现大的动荡。至于塔吉克斯坦局势暂未平静下来，但因哈萨克斯坦、乌兹别克斯坦和吉尔吉斯斯坦等周边国家及俄罗斯对塔国当前形势密切关切，并加强防范，因此还不致引起连锁反应。

《独联体国家的经济危机和经济前景分析》

刘清鉴(署名：合成)(副研究员)

论文 15千字

《东欧中亚研究》 1993年第5期

本文重点分析了独联体国家经济危机的

程度及其深层次原因，并对其危机的近期和中期前景作了预测分析。全文共分三部分：(1) 独联体国家经济危机形势及其深层次原因，包括历史原因、现实原因、社会政治原因及经济原因；(2) 独联体国家近期经济前景分析，包括生产领域、流通领域和消费领域各种制约因素的分析；(3) 独联体国家中期经济前景的分析，包括：向市场经济过渡的长期性和过渡期内体制真空与机制瘫痪的消极作用；经济结构改造的长期性和调整期内经济滞胀的负面影响；独联体国家之间经济联系的发展趋势及其影响；明确而有效的启动战略尚未确定；政治体制的定型和机制的正常运转尚需较长时间。

《乌克兰的投资环境》

董晓阳（副研究员）　合作者梦柯

论文　13 千字

《东欧中亚研究》　1993 年第 3 期

本文适应我国对外开放的需要，着重论述了独联体第二大国乌克兰的投资环境和我国在乌克兰投资的可行性，以对乌克兰的基础研究为后盾结合我国特点论述了五个方面的问题：(1) 在乌克兰投资的法律政策环境；(2) 乌克兰的实力基础环境；(3) 乌克兰的区域环境；(4) 乌克兰当前的经济环境；(5)我国在乌克兰投资的可行性和选择性。本文指出乌克兰具有某些比俄罗斯更优惠的政策和环境。本文指出乌克兰经济危机的特点是衰退性短缺型经济危机，不是西方那种典型的生产过剩危机，它在本质上有对外来资金和技术的需求，也为外商提供了市场。本文还指出危机和改革同时起作用，经济困难对投资的抑制作用是暂时的，而改革为外国投资提供了良好的长远利益和环境。本文建议我国选择发展高科技项目，消费品生产项目、发展异地外向型项目等等。其中发展异地外向型项目指出乌克兰地理上接近西欧，劳动力资源比我国还廉价，可以在乌克兰建立出口基地。本文还为我国发展与乌克兰的关系提出了其他建议。

欧 洲 研 究 所

《当代法国政治制度研究》

吴国庆（研究员）

专著　213 千字

社会科学文献出版社　1993 年 10 月

当代法国政治制度系指法兰西第五共和国政治制度。它是对法国大革命以来统治方式和方法的总结，在当代西方政治制度中别具一格，具有典型的意义。本书以理论为先导，并结合沿革进行研究。在绪论中，指出法国资产阶级先建立起政治理论和原则，并据此在历史长河中探索、改进和完善其统治形式、方式和方法。当代法国政治制度基本上适应了当代法国经济、政治和社会发展的需要。本书着重研究了当代法国的政府机构、议会、司法机构、政党等“硬”的政治设施和公民的政治参与制、传播媒介、舆论、公民的权利等“软”的政治设施，指出当代法国资产阶级民主有了较大的扩充和发展，对当代法国社会具有深远的影响；它的设施已经相当完备和健全，为当代法国统治阶级提供了有效的管理手段；它的运行机制相当完善、科学和灵活，不仅拥有传统的政治行政运行机制，而且还有咨询和监督等运行机制；它的自身调节机制得到加强和发展，通过改革来加强其灵活性和应变性，如不断调整立法权、行政权和司法权之间的关系，在行政内部不断调整总统和总理之间的关系。本书也详尽地分析了当代法国政治制度存在的许多弊害，但在相当长时期法国统治阶级仍可以进行改革。

《英国的政治制度》

胡康大（副研究员）

专著 287千字

社会科学文献出版社 1993年4月

英国的资本主义活力尚未丧失殆尽，它确实同几个世纪中在行政、立法和司法方面不断发展和完善起来的一套较为成熟的政治制度有关。全书共十三章，从议会、宪法、司法、行政、中央集权、政党、文官、地方政府、选举、查弊、议会委员会、压力集团、新闻控制等方面，比较全面、历史地介绍并客观地论述了各项制度的可行性及其不足之处，尤其突出了英国政坛上权力转移的法律化和严格的议会程序化并受到各种力量的监督和制约的实质，从而为英国的社会、政治、经济的发展创造了一个长期安定的有利环境，同时也为它的对外扩张侵略提供了一个稳定而可靠的后方。

《缔造意大利的精英——以人物为线索的意大利近代史》

罗红波（副研究员）译 合作者戎殿新

译著 572千字

世界知识出版社 1993年11月

本书是意大利参议院议长、终身参议员、著名历史学教授焦瓦尼·斯帕多利尼的一部力作，是他近五十年研究生涯的结晶，凝聚着他的全部心血。作者以洗炼的笔法和历史学家准确的语言，勾勒出了近七十位对意大利民族统一运动产生过重大影响的人物。全书共分六篇：第一篇“民族复兴运动的首倡者和先行者”，通过对11个人物的描写，反映当时人们心灵深处对民族复兴的渴望与追求。第二篇“四大国父”，通过对卡沃尔、维托里奥、马志尼、加里波的描写，反映了意大利实现初步统一时期的斗争。第三篇“统一国家的捍卫者”，写的是国家实现统一后的四十年间，国务活动家、思想家、教育家们为捍卫统一国家所做出的努力。第四篇“美好时代”，描写的是19世纪末至20世纪30年代为统一后国家做出贡献的11个主要人物。第五篇“政坛和学界的两位巨子”，写的是在“美好时代”叱咤风云的两个主要人物，即克罗切和焦利蒂，他们把自己的人生哲学与指导国家政治行动的哲学交融在一起。第六篇“大危机”，写的是意大利卷入第一次世界大战，焦利蒂和克罗切的政治哲学受挫。这标志着一个时代的结束。

《冷战后英国对外政策的调整》

王振华（研究员）

论文 8千字

《欧洲》 1993年第6期

苏东剧变、冷战结束，从根本上改变了战后以来的英国国际环境，对其对外关系和处理国际事务的能力与手段产生了深远影响，迫使它重新考虑确定自己的国家利益和政策重点。英国在冷战年代之所以能够发挥与其实力相比更大的作用和影响，在很大程度上依赖它作为美国最亲密盟友的地位。但冷战结束后这种特殊关系面临着重新定位的问题。英国的前途在欧洲，其民族利益和政策焦点集中在欧洲，但它又不甘心把自己的作用和影响局限于欧洲。英国今后在世界上的作用和影响将取决于它的经济实力，及其在国际组织和多边外交中所拥有的某些特权和优势。另外，英国在世界各地存在的广泛经济利益以及传统联系与影响，使它有可能作为联结欧洲与世界其他地区的桥梁发挥作用。英国统治集团仍会借助英美之间尚存的密切联系，以便使它能够在世界事务中发挥更大的作用和影响。冷战后的英国对外政策调整，将是逐步的、渐进的。

《调整中的法国外交》

吴国庆（研究员）

论文 8千字

《欧洲》　1993年第4期

近几年来，法国为适应新的世界形势和国内需要，对其外交战略和政策做了重大的调整。法国新外交的基本构思是：增强经济和综合国力，保证外交政策的实施，以对付美日竞争，迎接世界经济的挑战。法国新外交政策的重大目标是建立新均势，以军事、经济和科技为主要内容的国际均势，突出经济战略地位。法国还从地理政治学角度、集团角度和国家角度贯彻上述原则，建立欧美日均势，欧共体、北约和欧安会之间的均势，英法德均势，以及南北平衡。法国外交政策的调整主要表现为加快欧共体建设步伐、加强与美国的合作又抗争、加强法德合作、执行“新东方政策”和积极参与第三世界事务。法国新外交继承了戴高乐外交的重要原则、内容和手段，又有所超越和创新。法国新外交将在风云变幻的国际国内环境中面临严峻的考验。

《德国调整亚洲政策的基本考虑》

顾俊礼（副研究员）

论文　9千字

《德国研究》　1993年第3期

德调整亚洲政策，是当今国际政治、经济形势下德谋求经济发展和政治大国地位的战略性决策。它目前的具体目的是：开拓原料和销售、投资市场，参与美、日、英、法在亚洲的角逐，联合亚洲国家促进联合国体制改革，扩大德国文化的影响。德国亚洲战略的重点是：东南亚，依次为日本、中国、印度、韩国、印度尼西亚、新加坡等。德华政策的基本方针是：近期对路、长期着眼、讲求实效、稳步发展。具体做法是：坚持一个中国立场，利用各方面优势，采取比之英法更灵活的手段，提供优惠贷款、发展援助、高精尖装备，开展全面合作，确保它在中国市场上与美、日竞争处于有利地位。中德友好与合作会有较大幅度发展，但也会受到一些因素的制约，德内部对华政策分歧以及台湾问题是主要的。

《意大利的计划与市场》

罗红波（副研究员）

论文　10千字

《欧洲》　1993年第3期

战后以来，意大利先后制定了几项全国性计划，但因这些计划所规定的目标与当时的生产发展水平不相适应均遭失败。相反，意大利的年度计划、单项计划和局部计划在经济发展中较多，且较为有效，这成为战后意大利推行经济计划方面的一个基本特点。从本质上讲，经济计划乃是资本主义国家干预和调节经济的一种手段。因此，同其他干预调节手段一样，经济计划有助于矛盾的缓解，有利于经济的发展。但是对它的作用不能估计过高，更不能把它同社会主义制度下的经济计划相提并论。像意大利这样的资本主义国家尽管也有经济计划，但是私人资本仍是经济的主体。资本家对剩余价值的追逐是推动资本主义经济发展的最根本的动力。而剩余价值的实现，必须要通过市场。所以市场机制一直是资本主义经济运行的基础。这是我们考察资本主义制度下计划与市场关系的一个基本出发点。市场有其固有的法则，而经济计划则带有更多的人为因素。在资本主义制度下，国家是利用经济计划干预调节市场，而不是相反。

《欧洲货币联盟与货币风潮》

张健雄（副研究员）

论文　7千字

《世界发展研究》　1993年第11期

过去三十多年的历史证明，每当经济繁荣时欧共体内的凝聚力就增强，而衰退到来时就减弱。80年代的十年里，欧共体的出口翻了一番，一体化的成果大大加速了欧洲一体化的进程。然而，就在马约签字前后情况骤然发生变化，世界三大贸易集团经济形势同时出现下降趋势。1992年9月以来开始的货币风潮使欧洲货币联盟的可行性受到怀疑。首先，全球性货币投资规模已超出国家联合干预的能力。其次，汇率机制的干预机制实际上是要个别国家承担由于德国联邦银行的政策造成的后果有失公平。再次，金融市场风潮充分暴露了各成员国之间政策“趋向”的困难。最后，汇率机制实际上已经瘫痪，经济货币联盟第一阶段任务已无法按期完成，第二、第三阶段能否如期进行也自然成为问题。

西亚非洲研究所

《非洲民族独立简史》

吴秉真、高晋元（研究员）主编

专著　511千字

世界知识出版社　1993年1月

本书是以非洲人民争取民族独立为主题的专著。其特点是：（1）从马克思主义的立场观点出发，以极大的热情歌颂了非洲人民反抗殖民统治争取民族独立的斗争，对非洲各国的独立给予了历史主义的充分肯定；（2）对非洲各国通过武装斗争和和平方法争取民族独立的伟大斗争给予了客观的公正评价；（3）对英、法、葡宗主国的殖民政策演变作了简要适当的分析，指出了这些殖民国家被迫一步步撤出非洲的实质，分析了它们为最大限度维持既得利益而在撤走前作的种种安排，给独立后的非洲国家带来的巨大影响等。

《南非制宪谈判的焦点》

杨立华（研究员）

论文　12千字

《西亚非洲》　1993年第1期

本文指出，南非由种族隔离向种族平等的民主制度的转变，是一个深刻的、内容广泛的、长期的社会过程。它包含政治权力、经济结构、社会组织、文化心理等诸方面的变化。但是，这个转变的最本质的特征有两个：一是改变白人对南非国家权力的垄断，占人口多数的黑人获得以平等的选举权为标志的参政权利；二是取消由种族主义法律所保护的白人的经济特权，广大黑人获得法律上的平等参与经济生活的权利，即所谓平等竞争权利。目前南非处在政权转变阶段。国家政权的转变是其他一切变革的前提和保障。黑人的经济解放要求和白人维护既得经济利益的主张，都会在争夺未来国家政权的过程中表现出来。笔者指出，南非制宪谈判的症结是政治权力的分配。

《土耳其外资政策的发展趋向》

马秀卿（研究员）

论文　9千字

《西亚非洲》　1993年第2期

本文指出，近几年来土耳其外资政策朝着更加开放、更加灵活、更加务实的方向发展。主要表现在：（1）修订法规，调整政策；（2）兴办自由区，大力吸引外资；（3）积极推行BOT模式；（4）因地制宜，区别对待的方针等。总之，土耳其的外资政策及其实践呈现出开放程度高、灵活性大和讲求实效的显著特点。

《动荡不安的中东政局》

刘竞（研究员）

论文　8千字

《西亚非洲》　1993年第2期

该论文就1993年中东政局论述了四个问题：（1）中东和谈虽有新的发展，但争端各方立场仍相距甚远；（2）中东地区一些大国极力扩展影响是中东长期不稳定的一个重要因素；（3）伊斯兰原教旨主义运动有了明显发展；（4）美国竭力树立它在中东的主导地位。

《中东伊斯兰国家同我国经贸合作的现状与前景》

马秀卿（研究员）

论文　10 千字

《西亚非洲》　1993 年第 4 期

本文阐述了中东伊斯兰国家同我国发展经贸关系具有良好的基础：源远流长的友好往来，历史悠久的文化联系，近现代的共同命运和建设国家的相同任务。同时，作者分析了中东伊斯兰国家同我国经贸关系的发展，其特点是：（1）双边贸易显著增长；（2）承包工程和劳务合作迅速发展；（3）相互投资和金融合作日益扩大；（4）援建项目和医疗援助取得成效。双方经贸关系所以取得较大发展，除有利的世界形势和国际环境外，同双方共同努力创造条件，讲求实效，采取一系列积极步骤和措施是分不开的。最后，本文展望了今后双方经贸合作的发展趋势和广阔前景。

《美国中东政策的演变与发展》

王京烈（副研究员）

论文　10 千字

《西亚非洲》　1993 年第 4 期

文章全面地系统地考察了美国中东政策产生、演变与发展等后指出，美国中东政策是建立在以国家利益形式出现的党派、利益集团等共同利益基础上的，即国家安全战略利益、保证以色列的生存与安全、控制石油资源以及经济贸易方面的利益。冷战结束后中东在美国的全球战略中仍占有极重要的地位。其战略目标是，实现一种符合美国利益的稳定，向全球推出美国版本的中东新秩序，进而建立美国主导下的世界新秩序。

《南非产业结构的变化与调整——兼论我国的对策》

苏泽玉（助理研究员）

论文　7 千字

《西亚非洲》　1993 年第 5 期

本文分析了南非产业结构的历史变化与特点、存在的问题及政策调整、产业发展趋势及我国的对策等。作者认为，南非经济目前虽已发展成一个有发达的基础设施、独立和较完整的工业体系、技术较为先进的非洲强国，但从总体上看，南非仍是一个发展中国家。理由是它的经济发达地区只局限于几个大城市及邻近地区，而广大农村和黑人城镇仍处于贫困、不发达的状况。而且就技术水平、资金实力与进出口贸易结构等方面来说，南非与发达国家之间仍有一定的距离。中国与南非的经济技术合作有广阔的发展前景。

《论“非统”——兼论非洲的统一与发展》

唐大盾（副编审）

论文　10 千字

《西亚非洲》　1993 年第 5 期

非洲统一组织自 1963 年成立以来，虽历经艰难曲折，但也取得了重要成就。一是积极支持非洲民族独立运动，实现了非洲大陆的完全解放；二是调解非洲边界争端，维护了非洲国家的独立和团结。特别是在冷战结束后，非统组织适时作出了建立预防、处理和解决非洲冲突机制以及加速建立非洲经济共同体的重要决策，有力地推动非洲摆脱危机，实现进一步的统一和发展，并在国际事务中发挥日益重要的作用。

《冷战后大国在中东的争夺态势》

王京烈（副研究员）

论文　12千字

《西亚非洲》　1993年第6期

文章指出，中东地区在冷战结束后的地缘政治中占有极重要的地位，仍是世界最重要的石油生产和供应基地，仍是世界主要大国争夺的焦点。美国虽然处于强势地位，但并不能主宰中东；大国争夺将导致大国之间和大国与中东国家的矛盾进一步激化。尤其是大国竞相向中东国家推销军火，还将刺激新一轮军备竞赛，使中东社会陷入一种恶性循环之中。

《沙特阿拉伯的石油跨国经营战略》

马秀卿（研究员）

论文　7千字

《国际石油经济》　1993年第3期

本文阐明了沙特阿拉伯的石油跨国经营战略特点是，全方位、多渠道开拓海外炼油厂、销售网和储油设施等石油下游经营业务，扩建本国油船队、大幅度提高其海上石油运输能力；鼓励和支持本国私人企业参与石油跨国经营；推进国有石油公司的机构改革，强化石油跨国经营的组织管理。作者认为，当前亚太地区对沙特阿拉伯的石油投资越来越具有吸引力，我们应抓住机遇，发展我国同沙特在石油领域的合作，合资兴办石油企业，共同促进两国石油工业乃至世界石油市场的稳定和繁荣。

拉丁美洲研究所

《走向21世纪的拉丁美洲》

徐文渊（研究员）主编

专著　201千字

人民出版社　1993年8月

20世纪80年代末90年代初，世界格局发生了急剧变化。旧的两极格局被打破，新的格局还在形成之中。为了在新的世界格局中占据有利地位，建立符合本国利益的国际新秩序，拉美国家同世界各国一样都在修订各自的战略，调整自己的对外政策。该书论述了战后以来拉美国家在政治、经济和对外关系领域中作出的许多重大调整和改革。全书分为绪论、政治篇、经济篇和对外关系篇。政治篇中的第一章简述拉美国家战后政治进程发展的基本特点；第二章侧重分析影响这一时期政治进程发展的主要因素；第三章是对走向21世纪的拉美国家政治进程发展前景的基本估计。经济篇的第一章分析了战后至70年代末拉美经济发展的特点；第二章剖析了80年代拉美经济变化的原因和论述了其经济调整；第三章对拉美经济的未来趋势作了简要探析，从中展示对拉美经济的过去、现在和将来都有重大影响的某些因素。对外关系篇把拉美对外关系的发展分为三个时期：(1) 1945～1979年，美国霸权从鼎盛到逐渐衰落，拉美国家逐渐摆脱美国控制、实行对外关系多元化。(2) 80年代，拉美爆发债务危机，拉美对外关系主要是为了争取和平与谋求发展这两个任务，以求恢复经济发展。(3) 90年代，世界格局发生了巨大变化，拉美的对外关系也正在产生或酝酿产生重大的变化。

《印卡王室述评》

白凤森（译审）、杨衍永（副译审）译

译著　544千字

商务印书馆　1993年6月

秘鲁著名作家印卡·加西拉索·德拉维加著述的《印卡王室述评》是我国拉美文史学界早闻其名的世界名著。这部著作的素材来自三个方面：一是作者母系亲属印卡王对印卡古国的回忆；二是作者自己从小在祖国耳闻目睹的情况；三是引录在他之前为秘鲁修史的西班牙著述者的记述。作者把这三者有机地组织起来，全面记述了印卡帝国的历史和印卡社会的各方面情况，同时对于涉及的内容和西班牙作家著述的是非真伪提出自己的看法和判断，从而构成一部完整的“述评”。

这是一部卷帙浩繁的著作，全书共包括九卷，下分262章，它记述了印卡帝国历史发展的脉络，从第一代印卡王曼科·卡帕克的起源开始，中间记述十二代国王的更迭，一直讲到被西班牙人征服为止。同时对古代秘鲁人的经济、政治和文化生活，其中包括土地制度、劳动制度、行政制度、法律法规、偶像崇拜和宗教信仰、祭礼仪典、风俗习惯、神话传说、教育和语言、艺术表现形式和各种物产都做了充分详细的描述。它既是一部史学典籍，又是文学名著。

《拉丁美洲历史词典》

拉美所集体编

工具书　1589千字

上海辞书出版社　1993年11月

这部词典是上海辞书出版社计划出版的多卷本《世界历史大词典》中的一个分卷，共收词4880条，并插入照片一百六十余幅，附有十余幅有较高参考价值的历史地图和大事年表。

本词典所收词目包括印第安人历史文化、西班牙和葡萄牙及英、法、荷等欧洲国家对拉丁美洲的殖民侵略和殖民统治史、拉美独立战争、独立后拉美各国政治发展史以及国际政治经济关系史、拉美各国文化史和民族史等方面，主要有印第安古文化遗址，印第安人社会、经济、宗教制度，历史事件，典章制度，政党组织，历史地名及各国首都和主要城市，国际会议，国际组织，国际条约，民族，语言，文化教育机构，报刊杂志，史著名作等。在人物中有历史人物，也有在世人物；有政治、军事人物，也有各界名流及文化艺术家。此外还酌收一些有历史文化价值的风俗、特产、音乐舞蹈等词目，故本词典既为拉美史专科词典，又兼有拉美百科词典的特色。

《拉美与东亚经济贸易合作的前景》

苏振兴（研究员）

论文　12千字

《拉丁美洲研究》　1993年第6期

自50年代以来，随着日本逐步成长为世界性经济大国，亚洲新兴工业经济体的崛起，中国和东盟国家经济步入持续高速增长阶段，拉美同东亚的贸易关系迅速发展，其贸易合作的积极性也越来越高。60年代以前，拉美对外经济贸易联系高度集中于美国。进入60年代后，随着西欧、日本经济的恢复和第三世界的崛起，拉美国家有了更大的外交活动余地，适时地提出了“对外关系多元化”的方针，对美国单方面依赖的状况逐渐有所改变。当前，拉美对外经济关系布局调整的中心思想仍然是“多元化”，或曰“多边参与”，但侧重点有所变化。美国依然是拉美的主要合作对象。拉美国家在继续同欧洲发展经贸关系的同时，更加重视发展与西太平洋地区的经贸合作，其中尤以东亚地区为重点。进入90年代后，这两个地区之间的经贸合作关系正在走向一个新的发展时期。拉美经济日益好转。虽然两个地区之间存在着竞争，但其经济的互补性正在加强。中国实行的经济改革开放政策及其快速的经济增长，将推动中拉经贸关系进入一个全面发展的新阶段。

《论墨西哥的政治现代化道路》

曾昭耀（研究员）

论文　18千字

《拉丁美洲研究》　1993年第1、2期

在独立战争后的一个多世纪，考迪罗（军人独裁者）一直统治着墨西哥。出现这种现象除了墨西哥自身的社会和历史因素外，还有两个重要因素：一个是“迟发展效应”；另一个是自由派政治西化而不考虑本国的现实。1910年革命和1917年宪法是墨西哥政治发展进程的重要转折点。从此，墨西哥把社会利益提到了首位，加强国家领导作用。在军队、教会、大学和考迪罗这个主要权力因素进入法制轨道之后，墨西哥开始走上了现代宪政发展的轨道。卡德纳斯的政治改革消除了考迪罗制度，创建了以工农为主要成员的执政党，从而建立了墨西哥现代化政治制度。虽然墨西哥的政治现代化同政治民主化不是同一个东西，但前者为实现后者创造了条件。墨西哥创建的执政党在建立政治制度中起了重要作用。墨西哥政治现代化成功之处就是从国情出发，走自己的路。

《北美自由贸易协定的签署及其对拉美的影响》

陈芝芸（研究员）

论文 10千字

《拉丁美洲研究》 1993年第2期

北美自由贸易协定的签署不仅对三个成员国的经济发展具有重要意义，而且对世界经济格局的变化将产生长远的影响。协定顺利签署有三个原因：(1) 美国、加拿大和墨西哥三国都希望通过地区经济合作增强整体经济实力，保持或提高自己在世界经济中的地位。(2)三国在经济上有较大的互补性，实行自由贸易使各方都能得益。(3) 签署北美自由贸易协定是国内政治斗争的需要。协定谈判涉及七个主要问题：取消关税与非关税壁垒；原产地规则；汽车产品问题；纺织品和服装问题；农产品问题；石油问题和金融服务业问题。北美自由贸易协定的签署在拉美地区和全世界引起了较大反响。美国将通过协定的签署进一步改善同拉美的经济贸易关系，推进整个西半球的贸易自由化进程。墨西哥将成为连结北美与中南美经济的纽带。北美自由贸易协定将使拉美地区一体化向更加务实和形式多样化的方向发展。

《对拉美经济发展与社会公正问题的初步认识》

袁东振（助理研究员）

论文 8千字

《拉丁美洲研究》 1993年第6期

30年代至80年代初，拉美国家选择的“进口替代”战略使经济发展与社会公正之间的反差和矛盾越来越明显。经济在发展，但是大多数人口越来越贫穷，从经济增长中获得利益的只是少数人。发展战略的转变和政权的更换并没有克服社会贫困问题。30年代以来，各文人政权、独裁和民主政府实施的各种经济和社会福利政策也没能解决社会公正问题。80年代实施的发展战略调整使拉美的贫困阶层没有合理地分享经济发展带来的实际好处，却承担了经济危机和衰退的苦果。失业人数增加，实际工资下降，社会矛盾加深，贫困阶层扩大。80年代以来，拉美国家的贫困和社会公正问题已影响了其经济发展和社会稳定，也引起拉美各国政府的重视，相继出台了各种形式的以消除贫困为目标的计划，但收效甚微。作者认为，消除社会贫困实现社会公正，一要靠经济的发展，二要靠政府的政策。

亚洲太平洋研究所

《南亚区域合作的现状与未来》

王宏纬（研究员）

合作者郑瑞祥、刘创源、于海莲

专著 290千字

四川大学出版社 1993年6月

本书共分七章，不仅从经济贸易和技术合作等方面详细论述了南亚七国，特别是印度与其次大陆的六个邻国之间的经济合作现状和存在问题，并且从国际关系、民族和文化因素等方面论述了影响南亚区域合作发展的内在原因。最后还对南亚区域合作的未来前途作了分析和探讨，提出一些独到的见解。作者的基本论点是南亚区域合作发展比较缓慢固然是由于缺乏资金、必要的基础设施和有技术的人力资源，加之科技落后和经济发展不平衡，但更重要的原因是区域内民族矛盾和教派冲突十分尖锐复杂，各成员国之间，特别是印度与其区域内邻国之间关系长期紧张；主要是由于后者原因，南亚区域合作一时难以向深度发展。要使南亚区域合作登上较高层次，首先得使印度与其区域内邻国之间的关系在五项原则的基础上取得实质性改善。

本书还在附录中选译了 1949 年以来与南亚各国关系有关的重要条约、协定和宣言等文件，可供有兴趣的学者随时查阅。

《佛教的时间与空间》

方广锠（副研究员）

论文　10 千字

《南亚研究》　1993 年第 4 期

文章认为，佛教的宇宙观念是全部佛教理论的基础，佛教以宗教的方式对时间与空间的性质做出自己的回答。文章首先介绍了佛教的数字序列，指出，这种数字序列反映了古印度人长于玄思、追求永恒与无限的特点。文章指出，佛教主张时间是一个矢量，但它的流驶方向与现代观念恰好相反，这是基于佛教理论构筑的需要。佛教认为时间是可变的，与物质密不可分，都与现代科学有相通之处。文章指出，从总体看，佛教空间是一个无穷无尽、永不变易的绝对虚空。但在某些情况下，它又是可以变化的，这种变化往往与神通及佛的伟力联系，成为宣传宗教的一种方式。但佛教对于空间中方位的界定，又与现代科学相互交叉。

《南亚民族与宗教问题》

王树英（副研究员）

论文　10 千字

广西人民出版社　1993 年

文章指出，南亚各国自独立以来，有关民族与教派冲突时有发生，几乎未曾中断，有的再加上种姓矛盾，造成社会动荡，不少人死于非命，因此，南亚的民族与宗教问题一直是人们关注的问题之一。文章介绍并分析了南亚诸国所存在的民族与宗教的问题，指出了民族冲突与宗教矛盾不仅影响着本国的稳定和威胁着国家的统一，而且也影响着各国间关系的正常发展和南亚局势的稳定。南亚地区，长期以来得不到稳定，民族矛盾与教派冲突此起彼伏，其原因何在？作者从政治、经济、宗教和历史等方面进行了较详细的分析和研究，并列举了真凭实据，有说服力，受到读者的欢迎。本文对研究南亚的政治、经济、历史与文化均有参考价值。

《世界经济区域集团化的新发展》

高连福（笔名：宗和）（副研究员）

论文　10 千字

《亚太研究》　1993 年第 2 期

本文旨在评述新签订的“北美自由贸易协定”。

首先，指出“自由贸易协定”的内容，主要在三国贸易互惠方面的安排，详细列举了十一条内容；“协定”签署之后，美、加、墨三国领导人如何评论“协定”；其次，预定在 1994 年 1 月开始实施的“协定”，具体言之，可能取得怎样的经济收益；三国之所以同意建立“北美自由贸易”，各自在经济发展战略上的考虑，墨西哥主要为了实现经济改革的发展目标，加拿大也感到于己有利，而美国更多考虑的是巩固在美洲的经济控制权。基于上述，论文最后部分指出，美、加、墨三国即发达国家和发展中国家——经济发展水平差距甚大的国家组建经济合作区，将为南北合作提供新鲜经验。此外，拥有世界上最大经济规模的“北美自由贸易区”，势必对世界经济区域集团化的发展产生重要的不可忽视的影响。

《中国与东盟经济合作的前景及途径》

陆建人（副研究员）

论文　7千字

《外国问题研究》　1993年第4期

中国与东盟国家的政治、经济关系近年来取得了突破性的进展。从双方经济关系来看，其特点是竞争与合作并存。双方在吸引外资、出口市场及国际分工方面都有一定的竞争，但合作的机遇也同时存在。1993年中国与东盟国家的关系出现了新的突破性进展。同时，美日经济的衰退及中国经济的高速增长，为东盟国家扩大对华合作提供了机遇。中国参与东亚国际分工，为扩大中国与东盟国家的技术合作创造了条件。扩大双方经济合作的主要途径包括：（1）重点扩大中国与印尼及菲律宾的贸易；（2）建立中国与东盟关系中的新结合点，开展双边、多边及区域性经济合作；（3）开辟中国与东盟经济合作的多种渠道。双方合作的前景是光明的。

《韩国大企业集团的形成、发展与特点》

陆建人（副研究员）

论文　8千字

《亚太研究》　1993年第5期

韩国国民经济命脉被控制在数十家规模庞大的企业集团手中。这些被称为“财阀”的大企业集团从形成到名扬世界不过短短数十年时间。其原因在于：（1）依靠政府大力扶植；（2）通过外向发展扩大实力；（3）拥有一批优秀的企业统帅。韩国财阀的特点有：（1）垄断资本与国家政治权力关系密切；（2）浓厚的“家族所有制”色彩；（3）“百货公司式”的多元化经营；（4）富有东方儒教色彩的经营哲学。韩国财阀对韩国经济的影响既有正面的，也有负面的。韩国这个规模不大的国家由于财阀的控制出现了经济垄断化趋势，影响了市场经济的运作。90年代财阀们面临新的挑战，一些大财阀已开始顺应时势，进行自身的改革。

《绿色革命后的印度农业》

孙士海（副研究员）

论文　10千字

《南亚研究》　1993年第4期

本文包括绿色革命后印度农业的发展成就、当前的发展水平、存在的问题、面临的挑战及发展战略等内容。自60年代中期印度推行绿色革命以来，农业生产率、现代农业生产技术和农业商品经济都有了较大发展，粮食由严重依赖进口到基本上实现了自给自足。但与农业发达国家相比，农业发展水平仍有很大差距。当前印度农业仍处于由传统农业向现代农业转变的初始阶段。当前印度农业存在的主要问题是：地区发展不平衡；土地碎分化严重；农业生态环境恶化；政府农业补贴负担沉重。政府的农业发展战略除继续向落后地区推广绿色革命之外，还大力发展多样化农业和出口农业。政府在农业政策方面也进行了一些改革。

美国研究所

《改革开放中的国有资产管理》

肖炼（副研究员）　合作者曾洪、奉偎群

专著　260千字

中国财经出版社　1993年12月

“改革开放中的国有资产管理”系国家科委重点研究项目。肖炼为该项目主持人。在三年多时间研究的基础上形成专著。全书分为四个部分。第一部分：理论部分，研究国有资产管理的产权理论、中介理论、改革目标模式。第二部分：国有资产配套体系改革所涉及财政、税收、复式预算、审计等方面的改革。第三部分：实践部分，以国家科委为典型案例，分析和探讨国有资产管理的目标模式、具体管理方式、财务报表、数据库、法律体系等方面的内容。第四部分：国际比较，对西方发达国家（包括美国、意大利、法国、德国、日本、瑞典等）国有资产管理的经验进行认真总结，并提出我国相应的对策。

该课题涉及国务院、中央各大部委和高校科研机构的十几个单位，取得较大成果。研究总报告受到中央领导同志（王丙乾、宋健）的肯定和表扬，部分成果引起实际部门的重视和采用。部分成果被列为全国国有资产高级研讨班教材，部分成果获首届全国国有资产管理征文二等奖。

《世界经济格局变化的动力学》

肖炼（副研究员）

合作者美国所经济室

专著　200千字

世界知识出版社　1993年1月

“世界经济格局变化的动力学：兼论美国的地位和作用”，系中国社科院重点研究项目，肖炼任主编，由美国所经济室研究人员通力合作，经过两年多的研究，于1992年底完成。

该项课题探讨了冷战结束后世界经济格局的变化及引起这种变化深层经济原因，提出了研究世界经济格局变化的方法论（价值链分析、连续和非连续分析、“国家钻石理论分析”等），并运用这一方法及其他方法，对世界经济格局及美国在这一格局中的地位和作用进行实证分析。从不同角度和侧面研究了世界经济格局的“三元多重立体结构”；世界经济格局变化的规模效应；理性在世界经济格局变化中所起的作用；世界经济格局下美国的对外直接投资、对外贸易、财政赤字、对外经济援助；美、日、德三国综合国力比较研究等。

总而言之，该著既是一部立论新颖、方法创新、论证充分、材料详实的研究世界经济格局和美国经济的学术专著，又是一部紧密联系实际的研究报告，它充分发挥了集体的智慧和力量，又鼓励个人的学术创新，对研究当前世界格局变化和美国经济具有理论和实践意义。

《白宫新主——克林顿》

刘鹏辉（助理研究员）　合作者刘靖华等

专著　180千字

世界知识出版社　1993年4月

《白宫新主——克林顿》是一部全面、系统介绍并分析美国第42任总统比尔·克林顿的生平及其主政白宫后可能采取的内、外政策的著作。

本书共分四个部分：

(1) 青少年时代的克林顿：较为详尽地介绍了克林顿的家世、青少时代所受的教育、性格特点、恋爱等情况，特别是其青少年时代的政治主张，包括反对越战等情况均有介绍与分析。

(2) 州长任内的克林顿：介绍克林顿为什么立志投身政治、竞选公职，并终于赢得阿肯色州州长职务，特别是在其州长任内的施政内容、政绩均有较为详尽的介绍。

(3) 大选中的克林顿：全面介绍了1992年总统大选的经过，分析了克林顿赢得竞选成功的原因，美国的选举机制，以及三位美国总统候选人各自的竞选纲领等。

(4) 克林顿领导下的未来美国：详细分析了克林顿上台前后可能遇到的各种内政、外交难题，特别针对其可能采取的内外政策进行了预测。

本书是一部资料详实、分析较为透彻的介绍分析克林顿其人及其政府可能采取的内外政策的力作，对于认识克林顿其人及其政府均有很好的参考价值。

《后冷战时期美国的国际作用》

张也白（研究员）

论文　8千字

《和平与发展》（季刊）　1993年第4期

和平与发展研究中心

自冷战结束以来，美国国内一直围绕美国在新时期的国际作用展开争论。现在美国已开始从冷战刚刚结束时那种欢欣鼓舞的乐观情绪中清醒过来，并着手调整其全球战略与对外政策。美国在后冷战时期的国际作用面临三方面的选择，即干涉主义与孤立主义之间的选择；现实主义与理想主义之间的选择；多边主义与单边主义之间的选择。每种选择都不是非此即彼的，选择的结果不是走极端而是要找到恰当的平衡点。目前美国国内对今后美国的国际作用已初步形成共识。此种共识代表着美国国际作用的发展趋向。今后美国的首要任务是把国内事情办好，但不会回到孤立主义去；在对外关系上将把经济利益置于首位，同时也重视军事安全、人权、武器扩散及其他全球性问题；继续维护"领导地位"，但不准备卷入一切，包办一切；对军事干涉将作更严格的限制；强调对外政策的"道德价值"标准；更多采用多边主义方式处理国际问题；进一步缩减国防开支，但继续保持强大军力；减少外援，缩小承担国际义务的范围。

《中美关系在克林顿任内将走向何处？》

张也白（研究员）

论文　6.5千字

《美国研究参考资料》　1993年第1期

克林顿在竞选期间多次发表反华言论，攻击布什对华政策，使人们对他入主白宫后中美关系将走向何处表示关注与担忧。中美关系正处于某种不确定状态。克林顿上台，美国对华政策将继续调整，但在调整中将面临两难局面。美国国内对中国的看法尚未完全达成共识，在确定美国在对华关系中的利益所在上尚未形成明确概念。美对华政策在短期内难以完全定型。从近期看，中美关系将出现更为困难的局面，双方的摩擦可能加剧。克林顿在处理最惠国待遇等对华政策问题上将面临考验，但克林顿上台后，美对华政策不会发生显著变化。诸种因素的制约使克林顿难以采取严重恶化中美关系的行动，相反，他将不得不谋求两国关系的稳定。从中远期看，中美关系不会根本逆转，两国关系存在改善的可能。但在可见将来难有根本改善，摩擦与冲突将继续不断，正常化仍是长期的目标。

《对克林顿人主白宫后中美关系的展望》

杨达洲（研究员）

论文　10千字

《当代国际问题研究》　1993年第1期

民主党人克林顿在美国1992年大选中击败共和党人布什当选总统后，中美关系将如何发展是一个十分值得探究的问题，尤其是克氏在竞选中一再发表对中国不友好的言论，研究这个问题就更有其重要意义。文章剖析了克林顿竞选时的反华言论，指出克氏当选后对华态度已作了适当"微调"，认为克林顿政府的对华政策与布什政府相比不会有180度的大变化，但也不可能原封不动地全盘接受。文章论述了冷战格局结束后，决定中美关系的诸多因素发生了变化，中美两国需为新时期的关系寻求新的基础。文章得出结论，认为克林顿的对华政策将比布什政府强硬，但两国关系不会大倒退。经济问题将在两国关系中占据越来越重要的地位，但美新政府仍会在“人权”、“民主化”等问题上对我施加压力。

日本研究所

《霸权后世界中的日本·面向21世纪的日本外交选择》

周季华（研究员）

合作者赤羽恒雄、福兰克·朗顿

专著　200千字

美国 Lynne Rienner Publishers　1993年1月

在当前世界重大转折时期，日本的内外政策都进行了调整。现在日本正想借其经济实力在国际事务中发挥越来越大的作用。日本面临国际经济和国际政治两个方面的挑战，同时面临两种国际压力，即要求日本承担更多的国际义务，又对日本不断增强的实力感到不安。日本人给日本设计的战略目标是：在世界经济、政治、科技、安全、文化等所有领域里发挥与经济超级大国地位相称的领导作用，迎接“日本世纪”的到来。预计日本同美国的相互依赖关系将加深，日苏关系将趋改善，日中关系的战略支点将转移，日本将在亚太合作体系中发挥主导作用。日本现在的国际地位是靠其经济实力建立起来的，今后即便其政治地位和军事地位有所提高，由于其固有的弱点和国际环境的限制，也将主要依靠经济手段来参与国际事务。日本可能采取的外交战略将是代价和风险不大的现行政策的延伸。即：继续奉行和平外交路线，把维护和平的国际环境与自由开放的国际经济秩序作为其对外政策纲领。其外交方针将充分利用其经济——金融优势，提高对国际事务的参与能力，成为世界政治大国。

《亚太地区的国际环境与安全思考》

周季华（研究员）

论文　7千字

《日本学刊》　1993年第3期

目前的国际形势至少可以看到三个明显的特点：一是世界大战爆发的主要因素暂时不存在了，但是地区冲突依然存在；二是综合国力的竞争将取代军事与意识形态的对立，成为国际关系中的主要焦点；三是经济和政治的多元化的倾向在加强。这三个特点规定了和平与发展是当今世界两大主题。当前，以下两个趋势可能影响亚太地区战略格局的演变：(1) 面临日益增强的国际经济区域集团化和贸易保护主义的倾向，地区经济合作的热情高涨；(2) 提高本国防御能力的倾向增强。中国安全战略的基本目标是，维护国家的独立与主权，促进世界的和平与发展。中国坚持把和平共处五项原则作为其对外关系的出发点，反对任何国家在国际社会中推行霸权主义和强权政治。中国在新时期的安全思考可以概括为：(1) 和平的国际环境是安全的首要条件。(2) 公正、合理的国际秩序是安全的重要保证。(3) 国家统一和社会稳定是安全的前提。(4) 国防现代化是安全的基本手段。(5) 综合国力是安全的物质基础。因此中国的安全政策将遵循以下三个准则：(1) 中国是维护世界和平、伸张国际正义的坚定力量。(2) 坚持通过谈判，政治解决国际争端的原则。(3) 在改善双边关系的基础上，逐步健全亚太地区的安全保障机制。

《日本亚洲外交的新趋向》

赵阶琦（研究员）

论文　9.5千字

《亚太研究》　1993年第2期

1993年1月中旬，日本首相宫泽喜一出访东盟四国。这是冷战后，日本首相对东盟的首次访问，通过访问展现了冷战后日本亚洲外交的新趋向。访问中，宫泽发表了以“积极参与在亚太地区建立安全对话机制”为主要内容的对亚洲四项基本外交政策。进一步突出了日本“重视亚洲”的外交姿态和冷战后要在亚洲发挥政治领导作用的意图。日本开展“重视亚洲外交”有深刻的内外背景：(1)日本为成为与美、欧鼎足而立的政治大国，需要在亚洲建立立足点；(2)冷战后，美、欧、俄忙于地区和本国事务，无暇顾及亚洲，为日本开展亚洲外交提供了广阔空间；(3)国际经济政治区域化集团化趋势，促使日本在亚太地区经营自己的地盘；(4)日本在亚洲正建立稳固的经济基础，可使日本变经济影响力为政治影响力，在亚洲充当“政治领袖”。今后日本在亚洲将积极推动有关各国建立“亚太安全对话机制”；促成印支加入东盟；组织日本“主导”下的经济合作体系；通过派自卫队参加联合国在柬埔寨的维和行动，改变军事形象；确立日本的主导地位。日本在推行上述政策中仍需得到美国的谅解和支持。

《日本自民党一党长期执政的结束及其对日本政治的影响》

刘映春（副研究员）

论文 7.3千字

《日本学刊》 1993年第5期

1993年8月日本发生自民党下野、细川联合政府成立的历史性变化，从而揭开了日本政治变革的序幕。实事求是地回顾自民党长期执政的历史原因，明确指出该党一党长期执政造成的弊病，对正确理解日本为什么发生这次变革有一定参考价值。笔者认为，自民党一党长期执政，是战后美苏对立的国际格局和日本政治、经济、社会等因素综合作用的结果，也是该党适应国内外形势随时调整政策、重点发展经济的结果。但是，该党长期一党坐大，与官界、财界勾结越来越深，造成政治腐败，以权谋私，贪污受贿成风；党内以大压小，以强凌弱，搞论资排辈，年功序列，阻碍了有能力的人脱颖而出。该党的决策机制已经僵化，已经不能适应国内外形势发展的需要。1991年海湾战争爆发，使该党一党统治体制受到巨大冲击。为适应冷战后的国际形势发展，为推行其政治大国的政治路线，90年代初以来，日本统治阶级内部就有人酝酿改变自民党一党统治体制。1993年6月朝野各党的改革势力里应外合，逼自民党下台。7月中旬大选后，小泽一郎等人撮合八党派联合，使自民党下野。此事件标志以自民党和社会党为主导的1955年体制结束，意味着日本进入了一个历史性变革时期。

《日本的利益集团》

王新生（副研究员）

论文 11千字

《日本学刊》 1993年第1期

日本的利益集团是指那些为追求共同利益而采取一致行动的个人集合体，其行动绝大多数是通过各种方式影响政府决策过程以保护或扩大自己的利益，因而也被称作压力集团。在战后日本，利益集团逐渐成为影响决策过程的政治主体，尽管它并非是正式的决策成员，但由利益集团、有关省厅及国会议员构成的“次级政府”却支配了个别政策领域的政策制定及其实施过程。日本的利益集团主要有工商业界利益集团、劳工利益集团、农业利益集团、公众性利益集团等；其运动形态主要有提供政治资金、聚集选票、个人联系、直接参与、大众宣传与大众动员（集会游行、静坐示威）等方式；其积极作用有促进决策民主化、利益聚合与利益表达、扩大决策交流信息输入与输出、补充政党功能、完善代议制等，但也存在政治不平等、少数人政治、金权政治、局部利益增大等局限性。

《市场经济中的计划——对日本经济计划的再探讨》

张舒英（副研究员）

论文　12.8 千字

《日本学刊》　1993 年第 3 期

对于资本主义国家中存在经济计划这件事，我们已知其然。该文的特点是：在知其然的基础上探究其所以然；在知其部分的基础上探究其总体以及总体内部各部分间的关系；在知其表面的同时，探究其实质；从中揭示现代市场经济所共有的内部构造，以此为我国在以市场为取向的改革中正确处理计划与市场的关系提供参考。文中指出：日本的计划并非是作为一块异物被人为地“结合”进经济之中，而是在市场经济内部自然生长出来的。其之所以会生长出来，主要原因是：生产力发展的内在要求；经济危机的教训；马克思主义经济学的启示；社会主义国家的影响；市场缺陷的不可避免等等。在日本的市场经济条件下，计划与市场的关系不是人为设计或“缔造”的，而是在社会化大生产发展中自然形成的。两者的关系表现为：（1）计划生于市场，融于市场；（2）市场修正和淘汰计划（指具体的计划）；（3）计划影响着市场；（4）市场是各类经济计划的连接物；（5）计划的体系性源于市场是一个有机的整体；（6）计划的连续性源于市场运行与发展的连续性。文中还对中日两国经济计划的若干特征进行了比较分析。从总体上看，日本的计划附随于市场，但就许多具体计划来看，却有着明确的法律地位，我国的计划和政策等的连续性则缺乏这种法律保证。

《日本中央银行与财政关系的模式》

张舒英（副研究员）

论文　6 千字

《世界经济》　1993 年第 8 期

在我国的财政金融体制中，有许多关系尚待理顺，其中，左右全局、影响和制约其他经济关系通顺的关键环节之一是中央银行与财政的关系。该文结合我国在这方面的问题，探讨了日本处理中央银行与财政关系的模式。（1）日本的中央银行不属于政府部门，它与财政的关系不仅是与财政一个部门的关系，而是与政府的关系。在干部制度上，中央银行遵从《日本银行法》的规定，其总裁的任期长于内阁总理，并且不受内阁更迭的影响。分支机构不是按照政府行政建制设立，而是根据金融业务需要分布。中央银行的金融政策很少受地方政府干扰。（2）中央银行的最高决策机构是日本银行政策委员会。日本建立了一整套法律和制度，保证该委员会决策的独立性，诸如委员会中的政府代表无表决权等等。（3）大藏省从行政上对所有金融机构进行管理。日本金融管理制度的一大特点是将金融业务与金融行政区分开来。若不了解这种区分，只强调金融业务最高决策权的归属，便会夸大日本中央银行的独立性；相反，单纯强调金融行政权的归属，则会夸大政府对中央银行的干预程度。（4）加强政策未出台之前的沟通与协商，并建立相应的法律和制度来保证这种沟通和协商，从而在总体上保证金融政策与财政政策的协调。

《日本的景气调节系统与调节方式》

张舒英（副研究员）

论文　12.9 千字

《日本学刊》　1993 年第 5 期

日本的景气调节系统，由财政、中央银行、政策金融和企业四个方面构成。该文通过分析日本财政调节景气的方式及其失败的原因指出：财政的“自动稳定器”机能非但不像西方经济学教科书中描述得那么完美，而且还存在着明显的缺陷。日本对财政自然增收的消化方式，不具有“反周期”的机能。

当经济处于景气阶段时，财政所起的作用是“加热器”，而不是“稳定器”。财政的这种缺陷又传染给了政策金融系统，因为在决策上政策金融系统和财政是同一机构。日本在调节景气方面，起主导作用的是中央银行的金融政策。迄今，诸多研究调节景气问题的论著，大都把企业排除在调节系统之外，这不符合客观存在。相对于政策当局而言，企业是被调节者，但是企业也有主动进行调节的一面。这种主动性又是无数次经济危机教训的结果。在日本，许多大公司、民间金融机构和行业组织，都建立了自己的统计分析和经济研究机构，独自观测景气和预测经济风向，用以调节自身的经营活动。此外，企业还通过改善经营素质，提高抵御景气波动的能力，如实行“无库存”经营方式等。企业界的这种努力尽管不能消除景气波动，但却可减少盲目生产，缓和供需不平衡的矛盾。这种意义上的企业自我调节，比财政金融当局的政策调节还要深刻。

《日本的债券市场和股票市场》

阎坤（助理研究员）

论文　15千字

《经济研究资料》　1993年第15期

本文共分两大部分。第一部分介绍了日本的债券市场，在日本证券市场中，债券市场占有相当的比重。本部分着重分析了日本债券的种类、债券的发行市场和流通市场。第二部分是日本的股票市场。在日本，自第二次世界大战以后，股票市场已有大规模发展。股票市场是证券市场的重要组成部分，和债券市场一样，也是由发行市场和流通市场共同构成的。

《日本的对外战略调整和中日关系》

孙震海（助理研究员）　合作者纪朝钦

论文　5千字

《日本学刊》　1993年第6期

本文分析了冷战结束后日本调整对外战略的有关问题。随着冷战的结束，世界由两极格局向多极化趋势转变，国际关系由以政治、军事力量为主导因素转向以经济利益、经济力量为主导因素。在这样的变化因素下，日本必然要调整其对外战略。原有“西方一员”、“亚洲一员”、“联合国外交”的三项原则虽不会改变，但“联合国外交”和“亚洲一员”将得到提升。未来日本对外战略可能是：东联美国、西结中国、挺进亚太南北。因应于这种调整，在中日关系方面势必也会产生新的影响，中日关系的方方面面也必定会有所变化，我们也应采取相应措施。

《日本金融国际化的进程——兼论对我国的启示》

徐梅（研究实习员）

论文　12千字

《日本学刊》　1993年第6期

日本金融国际化是垄断资本主义高度发展的产物。随着日本经济大国、贸易大国、科技大国地位的确立，金融国际化及其战略的制定成为其历史的必然。日本金融国际化主要包括四项内容：金融机构、金融市场、日元和金融资本交易的国际化。其中，金融机构特别是银行的国际化起步最早，发展最快，对英美国家的渗透是相当深的。相比之下，外国金融机构在日本金融市场上却未能取得显著进展，这也是引发日本与欧美国家之间金融摩擦的主要原因之一；其次是金融市场的国际化，它又以证券市场发展较快，短期金融市场仍明显落后于英美国家；日元的国际化步伐最为迟缓，其真正发展是在80年代以后；金融资本交易的国际化融于前三个方面之中。总的来看，与其他资本主义国家相比，日本金融国际化起步较晚，但发展速度异常迅猛，如今已成为金融大国。日本金融国际化进程中的经验教训无疑对我国有现实的借鉴意义：（1）放松金融管制是个渐进发展过程，需要具备一定的条件；（2）抓住有利时机，将金融机构推向国际市场；（3）完善国内金融市场，尤其是加强对证券市场的管理，有计划地筹建离岸金融市场；（4）推进人民币自由兑换进程。

台湾研究所

《台湾机构·社团·企业大全》

余克礼（副研究员）主编

合作者孙忠才、贺弘景、朱显龙

资料集　1700千字

中国友谊出版公司　1993年6月

该集是一部全面、系统介绍台湾政治机构、文化教育科学机构、社会团体、工商企业及相关人物的大型工具书。全书分政党篇、政权篇、对外关系篇、文化篇、军警情篇、团体篇、工商企业篇及附录篇等八个篇章。政党篇介绍台湾现有政党的成立时间、宗旨、政治主张、组织机构及人事。政权篇叙述台湾当局“中央”和地方所有正式与临时行政机构的历史沿革、职能及历任主管。对外关系篇叙述台湾当局驻外官方、准官方、半官方以及重要经贸、文化机构的历史沿革、主要职能及历任主管。文化篇叙述台湾大专院校及各主要研究机构、报纸、杂志、广播电台、电视台、通讯社、出版社的沿革、现状、历任负责人。军警情篇叙述台湾当局军队、警察、情报机构的历史沿革、主要职能及历任主管。团体篇收录台湾政治团体、社会团体、学术团体、教育团体、新闻团体、文艺团体、体育团体、卫生团体、工农商业团体及各类基金会。介绍这些组织的历史沿革及成立宗旨、组织机构及人事等情况。工商企业篇收录了台湾二千多家大型公民营企业、金融与商业机构，包括各企业或机构的成立时间、地址、电话、资产、经营范围、负责人。附录篇包括名人死亡录、台湾大事记、人名索引等内容。

《海峡两岸经贸关系探讨》

刘映仙（研究员）主编

合作者殷存毅（副主编）

论文集　290千字

中国友谊出版公司　1993年6月

这本书是在邓小平南巡讲话以后不久，中国大陆改革开放的春风吹遍各地，两岸经贸关系又有新的发展的情况下出版的。全书共包括15篇论文，以及两岸经贸关系大事记与政策法规等。本书有以下一些特点：一是“全”。涉及内容较广泛，包括对海峡两岸经贸关系现状与前景的总评，两岸产业结构的比较研究，大陆、台港澳经济合作、两岸经贸关系与亚太经济，中国大陆与东南亚投资环境的比较等方面的问题。二是“新”。现状为主，联系历史；两岸为主，联系外界；当前为主，联系趋势。无论统计数字或有关内容，大部分都是用的最新材料。三是“深”。不是一般的现状或史料的解释，而是融研究心得与大量的资料于一体，有观点、有材料，也有分析。四是“实”。比较实在，客观，实事求是，既肯定两岸各方好的方面，又指出两岸各方问题的方面。五是“细”。把宏观与微观结合起来，既有总的理论、政策方面的概括和分析，又有具体的各有关行业实际状况和措施的探讨与研究。

《海峡两岸经济贸易投资大全》

王建民（副研究员）主编

合作者曹晓衡、张冠

工具书　1600千字

东方出版社　1993年12月

本书介绍、分析两岸经济发展过程与概况，财政、金融、证券、保险、对外经贸、交通运输及科技发展状况；两岸贸易、通汇与金融往来、经济竞争与合作、台商大陆投资与两岸经贸发展趋势；两岸重要经贸法规，大陆对台及台对大陆经济政策；两岸官方重要经济机构及民间中介机构；两岸企业集团、大中型企业与重要行业公会（协会）；两岸经济投资环境以及贸易与投资的相关法律程序；大陆开放区、台商投资区、经济技术开发区、保税区，台湾工业区、加工出口区及科学工业园区；与两岸经济密切有关的港、澳及东南亚经济概况。

《台湾“宪政改革”评析》

戴文彬（研究员）

合作者朱卫东、张凤山等

论文 12千字

收入《当代台湾研究》

华艺出版社 1993年11月

李登辉主导的台湾“宪政改革”主要目的在于“改造”国民党政权体制，维护和巩固其自身的统治，并企图“主控”两岸关系的发展，谋求台湾“独立政治实体”地位。其“宪改”的主要内容包括“终止‘动员戡乱时期’”，“废除‘临时条款’”，全面改造“民意机构”，“修改‘宪法’中不适用的条文”。“宪改”的基本完成，标志着“中华民国台湾化”取得了实质性进展，对两岸关系发展将产生着复杂的影响。

文献信息中心

《九十年代中国社会科学要览》（1991）

张聿忠（副研究员）主编

合作者周淑芬、赵亚光等

工具书 300千字

社会科学文献出版社 1993年

这是一部反映世纪之交中国社会科学研究的现状和发展趋势的学术信息著作。全书分绪论、学科研究、社会科学学术会议和社会科学大事记几部分。全书概括了90年代我国社会科学的发展状况、特点和存在的问题及今后发展趋势。通过对社会科学重点学科的综述或述评，内容尽量反映学术界所关心的热点问题、前沿问题、理论上有突破性进展的问题的研究状况，即使对传统文化研究的介绍亦着眼于学术界对传统文化研究的重新认识、评价和发掘民族文化中积极的、有生命力成分的、与当代意识相沟通或相接近的研究成果，使传统文化的研究在建设有中国特色的社会科学理论体系中增值。刘国光同志为本书撰写了《新时期中国经济学研究》一文，对经济学界围绕改革开放的伟大实践进行的理论探索给予了全面、深刻地概括和评述。其他各专题研究的介绍，亦尽量撷取与现实问题较为密切的论题，并希望能起到管中窥豹的作用。

《国外社会科学政策研究》

王兴成（研究员）主编

合作者秦麟征（主编）等12人

调查报告 333千字

社会科学文献出版社 1993年3月

作者基于美、英、德、法、日、苏等国当代社会科学政策的调查研究，发现一系列重要的政策思想：社会需求与学者兴趣相结合，加强社会需求的导向作用；单学科研究与跨学科研究并举，注意扶植跨学科研究；国际化与本土化并重，认真支持本土化的努力；集中与分散相结合，重视发挥两者的互补作用；现实功能与潜在功能并重，促进潜在功能的转化。这些政策思想值得我们借鉴和参考。该书“研究报告篇”的“总论”即总体研究报告《当代国外社会科学政策研究》共分三部分：（1）当代国外社会科学发展及其社会背景；（2）当代国外社会科学政策思想探析；（3）当代国外社会科学面临的挑战和新的政策构思。该书“分论”即分国研究报告，其中包括：英国的社会科学与英国政府；美国的社会科学与联邦政府；法国社会科学的发展及其政策；德国人文社会科学研究及其政策和组织管理；日本的社会科学及其政策；苏联的社会科学及其组织管理。该书的“研究文献篇”选择国外学者关于社会科学政策研究的论著15篇，以便读者直接了解和使用有关研究成果。

《九十年代科技、经济、社会发展》

李惠国（研究员）

《九十年代科技发展与福建改革开放》一书第三讲　25.7千字

福建科学技术出版社　1993年1月

本讲探讨了高科技时代科学技术、经济和社会的发展趋势和特点。作者认为，高科技时代实际上是人类进入了一个软件创造硬件的时代，是人类通过软件创造硬件，进入一个新的硬件时代，即智慧硬件时代。这个问题，在我国还没有引起普遍的高度重视，没有把信息和信息部门作为重要的生产力部门，把它们放在应有的地位。信息在竞争市场占有率和推进市场革新创造新市场这两个方面都起决定性作用。世界信息网络已经成为世界经济的神经系统，加强信息网络的建设对每一个国家来说，都是发展经济的非常重要的先决条件。高技术产业的发展对于形成经济的现代结构和经济增长的现代类型具有头等重要的意义。90年代世界经济的增长正经历着方向性的深刻变化。

《计算机技术应用于农业的成果和效益》

王兴成（研究员）　合作者赵启厚

论文　6千字

收入《科学学与科学技术管理》

中国国际广播出版社　1993年9月

计算机技术正广泛应用于农业领域：作物品种资源研究、作物育种、作物栽培、作物保护、农业管理等，并取得了明显的效益。根据农业在整个社会产业结构中所处的基础地位，及其在整个社会中所处的战略地位，以及它目前仍较落后的技术现状和全社会对农业不断增长的巨大需求，都构成推动计算机技术加速向农业渗透的强大合力。计算机技术在农业领域应用的鲜明特点和突出优点为：速度快、效益高、功能多。而每一项高新技术在农业领域的应用，几乎都有计算机参与。计算机在农业领域的广泛应用，形成了计算机技术与农业科学技术，乃至社会科学技术内外交叉的格局。

《科学技术的社会研究：理论态势分析》

王兴成（研究员）　合作者田夫等

论文　11千字

收入《科学学与现代科学管理》

中国国际广播出版社　1993年9月

科学技术的社会研究，又称科学技术与社会的研究，这是专门从社会的角度，研究科学技术的发展和演变的一个知识领域，在国外颇受人们的青睐。科学技术的社会研究的领域与科学学大致相当，我们也正是在这一含义上提出这个论题的，也为了强调一下科学技术与社会的结合部那些不太时尚的理论课题。我们立足中国，纵观世纪之交科学技术的社会研究，其理论动态和演化趋势大致是：科学发展动力的全面研究日趋深入，科技意识的理论探讨初见成效，反科学思潮与科学主义的综合分析意义深远，科学学方法论的加工整理正在起步。

《浅论口述史学的发展与特点》

杨雁斌（副编审）

论文　6.4千字

《国外社会科学》　1993年第4期

文章简要地论述了口述史学的发展概

况，并着重分析了口述史学本身所具有的特点。文章指出，口述史学是二次大战后发展起来的一门新兴学科。从纵面来看，它是现代历史科学的一个分支学科，从某种程度上反映了现代历史科学未来的发展趋势；从横面来看，它是一门典型的综合性学科，其建立和发展显然顺应了当代社会科学整合分化的潮流。口述史学具有以下五个特点：(1)叙述性；(2)客观性；(3)社会性；(4)研究内容的广泛性；(5)口述史料的完整性。毫无疑问，这些特点构成了口述史学这门新兴学科的本质特征。作者认为，口述史学的特点是其本身所固有的，口述研究的综合性质也是由其自身的特点所决定的。

《西方国家的社会科学政策和组织管理》

郑海燕（副译审）

论文 8千字

《求是》(内部文稿) 1993年第4期

一个国家的社会科学政策和组织管理往往与其政治、经济和社会的发展相互联系和相互制约。第二次世界大战后，西方国家的政府制定了各种促进社会科学发展的政策，社会科学的管理结构也发生了某种相应的变化。本文以美国、英国、法国和日本为例，并从社会科学政策、社会科学研究体制和社会科学研究经费三个方面说明这种发展和变化尽管存在着国家间的差异，但从总的趋向来看，西方国家的社会科学研究与社会面临的各种重大问题的联系将变得更为密切。

《社会科学发展的新阶段：杂交化》

江小平（副译审）

论文 8千字

《国外社会科学》 1993年第6期

社会科学的发展经历了一个从专科化、分科化到杂交化的分化组合过程。各学科间的相互作用和交叉已成为现阶段社会科学发展的主要趋势和主要特点，杂交化使社会科学获得更多的发展和创新机会。分析哲学、史学、人类学、地理学、社会学和经济学等典型学科相互间，或与其他学科的杂交过程，有助于我们了解社会科学分科化和杂交化的双重过程，同时可以发现杂交形式的多样性。杂交化过程是通过各学科的理论、方法、概念、成果和观点的相互渗透和相互作用完成的。杂交模式主要有四种：与分支学科的正式杂交或非正式杂交，两门或多门学科的杂交。

《步入发展领域的文化人类学》

刘霓（助理研究员）

论文 9千字

《国外社会科学》 1993年第7期

从70年代开始，随着发展援助的重点向欠发达国家的农村地区转移，国际组织和发展机构开始重视对项目的人类学方面的考虑。另一方面，鉴于文化人类学家掌握欠发达国家农村地区的第一手材料，他们在处理发展项目中涉及到的社会方面的问题时表现出极大的学科优势，发展研究领域正逐渐成为文化人类学的一个最为重要的应用领域。本文依次论述了下述问题：(1) 发展与发展研究；(2) 发展研究与文化人类学之间联系的形成；(3) 文化人类学学科内部的争论；(4) 文化人类学参与发展活动所面对的一些矛盾；(5) 文化人类学家在发展工作中的具体角色；(6)尚待解决的问题和未来趋势。文章认为，人类学家应更积极地参与发展研究，并超越项目的直接目标，站在历史和科学的角度探讨发展问题。

《〈持久的不平等——妇女与世界发展〉评介》

刘霓（助理研究员）

论文 4.5千字

《国外社会科学》 1993年第8期

从70年代中期以来，越来越多的关心全球平等问题的学者开始注意到，不管是计划的发展还是非计划的发展，都常常对妇女造成不利的影响。随着发展，性别之间原有的不平等往往没有消除，新的不平等却不断出现，而且这些不平等跨越了阶级、文化和民族的界限而广泛存在。1990年牛津大学出版社出版的《持久的不平等——妇女与世界发展》一书，对“发展中的妇女”这一新的研究领域作了详细的介绍，该书还展示了“发展中的妇女”这一领域与全球妇女运动的联系，以及妇女研究的最新学术成果对发展机构的政策与计划的影响。该书共收入15篇论文，本文对其依次进行了简要的介绍和评论，并给予丹麦经济学家E. 博塞鲁普在“发展中的妇女”方面富有创见性的研究以特别的注意。

郭沫若著作编委会

《鲁迅——“民族魂”的象征》

黄侯兴（研究员）

专著　257千字

山东人民出版社　1993年2月

鲁迅是现代中国民族精神的卓越代表，鲁迅精神就是民族精神的象征。本书以弘扬鲁迅的爱国主义精神为主线，通过对鲁迅一生的生活、战斗的历程及其在现代文化领域的伟大贡献的考察，从政治、社会、历史、文化艺术诸领域论及鲁迅的思想、创作在中国现代史上的特殊作用与重大影响，深入阐发鲁迅精神所蕴含的丰富而深刻的内容，并指出这种精神是当前中国人民从事有中国特色社会主义建设的很可宝贵的精神财富。本书从“鲁迅是谁”这一问题切入，分析了鲁迅的精神特质和他作为一种历史文化存在的永恒的价值，然后将焦点聚合在鲁迅前期的“重新铸造现代国人的灵魂”所进行的不懈的努力和他后期为中国新文化建设而奋斗不已这两点上来展现鲁迅的历史业绩和文化品格。本书作者注意到了在鲁迅与当代青年之间构筑起精神的默契和灵魂互通的桥梁，从不同的层次和视角，围绕鲁迅爱国主义的精神实质，展开全方位的心灵探讨，从而使全书所包含着的现实感与针对性显得更加突出。

《向历史注入生命活力——论郭沫若与儒家文化思想》

蔡震（副研究员）

论文　12千字

《郭沫若学刊》　1993年第4期

郭沫若与儒家文化思想独特的亲和关系形成于与西方文化思想的融合及执著一种理想的文化思想秩序的建构中。他曾试图用从外部灌注新的生命活力这种方式复兴中国文化传统精神，他的人格追求建立在自我不断发展完善的同时寻求和实现充满现实感的历史使命这种双重文化背景上。他也曾在中外文化交汇的宏观视野中思考过马克思主义中国化，包括与儒家文化思想关系的问题。儒家道德伦理观念所铸成的使命感对郭沫若一生具有巨大的影响。郭沫若浪漫式的激情和从政的热望结合为一种英雄崇拜意识，成就了他的辉煌，也把他深深导入精神悲剧的痛楚中。郭沫若试图在东西方文化思想冲突融合的纠葛中寻找某种“调和”的方式虽留下历史的遗憾，却仍有其当代启迪意义。

三　一九九三年主要学术活动

第二届近百年中日关系史国际研讨会

由我院近代史所、中国抗日战争史学会、美国日本侵华研究学会、美国伊利诺州立大学共同发起，于1993年1月4～7日在北京举行。应邀出席会议的中外学者共90人，提交论文70篇。刘大年代表组织委员会致开幕词，他强调指出：近百年中日关系一系列大事，不仅直接影响“中日两国间的历史演变”，而且“还影响到近代国际关系的局势，造成远东国际关系一个又一个热点”。“对近百年的中日关系，我们检讨得越是彻底，认识得越是深刻，就越是能够知道两国今天应该怎样相处，如何更好地推进中日两国关系的发展”。

与会学者就近百年中日关系，包括近代中日经济文化关系、中日甲午战争、孙中山与日本的关系、中日外交和日本侵华谋略活动、第二次中日战争以及战后与当前的中日关系，进行了广泛讨论。关于日本侵华谋略活动，有的学者指出：日本在全面侵华战争期间，始终玩弄“和平交涉”伎俩。“和平交涉”实际是日本为了实现其征服和灭亡中国总战略，同军事手段交替使用相互配合的策略，根源于其狂妄的扩张野心与小国综合国力严重不足这样内在的矛盾。重庆政府蒋介石对“和平交涉”的态度，几次出现谋求妥协的政治动摇，但也有对日周旋和运用策略的因素存在。关于第二次中日战争，不少学者以大量事实集中揭露了日本的侵华阴谋及侵华日军的罪行和暴行。日本著名历史学家井上清从日本宪法有关天皇的条款和明治、大政、昭和天皇的实际行为，论证了从1874年日本军侵占台湾至1945年日本投降止，在日本对中国进行的一切侵略战争中天皇所起的作用。他批驳了“天皇不亲政”，天皇实质上不是战争的发动和统帅者的论调，指出：近代日本所进行的一切战争，不管是大的战争，还是小的战争，都是天皇统帅的战争，都是天皇的战争。现行日本宪法继续维护天皇是“神裔”的观念，而由这种神的权威所实现的国民统合，正是现代日本军国主义的精神支柱。张振鹍对《昭和天皇独白录》作了剖析，指出天皇对日本侵华所作的自我揭示有相当的真实性，但又回避了许多侵华问题。但即使这有限的自白，也证明他对日本侵华负有责任。台湾学者李恩涵根据中、英、日文资料对日军在晋东北、冀西、冀中的“三光”暴行，作了深刻揭露，指出“三光作战”（或“烬灭作战”）是对抗日地区有系统有组织地大规模屠杀和破坏，目的在于彻底摧毁中国军民抗日斗志和物质基础。此战术的始作俑者为多田骏，扩大“三光”暴行使达于高峰者为冈村宁次。关于战后与当前的中日关系，美国学者吴天威就二次大战结束后纽伦堡国际军事法庭对纳粹德国战犯的审判与东京国际军事法庭对日本主要战犯的审判情况作了比较研究，认为东京审判的成就远不如纽伦堡审判，因“头号战犯”裕仁未受审判而失色失真，人类历史上罪大恶极的“七三一”细菌战部队自部队长石井四郎中将以下全体人员无一人被起诉，实为东京审判一极大污点。香港学者谭汝谦则对战后日本历史教科书的历次修改作了详细的研究分析，指出1945～1950年盟国占领时期，所有日本教科书被指示要清除和摆脱军国主义和极端民族主义的影响，当时许多人无保留地承认日本对太平洋战争的责任。而到日本恢复主权后，许多教科书开始转嫁战争责任，责难中、美、英和其他国家要为这场悲剧负责。从1980年开始，随着自民党在国会中取得压倒多数，便发起篡改教科书的有力运动。强迫篡改教科书来自文部省。他特别指出，日本历史教科书问题的严重性比人们想象的要严重得多。

“1992年以后的中国与欧共体”国际学术研讨会

1993年4月25～27日，由我院欧洲研究所（原西欧研究所）、中国欧洲学会欧共体研究会、中国国际文化交流中心联合举办的“1992年以后的中国与欧共体”国际学术研讨会在北京召开，有近二十位国外学者和三十余位中方学者参加会议。

1992年欧共体建立统一大市场以后的中国与欧共体的关系，是一个大家共同关心的重要课题。现在，许多人都在谈论着中国经济的巨大成就，全世界都在关注着中国的改革开放。在小平同志南巡讲话的推动下和中共十四大精神指导下，以建设社会主义市场经济为目标的改革开放进一步发展，我国的国民经济正在进入一个新的发展时期。随着改革开放的深入和经济的发展，今后，我国与世界各国的经济贸易关系会进一步加强。特别在中国恢复关贸总协定席位之后，中国将在国际经济领域里发挥更积极的作用。

在过去几年里，欧共体的一体化进程取得了重要进展。1992年欧共体统一大市场的建成，标志着欧共体的发展进入一个新的历史阶段。欧共体在未来世界经济与政治中的作用和地位日益突出。虽然目前欧共体的发展离人们最初的预期还有一定差距，在进一步推动一体化进程中还有一定困难。但是，统一大市场的建成，以及欧共体作为世界经济区域一体化发展的一种模式，已经对世界经济产生了深远的影响，特别是以欧共体为核心的欧洲经济区的形成，正在引起世界各国的关注。

此次会议与会者就“中国的经济改革”、“中国的对外关系”、“欧共体及中国的发展趋势和特点”、“欧共体一体化世界区域集团化及影响”、“亚太地区发展及欧共体与亚太地区关系”、“欧共体与中国的关系”等问题，进行了深入广泛的、多层次、多角度的讨论。

中国与欧共体有着良好的关系。双方在贸易、投资、科技、文化等方面有着广泛的合作。欧共体在中国的对外经济贸易中占据重要地位。这次会议对于促进双方的相互了解和交流，对于促进双边关系的发展具有十分积极的现实意义。

亚太学会成立大会暨学术讨论会

1993年4月，中国亚洲太平洋学会成立，我院亚太所举办了亚太学会成立大会暨学术讨论会。来自全国各地的八十余名专家学者出席了会议。会议代表围绕亚太地区的经济发展与合作前景、东亚地区高速增长的机制和制约因素、美日在亚太经济合作中的作用及我国在亚太经济发展中的战略地位及对策等热点问题展开了热烈的讨论。与会者一致认为，亚太地区是世界上经济发展最迅速、最有活力的区域，许多专家认为21世纪将是亚洲太平洋世纪，亚太地区经济的相互依赖、互补是本地区经济发展的动力，同时也是一种潜在的强大力量，对世界新经济秩序的确立，具有重要的战略意义。中国是亚太经济战略圈的主要成员国，中国应抓住机遇，坚持改革开放，加强国际交往，引进发达国家的先进科技和资金，把我国的经济搞上去，提高我国的综合国力，在国际事务中进一步发挥作用。

社会主义市场经济与新闻事业学术研讨会

1993年5月18～22日，由我院新闻所与无锡日报社、中共江阴市委宣传部共同发起，在江苏省江阴市召开了“社会主义市场经济与新闻事业学术研讨会”。这是中央提出经济体制改革目标后，新闻理论界为探讨新闻业如何适应市场经济需求而召开的首次全国性学术研讨会。来自全国各大专院校、科研机构和新闻单位的专家、学者和新闻工作者四十余人出席了会议，对社会主义市场经济条件下新闻事业发展中的一些问题从理论上进行了探讨。主要观点是：

市场经济中的党报 从计划经济到社会主义市场经济，改变的是经济运行机制，而不是我国现行基本政治制度。同样，新闻事业要按市场规律活动，也决不意味着改变我国新闻事业的基本性质，党报仍将是新闻业的主体。市场经济体制的建立和完善，需要良好的经济环境和稳定的社会秩序，充分发挥党报的主体作用，是保证市场经济按正确方向顺利运行的一个重要条件。党报权威性和信息面广的特点是小报不可比拟的，“报格”不必向小报靠拢。

关于新闻属性 新闻业是信息产业，但是其产品与其他物质产品不同，是满足人们精神生活需求的精神产品。在任何社会里，精神产品都要按社会公认的价值准则去引导和规范人们的行为，提高和培养全社会的道德水准和审美情趣。因此，既不应忽视其具有商品属性的一面，也不应因其商品属性而排斥它应当作为党和人民的耳目喉舌去正确引导和反映社会舆论的一面。

关于办报观念 要确立以受众为中心的观念，处理好指导与服务的关系，注意传播效果。但是以受众为中心不等于迎合受众，还必须把握好两个效益并重、以社会效益为主的原则。市场经济的命脉在于信息，尤其是国内外的宏观信息，一乡一厂一地的生产经验或成绩的报道，已难以满足市场发展的需要。信息量的问题应当引起重视。

关于舆论监督 市场并非十全十美，对经济效益的追求有时会诱发某些违法乱纪行为，同时计划体制遗留的某些弊端还难以迅速消除，因此，党的十四大提出的“重视传播媒介的舆论监督”的要求，是市场经济正常运行的重要保证之一。批评是舆论监督的最高形式，但又不是唯一形式，有时客观报道也属于舆论监督范畴。舆论监督与正面报道并不矛盾，因为它也应以社会效益为首要目标。媒介在履行舆论监督职责的同时也要接受社会的监督。

关于“有偿新闻” 有偿新闻的实质是权钱交易，是某些人利用报道权为自已谋取利益的一种不正当行为。新闻作为商品的交换应发生在媒介与受众之间，而有偿新闻则产生在报道者与报道对象之间，其取舍标准不是新闻价值的大小，而是报道对象所能提供的利益的多少。有偿新闻只能富了少数人，而从整体上严重破坏受众对新闻媒介的信任，损害媒介的社会效益和经济效益。有偿新闻不属于新闻商品性的范畴，它是新闻商品市场尚未发育完备的产物，是不正当的商业竞争手段，需要靠思想教育、法规和道德准则去制约。

关于人才培养 市场经济是一种复杂的经济运行机制，需要记者具备综合知识和技能。目前新闻院校培养学生，侧重社会科学和人文学科知识的灌输，这种知识结构与市场经济的要求是不相适应的。国外的一些做法值得我们借鉴。

文学研究所建所四十周年纪念大会

我院文学研究所成立于1953年2月，至1993年已走过了40年的历程。为此，文学所于1993年5月23日隆重召开建所40周年纪念大会。与会的院、所负责同志和来宾有：汝信、吴介民、陈荒煤、许觉民、王平凡、余冠英、朱寨、叶水夫、张炯、王善忠等。我院其他单位和曾在文学所工作过的同志以及新闻界的同志130人参加了纪念会。

文学所常务副所长张炯在会上作了题为《继往开来，团结奋进，为建设现代化的文学研究所而努力》的报告。报告回顾了文学所的发展过程，指出，40年来，文学所在党和上级部门的领导下，为我国文学研究事业做出了一定的建树，不仅培养了大批高级科学研究人才，而且著述、整理、编辑、注释和出版了大量的著作。在文学史研究领域，郑振铎先生增补修订的《插图本中国文学史》，何其芳、余冠英先生主持编写的《中国文学史》，唐弢主编的《中国现代文学史》以及近年出版的敏泽的《中国文学理论批评史》、《中国美学思想史》，曹道衡、沈玉成编著的《南北朝文学史》，邓绍基主编的《元代文学史》，杨义撰写的《中国现代小说史》，朱寨主编的《中国当代文学思潮史》；美学和文艺理论方面，蔡仪主编的《文学概论》、《美学原理》，王春元、杜书瀛、钱中文撰著的《文学原理——作品论、创作论、发展论》；比较文学方面钱钟书先生的《管锥编》；大型工具书方面周扬任主任委员，由许觉民具体主持的《中国大百科全书·中国文学卷》，陈荒煤任总编的《中国新文艺大系》，马良春主编的《中国文学大辞典》等，都是篇帙浩繁、集中了群体智慧并在国内外产生广泛影响的著作。在古籍整理和外国文学译介方面，出版了《古本戏曲丛刊》、《古本小说丛刊》、《世界古典文学名著丛书》、《古典文艺理论译丛》、《现代文艺理论译丛》，还编辑出版了许多作家的文集，如《郭沫若文集》、《瞿秋白文集》、《周扬文集》、《何其芳文集》以及古今文学的选本等。古典文学名著注释方面更有不少被认为是权威性的，如钱钟书先生的《宋诗选注》便饮誉中外。文学所创办的刊物《文学评论》、《文学遗产》均有三十多年的历史，被公认为文学学科最高学术层次的刊物，为促进我国文学事业的发展，促进社会主义文艺的繁荣做出了自己的贡献。40年来全所共出版学术专著329种，学术论文5624篇，整理古籍和学术资料书籍534种，工具书和学术性通俗著作46种，译文327篇，一般性文章2158篇。

对于今后的工作，报告提出要进一步明确科研的指导思想和任务目标，坚持以马克思主义科学的世界观和方法论作为科研工作的指导。继续提倡勇于探索、追求真理、修正错误的精神。开展高质量的文学研究，大力倡导“实事求是”的严谨学风。为建设一个坚持贯彻为人民为社会主义服务，“百花齐放，百家争鸣”，“古为今用，洋为中用”，“推陈出新”等文艺方针，具有最新学术水平和科研手段现代化的文学研究机构而努力。

第三次全国传播学研讨会

1993年5月26～29日，由我院新闻所和厦门大学新闻传播系共同发起主办的“第三次全国传播学研讨会”在厦门召开。会议主题为“信息传播与改革开放”，来自全国18所大专院校、研究机构和新闻单位的专家学者五十余人出席了会议。

传播学自80年代初从国外引进以来，经过十多年的系统介绍、分析和研究，其主要学派和观点，尤其是它借鉴其他学科的实证研究方法，如抽样调查、定量分析等，已被越来越多的人所了解和掌握，在我国的经济建设中发挥着作用。因此新闻院系几乎无一例外都开设了传播学课程。但即使在国外，传播学各学派和理论体系也还是多样纷呈，尚难定于一尊。作为一门引进未久的学科，如何使之更好地与我国的具体实践相结合，更好地为改革开放服务，还有待研究者继续深入探索。

此次会议主要对以下问题进行了探讨：(1) 关于建立有中国特色的传播学问题。与会者虽然对是否需强调“中国特色”有不同看法，但对传播学理论体系须与我国具体实践相结合这一点则无异议。与会者认为，对国外传播学应继续深入系统研究，借鉴其合理成分，在此基础上总结我国传播史的历史和经验，研究我国传播业的现状和问题，结合实际需要，有重点地进行专门课题研究，以尽快建立符合我国实际的传播学理论体系。对目前传播学教学和研究中使用的一些基本概念，如媒介、信息、讯息、载体等使用混乱的状况，有学者提出应有针对性地重新加以辨析和界定，以保证传播学学科的科学性。(2) 在市场经济条件下，我国传媒的运行特征、社会作用和发展模式出现了许多新的变化，如何认识这种变化并采取什么样的应对措施，是会议参加者较为关注的问题。与会者认为，当前新闻传播业不仅提供了良好的社会效益，而且也创造着巨大的经济效益，实际上已成为国民经济中的一个重要产业部门。在媒介间竞争日益激烈的情况下，“媒介大战”将迫使传媒不断出现新的变化，采取新的举措，在坚持社会主义方向的前提下，形式和内容将日益丰富，受众多方面的信息和娱乐需求满足程度会越来越高。研讨会上，有学者还提出了“受众本位”说，认为自80年代中期以来，无论传播实践还是传播研究都已由媒介本位转向了受众本位，即以满足受众需求和提高其素质为传播的出发点和归宿。也有研究者对此提出了不同看法。(3) 大众文化问题也是此次会议讨论的一个热点。传媒是大众文化传播的主要载体，有人认为大众文化是劣质文化，对其持否定态度；有人则认为它是通俗文化，其存在的积极意义应当肯定。但持不同见解者都同意，大众传媒在大众文化的传播过程中应起到调节和过滤作用，以使大众文化的消费者得到美的和健康向上的享受。(4) 跨国传播问题也受到与会者的注意。随着传播新技术的发展，跨国传播，尤其是发达国家与发展中国家之间信息交流的不平衡，以及这种状况对各民族文化日益严重的影响，已引起各国学者的重视。对于外来文化，本民族文化既不可自我封闭，也不能听之任之，而应取自主开放的态度，既吸收其优秀的成分，也要在维护自身传统的同时不断自我丰富和发展，只有这样才能保持旺盛的生命力，才能在世界文化竞争之林中立于不败之地。

《世界文学》杂志创刊四十周年

我院外国文学所主办的大型外国文学期刊《世界文学》由中华全国文学工作者协会（中国作家协会前身）创办；创办时刊名《译文》(1959年改为现刊名)，沿用鲁迅先生在本世纪30年代中期创办的中国首家外国文学杂志的名称。鲁迅先生在“风雨如磐”的年代创办《译文》，含辛茹苦，“别求新声于异邦”，在中国新文化发展道路上留下一段佳话。新《译文》沿用老刊名含有继承老《译文》传统的意义，刊物主编也由鲁迅先生的战友、老《译文》的创办人之一茅盾先生担任。以后，主编之职相继由曹靖华、冯至、陈冰夷、叶水夫、李文俊等担任，刊物编委会也由我国资深的外国文学专家、作家和翻译家组成。

创刊四十年来，《世界文学》坚持为发展我国文化事业，为社会主义精神文明建设服务，面向我国广大读者，尤其是创作界、理论界、大专院校文科师生及文学爱好者，介绍过大量具有一定审美借鉴价值的各种体裁的外国文学名篇。据统计，《世界文学》已译介了大约一百一十多个国家和地区的文学作品。

我国老作家为杂志创刊四十周年发来贺辞。冰心题辞“敬贺沟通中外文化的《世界文学》创刊四十周年”，艾青题辞“继续加强与世界各国人民的交流”，老《译文》创办人之一黄源“祝愿《世界文学》为建设有中国特色的社会主义文学服务”。

1993年7月14日，由《世界文学》杂志社和深圳美视光电有限公司联合主办的创刊纪念会在北京隆重举行，人大常委会副委员长严济慈，我国著名学者和有关方面负责人滕藤、吴介民、季羡林、刘德有、徐光春、叶水夫、吴元迈以及首都科研单位、大专院校、文化界和部分新闻单位的代表二百余人到会。杂志主编李文俊回顾《世界文学》走过的不平坦道路之后，呼吁有关方面能对严肃高雅文化的存在与发展给予充分的重视，社会的消费能力向精神产品更多地倾斜，更多具有远大眼光的企业家能给文化事业以切实的支持。

由深圳能源总公司提供资助的“我看《世界文学》征文”，颁奖仪式也于当天同时举行。纪念会收到人民文学出版社、上海译文出版社、浙江文艺出版社、《外国文艺》编辑部、日中文化交流协会、日本作家黑井千次、印度作家安纳德等来自国内外各方面的贺信贺电。

当晚，中央电视台和北京电视台新闻节目报道了纪念会的盛况，日本《读卖新闻》事后也报道了《世界文学》创刊四十年的消息。

“拉丁美洲的投资环境与市场”学术讨论会

中国拉丁美洲学会第九届年会暨“拉丁美洲的投资环境与市场”学术讨论会于1993年7月16～17日在北京举行。这次会议是拉美学会与首钢研究开发公司国际化经营研究所联合举办的。其主旨是，深入分析拉美投资环境和市场的优劣，为我国企业与该地区的经贸合作服务。来自对外贸易部、外交部、中联部、首钢国际经营部、拉美研究所、现代国际关系研究所、经贸研究所、世界历史研究所、北京大学、中国人民大学、《人民日报》国际部、新华社、《瞭望》杂志社等单位的五十多名专家、学者参加了会议。

与会学者在分析拉美政治、经济、社会等方面基本情况的基础上，论证了拉美投资环境的优劣。从自然条件看，拉美拥有丰富的矿产、森林、水力、海洋和人力资源。从经济发展水平和形势看，拉美地区经济发展水平较高，基础设施、交通运输比较发达。近年来，拉美经济正走出低谷，出现增长势头，经济增长带动了市场的扩大，进出口贸易增长较快。拉美国家为了吸引外资发展经济，普遍对外资政策作了大幅度调整，放宽了对外资的限制，使外国向拉美国家的投资有了明显的增加。目前，拉美地区正在出现新的外国投资热，这些无疑为我国企业向拉美投资提供了良好机遇。但同时还应看到一些不利因素。拉美工会力量强大，罢工时有发生，劳工立法中的各种福利待遇规定是生产成本中不可忽视的重要因素；拉美在发展中地区是人均收入较高的，与中国的同类企业相比，投资成本要高得多。另外拉美一些国家政局不稳，社会动荡，政策连续性不够强，这些都是我国企业在拉美投资时不可忽视的不利因素。

对此，学者们认为机遇和挑战同在。要认真地选择投资国，比较各国投资环境的优劣，趋利避害。选准投资目标，注意经济效益。发挥某些技术的优势，搞多种经营，拾遗补缺，不搞“大路货”。会议期间，企业界代表还提出了许多实践工作中遇到的问题，与会学者进行了一些解答。

这次会议是一次理论研究与现实结合、为现实服务的有益尝试。它为拉美研究工作开辟了一条新路，无疑将推动我国的拉美研究工作在广度和深度上向前发展。

全国汉语方言学会第七届学术年会

全国汉语方言学会第七届学术年会于1993年7月21～25日在青岛举行。会议由我院语言所、全国汉语方言学会、青岛大学师范学院联合主办。出席会议的汉语方言工作者和来宾共一百三十余人，其中包括日本、韩国及港、台地区学者六人。本届学术年会共收到论文80篇，绝大部分都在大会上作了宣读和讨论。与会者认为，这次会议的论文水平有所提高。在闭幕会上，全国汉语方言学会会长李荣先生作了“关于本字问题”的专题发言。

海峡两岸中国民族史学术研讨会

近年来，中国民族史学研究得到迅速发展，在许多领域中都有了新的突破。特别令人高兴的是，台湾、香港等地区也有不少史学家、文化人类学家在从事民族史研究中取得了相当多的成果。但由于诸种原因，海峡两岸中国民族史研究学术交流活动尚未充分开展起来，而海峡两岸的学者都有加强学术交往的强烈愿望。为了推进海峡两岸的学者在民族史学方面的交流，我院民族所于1993年8月12～14日在北京新大都饭店举行了首次“海峡两岸中国民族史学术研讨会”。

这次研讨会的主题是“中华民族传统文化与中华民族的形成与发展”。其研讨内容包括如下几个方面：中国各民族的传统文化对中华民族形成与发展的促进作用；中国各民族传统文化的相互关系；中国各民族传统文化的归属感与认同感；中华民族形成之诸因素。

应邀参加这次研讨会的大陆代表36位；台湾、香港代表和来宾15位。代表中包括有汉、满、蒙、回、藏、壮、白等民族。各位代表会前都作了认真准备，并向大会提交了四十多篇学术论文或发言提要。

会议首先由我院民族所所长杜荣坤致开幕辞。他说中华民族传统文化是中国各民族共同创造的。汉族与少数民族及少数民族相互间各种文化的双向传播贯穿中华民族的发展史，对中华民族的形成和发展产生巨大作用。他希望大家通过对中华各民族传统文化的研讨，积极弘扬中华民族优秀的传统文化，进一步增强民族的凝聚力，为共同振兴中华而努力。

我院副院长江流代表中国社会科学院对参加这次会议的各位代表和来宾表示热烈欢迎。

他说探讨中华民族形成与发展的问题，无论在理论上和实践上，都具有积极意义。希望大家能各抒己见，畅所欲言，为促进海峡两岸学术交流和增强中华各民族的团结做出贡献。

会上有二十多位代表围绕主题发了言。他们当中有进行宏观的论述，也有对某一朝代或某一专题进行探讨，从各个方面论述中华民族的传统文化对中华民族的形成与发展所起的作用。

会上还围绕代表们的发言作了踊跃的提问和热烈的讨论。海峡两岸学者共聚一堂，互相切磋，增强共识，气氛十分融洽。

最后，由我院民族所副所长史金波致闭幕词。他说这次会议开得非常成功，对推动中国民族史学的研究和海峡两岸的学术交流都很有意义。与会的海峡两岸学者在中华民族的形成和发展、中华民族的传统文化、中华民族的凝聚力诸方面的认识是基本一致的，或者说是大同小异的。大家都认为中华各民族应共同发展，以达到繁荣富强。“万众一心，振兴中华”，是大家的共同愿望。他希望今后海峡两岸学者密切交往，为促进中国民族史学的发展和繁荣而努力。

’93中国古代小说国际研讨会

由我院文学所主办，法国国家科学研究中心、中国湖北大学协办的’93中国古代小说国际研讨会于1993年9月6～10日在北京香山饭店举行。

参加本次国际研讨会的有来自法国、美国、日本、韩国、德国等国家以及台湾、香港地区的著名学者35人，大陆学者45人。以中国小说为题，举办这样规模的国际研讨会并邀集众多国家和地区的著名学者参加，在中国小说研究界尚属首次。开幕式上，我院副院长汝信、文学所学术委员会主任邓绍基、文学所副所长张炯、法国国家科学研究中心贾永吉、湖北大学副校长范际燕、中国电视艺术委员会副主任戴临风、北京开明出版社常务副社长焦向英、《红楼梦》研究会会长冯其庸等向大会致辞。新华社、中央电视台、北京电视台、《人民日报》及其海外版、《光明日报》、《文汇报》、《文艺报》、《中国文化报》、《北京日报》、《北京晚报》、《中国画报》等十多家新闻单位参加了开幕式并对会议进行了报道。

本次国际研讨会召开四天，共安排大会四场、分组会六场。从会议收到的七十多篇论文及讨论热点看，主要有七个议题。(1) 作家作品研究；(2) 小说批评理论；(3) 小说界说；(4) 小说史研究；(5) 小说版本校勘和发展；(6) 中国古代小说在域外的流传、发现、影响和研究；(7) 关于《中国古代小说书目》的编纂。这七大议题集中反映了小说研究界目前的研究热点和重点，显示了本次国际研讨会的水平和实绩，并预示着今后中国古代小说研究的趋势和方向。本次国际研讨会，在中国古代小说研究史上具有重要意义。

“市场经济与中国”国际研讨会

由国家经济体制改革委员会、中国社会科学院、国家外国专家局联合主办，我院数量经济与技术经济所承办的“市场经济与中国”国际研讨会于1993年9月18～20日在北京举行。

著名经济学家、诺贝尔经济学奖获得者、美国宾州大学克莱因教授，诺贝尔经济学奖获得者、美国芝加哥大学米勒教授，国家体改委原副主任、中国经济体制改革研究会副会长高尚全，国家体改委副主任乌杰，我院副院长王忍之、刘国光教授，我院经济学科片领导小组组长、数量经济与技术经济所所长李京文教授，国家外专局局长马俊如、副局长徐振元，韩国前副总理、韩国银行顾问赵淳先生，台湾中华经济研究院长于宗先教授等来自中国、美国、法国、澳大利亚、日本、韩国、中国台湾等国家和地区以及联合国发展计划署、世界银行、福特基金会、欧洲银行等国际组织的高级专家学者六十余人出席了会议。

国家主席江泽民接见了与会国外专家并做了重要讲话，提出当前中国深化改革和建立社会主义市场经济中需要深入研究的六个重要问题。中共中央政治局委员、国家体改委主任李铁映会见了会议全体代表并出席了开幕式。

会议期间，与会代表围绕着我国建立社会主义市场经济体制现状与问题，市场经济下政府职能、市场体系的建立与完善，社会主义市场经济下的企业改革、金融改革、财税改革、分配改革、区域发展等问题，进行了热烈而坦诚的讨论，对中国市场化改革取得的成就和当时面临的问题进行广泛深入的交流，并对中国如何建设有社会主义特色的市场经济提出了许多重要对策与建议。

在代表们对过去十几年改革的道路回顾中，认为经济增长取得了令世界瞩目的成绩，市场化进程有了显著的进展。与此同时，对中国改革所采取的渐进模式及在改革过程中创造性地制订的一系列改革步骤给予了高度的评价。

许多海外学者都对中国及原苏联的改革进行了比较，大多数人认为中国的改革政策选择是比较成功的，结果比较好，目标合情合理。在从中央计划经济向市场经济的过渡中，应努力保持政治、社会安定，并使宏观经济达到一定水平的稳定。没有宏观经济的稳定，改革就难于顺利推进。

中国共产党第十四次代表大会制订的以建立社会主义市场经济体制为目标的重大决策，把改革推向了一个新阶段。明确认识当前中国改革建立市场经济的重点与难点，选准攻坚点，是实现这一目标必不可少的前提，对此，中外专家学者提出许多有重要参考价值的见解，与会代表认为，当时经济体制改革的重点主要是：(1) 建立产权明确、自主经营、自负盈亏、平等竞争的现代企业制度；(2) 建立市场规则健全、组织完备、主体行为规范的现代市场体制；(3) 转换政府职能，改进宏观调控，建立以促进经济总量平衡和结构优化为目的、以经济政策和经济杠杆为主要手段的宏观经济管理与间接调控体系，相应建立符合市场经济要求、结构合理、职责明确、精干高效的经济管理与调控机构。(4) 建立以社会失业、养老、医疗保险等为主要内容的社会保障体系。

会议中，代表们还就中国经济改革中企业制度创新，转变政府职能、加强宏观调控，收入差距与地区发展不平衡问题，农业问题，市场化与发展、产业政策的制订和贯彻等若干问题进行了分析并提出了一些对策建议。

会后，出版了会议论文集——《市场经济与中国》。

全国美国学研究机构图书馆协作会议

1993年10月3～5日，我院美国所以中华美国学会的名义在北京召开了第二次“全国美国学研究机构图书馆协作会议”。有来自美国的代表5人和国内代表20人出席会议。

会议的主题是讨论联网问题。会议商讨了实现国内美国学图书资源共享和建立机读目录交换等事宜，并对未来的合作进行了具体规划。

此次会议是美国学图书资料方面的第一次国际性会议。

“2000年的中国与韩国”国际学术研讨会

1993年10月7日在北京召开的题为“2000年的中国与韩国”学术研讨会是我院亚太所受院韩国研究中心委托与韩国现代中国研究会共同举办的。五十余名中韩学者出席了研讨会。我院院长胡绳、韩国驻华大使黄秉泰出席了开幕式。胡绳院长在致辞中指出：中韩两国建交一年来，两国关系在各个领域都取得了很大的进展，实践证明中韩建交是符合两国人民根本利益的，有利于促进朝鲜南北双方的和平统一进程，有利于维护东北亚地区和亚太地区的和平与稳定。中方代表团团长黄心川在会上做了题为《前景广阔的中韩关系》的主旨报告，韩方代表团团长金荣国做了题为《2000年的韩中关系》的基调报告。研讨会双方共提供论文15篇，涉及中韩经济发展前景及在东北亚经济合作中的地位和作用、中韩经贸关系的现状与前景、中韩教育比较、中韩文化交流史等。会议论文已编辑成论文集出版。

中国宗教学会西北地区学术讨论会

中国宗教学会西北地区学术讨论会于1993年10月11～14日在宁夏银川市召开。本次会议由中国宗教学会与宁夏社会科学院回族伊斯兰教研究所、中东伊斯兰国家研究所联合筹办。北京、上海、江苏、陕西、甘肃、宁夏、新疆等省、市、自治区的四十余名代表参加了会议，他们分别来自有关的中央、国家部委机关及科研院所、高等院校，其中包括在国内宗教理论研究方面有较高造诣的专家学者，亦有长期从事宗教管理、具有丰富经验的实际部门工作者，还有知名的宗教界人士。宁夏回族自治区人大常委会、自治区人民政府的领导及自治区党委统战部、宣传部，自治区民委、宗教局的负责人到会祝贺。

这次学术讨论会的主题是“社会主义时期的宗教与经济”。会议期间，共提交学术论文13篇，并有22位代表在会上作了学术发言。本着“双百”方针，与会代表解放思想，畅所欲言，展开了热烈讨论，会议气氛十分活跃。归纳会议论文及学术发言的内容、观点，主要分以下四个方面：

(1) 关于宗教与经济的关系。代表们认为，现实生活中大量事实证明：宗教与经济之间的联系紧密。宗教可以适应现代化。宗教产生的千百年间，社会一直在进步，经济一直在发展，而一些宗教也一直延续了下来，说明它具有较强的适应性。在建立社会主义市场经济体系过程中，应当肯定宗教可以发挥重要的补充和辅助作用。

(2) 关于宗教工作与经济工作的关系。代表们认为：今后宗教工作首要的是保持宗教政策的稳定性和连续性，只有政策稳定，人心才能安定，从而才能最广泛地团结宗教界人士和信教群众，齐心协力搞好经济建设。

(3) 宗教经济行为与宗教自养经济活动。与会者认为，宗教界人士走出寺观教堂，直接参与经济活动提高自养能力，意义重大。宗教开展自养也是宗教与社会主义相协调的重要内容。但同时注意开展宗教自养要因地制宜，因教制宜。

(4) 宗教理论研究的前景及方法论。一些代表在发言中的共识是：今后宗教研究工作者应当开阔视野，更新观念，在基础理论研究上下功夫，在现状研究上下功夫。从不同的角度，应用各派宗教学的理论和方法，对之作出全面的说明。

中国民族学学会第五届学术讨论会

在改革开放日益深入发展的大好形势下，中国民族学学会第五届学术讨论会于1993年10月16～20日在四川省乐山市举行。这次讨论会由中国民族学学会、四川省民族研究所共同举办，同时得到了四川省民委特别是乐山市民委的热情支持和大力帮助。出席会议的有：全国人大常委、人大民委副主任伍精华，国家民委政策研究室主任、民族问题研究中心副总干事刘先照，我院民族所所长杜荣坤，四川省委常委、省民工委常务副书记史志义和省民委主任李祎辉，乐山市委、市政府领导，以及来自全国18个省、市、自治区的114名专家和民族工作者。大会收到学术论文73篇。由学会会长宋蜀华教授致开幕词，副会长何耀华研究员致闭幕词。会议期间，代表们听取了秘书长满都尔图研究员代表学会所做的第三届理事会工作报告，副会长詹承绪研究员所做的学会章程修改草案报告，并一致通过了这两个报告。

这次学术讨论会的中心议题是“民族学与社会主义建设”。在马克思主义、毛泽东思想的指导下，与会代表本着改革开放、“百家争鸣”的精神，紧紧围绕中心议题畅所欲言，就民族学在社会主义现代化建设中所面临的任务，我国各民族的传统文化相互影响及其与现代化建设的调适，改革开放与我国各族的共同发展、繁荣，地区开发与当地少数民族的现代化进程等，进行了热烈、深入的讨论。由于代表们的论文和发言立足于第一手的实地调查，加上乐山市民委和峨边县委负责同志对峨边等彝族地区改革开放十多年来发生巨变的介绍，会议开得生动活泼，在相互切磋中，彼此大受启发，并在一些重大问题上取得了共识。正如代表们所说，这次会议是我国民族学界具有重要历史意义的盛会，是高层次、高水平的学术研讨会。

“转变政府职能、行政机构和人事制度改革”研讨会

中国政治学会、我院政治学所、浙江省政治学会、浙江省行政学会、浙江省委党校联合举办的“转变政府职能、行政机构和人事制度改革”研讨会于1993年10月19～22日在杭州召开。与会者围绕上述主题，特别是转变政府职能问题进行了深入讨论，主要观点综述如下：

关于政府职能与转变政府职能的涵义和内容。与会者有以下几种观点：一种观点认为，政府职能作为行政机关实现自身使命而行使的基本功能，是国家职能的具体落实和体现，它是一个多元的复合存在。既有基本职能与具体职能之别，也有在社会不同系统与领域所蕴含和体现的不同内容和形式。政府职能决定着政府的职权范围、管理方式和组织机构，适应并服务于各种体制。党的十四大提出我国经济体制的改革的目标是建立社会主义市场经济体制，政府作为上层建筑的重要组成部分和活动主体，必须适应和服务这一目标，转变职能，这既是经济体制改革的客观要求，也是行政管理体制、机构改革的内在要求。转变的顺利与否直接

关系到整个改革的深化。转变政府职能主要是政府管理经济的具体职能的转变，也就是按照社会主义市场经济发展的要求，重新调整和配置政府的经济管理职能，改变实现政府职能的手段和方式，健全和完善新的政府经济管理职能以及运行机制。转变政府职能既不是政府基本职能（政治统治、社会管理）性质的变化，也非政府职能重心的转移，也不是政府具体职能（经济、文化、科技、治安等）从某一领域向另一领域的转变，而是政府职能，特别是政府管理经济职能一些具体功能的变化；其中有些职能在继续保留的同时，进行某些调整和内容更新；有些职能转交企业、经济单位或其他部门；有些职能将有所强化；与此同时，增加一些新的职责和功能，把社会主义市场经济条件下属于政府的职权健全和强化起来。政府管理经济的职能是如此，政府其他部门的职能也将进行类似转变。

另一种相近的观点认为，政府职能，是指国家行政机关根据阶级斗争和社会发展的需要，在行使权力的过程中所承担的责任和功能。政府职能转变，就是指政府的职责和功能的变化、转换和发展。政府职能在不同社会形态不尽相同，同一社会形态国家的不同时期的政府，其职能是有区别的，就是在同一社会形态国家的同一时期政府，两种职能的比重也是逐步倾斜、相互消长的。政府职能的转变，主要是指政府社会管理职能的转变，更进一步说是指政府对社会经济文化管理职能的转变。意味着政府由“无限政府”向“有限政府”变化，将地方的权力下放给地方，企业的权力还给企业。更重要的是政府管理方式的转变，即变产品经济为商品经济，变计划经济为市场经济，变单一行政管理为法律、经济、行政手段相结合的综合管理，变直接管理为主为间接管理为主，变微观管理为主为宏观控制为主，变纵向管理为主为横向协调为主，变指令性计划为主为指导性计划为主，变指挥命令为主为调节服务为主。使政府的权威性和有效性即政府的规划指导能力、社会动员能力、分配能力、适应能力、利益综合能力、协调监督能力、管理能力、服务能力逐步提高。

第三种观点认为，政府职能是国家职能的重要内容和主要表现形式，是社会上层建筑的重要构成，政府职能体现和实现国家职能三大职能（立法职能、司法职能、行政职能）中的行政职能，是政府代表国家治理和管理社会的重要方式，是国家实现社会控制，确立规范化社会秩序的一个主要手段和途径。它对内体现国家权威，对外行使国家主权，是一个国家和社会政治结构和政治运作中的重要主体。在长期的历史发展过程中，政府职能经历了一个不断发展变化的过程。在社会主义市场经济条件下，政府职能也必须发生相应变化，它不同于资本主义市场经济条件下的政府职能，也有别于传统的高度集中的计划经济体制下的政府职能，它是人类社会发展进程中一种新型的经济结构和经济形态下的现代性政府职能。社会主义市场经济体制建立的目的之一就要实现国家宏观调控下的社会资源的合理配置，使经济活动遵循价值规律的要求，政府职能应以此为目的，来进行全面合理的设计和运作。它是一个既相对独立、又相互交叉的宏观职能体系。从学理的角度进行分析，从实体内容划分，应该有政治职能、经济职能、社会职能、文化职能、法制职能。社会主义市场经济条件下政府职能应具有宏观性、开放性、社会性、民主性、高效性特点。为了具备这样的特征，政府职能的转变主要包括：由过去计划体制下的以政治职能为中心，转变为市场经济条件下的以经济职能、社会职能、文化职能、法制职能为中心；政府职能的实现方式，由对社会生活的直接控制和具体干预，转变为对社会生活的间接控制的宏观调控；政府权力的运行方式，变由上对下的管理为平等地服务和协调；政府工作以发号施令者的角色对社会进行指令性管理，转变为做好指导、协调和服务。

对第三种观点持不同意见的同志认为，五种职能并不在一个层次，因而不能相提并论。按照马克思主义观点，政府（国家）有两种基本职能，即政治统治职能与社会管理职能，社会管理职能包括经济、文化等一系列内容，如果将社会职能、文化职能、经济职能分开并列在一个层次，那么经济、文化职能又可分解为许多职能，这样必然在理论和实践上造成诸多混乱。关于政府职能，他们认为不应有中心与非中心的区别，以经济建设为中心的基本路线是完全正确和不容动摇的，但政府职能并非以某一方面为中心，政府一方面要搞好经济建设，同时要促进社会的全面进步，否则就会影响社会的协调发展，影响经济建设。政府职能与国家工作重心并非一回事，前者服从、服务于后者。至于政府的政治职能，如果仅仅理解为阶级斗争，那么应该有所弱化，但政治职能包括许多内容，如正确处理人民内部矛盾，妥善处理劳资关系，维持社会秩序，维护国家主权，要努力创造一个和平与安定团结的国际国内环境。政府的政治职能不但不应该削弱，而且必须加强。我国的政府以人民和社会利益为己任，巩固人民群众当家做主的社会制度是政府的神圣职责，在改革开放和全面推进社会主义现代化建设的新形势下政治职能不应有丝毫削弱。基于上述分析，这种观点认为转变政府职能并不意味着政府以政治职能为中心转变为以经济建设为中心，况且在计划经济体制下，政府的职能也并不是仅仅以政治职能为中心。

关于转变政府职能的原则。与会者普遍认为，政府职能的转变是在旧的职能体系的基础上向新的职能体系的转变，这是一个新旧交替的过程。在此过程中，应该坚持如下原则：

其一，坚持和改善党的领导的原则。中国共产党是我们国家领导各项事业的核心力量，政府所管理的各项工作也不例外，必须坚持党的领导。为了更好地坚持和实现党的领导，必须改善党的领导，改进党的领导方式和方法，通过法定程序将党的路线、方针和政策变成国家的意志和政府的政策，对行政事务实施领导。在转变政府职能过程中，必须坚持这一原则，以便把握正确的政治方向，使其沿着正确轨道前进。

其二，坚持生产资料公有制为主体的原则。转变政府职能，绝不是将我国的公有制变为私有制，公有制形式不管形式如何变化，必须是社会主义社会的主体。否则，就会动摇社会主义的物质基础。

其三，坚持政府为企业和社会服务的原则。中华人民共和国政府从它成立时起，就确立了为人民、为社会服务的宗旨，在转变政府职能过程中，政府必须牢牢确立服务意识，为企业的生存和发展创造良好的生产、市场、金融等环境，为全社会谋福利，主动而不是被动地提供全方位的服务。

其四，坚持发扬社会主义民主和健全社会主义法制的原则。把社会主义民主化作为转变政府职能的根本目标和深层次任务，加强民主管理和民主监督。同时，加强社会主义法制建设，在抓紧立法工作的同时严肃执法。

关于转变政府职能的途径和方法。与会者普遍认为，要顺利实现政府职能的转变，应从以下几个方面入手：

第一，以建设有中国特色社会主义理论和党的基本路线为指导，转变观念，充分认识转变政府职能的重大意义。从中国实际出发，大胆汲取和借鉴国外成功的经验，牢牢把握时代特征和社会主义本质，从战略眼光出发，采取科学态度，对政府职能区别对待，切忌简单化、一概而论，一哄而起。

第二，循序渐进，平衡过渡。转变政府职能从某种意义上讲是一场革命，涉及其他体制的改革与许多政府部门和工作人员的切身利益的调整，因而既要看到转变政府职能的紧迫性，又要注意到其艰巨性。采取切实可行措施，扎扎实实进行，以防急于求成产生后遗症和“夹生饭”，甚至旧体制、旧方法的再现。

第三，努力创造转变政府职能的有利条件，形成良好的社会环境。深化改革，加速社会主义市场经济体制和运行机制的建立，积极推行各种体制，特别是行政管理体制、政府机构和人事制度的改革。改变政府机关人员结构，提高其素质，做到既转变政府职能，又提高行政效率。

第四，逐步实现政府职能法制化。以立法形式完成政府职能分解，规范政府部门的法律地位、相互关系，以及各自的职能内容，明确规定政府行使职能的运行方式和法律程序，实现对政府工作的法律监督，做到政府职能有法可依。

第五，加强思想政治工作。转变政府职能，政府既是改革的动力，某种意义上又是改革的对象，要教育政府工作人员，从大局出发，消除因权力和利益调整产生的“失落感”，增强使命感和责任感，自觉按照国家的法律、政策行事，坚决防止某些部门和个人利用转变政府职能之机，从事违法乱纪和以权谋私活动。

为了建立功能齐全、结构合理、运转协调、灵活高效的现代化行政管理体制，使政府管理实现科学化、民主化、法制化和标准化，一些学者认为在目前看来，转变政府职能的较好模式为政企分开、精简、统一、效能。

此外会议还就行政体制和人事制度改革进行了充分的讨论。

庆祝吕叔湘先生90华诞学术讨论会

庆祝吕叔湘先生90华诞学术讨论会于1993年10月20日在北京隆重举行。会议由我院语言所和中国语言学会共同主办。应邀出席大会的有全国人大常委会副委员长孙起孟，全国政协副主席、中国社会科学院院长胡绳，中国社会科学院副院长汝信，北京和其他地区的高等院校、科研单位、出版部门的专家学者以及闻讯前来参加会议的部分高校的研究生、进修生，共一百五十余人。

语言所所长刘坚在大会致词中说：我们今天隆重集会，以学术讨论会的方式来总结吕叔湘先生的学术成就，学习吕叔湘先生的学术思想和治学精神，以进一步推动我国语言学事业的发展，这是语言学界的一件大事。胡绳院长在讲话中高度评价了吕叔湘先生在学术上取得的卓越成就。称赞吕老是语言学界的大师，是我们中国社会科学院中一位德高望重的老一辈学者。他在政治和学术上都受到应有的敬仰。吕老为学上严谨的实事求是的学风，细致的观察力和创造性的才能，不仅在语言学界堪为楷模，而且值得在社会科学、人文科学各学科做研究工作的同志们学习。汝信同志在讲话中对吕叔湘先生的学术成就和治学态度给予了高度评价。他特别提到，1951年吕叔湘先生与朱德熙先生合著的《语法修辞讲话》在《人民日报》上连载以后，对广大干部群众正确使用祖国语言，提高人民群众的语文水平所起到的重要作用。他说，吕老做了一辈子的学问，取得这样高的学术成就和声誉，但他更关心的是语言学事业的前途，关心人才的培养，他这种甘为人梯的精神，是值得我们学习的最可贵的品德。

这次学术讨论会共收到论文四十余篇。内容涉及现代汉语、古代汉语、近代汉语、汉语方言、汉语音韵、现代语音学、语言理论、语言应用、语文教学、对外汉语教学等诸多领域，有的论文从宏观认识的角度，阐述吕叔湘先生对语法研究的重大贡献，有的从微观分析入手，学习运用吕叔湘先生的学术思想，深入研究语言事实；有的着重总结吕叔湘先生在语言理论和实践上的建树对社会的贡献；有的联系个人的经历，赞颂吕叔湘先生的人品风范。

与会者一致认为，吕叔湘先生的学问人品皆为后代楷模，这次学术讨论会的意义十分深远，不仅对于我国今后语言学事业的发展将会产生重大影响，同时也有助于在全社会广泛形成尊重知识、尊重人才的良好风尚，有助于社会科学的繁荣发展。

“中日民商法与市场经济法律秩序”研讨会

1993年10月22～24日，“中日民商法与市场经济法律秩序”研讨会，在北京新大都饭店隆重举行。研讨会由我院法学所主办，会议的主要议题是：民法、商法在市场经济发展中的地位和作用；市场经济与物权法；市场经济与债法；市场经济与公司法；市场经济与保险法；证券交易法和票据法。研讨会代表共34人。中方代表23人，分别来自全国人大常委会法制工作委员会、北京大学、中国人民大学、中国政法大学、吉林大学法学院、武汉大学法学院、北京商学院、北方工业大学、海南大学、中国法学会、本院法学所以及长城律师事务所；日方代表11人，分别来自早稻田大学、东京大学、京都大学、千叶大学、东海大学、立命馆大学、大阪经济大学。

本次研讨会由中方代表王保树、王家福和梁慧星研究员，日方代表酒卷俊雄、北川善太郎和盐田亲文教授分别主持。中日双方代表共向会议提交论文22篇。中国学者提交的《市场经济与法治》、《中国合同法的变革——过去、现在与将来》、《日本现代担保法制及其对中国制定担保法的启示》、《论情势变更原则》、《股份有限公司机关构造中的董事和董事会》、《市场经济与股份有限公司的公开制度》、《民法商法在市场经济发展中的地位和作用》，日本学者提交的《日本契約法の変遷——その近代的要素と現代的要素》、《日本的区分所有及其現状》、《株式会社における監査機構》、《日本の会社役員の責任と保険》、《企業取引法と企業組織法》、《中国的市場経済化をめぐる、日本の中国法研究の動向》、《確保土地使用権以資促進投資抵押》等论文，分别反映了中日两国学术界具有代表性的观点，其中一些权威性的论断和系统化的建议，对中日两国的法学研究以及立法、司法和执法均产生了重大影响。

本次研讨会受到院、所领导的高度重视，会议组织者作了精心安排和富有效率的工作。中日双方代表在秋高气爽、典雅庄重的环境和宽松、愉快和气氛中，就民法、商法和经济法及其与市场经济的关系等广阔的领域进行了深入的探讨，对市场经济中应有的法律制度的基本要素和与之相应的法律体系的基本框架，以及各项具体制度的构成内容及使之发挥特定作用的条件和机制等提出了各种学说和见解。

本次研讨会也受到新闻界的关注，有关新闻单位派出记者采访并作了报道。

中国语言学会第七届学术年会

中国语言学会第七届学术年会于1993年10月22～26日在北京语言学院举行。会议由我院语言所、中国语言学会、北京语言学院联合主办。来自全国各地的百余位学者出席了本届年会。来自香港、日本和韩国的汉语学者也参加了会议。年会收到论文近百篇，分为理论与应用、现代汉语、近代汉语、古代汉语、方言与音韵、民族语文等六个专题组宣读论文并讨论。本届年会在会议安排上作了一些新的尝试，讨论分大会发言和小组讨论两种形式，以小组讨论为主，每位大会发言者限15分钟。之后，各有一位与会者进行5分钟的评论，然后进行10分钟的大会讨论。这种大会方式多少改变了过去宣读论文的习惯做法，活跃了讨论空气。与会学者对此反映很好。本届年会贯彻了“务实”和“创新”的精神，绝大多数论文有观点、有材料，既重理论，又重实用。与会学者还注意到过去由于种种原因，我国的语言学已经和国际上现代语言学的发展有了一段差距，近年来我国语言学界正在努力缩小这种差距，但是步子迈得不够大，成效也还不明显。主要表现在，对国外不少五六十年代和近年来兴起的新理论、新方法、新领域研究得还很不够，像计算机这样的现代化工具在我们的语言研究中还没有得到充分的利用。大会号召语言学工作者必须立足于扎实的语言事实的描写和分析，但是也要进行理论探讨，在借鉴和汲取世界范围内的一切语言研究成果的基础上发展有中国特色的理论和方法。

“中国家庭经济与生育国际研讨会”和“当代中国妇女地位国际研讨会”

我院人口所举办的“中国家庭经济与生育国际研讨会”和“当代中国妇女地位国际研讨会”于1993年10月25日至11月4日在北京召开。来自美国、芬兰、波兰、奥地利、瑞典等国的知名学者11人，国内各协作和有关单位的专家学者40人与会。分别就改革开放条件下，影响生育率变动的孩子成本效益理论、现状以及寻求利益导向机制的改革思路；妇女经济、政治、社会、家庭地位的变化对生育的影响等，进行了深入的研讨。

“信息化与经济发展”国际研讨会

由我院与21世纪电讯、信息与经济合作国际组织（TIDE2000）联合主办，数量经济与技术经济所承办的“信息化与经济发展”国际研讨会于1993年11月9～11日在北京举行。来自美国、日本、法国、德国、英国、澳大利亚、新西兰、韩国、香港等国家和地区及中国的近一百五十名中外著名专家学者和企业家出席了会议，其中有日本邮政省常务次官谷公士、美国终身巡回大使杜根女士、美国联邦通讯委员会前主席丹尼斯·R.帕特里克先生、德国通讯部前部长克里斯蒂·施瓦茨-希里、欧洲经济合作与发展组织发展中心主任让·邦文、日本东京电气大学岗村总吾等高级官员和学者。出席会议的还有美国电话电报公司、休斯公司、南贝尔、IBM、美国通用电器、日本三菱电讯、伊藤忠、德国阿斯曼等28家著名的信息产业跨国公司的总裁（副总裁）、董事长、部门总裁等。国务院副总理李岚清出席开幕式，并代表中国政府做了重要讲话。国家计委副主任甘子玉、电子部副部长刘剑锋、邮电部副部长朱高峰、国防科工委中将副主任怀国模，中国社会科学院院长胡绳、副院长刘国光、汝信、龙永枢等领导出席了开幕式（闭幕式），并陪同李岚清副总理会见了与会外国专家和企业家，刘国光副院长、龙永枢副院长分别代表中方主办单位致开幕词和闭幕词。

此次会议的主要议题为：(1) 信息化回顾；(2) 信息化对经济发展的贡献；(3) 中国现代化中的信息化；(4) 发挥国家能动性及加强国际合作，促进信息化。这四个主题涉及到信息化的背景、信息化对各国经济增长的影响及贡献，在促进信息化过程中政府的功能与任务，信息化的文化基础与社会影响，信息产业发展规划与政策，中国信息化的进程与经济社会现代化，促进信息化的国际合作等广泛内容。与会代表围绕上述问题进行了热烈而认真的讨论。

代表们在回顾了信息化的发展历史后，对于信息化与经济发展这一中心议题发表了许多有价值的观点，认为经济发展与信息化存在着密切的关系，经济是社会发展的基础，信息是社会需要的资源，它们之间相互作用、相互促进，共同促进社会向前发展，经济发展的程度决定着信息化的程序，前者决定后者，后者对前者起促进作用。处于不同经济发展阶段、不同技术水平的国家和地区可根据各自的实际情况，采取不同战略，推进二者的相互促进，共同发展。代表们认为信息化的产生，将对经济发展起到极大的推进作用。这并不仅仅表现于信息产业在国民经济中占有多大比重，更重要的在于它使经济发生了质的变化。如使经济活动盲目性大大降低、打破地域空间限制、为管理和决策提供快速准确的信息、提高要素利用效率等，使其他部门得益于信息技术而获得巨大的利益。

代表们还就信息化与信息技术产业化、政府在信息化进程中的作用、信息技术标准化及国际合作进行了深入的充分的探讨。

会上官员、学者及公司代表均认为中国对信息产业的发展有着巨大的需求，其经济发展已得益于信息化的发展，并要求有更大规模、更高层次的信息产业。中国的信息产业尽管发展迅速，但与需求相比，与发达国家相比，差距仍很大。为此，代表们发表了加速信息产业的观念和意见：将信息产业列入重点发展产业，应采取倾斜政策，从投资、利率、税收等各方面对信息产业纷纷支持。引入竞争机制，动员多方力量，按照国家统一标准共同建设。采取灵活的政策、严格的法律法规，对信息产业的不同门类指导，采取不同政策。培养信息人才。加强国际合作，积极引进、吸收国外先进技术设备和管理经验。同时要强调不断增强自主研究与开发能力。

会后，由 TIDE2000 资助出版了该会议的论文集——《信息化与经济发展》。

“美中经济关系”国际研讨会

1993 年 11 月 10～12 日，我院美国所与全国美国经济学会合作在深圳市召开了为期三天的“美中经济关系”国际研讨会。来自美国的 14 位代表、来自我国台湾和香港地区的代表 8 位以及来自大陆的代表 40 位，总计六十多人参加了会议，提交论文 20 篇。

会议的主题，一是关于“大中华经济圈”，着重讨论了两岸三地间经济关系迅猛发展的现实及其前景；二是关于“大中华经济圈”与美国的贸易关系。与会者求同存异，在广泛交流意见的过程中，就一部分问题达成了共识。

中国考古学会第九次年会

1993 年 11 月 25～29 日，银妆素裹的素有泉城美誉的山东省济南市迎来了中国考古学界最隆重的盛会——中国考古学会第九次年会的召开。八十余位来自全国各地的卓有成就的老、中、青考古界专家、学者代表着中国考古学会 99 个团体会员和 1320 名会员济济一堂，围绕着“黄河中下游和东南沿海的考古学问题”的年会中心议题，就遍布神州大地的中国先民遗留的遗物、遗迹研究方法和信息成果以及相关问题进行了全方位的探讨和学术交流。中国考古学会副理事长宿白致开幕词，秘书长徐光冀做会务报告，理事长苏秉琦致闭幕词。山东省人大常委会副主任苗枫林、国家文物局副局长张柏到会祝贺，并分别在开幕式和闭幕式上讲话。

年会的中心议题是“黄河中下游和东南沿海考古学问题”，大会共收到论文近八十篇，内容涉及旧石器时代至宋元时期的各个方面，其中以中国文明起源，古城古国古文化以及相关理论为多。大会按“黄河中下游考古”、“长江中下游考古”、“商周及后段综合考古”分成三个小组进行了充分、广泛的探讨和交流，然后推选 12 篇论文在大会上宣读。会上，代表们还就各地区的考古新发现，研究成果、考古学科教育、人才培养等方面的问题进行了探讨。

闭幕式上，苏秉琦讲话时指出，90 年代中国考古学的新任务、新课题是要从用区系的观点看中国、看中国考古学发展到用区系的观点看世界、看世界考古学，从而以“世界”的观点认识中国，即“世界中的中国”和重建中国古史。

“1993 年拉丁美洲形势”讨论会

1993 年 12 月 9～10 日，我院拉美所在北京举办了“1993 年拉丁美洲形势”讨论会。会议邀请了中联部、外交部国际问题研究所、现代国际关系研究所、新华社、《瞭望》杂志社和《人民日报》国际部等单位的专家、学者共 85 人参加讨论会。

与会学者认为，1993 年拉美地区大多数国家政局稳定，各国抓紧时机对经济政策进行调整。对内深化以经济结构改革为中心的各项改革措施；对外大力推动本地区经济合作，在保持和加强与美国和欧洲经济关系的同时，积极发展与亚太国家的经济合作。拉美经济保持连续增长的势头，国际上对拉美经济发展前景的估计日渐乐观。

1993 年拉美各国政局发展虽不平衡，但从总体上看，稳定是其主导方面。政府换届选举平稳进行，政府危机按法律程序解决，很少发生大的政局动荡。在大多数国家，多党联盟执政的地位暂时稳定，权力分配中的矛盾没有严重激化是民主政府走向成熟的一种表现。政治社会化程度提高，新闻舆论监督和制约作用增强。但在总体趋向稳定的情况下，仍存在一些局部动乱。这是因为行政、立法、司法三权失衡，政党制度面临挑战。政府官员贪污腐败成为社会最大的政治问题，极端贫困化是拉美当前最严重的社会问题。

在整个世界经济不景气的情况下，拉美经济保持了良好的发展势头。经济增长 3.2%，从而已连续三年保持了 3%以上的增长速度。拉美国家加强对宏观经济的调控收到了预期效果。

财政金融形势趋于稳定，消费物价平稳，通货膨胀率逐步恢复到正常水平，汇率小幅波动。拉美国家顺利度过了80年代的债务危机，基本上扭转了资金紧张的局面。经济结构性调整与改革继续朝私有化、市场化方向发展，对外贸易继续朝多元化和多样化方向发展。

会议一致认为，如果1994年拉美国家能针对国际因素中可能发生的某些变化提出行之有效的对策，保持政局的稳定，较好地克服目前存在的一些政策问题，那么它们的经济还是能够保持目前的增长势头的。

中国社会科学院首次奖励优秀科研成果

我院于1993年12月15日举行隆重颁奖仪式，表彰1977～1991年期间的优秀科研成果。74部专著、36篇论文、24种研究报告、7种考古发掘报告及考古新技术、6种学术性普及读物、18种研究资料、2种古籍整理著作、10种工具书和6种译著获得优秀科研成果奖，并分别获得3000元至10000元不等的奖金；另外还有3种成果获得荣誉奖，它们是由我院主持、院内外众多学者共同完成的大型集体研究成果。上述成果是从我院建院后14年间所取得的2722部专著和44922篇论文以及其他形式的大量成果中评选出来的，代表了我院同期科研成果的最高水平。颁奖仪式上胡绳院长作了重要讲话。

这次评奖，是我院首次进行的全院性优秀科研成果评奖活动，是贯彻院工作会议精神，深化科研管理改革的一项重要内容。其目的是通过评奖建立一种激励机制，鼓励出成果、出人才，引导广大科研人员以马克思主义为指导，理论联系实际，为建设有中国特色的社会主义做出更多的贡献。

为了搞好这次评奖，我院制定了《一九九三年中国社会科学院优秀科研成果评奖条例》、《一九九三年中国社会科学院优秀科研成果评奖条例实施办法》、《关于〈一九九三年中国社会科学院优秀科研成果评奖条例实施办法〉的补充说明》以及《关于院学科片评奖工作的几点意见》等文件。对评奖的目的意义、参评成果的范围、标准、操作程序和方法等作了明确规定。整个评奖活动由院务会议领导，科研局负责具体实施。

优秀成果评奖采用自由申请、所和院两级评选、院务会议审议批准的办法。科研人员首先向所在单位的学术委员会提出申请，经所学术委员会评审，确立为所级一等奖的成果，再由所学术委员会向院学科评奖委员会推荐，参加院级评选。院组成七个学科片评奖委员会：经济学科、社会政治民族学科、国际问题学科、哲学学科、史学学科、文学语言学科和译著评奖委员会。院学科片评奖委员会评选通过的成果报院务会议最后审议批准。

本次评奖，各单位一共向院推荐了149部专著和229种其他形式的成果。经所学术委员会、院学科片评奖委员会推荐评选，院务会议最后审议批准了74部专著和109种其他形式的成果为中国社会科学院优秀科研成果，另外3种成果为中国社会科学院荣誉奖成果。

经济研究所建所四十周年纪念会

1993年是经济所建所40周年。12月28日，在所内举办了建所40周年纪念会。我国著名经济学家马洪、宋涛、黄达、李成瑞、孙尚清、桂世镛、骆耕漠、林里夫、杨坚白、巫宝三等出席了纪念会。汝信、汪文风等院领导也出席了纪念会。汝信副院长发表了讲话，王洛林副院长发来了贺信。经济研究所所长、党委书记何建章同志代表全所职工致词。这次纪念会，回顾党中央和国务院对经济所建设的关怀和支持，缅怀经济所已故老一辈经济学家对经济所建设和发展的贡献。这次纪念活动对在新的历史时期继承和发扬经济所的优良传统和学风，推进经济改革、繁荣经济科学，起了很好的作用。院领导和与会经济学家对经济所的工作给予了较高的评价。《经济日报》等新闻单位报道了这次纪念会。

第五编

学术人物

一 中国社会科学院博士学位研究生导师

系 别	专 业 名 称	姓 名	审批日期	备 注
马列系	科学技术哲学（自然辩证法）	于光远	1983.02.07	
	科学社会主义	苏绍智	1983.02.07	解聘
		靳辉明	1986.07.28	
哲学系	马克思主义哲学	邢贲思	1983.02.07	
		赵凤岐	1983.02.07	
		王锐生	1986.07.28	
		陈中立	1993.12.17	
	中国哲学	方克立	1986.07.28	
	西方哲学	徐崇温	1985.12.03	
		贺 麟	1983.02.07	
		王玖兴	1983.02.07	
		汝 信	1983.02.07	
		杨一之	1984.01.13	
		叶秀山	1985.12.03	
		梁存秀	1985.12.03	
		陈元晖	1983.02.07	
		涂纪亮	1986.07.28	
		贾泽林	1993.12.17	
	逻辑学	沈有鼎	1983.02.07	
		周礼全	1983.02.07	
		张家龙	1993.12.17	
	美学	李泽厚	1983.02.07	
		朱 狄	1993.12.17	
	宗教学	王 明	1983.02.07	
	科学技术哲学（自然辩证法）	查汝强	1986.07.28	
		邱仁宗	1986.07.28	
		龚育之	1984.01.13	导师资格转走
		金吾伦	1993.12.17	
宗教系	中国哲学	孔 繁	1985.12.03	
		余敦康	1985.12.03	

系别	专业名称	姓名	审批日期	备注
		牟钟鉴	1993.12.17	外单位资格挂本院
	宗教学	任继愈	1983.02.07	
		王　森	1986.07.28	
		杜继文	1986.07.28	
		杨曾文	1985.12.03	
		马学良	1983.02.07	
		吕大吉	1990.10.05	
		金宜久	1990.10.05	
		唐　逸	1993.12.17	
经济系	政治经济学	骆耕漠	1983.02.07	
		孙尚清	1983.02.07	导师资格转走
		杨坚白	1983.02.07	
		刘国光	1983.02.07	
		董辅礽	1983.02.07	
		吴敬琏	1985.12.03	
		戴园晨	1986.07.28	
		马家驹	1986.07.28	
		赵人伟	1990.10.05	
		孙冶方	1983.02.07	
		唐宗焜	1993.12.17	
		张曙光	1993.12.17	
	中国经济思想史	巫宝三	1983.02.07	
		朱家桢	1990.10.05	
	外国经济思想史	朱绍文	1983.02.07	
		黄范章	1985.12.03	导师资格转走
		樊　纲	1993.12.17	
	中国经济史	张国辉	1986.07.28	
		彭泽益	1983.02.07	
		宓汝成	1986.07.28	
		严中平	1983.02.07	
		吴承明	1983.02.07	
		李文治	1983.02.07	
		汪敬虞	1983.02.07	
		聂宝璋	1986.07.28	
		经君健	1990.10.05	
		刘克祥	1993.12.17	

系别	专业名称	姓名	审批日期	备注
工经系	工业经济	汪海波	1985.12.03	
		陈栋生	1986.07.28	
		周叔莲	1984.01.13	
		吴家骏	1985.12.03	
		马　洪	1983.02.07	
		林　凌	1990.10.05	外单位资格挂本院
	企业管理	孙耀君	1986.07.28	
		蒋一苇	1984.01.13	
		韩岫岚	1993.12.17	
农经系	农业经济	刘文璞	1985.12.03	
		何乃维	1986.07.28	
		王贵宸	1986.07.28	
		詹　武	1983.02.07	
		王耕今	1983.02.07	
		夏振坤	1990.10.05	外单位资格挂本院
		陈吉元	1993.12.17	
财经系	财政学	王绍飞	1984.01.13	
		何振一	1990.10.05	
		刘溶沧	1993.12.17	
	商业经济	张卓元	1985.12.03	
		王振之	1986.07.28	
		刘明夫	1983.02.07	
		高涤陈	1985.12.03	
		贾履让	1990.10.05	
		姜君辰	1983.02.07	
		杨圣明	1993.12.17	
		陶　琲	1993.12.17	
	国际贸易	袁文祺	1993.12.17	
数经系	技术经济	徐寿波	1986.07.28	
		李京文	1990.10.05	
		郑友敬	1993.12.17	
		刘天福	1993.12.17	
	数量经济学	乌家培	1985.12.03	
		张守一	1990.10.05	
		周　方	1993.12.17	
		贺菊煌	1993.12.17	

系别	专业名称	姓名	审批日期	备注
投资系	投资经济	薛葆鼎	1983.02.07	
		林森木	1986.07.28	
		田江海	1990.10.05	
世经系	世界经济	王怀宁	1985.12.03	
		陈翰笙	1984.01.13	
		罗元铮	1984.01.13	
		罗肇鸿	1985.12.03	
		罗承熙	1986.07.28	
		李　琮	1986.07.28	
		钱俊瑞	1983.02.07	
		谷源洋	1993.12.07	
		江春泽	1993.12.17	外单位资格挂本院
法学系	法学理论	吴大英	1986.07.28	
		刘　瀚	1990.10.05	
		刘步云	1993.12.17	
	宪法学	王叔文	1984.01.13	
		张友渔	1983.02.07	
	民法学	王家福	1986.07.28	
		郑成思	1993.12.17	
		梁慧星	1993.12.17	
		王保树	1993.12.17	
	国际法	刘楠来	1993.12.17	
社会学系	应用社会学	陆学艺	1990.10.05	
		费孝通	1983.02.07	
		刘珺珺	1990.10.05	外单位资格挂本院
		张　琢	1993.12.17	
		李培林	1993.12.17	
		李汉林	1993.12.17	
民族系	民族学	杨　堃	1983.02.07	
		汤正方	1990.10.05	
	语言学	傅懋勣	1983.02.07	
	少数民族语言	王静如	1983.02.07	
		孙宏开	1990.10.05	
		道　布	1990.10.05	
		欧阳觉亚	1990.10.05	
		王　均	1983.02.07	

系　别	专　业　名　称	姓　名	审批日期	备　　注
		胡　坦	1993.12.17	外单位资格挂本院
	中国民族史	翁独健	1983.02.07	
		陈　述	1983.02.07	
		多杰才旦	1993.12.17	外单位资格挂本院
外文系	文艺学	吴元迈	1990.10.05	
	英语语言文学	朱　虹	1985.12.03	
		卞之琳	1983.02.07	
		袁可嘉	1986.07.28	
		董衡巽	1986.07.28	
	俄语语言文学	陈　燊	1986.07.28	
		张　羽	1986.07.28	
		夏仲翼	1986.07.28	外单位资格挂本院
		李辉凡	1993.12.17	
		童道明	1993.12.17	
	法语语言文学	罗大冈	1983.02.07	
	德语语言文学	冯　至	1983.02.07	
		叶廷芳	1993.12.17	
文学系	文艺学	蔡　仪	1984.01.13	
		钱中文	1986.07.28	
		杜书瀛	1993.12.17	
	中国现当代文学	唐　弢	1983.02.07	
		王士菁	1983.02.07	
		濮良沛	1986.07.28	
		马良春	1990.10.05	
		张　炯	1993.12.17	
		杨　义	1993.12.17	
	中国古代文学	曹道衡	1986.07.28	
		余冠英	1983.02.07	
		陈毓罴	1985.12.03	
		蒋和森	1986.07.28	
		邓绍基	1990.10.05	
		吴世昌	1983.02.07	
		刘世德	1993.12.17	
少民系	少数民族语言文学	仁　钦	1993.12.17	
语言系	语言学	林茂灿	1993.12.17	
		刘　倬	1993.12.17	

系别	专业名称	姓名	审批日期	备注
	现代汉语	李　荣	1983.02.07	
		熊正辉	1986.07.28	
		吕叔湘	1983.02.07	
	汉语史（古代汉语）	刘　坚	1985.12.03	
历史系	史学史	尹　达	1983.02.07	
	历史文献学（古文献学）	张政烺	1983.02.07	
		李学勤	1985.12.03	
	专门史	孙毓棠	1983.02.07	
		张泽咸	1990.10.05	
	中国古代史	胡厚宣	1983.02.07	
		王毓铨	1983.02.07	
		杨向奎	1983.02.07	
		林甘泉	1986.07.28	
		田昌五	1986.07.28	导师资格转走
		杨希枚	1986.07.28	
		郭松义	1993.12.17	
		陈高华	1993.12.17	
近代史系		蔡美彪	1984.01.13	
		瞿同祖	1984.01.13	
	中国近现代史	余绳武	1986.07.28	
		李宗一	1985.12.03	
		李　新	1983.02.07	
		黎　澍	1983.02.07	
		刘大年	1983.02.07	
		丁名楠	1984.01.13	
		王庆成	1986.07.28	
		陈铁健	1990.10.05	
		耿云志	1993.12.17	
世界史系	世界近现代史	陈之骅	1985.12.03	
		刘思慕	1983.02.07	
	世界地区史、国别史	黄绍湘	1983.02.07	
		万　峰	1986.07.28	
考古系	考古学	张长寿	1986.07.28	
		安志敏	1983.02.07	
		苏秉琦	1983.02.07	
		王仲殊	1983.02.07	

系　别	专 业 名 称	姓　名	审批日期	备　注
		徐苹芳	1986.07.28	
		夏　鼐	1983.02.07	
苏东系	国际政治学	刘克明	1986.07.28	
		张文武	1990.10.05	
		邢书纲	1990.10.05	
		吴仁彰	1993.12.17	
		陆南泉	1993.12.17	
美国系		资中筠	1993.12.17	
欧洲系		宦　乡	1983.02.07	
亚太系	东方哲学	黄心川	1990.10.05	
		王守华	1993.12.17	外单位资格挂本院
	世界地区史、国别史	季羡林	1984.01.13	导师资格转走
人口系	政治经济学	许涤新	1983.02.07	

注：以上223名博士生导师为国务院学位委员会审批。审批的日期是：1983至1993年。

二　一九九三年晋升正高级专业技术职务人员

吴太昌　1947年12月生，江苏如皋人，研究员。主要学术专长是经济史，现从事中国近代经济史研究。1970年3月毕业于北京大学俄语系，1978年9月～1981年9月在本院研究生院经济系学习，获硕士学位，1981年至今在本院经济研究所工作。现任中国商业史学会副会长，中国跨国公司研究会副会长。

主要代表作有:《新民主主义革命时期的中国资本主义》(专著)、《略论中国封建社会经济结构对资本主义发展的影响》(论文)、《抗战期间后方交通运输业的发展及国民党国家资本的垄断》(论文)、《近代中国钨锑锡业发展简史》(论文)及《抗战时期国民党政府的贸易管制及国家资本的商业垄断活动》(论文)等。

董志凯(女)　1944年8月生，河北静海人，研究员。主要学术专长是经济史，现从事中国现代经济史研究。1967年7月毕业于北京大学经济系。1978年至今在本院经济研究所工作。现任经济史学会和国史学会理事。

主要代表作有;《中国土地改革史》(合著)、《跻身国际市场的艰辛起步》(独著)、《论国民经济恢复时期固定资产投资的几个特点》(论文)、《五十年代我国反对禁运封锁的斗争》(论文)、《国民经济恢复时期的私人投资》(论文)等。

王辅民　1938年3月生，河南睢县人，研究员。主要学术专长是马克思主义经济思想史，现从事经济思想史研究。1960年7月毕业于北京大学图书馆学专业。1983年2月～1985年2月在原西德法兰克福歌德大学进修。1960年9月至今在本院经济研究所工作。现任中国《资本论》研究会理事和全国马列主义经济学说史学会理事。

主要代表作有:《〈资本论〉续篇探索——马克思计划写作的六册经济学著作》(合著)、《社会主义商品货币问题的争论与分析》(合著)、《金融资本》(合译)、《马克思社会资本再生产理论与〈经济学手稿(1857～1858年)〉》(论文)、《马克思社会资本再生产理论与〈反思〉手稿》(论文)等。

徐逢贤　1939年9月生，江苏无锡人，研究员。主要学术专长是农村经济理论研究，现从事政治经济学研究。1964年7月毕业于南京农业大学农业经济系。1984年1月～1987年8月在本院农村发展研究所工作，1987年8月～1991年10月在本院社会学所工作，1991年10月至今在本院经济研究所工作。

主要代表作有:《九十年代中国农业发展面临的任务和对策》(论文)、《坚持社会主义方向，稳定和完善我国农业的双层经营体制》(论文)、《资源配置与市场经济体制模式》(论文)、《县级综合改革与经济社会的协调发展》(合著)等。

李鑫南　1934年4月生，四川西昌人，研究员。主要学术专长是社会主义政治经济学，现从事社会主义政治经济学研究。1959年6月毕业于苏联莫斯科大学经济系，1979年10

月～1981年12月在南斯拉夫萨格勒布大学经济系进修，1959年10月至今在本院经济研究所工作，现任南斯拉夫经济学会干事。

主要代表作有：《中国经济新论》（合著）、《经济效率是公有制再生产的基本条件》（独译）、《迷惘中的俄罗斯经济》（论文）、《叶利钦其人》（独著）等。

陈东琪　1955年8月生，湖南湘潭人，研究员。主要学术专长是宏观经济分析，现从事经济理论研究。1982年2月毕业于湖南师范大学，1991年7月本院研究生院经济系毕业，获经济学博士学位。1989年5月～1990年6月在美国博德尔经济学院、哈佛大学进修，1992年11月～1993年11月在美国贝克莱加州大学作博士后项目研究员。1984年12月至今在本院经济研究所工作。1987年任国际人力资源开发网中国网理事。

主要代表作有：《新土地所有制》（独著）、《强波经济论》（独著）、《新中国经济的变迁和分析》（合著）、《试论我国价格改革的理论基础》（论文）、《市场化改革进程中的实物化倾向》（论文）、《建立适应市场秩序的区域经济新格局》（论文）及《失业论》（论文）等。

章　琳　1933年9月生，北京市人，编审。主要学术专长是农业经济学，现从事经济学编辑工作。1959年7月毕业于中国人民大学马列主义研究班。1981年12月至今在本院经济研究所《经济研究》编辑部从事编辑工作。现任中国期刊协会常务理事。

主要代表作有：《农业的商品化与农业的机械化》（合著）、《农业的规模经济与农业的规模经营》（合著）、《农业经济效益的现状、问题及对策》（独著）、《农村经济发展与改革问题研究评述》（论文）、《加快社会主义市场经济体制建设，促进小城市社会经济发展》（综述）等。五年来，初复审稿件约六百万字，当班编辑《经济研究》20期。

丁敬平　1949年2月生，河南范县人，研究员。主要学术专长是工业发展研究，现从事工业经济研究。1976年毕业于湖北财经学院工业经济系，1987年本院研究生院现实经济系硕士研究生毕业、1990年7月该院工经系博士研究生毕业。1981年至今在本院工业经济所工作。1985年3月～1986年10月作为访问学者赴美国科罗拉多经济学院和麻省理工学院斯隆管理学院进修。现任工业经济研究所副所长，中国工业经济协会会员，中国生产力学会会员。

主要代表作有：《产业组织与政府政策》（专著）、《中国：加速经济增长及其对亚太地区的影响》（专著）、《美国对华技术出口政策的变化及对策建议》（论文）、《关于加速我国社会生产集约化发展的看法》（合作论文）。

王　元　1954年9月生，北京市人，研究员。主要学术专长是企业管理，现从事工业经济研究。1978年毕业于清华大学机械系，1980年4月本院研究生院工业经济系硕士研究生毕业、1991年5月该院授予经济学博士学位。1980年4月～1982年10月赴西德埃森大学工商管理系进修。1982年至今在本院工业经济所工作。现任工经所科研处处长，北京经济学会理事，中国统计学会理事。

主要代表作有：《美德日中企业决策体制比较》（专著）、《北京市新技术产业开发试验区咨询研究总报告》（研究报告）、《重提管理问题》（论文）、《社会主义市场经济中的质量问题》（合著）、《关于不确定条件下的企业决策问题》（论文）。

吕　政　1945年7月生，安徽金寨人，研究员。主要学术专长是工业发展研究，现从事工业经济研究。1968年毕业于合肥师范学院政教系，1981年9月本院研究生院工经系硕士研究生毕业、1990年7月该院授予经济学博士学位。1981年至今在本院工业经济研究所工作。1987年3月～1988年7月作为访问学者赴澳大利亚阿德莱德大学进修。现任工经所副所长，中国工业经济研究与开发促进会常务理事、副理事长，中国国防科技工业管理与政策指导委员会委员。

主要代表作有：《试论治理整顿的任务和措施》（论文）、《关于“八五”及十年经济发展的基本思路》（工业发展部分）（研究报告）、《谈搞活大中型企业的难点与对策》（论文）（合著）、《90年代加快经济发展的可能性及其面临的矛盾》（论文）、《产业政策的作用范围及其实现问题》（论文）。

陈佳贵　1944年10月生，四川岳池人，研究员。主要学术专长是企业改革与企业管理，现从事工业经济研究。1969年毕业于中国人民大学计统系，1981年9月本院研究生院工经系授予硕士学位、1988年授予博士学位。1981年至今在本院工业经济所工作。1991年10月～1992年11月赴美国科罗拉多大学经济学院进修。现任工经所党委书记、副所长，中国横向经济联合会常务理事、企业改革发展研究会理事。1991年被国家和院授予“有突出贡献的中国博士”称号，1992年被国家授予“有突出贡献的中青年专家”称号。

主要代表作有：《企业学》（专著）、《股份制的理论与实践》（专著）（主编）、《企业机制再造与企业制度创新》（专著）、《企业集团：模式构想与道路选择》（专著）（主编）、《市场经济与企业经营》（专著）。

周绍朋　1946年11月生，河南新蔡人，研究员。主要学术专长是企业改革与企业内部管理，现从事企业管理研究。1970年毕业于北京机械学院工程经济系，1982年3月本院研究生院授予经济学硕士学位、1989年12月该院授予经济学博士学位。1981年至今在本院工业经济研究所工作。现任该所企业管理研究室主任，中国工业企业管理教育研究会常务理事，中国成本研究会理事，中国企业改革与发展研究会理事。

主要代表作有：《企业经济学概论》（专著）、《再评承包经营》（论文）、《企业改革的难点与对策》（论文）、《贯彻〈企业法〉，深化企业改革》（论文）、《现代国有企业制度的八大特征》（论文）、《必须实现企业管理形态的根本转变》（论文）、《走出“一收就死，一放就乱”的怪圈》（论文）。

郑海航　1945年1月生，山东安丘人，研究员。主要学术专长是产业与企业组织理论，现从事工业经济研究。1968年毕业于中国人民大学工经系，1981年9月本院研究生院经济系硕士研究生毕业、1989年工经所在职博士生并获博士学位。1981年至今在本院工业经济研究所工作。现任该所所刊编辑部主任，北京企业民主管理学会理事，全国班组研究会理事，中国工经协会会员。

主要代表作有：《企业组织学导论》（专著）、《建立企业组织学新学科刍议》（论文）、《如何正确理解企业经营机制》（论文）、《论企业领导体制的改革》（论文）、《应实行一长三总制》（论文）、《企业联合与圆形联合论》（论文）、《企业亏损初探》（论文）。

张晓山　1947年10月生，湖北蕲春人，研究员。主要学术专长是合作经济，现从事农业经济研究。1982年7月毕业于中国人民大学农业经济系硕士研究生。1982年至今在本院农村发展研究所工作。现任该所副所长，中国供销合作学会理事，中国农村合作经济经营管理学会理事。

主要代表作有：《合作经济的理论与实践——中外比较研究》（专著）、《中国农业发展战略问题研究》（合著）、《发展中国家农业生产合作浅析》（论文）、《中国农村股份合作企业与蒙德拉贡工业合作社的比较研究》（论文）、《改革中的中国的农业经济学教育与研究现状》（论文）。

张庆忠　1936年9月生，广东博罗人，编审。主要学术专长是农村经济，现从事农村经济研究。1962年7月毕业于北京农业大学农业经济系，1979年由北京北新桥学校调入本院农经所《农业经济问题》编辑部工作至今。现任该所《中国农村经济》编辑部主任。

主要代表作有：《中国农村股份合作经济：理论、实践、政策》（专著）（主编）、《马克思主义合作制理论与中国农业合作制实践》（论文）、《农村合作基金会的地位、作用及发展趋势》（论文）、《加快流通体制改革，发展农村市场——全国农村改革试验区流通体制改革研讨会观点综述》（述评）。

李茂生　1943年3月生，湖南祁阳人，研究员。主要学术专长是宏观经济理论、货币银行学，现从事财政金融研究。1967年毕业于中国人民大学财政贸易系，1981年本院研究生院经济系毕业，获硕士学位。1970～1977年在中国人民银行山西灵石县支行工作，1978～1981年在本院研究生院读研究生，1981年至今在本院财贸物资经济研究所工作。其中1990～1991年为美国科罗拉多大学经济学院访问学者，1992～1993年担任内蒙呼伦贝尔盟副盟长。现任财贸所研究室主任。

主要代表作有：《金融体制改革与货币政策》（专著）、《社会主义流通经济研究》（合著）、《中国金融结构研究》（专著）、《论政策资源共享》（论文）、《走出目前财政困境的基本对策思路》（研究报告）。

刘增录　1936年12月生，河北平山人，研究员。主要学术专长是城市经济学，现从事城市经济研究。1961年毕业于首都师范大学中文系，1963年中国人民大学政治经济学研究班结业。1961～1975年在北京师范学院政治理论系、政治经济教研室任教（其间1974～1975年到北京大学经济系进修《资本论》），1975～1978年在北京经济学院任教，1978年至今在本院财贸物资经济研究所工作。现任该所研究室主任，北京财贸学院兼职教授，中国城市经济学会理事，中国城市生态学会理事。

主要代表作有：《城市经济学原理》（专著）、《城市宏观经济与管理新论》（合著）、《试论中国社会主义建设中的城市化问题》（论文）、《城市经济中心理论及其实践意义》（论文）、《抚顺市土地有偿使用的调查报告》（论文）。

赵一新　1934年4月生，河北阳原人，编审。主要学术专长是财贸经济，现从事金融专业编辑。1953年毕业于中国人民解放军第六航空学校。1953～1979年在第六航空学校工作，1979年至今在本院财贸物资经济研究所工作，现任《财贸经济》编辑部副主任。

主要代表作有：编辑《财贸经济》、《中国金融百科全书》、《中国税务百科全书》、《中国证券百科全书》等15部工具书。

秦　毅（女）　1943年1月，河南新乡人，研究员。主要学术专长是生产资料市场。现从事生产资料市场研究。1981年本院研究生院经济学硕士研究生毕业。1981年10月至今在本院财贸研究所工作，现任该所副所长，中国物资流通学会常务理事、副秘书长，北京市物资流通学会副会长。

主要代表作有：《期货交易理论与实务》（主编）、《论物流成果的商流形式》（论文）、

《中国物资流通体制改革》(论文)。

钟学义　1941年10月生，广东梅县人，研究员。主要学术专长是技术经济、数量经济，现从事技术经济研究。1965年毕业于北京大学数学力学系，1982年毕业于清华大学经济管理工程系，获硕士学位。1965～1979年在上海市闸北区古田中学、市北中学等校任教，1982年至今在本院数量经济与技术经济研究所工作。现任该所研究室主任，中国数量经济学会常务理事，中国数量经济学会数理经济分会副理事长。

主要代表作有：《技术进步与产业结构》(合著)、《中、美、日生产率与经济增长比较研究》(合著)、《动态Leontief模型大道理论的推广》(论文)、《技术生成的数量分析》(论文)。

吴连生　1937年8月生，江苏苏州人，研究员。主要学术专长是企业数量经济及经济系统分析，现从事数量经济研究。1960年毕业于北京航空学院飞机设计系。1960～1970年在国防部第五研究院工作，1970～1980年在七机部一院工作，1980～1985年在航天部一院工作，1985年至今在本院数量与技术经济研究所工作。现任全国企业数量经济学会副理事长，中国系统工程学会社会经济系统工程委员会常务理事。1985年在航天部荣立二等功一次。

主要代表作有：《企业数量经济学应用趋势》(主编)、《金融改革与经济发展》(主编)、《从"高技术"技术经济研究论航天技术经济学》(论文)、《我国紧凑型荧光灯发展战略》(合著)、《企业推向市场，银企全面合作》(论文)。

鲍琳洁(女)　1936年3月生，辽宁大连人，研究员。主要学术专长是化工、编审、技术经济，现从事技术经济研究。1959年毕业于大连工学院化工系，1962年中国科学院石油所研究生肄业。1963～1980年在太原化肥厂从事技术工作，1980年至今在本院数量经济与技术经济研究所（含技术经济研究所）工作。现任中国发展战略研究会常务理事。

主要代表作有：《国际煤炭市场研究》(专著)、《西门子精神——献给致力于创新的企业家》(专著)、《技术进步定量分析》(译著)、《技术进步与产业结构变化研究》(研究报告)、《高技术发展与国际资本导入》(论文)。

姚愉芳(女)　1935年9月生，江苏南通人，研究员。主要学术专长是数学模型、系统分析，现从事数量经济研究。1958年毕业于浙江大学电机工程系。1958～1975年在东北电力局调度室从事技术工作。1975～1981年在江苏南通供电局从事工程技术工作，1982年至今在本院数量经济与技术经济研究所工作。

主要代表作有：《MARKAL能源模型的研究与开发》(主编)、《数量经济学研究》(合著)、《宏观经济学》(合译)、《现代化建设与科学决策》(合著)、《影响能源弹性系数的因素分析》(论文)、《三峡工程与华东电网煤电运综合平衡与模型软件微机化》(研究报告)。

张国初　1942年6月生，上海市人，研究员。主要学术专长是技术经济理论和方法，现从事技术经济研究。1964年毕业于同济大学数理力学系，1985年在美国纽约州立大学布法罗分校获应用数学硕士学位、1987年获博士学位。1964～1989年在北京经济学院基础部、经济数学系、经济信息管理系任教（其中1982～1987年在美国纽约州立大学布法罗分校读研究生），1989年至今在本院数量经济与技术经济研究所工作。北京市第十届人民代表大会代表。

主要代表作有:《现代企业经营管理定量方法》(合著)、《中、美、日生产率与经济增长比较研究》(合著)、《数据交叉分类的多比例拟合迭代法》(论文)、《产业研究开发项目的集体评价和选择模型及其线性化》(论文)。

蔡 昉 1956年9月生,江西萍乡人,研究员。主要学术专长是发展经济学,现从事人口经济研究。1982年毕业于中国人民大学农业经济系,1985年7月本院研究生院硕士研究生毕业、1989年7月该院博士研究生毕业。1985～1993年在本院农村发展所工作,1993年至今在人口研究所工作。现任人口研究所副所长,中国农业经济学会理事,中国技术经济研究会贫困、人口与环境专业委员会副理事长,中华青年联合会第七届全国委员会委员。1990年被国家教委、国务院学位办表彰为"做出突出贡献的中国博士学位获得者"。

主要代表作有:《论农业经营形式的选择——着重于社区合作组织的经济分析》、《论中国经济改革的渐进式道路》、《中国的二元经济与劳动力转移》(专著)、《十字路口的抉择——深化农业经济体制改革的思考》。

杨子慧 1937年11月,河北人,编审。主要学术专长是人口学、语言学。现从事人口学研究与编辑工作。1959年于东北师范大学中文系本科函授部毕业。后曾在北京市朝阳区、平谷县计划生育委员会、中国计划生育报社、健康报社工作。1985年至今在本院人口研究所工作,现任该所《中国人口年鉴》编辑部主任、《中国人口科学》杂志社社长,中国人口学会人口期刊专业委员会负责人,中国社会经济系统研究会人口委员会秘书长,北京市人口学会副秘书长。

主要代表作有:《中国人口年鉴》(1988～1992)5卷(副主编)、《中国人口科学》(1988～1992)30期(副主编)、《0.2年龄别生育率宽度分布浅析》(论文)、《论流动人口的生育行为》(论文)、《生育心理》(主编)。

蔡俊生 1939年4月生,河北井陉人,研究员。主要学术专长是史前社会研究和文化问题研究,现从事哲学人类学研究。1964年7月毕业于中国人民大学哲学系,1964年8月至今在本院哲学研究所工作。

主要代表作有:《人类文明的形成和原始社会形态》(专著)、《文明的跃升——社会信息的形成和发展》(专著)、《原始社会史》(合译)、《婚姻与家庭的起源》(译著)。

马振铎 1940年8月生,辽宁人,研究员。主要学术专长是先秦儒学和宋明理学,现从事中国哲学史研究。1964年7月毕业于北京大学哲学系,1964年8月至今在本院哲学研究所工作。现任中国孔子基金会理事。

主要代表作有:《仁、人道——孔子的哲学思想》(专著)、《孟、荀的人性学说及二者的对立和互补》(论文)、《儒学与未来中国社会展望》(论文)、《中国传统人生哲学纵横谈》(合著)、《中国无神论史》(合著)。

张清宇 1944年4月生,上海市人,研究员。主要学术专长是现代逻辑,现从事逻辑学研究。1968年8月毕业于上海师范学院数学系,1978年10月～1981年8月在本院研究生院哲学系取得哲学硕士学位,1981年9月至今在本院哲学研究所工作。现任中国逻辑学会符号逻辑专业委员会主任。1986年被评为国家级有突出贡献的中青年专家。

主要代表作有:《现代逻辑科学导引》(合著)、《中国逻辑史(现代卷)》(合著)、《弗协调逻辑研究近况》(论文)、《名辞逻辑》(论文)、《所有非Z-类的类的悖论》(论文)。

林夏水　1938年7月生，福建安溪人，研究员。主要学术专长是数学哲学，现从事自然辩证法研究。1964年7月毕业于福州大学数学系，1964年8月至今在本院哲学研究所工作。现任中国自然辩证法研究会理事。

主要代表作有：《数学的对象与性质》(专著)、《论量的层次性》(论文)、《量的层次性与数学史的分期》(论文)、《实践检验的两种功能——从现代数学的观点看》(论文)。

李景源　1945年7月生，天津宝坻人，研究员。主要学术专长是认识论和马克思主义哲学史，现从事马克思主义哲学研究。1968年12月毕业于中国人民大学哲学系，1978年10月～1981年7月在本院研究生院取得哲学硕士学位、1988年在该院取得哲学博士学位，1981年7月至今在本院哲学研究所工作。现任中国认识论学会理事，中国社会主义辩证法学会副秘书长。

主要代表作有：《史前认识研究》(专著)、《马克思主义哲学与现时代》(合著)、《毛泽东方法论导论》(合著)、《认识发生论》(合著)、《永恒的魅力》(专著)。

陈　瑛　1939年12月生，河北深县人，研究员。主要学术专长是中国伦理学史，现从事伦理学研究。1962年10月毕业于中国人民大学哲学系，1978年10月～1981年10月在本院研究生院哲学系取得哲学硕士学位，1981年10月至今在本院哲学研究所工作。现任中国伦理学会副秘书长。

主要代表作有：《中国伦理思想史》(合著)、《中国伦理大辞典》(合著)、《道德学说·中国伦理学史部分》(专著)、《中国古代哲学精华·伦理学卷》(专著)、《商品生产必将推动道德进步》(论文)。

张智彦(女)　1939年9月生，四川荣县人，编审。主要学术专长是老子及道家哲学，现从事中国哲学史研究。1963年9月毕业于四川大学历史系，1963年9月～1978年12月在中国科学院哲学社会科学学部《新建设》编辑部工作，1976年12月～1978年3月在本院考古所工作，1978年5月至今在本院哲学所工作。现任董仲舒研究会理事。

主要代表作有：《论华夏民族文化共同体的形成》(论文)、《老学的形成及其宗旨新探——对老子哲学研究的反思》(论文)、《楚文化与老庄哲学》(论文)，《老子与中国文化》(专著)。此外，编审稿件三百多万字。

戴康生　1937年11月生，江苏扬州人，研究员。主要学术专长是伊斯兰教研究，现从事宗教学研究。1960年8月毕业于北京大学哲学系，1964年8月至今在本院世界宗教研究所工作，1983年5月～1984年10月以访问学者身份在加拿大多伦多大学宗教研究中心进修。现任中国宗教学会秘书长。

主要代表作是：《伊斯兰教概论》(合著)、《伊斯兰教史》(合著)、《世界上十大宗教》(合著)、《天津市农村天主教现状与思考》(论文)、《社会主义中国与宗教》(合著)。

韩秉芳　1937年4月生，北京大兴人，研究员。主要学术专长是中国民间宗教，现从事道教及民间宗教研究。1963年毕业于北京大学历史系，1979年9月至今在本院世界宗教研究所工作。

主要代表作有：《中国民间宗教史》(合著)、《中国无神论史》(合著)、《中国道教史》(合著)、《道教文化面面观》(合著)、《儒学大百科全书》(合著)、《道教大词典》

(合著)。

秦惠彬　1940年1月生，山东宁阳人，研究员。主要学术专长是中国伊斯兰教研究，现从事伊斯兰教研究。1963年7月毕业于吉林大学历史系，1978年9月～1981年7月在本院研究生院取得哲学硕士学位。1981年8月至今在本院世界宗教研究所工作。

主要代表作有：《中国的伊斯兰教》(专著)、《中国伊斯兰教历史简述》(论文)、《伊斯兰教与中国传统文化》(论文)、《伊斯兰思想历程》(专著)、《关于中国伊斯兰教研究几个问题的思考》(论文)、《伊斯兰宗教哲学简述》(论文)。

杨　虎　1938年4月生，北京市人，研究员。主要学术专长是考古学，现从事史前考古及东北地区考古的研究。1962年毕业于北京大学历史系。1963年8月～1965年9月在中朝联合考古发掘队工作，1976年4月～1978年9月在黑龙江省文物考古队工作，1978年10月至今在本院考古研究所工作。

主要代表作有：《六顶山与东京城》(主编)、《试论兴隆洼文化与相关问题》(论文)、《关于红山文化的几个问题》(论文)、《内蒙古西部地区原始文化座谈会发言辑录》(论文)，对兴隆洼聚落遗址的发掘项目被评为1992年全国十大考古新发现。

孙秉根　1935年12月生，江苏无锡人，研究员。主要学术专长为考古学，现从事隋唐考古及新疆考古与渤海考古的研究。1962年毕业于北京大学历史系。1962年10月至今在本院考古研究所工作。

主要代表作有：《北庭高昌回鹘佛寺遗址》(合著)、《六顶山和东京城》(合著)、《渤海墓葬的类型与分期》(论文)、《新疆轮台县郡巴克墓葬第一次发掘简报》(合著)，并参加了《考古学辞典》等工具书的编写。

段鹏琦　1938年9月生，河南偃师人，研究员。主要学术专长是考古学，现从事田野考古及汉唐考古的研究。1963年7月毕业于北京大学历史系。1963年8月至今在本院考古研究所工作。

主要代表作有：《魏汉洛阳城西东汉墓园遗址》(论文)、《汉魏洛阳与自然河流的开发利用》(论文)、《汉洛阳平等寺碑与平等寺》(论文)、《洛阳白马寺与庄武李王》(论文)、《从古代墓葬的历史故事图象说到“二十四孝”》。

王　岩　1935年8月生，河南方城人，研究员。主要学术专长是考古学，现从事城市考古学及古代丝织品研究。1962年7月毕业于北京大学历史系，1962年8月至今在本院考古研究所工作。中国古代服饰研究会理事，中国建筑学会建筑史学会理事。

主要代表作有：《定陵掇英》(独著)、《隋唐洛阳城近年考古新收获》(论文)、《关于唐东都武则天明堂遗址的几个问题》(论文)。其发掘报告《定陵》(合著)获中国社会科学院优秀科研成果奖。

高　炜　1938年7月生，河北安次人，研究员。主要学术专长为考古学，现从事田野考古、中国文明起源及夏文化的考古研究。1962年毕业于北京大学历史系。1962年至今在本院考古研究所工作。本院研究生院教授。

主要代表作有：《襄汾陶寺》(合著)、《龙山时代的礼制》(论文)、《中原龙山文化葬制研究》(论文)、《晋南考古调查报告》(合著)、《陶寺考古发现对探讨中国文明起源的意义》(论文)。

杨升南　1938年2月生，四川平昌人，研究员。主要业务专长是商史、甲骨文，现从事商史、先秦史研究。1964年毕业于四川大学历史系，1964年9月至今在本院历史研究所工作。

主要代表作有：《商代经济史》（专著）、《中国春秋战国政治史》（专著）、《甲骨文合集》第三册释文（专著）、《中国政治制度史·先秦卷》（合著）、《商代的土地制度》（论文）等。

易谋远　1933年6月生，四川温江人，研究员。主要学术专长是民族史，现从事民族史研究。1954年8月毕业于四川大学历史系，1954年8月至今在本院历史研究所工作。

主要代表作有：论文《试论解放前黎族合亩制的社会性质》、《试论汉宋间凉山彝族先民的土地所有制形态》、《论彝族之起源》、《彝族祖灵葫芦是中华民族的"文化共祖"吗——和刘尧汉先生商讨》、《中华民族同是彝族祖灵葫芦里伏羲、女娲相配的子孙吗》等。

郭正忠　1937年8月生，山西定襄人，研究员。主要学术专长是宋史——盐史、度量衡史，现从事宋史——盐史、度量衡史、古代经济史研究。1961年毕业于北京师范学院。1979年至今在本院历史研究所工作。现任中华炎黄文化研究会理事，《盐业史研究》（季刊）顾问，国际盐史研究会"科学顾问"。

主要代表作有：《宋盐管窥》（专著）、《宋代盐业经济史》（专著）、《三至十四世纪中国的权衡度量》（专著），发表《关于唐代斤两轻重的考订》、《吴亩·浙尺·湖步——唐宋之际太湖流域的特殊步亩与尺度》等论文。

李新达　1939年12月生，云南广南人，研究员。主要学术专长是政治史、军事史，现从事清代史研究。1963年7月毕业于云南大学历史系，1963年7月至今在本院历史研究所工作，现任该所副所长。

主要代表作有：《洪承畴传》（专著）、《清朝典制》第5、7章（独著）、《清代政治制度史》（合著）、《清代监察制度》（专著）、《科举制度》（专著）、《中国选举制度史》（专著）等，主编《中华文明史话》丛书。

张捷夫　1938年7月生，江苏沛县人，研究员。主要业务专长是清代民族关系，现从事清史研究。1963年毕业于北京大学历史系，1963年至今在本院历史研究所工作。现任该所研究室主任，满学学会理事。

主要代表作有：《清代人物传》（撰写20万字）、《清代全史》第四卷第四章、《中国丧葬史》（专著），发表《清代道光年间瑶民起义述论》、《左懋第述评》等论文。

余太山　1945年7月生，江苏无锡人，研究员。主要学术专长是中亚古代史，现从事中亚古代史研究。1981年10月本院研究生院历史系硕士研究生毕业。1981年至今在本院历史研究所工作。现任该所中外关系史研究室主任。1992年获"中青年有突出贡献专家"称号（中华人民共和国人事部）。中国中亚文化研究会会员。

主要代表作有：《塞种史研究》（专著）、《嚈哒史研究》（专著）、《两汉魏晋南北朝与西域关系史研究》（专著），发表《〈魏书·嚈哒传〉考释》、《第一贵霜考》等论文。

田人隆　1941年3月生，浙江上虞人，编审。主要业务专长是编辑、历史学研究，现从事编辑、中国古代史研究工作。1966年4月毕业于山东大学历史系，1966年4月至今在本院历史研究所工作。现任中国秦汉史学会副秘书长。

主要代表作有:《中国史研究动态》(责任编辑)、《中华文明大图集》(副主编)、《国史镜鉴》(编委)、《中国古代官制大辞典》(副主编)、《纬书与中国古代神秘思想》(独译)等。

傅能华 1933年12月生,浙江东阳人,编审。主要学术专长是地方志编辑,现从事中国地方志研究。1957年7月毕业于北京师范大学历史系,1957年7月~1961年7月在青海师范学院历史系工作,1961年7月~1964年12月在中国人民大学历史系读研究生,1964年12月~1980年8月在中共中央对外联络部工作,1980年8月~1984年9月在本院近代史研究所工作,1984年9月~1993年12月在本院历史所工作,1993年12月至今在中国地方志指导小组办公室工作。

主要代表作有:《方志与信息》(编著)、《论地方志的指导思想》(论文)、《新方志的质量观》(论文)、《华岗与中国现代史》(论文)、《地方志与地方年鉴》(论文)。

朱宗震 1941年2月生,上海市人,研究员。主要学术专长是民国史,现从事中国近代史研究。1964年毕业于复旦大学历史系。1964年8月至今在本院近代史研究所工作。

主要代表作有:《民国初年政坛风云》(专著)、《孙中山在民国初年的决策研究》(专著)、《试论解放军挺进中原的战略地位》(论文),共独著专著2部,论文16篇,译文等合计85万字。

张德信 1940年11月生,陕西丹凤人,研究员。主要学术专长中国明史,现从事中国历史研究。1964年毕业于西北大学中文系。1964年8月至今在本院近代史研究所工作,现任中国明史学会理事、秘书长。

主要代表作有:《明代职官年表》(独著工具书)、《明初年屯数额的历史考察》(论文)、《明代诸王与明代政治》(论文)、《明代诸王与明代军事》(论文)、《略论科举制度的发展》(论文)、《明代科举制度述论》(论文)、《崇祯帝略论》(论文)等。

唐宝林 1939年2月生,上海市人,研究员。主要学术专长是中国革命史及人物研究,现从事中国近代史研究。1964年毕业于中国人民大学中共党史系。1964年9月在北京外国语学院任教。1979年7月至今在本院近代史研究所工作,现任陈独秀研究会会刊《陈独秀研究动态》主编,中国现代史学会理事。

主要代表作有:《陈独秀传》(专著)、《简论中国托派》(论文)、《宋庆龄传》(合著)、《深谷幽兰——战时"国母"风采》(专著)等。

江绍贞 1934年4月生,湖南常德人,编审。主要从事编辑和研究工作。1963年毕业于武汉大学历史系。1963年9月至今在本院近代史研究所工作。

主要代表作有:《戴笠和军统》(专著)、《长城抗战史》(专著)、《国民党起义将领》(主编)。担任副编审后完成各类成果总量60万字,编审177万字。

梁尚贤 1936年12月生,广东鹤山人,编审。主要学术专长是中国土改史、农民运动史。现从事中国近代史研究与编辑。1960年6月毕业于中国人民大学。后在中国人民大学、北京师范学院任教。1984年4月至今在本院近代史研究所工作,现任《近代史研究》副主编。

主要代表作有:《再论大革命时期的土地斗争》(论文)、《国民党与广东农民运动之崛起》(论文)、《略论国民党改组后否认"赤化"辟谣声明》(论文)。五年来共发文章34

篇14万字，编审一千一百余万字。

杜春和　1936年9月生，安徽太和人，研究馆员。主要学术专长是近现代史料编纂，现从事近现代史料研究。1959年6月毕业于山东大学历史系，1959年9月至今在本院近代史研究所工作。

主要代表作有：《荣禄存札》（主编）、《白坚武日记》（主编）、《辛亥革命时期吴禄贞的活动及性质问题》（论文）、《白坚武的一生》（论文）、《丁日昌任苏松太道时办理涉外事件的政绩》（论文）。

邢玉林　1940年8月生，吉林榆树人，编审。主要学术专长是中国北方民族史、中国边疆史地。现从事边疆史地研究与编辑。1964年毕业于吉林大学哲学系。1964年7月至今在本院工作，现任中国边疆史地研究中心《中国边疆史地研究》主编，中国民族史学会、中国辽金契丹女真史研究会、中国世界民族研究学会会员。

主要代表作有：《探险家斯文·赫定》（合著）、《中国边疆史地研究》（1993年1～4期）（主编）、《中国边疆史地研究报告》（1993年1～4期）（主编）、《中国边疆史地研究导报》（1989年、1990年各6期）（主编）、《中国边疆史地资料丛刊·东北卷》（主编）、《中国边疆学及其研究的若干问题》（论文）、《中国民族历史大辞典》（副主编）。

于　沛　1944年5月生，北京市人，研究员。主要学术专长是史学理论方法论。现从事世界史——俄国史研究。1982年7月本院研究生院世界历史系硕士研究生毕业。1982年至今在本院世界历史研究所工作，现任该所史学理论室主任，中国史学会史学理论研究分会常务理事、秘书长，《史学理论研究》杂志副主编。

主要代表作有：《论历史思维》（论文）、《科学革命和历史思维》（论文）等，晋升副研后，合著专著、论文等成果总量一百余万字，编审三百余万字。

阚思静（女）　1937年8月生，安徽人，研究员。主要学术专长是苏联东欧史，现从事世界历史研究。1959年毕业于北京外国语学院俄语系，1964年就读于（匈）布达佩斯大学匈语和历史系。后在外交部任翻译。1976年1月至今在本院世界历史研究所工作，现任东欧研究室主任，为苏联东欧史学会、国际共运史学会、欧美同学会会员。

主要代表作有：《卡达尔与匈牙利》（专著）、《论卡达尔的经济改革与外部环境》（论文）、《库思·贝拉评传》（论文）、《十月革命与匈牙利道路》（论文）等，晋升副研后出版和发表的作品共六十余万字。

刘欣如（女）　1951年7月生，湖南人，研究员。主要学术专长是印度古代史。现从事古代印度史、世界史研究。1985年12月美国宾西法尼亚大学古代印度史专业博士研究生毕业。1986年至今在本院世界历史研究所工作，现任南亚学会理事，世界古代史学会理事。

主要代表作有：《印度古代社会史》（专著）、《古代王权与专制主义》（编著）、《印度古代的水利灌溉和专制王权》（论文），完成专著、译著译文、主编、论文、报告等各类成果108万字。

许明龙　1936年11月生，浙江定海人，研究员。主要学术专长是法国史。现从事世界历史研究。1956年北京大学西语系法国语言文学专业毕业。后在中国农业机械化科学研究院、北京市建筑设计院任翻译。1978年10月至今在本院世界历史所工作，现任北京外国问题研究会理事，法国史研究会和中外关系史学会会员。

主要代表作有：《孟德斯鸠与中国》（主编）、《作为历史学家的孟德斯鸠》（论文）、《并非神话——简论十七、十八世纪中国在法国的形象及其影响》（论文）。五年中专著、论文、译著等共计一百余万字。

朱希淦　1939年3月生，浙江浦江人，研究馆员。主要学术专长是国际共运史、图书资料管理，现从事世界历史图书资料管理。1960年7月毕业于北京大学历史系，1960年9月～1963年10月本院历史研究所读研究生，1963年11月至今在本院世界历史研究所工作。现任中国索引学会理事。

主要代表作有：《社会科学检索词表》（合著）、《巴黎公社与人权》（论文）、《外国历史大事集》（合著）、《科研机构专业图书馆业务建设的一些问题》（论文）、《德国社会民主党反对伯恩施坦主义的斗争》（论文）。

陈祖美（女）　1938年12月生，山东青岛人，研究员。主要学术专长是古典诗词评论，现从事中国古代文学研究。1962年7月毕业于山东大学中文系，1966年7月毕业于山东大学研究生班。1966年8月～1972年2月在中国作家协会工作，1972年3月～1978年8月，先后在国务院、文化部工作，1978年8月至今在本院文学研究所工作。现任中国韵文学会理事，李清照、辛弃疾学会常务理事。

主要代表作有：《古典诗词名篇心解》（专著）、《两宋名家词选注丛书·淮海词》（评注）、《李清照评传（附赵明诚传）》（专著）、《李清照作品赏析集》（主编）、《建安诗风的衍变》（论文）等。

吴子敏　1933年10月生，上海市人，研究员。主要学术专长是中国现代文学，现从事中国文学研究。1955年7月毕业于上海复旦大学中文系，1955年9月至今在本院文学研究所工作。现任中国作家协会会员，中国现代文学研究会北京市常务理事。

主要代表作有：《论七月流派》（论文）、《评力扬的诗》（论文）、《中国现代文学史》（三卷本）（合著）、《中国现代文学创作选集》（编选）等。

马昌仪（女）　1936年1月生，广东广州人，研究员。主要学术专长是神话学、中国神话学史，现从事中国民间文学研究。1957年7月毕业于北京大学俄罗斯语言文学系，1957年9月至今在本院文学研究所工作。曾任中国神话学会副秘书长，现任中国作家协会会员，中国现代文学学会会员。

主要代表作有：《中国神话学文论选萃》（编选）、《灵魂信仰》（专著）、《李福清中国神话故事论集》（编译）、《中国神话：寻求与世界的对话》（论文）、《中国新文艺大系·民间文学集（1937～1939）》（合编）等。

王卫民　1936年10月生，河南西平人，研究员。主要学术专长是近代戏剧文学，现从事中国近代文学研究。1962年8月毕业于天津南开大学中文系。1962年9月～1966年5月在北方昆剧院工作，1966年6月～1978年9月在北京人民艺术剧院工作，1978年9月至今在本院文学研究所工作。现任中国近代戏曲研究联谊会副干事长，中国南社柳亚子研究会理事。

主要代表作有：《吴梅研究》（专著）、《吴梅年谱》（专著）、《我国早期话剧的来源兴盛和衰落》（论文）、《移风易俗雅俗共赏——谈易俗社前期的剧本创作》（论文）、《融时代舞台传统于一体——论吴梅的戏曲创作》（论文）等。

樊发稼　1937年2月生，上海崇明人，研究员。主要学术专长是儿童文学研究，现从事中国文学研究。1957年9月毕业于上海外国语学院。1957年9月～1980年12月在建材部、国家建委工作，1980年12月至今在本院文学研究所工作。现任中国儿童文学研究会副理事长，中国散文诗研究会副秘书长，中华文学史料学学会理事。

主要代表作有：《中国当代儿童文学史》（合著）、《中国儿童文学发展史概述》（论文）、《爱的文学——儿童文学与诗》（论集）、《樊发稼儿童文学评论集》（论集）等。

曾镇南　1946年3月生，福建漳浦人，研究员。主要学术专长是文艺评论，现从事中国当代文学研究。1970年7月毕业于北京大学中文系，1982年北京大学研究生毕业，获文学硕士学位。1983～1986年在中国作家协会工作，1986年至今在本院文学研究所工作。现任中国当代文学研究会理事，中国社会主义文学研究会理事，中国作家协会会员。

主要代表作有：《思考与答问》（专著）、《孙犁散文研习录》（论文集）、《人生·文学与法》（评论集）、《中国当代文学中的现实主义》（论文）、《〈南渡记〉的评价与现实主义问题》（论文）、《中国当代文学最大和最基本的特色》（论文）等。

赵　园（女）　1945年2月生，河南尉氏人，研究员。主要学术专长是文学、文化研究，现从事中国现当代文学研究。1969年7月毕业于北京大学中文系，1981年10月北京大学研究生毕业，获文学硕士学位。1981年12月至今在本院文学研究所工作。

主要代表作有：《地之子——乡村小说与农民文化》（专著）、《北京：城与人》（专著）、《沈从文名作欣赏》（主编）等。

杨匡汉　1940年2月生，上海宝山人，研究员。主要学术专长是当代文学、诗学，现从事中国当代文学研究。1961年7月毕业于中国人民大学新闻系，1961年9月～1969年12月在内蒙古日报社工作，1973年2月～1979年10月在内蒙古大学中文系工作，1979年11月至今在本院文学研究所工作。现任中国作家协会会员，中国当代文学研究会常务理事兼副秘书长。

主要代表作有：《心灵的和鸣》（专著）、《矫矫不群》（专著）、《诗学心裁》（专著）、《唐山流寓话巢痕——论台湾当代文学中的中国人文精神》（论文）、《飞鸟犹知恋故林——论台湾文学中的中国文学母题》（论文）等。

彭韵倩（女）　1933年12月生，江苏溧阳人，编审。主要学术专长是当代文学评论，现从事中国当代文学和台港文学评论。1957年7月毕业于上海华东师范大学中文系。1957～1963年在山东曲阜师范学院中文系教书，1963年至今在本院文学研究所工作。

主要代表作有：《从迷的追寻到人的写真——评刘醒龙的小说创作》（论文）、《台湾文学研究综述》（论文）、《女性小说：异曲同工的和鸣——海峡两岸小说比较》（论文）、《当代散文：发展轨迹分体考察和作家特色》（论文）等。

章国锋　1940年9月生，安徽庐江人，研究员。主要学术专长是西方文论，现从事文艺理论、德国文学研究工作。1964年9月毕业于北京大学西语系，1981年9月毕业于本院研究生院，获文学硕士学位。1964年9月～1978年9月在国际广播电台工作，1981年9月至今在本院外国文学研究所工作。

主要代表作有：《文学批评范式的转变——接受美学》（专著）、《二十世纪西方文论流派》(专著)、《西方二十世纪美学与文学理论》(合著)、《从“现代”到“后现代”：小说观念的变化》(论文)、《对海德格尔存在论哲学与诗学的思考》(论文)等。

郭宏安　1943年2月生，山东莱芜人，研究员。学术专长文学批评，现从事法国文学评论。1966年7月北京大学西语系毕业，1981年10月毕业于本院研究生院，获文学硕士学位。1968年3月～1975年1月在中国人民解放军第二炮兵司令部工作，1975年1月～1978年9月在新华社对外部工作，1981年10月至今在本院外国文学研究所工作。其中1975年9月～1977年7月在瑞士日内瓦大学进修。现任外文所理论室主任，中国比较文学学会理事，全国中法比较文化研究会副主席。

主要代表作有：《论〈恶之花〉》(专著)、《重新阅读空间》(论文集)、《20世纪西方文学理论及批评理论研究〈法国部分〉》、《红与黑》(译著)、《波德莱尔美学论文选》(译著)、《加缪：阳光与阴影的交织》(论文)等。

张振辉　1934年6月生，湖南长沙人，研究员。主要学术专长是波兰文学研究。1960年7月毕业于波兰华沙大学，获硕士学位。1960年11月至今在本院文学研究所、外国文学研究所工作。

主要代表作有：《显克维奇评传》(专著)、《论莱蒙特的创作》(论文)、《论热罗姆斯基的创作》(论文)、《论波兰浪漫主义时期的文学和民族解放斗争》、《读普鲁斯的“傀儡”学研究》(论文)等。

蒋承俊(女)　1933年2月生，四川重庆人，研究员。主要学术专长是捷克斯洛伐克作家、作品的研究，现从事捷克、斯洛伐克文学研究与翻译工作。1961年8月毕业于捷克斯洛伐克布拉格查理大学。1961年8月至今在本院文学所、外国文学研究所工作。

主要代表作有：《东欧文学史》(合著)、《东欧戏剧史》(合著)、《哈谢克和〈好兵帅克〉》(小册子)、《诺贝尔文学奖获得者塞弗尔特》(论文)、《绞刑架下的报告》(改写)等。

盛　宁　1945年7月生，江苏太仓人，研究员。主要学术专长为英美文学和文论，现从事《外国文学评论》的编辑和英美文论研究。1968年12月毕业于上海复旦大学外文系，1981年12月毕业于北京大学西语系，获文学硕士学位。1981年12月～1989年8月在南京大学工作，1989年8月至今在本院外国文学研究所工作。其中1984年9月～1986年2月在美国哈佛大学、斯坦福大学作访问学者。现为外文所《外国文学评论》副主编。

主要代表作有：《20世纪美国文论》(专著)、《最新西方文论选》(合译)、《结构主义诗学》(译著)、《“写实”还是“虚构”——试论英美小说观念演变中的几个问题》(论文)等。

江蓝生(女)　1943年11月生，湖北沔阳人，研究员。主要学术专长是近代汉语词汇、语法，现从事汉语史研究。1968年7月毕业于北京大学中文系，1981年7月毕业于本院研究生院，获文学硕士学位。1981年7月至今在本院语言研究所工作，现任副所长，中国语言学会会员。

主要代表作有：《被动关系词“吃”的来源初探》(论文)、《助词“似的”的语法意义及其来源》(论文)、《相关词语的类同引申》(论文)、《说“兀自”》(论文)、《试述吕叔湘先生对近代汉语研究的贡献》等。

沈家煊　1946年3月生，浙江吴兴人，研究员。主要学术专长是语义和语用学，现从事语言学研究。1968年12月毕业于北京广播学院外语系，1982年8月毕业于本院研究生院语言系，获文学硕士学位。1982年9月至今在本院语言研究所工作，现任该所国外语言学研究室主任，《国外语言学》杂志副主编，中国语言学会会员。

主要代表作有：《“语用否定”考察》（论文）、《“语义的不确定性”和无法分化的多义句》（论文）、《不加说明的话题》（论文）、《口误类例》（论文）、《“判断语词”的语义强度》（论文）等。

王广义　1938年9月生，河南安阳人，研究员。主要学术专长是语言信息的计算机处理，现从事机器翻译的研究。1962年7月毕业于西安外国语学院。1962～1964年在中国人民解放军总参三部、测绘学院工作，1964至今在本院语言研究所工作。现任中国中文信息学会自然语言处理专委委员。

主要代表作有：《GRA篇名英汉机器翻译系统TYECT》（计算机软件系统）、《GRA文摘英汉机器翻译系统》（计算机软件）、《〈天语〉系统设计手册》（技术资料）、《机器翻译面面观》（论文）等。

吴昌恒　1933年9月生，安徽宿县人，编审。主要学术专长是辞书编纂。1960年9月毕业于山东大学中文系。1960年9月至今在本院语言研究所工作，现任中国语言学会、中国辞书学会会员。

主要编辑成果有：《古今汉语实用词典》（主持编纂）、《新编实用汉语词典》（参加编纂）、《现代汉语大词典》（复审）、《现代汉语词典》（修订本）（复审）等。

张惠英（女）　1941年6月生，上海市崇明人，研究员。主要学术专长是近代汉语、方言，现从事语言学研究。1964年7月毕业于上海复旦大学，1982年7月～1983年9月在美国哈佛大学燕京学社进修，1986年9月～1988年8月在美国华盛顿大学东亚系客座研究。1964年7月至今在本院语言研究所工作，现任中国语言学会、中国音韵学会、中国方言学会会员。

主要代表作有：《崇明方言词典》（专著）、《〈金瓶梅〉俚语难词解》（专著）、《广州方言词考释（一）（二）》（论文）、《第二人称“贤、仁、恁、您”语源试探》（论文）等。

陈明侠（女）　1940年8月生，北京市人，研究员。主要学术专长是家族法、妇女法研究，现从事法学研究。1964年毕业于北京大学法律系。1964年至今在本院法学研究所工作，1987～1988年应日本国际交流基金会邀请赴日本东京都市立大学法学部进行客座研究。现任中国法学会婚姻法学研究会副总干事，中国婚姻家庭研究会理事、中国婚姻家庭建设协会副秘书长，中国性病、艾滋病防治协会理事，中华全国总工会女职工委员会委员等职。

主要代表作有：《婚姻法》（专著）、《离婚法社会学》（译著）、《中国人权建设》（合著）、《当代中国婚姻家庭问题》（合著）、《中国的婚姻家庭制度和新婚姻法的变化》（日文论文）等。

陈春龙　1941年9月生，湖北英山人，研究员。主要学术专长是法理研究，现从事法理研究。1964年毕业于湖北大学法律系。1964年至今在本院法学研究所工作，1986～1988年曾在法国巴黎第五大学法学院和国际发展法研究所进修和访问，获法国高等教育部“国际知名外国研究员”专项基金。现任中国法理学研究会理事，世界法律哲学和社会哲学协会会员，全国政协委员。

主要代表作有：《民主政治与法治人权》

（专著）、《比较法中国分册》（法文）、《依法行政论》（合著）、《法治与国家稳定》（论文）、《法律规范作用新探》（论文）、《论政协的法律地位和政党立法》（论文）等。

王存学 1936年10月生，山东梁山人，研究员。主要学术专长是经济仲裁和诉讼，现从事商法、经济法研究。1960年毕业于中国人民大学法律系，1960～1963年在中国科学院法学研究所作研究生。1964年至今在本院法学研究所工作，1982～1984年赴南斯拉夫贝尔格莱德大学进修经济法。现任中国农业经济法研究会理事，中国横向经济研究会理事，中国法学会会员。

主要代表作有：《中国经济仲裁和诉讼实用手册》（主编）、《社会主义商品经济法律制度研究》（合著）、《经济法》（合著）、《经济法要义》（合著）、《谈谈法律的宣传与实践》（论文）等。

刘兆兴 1941年11月生，河北丰南人，研究员。主要学术专长是法理和德国法律制度的研究，现从事法理和比较法学研究。1966年毕业于北京政法学院法学系，1981年本院研究生院毕业，获法学硕士学位。1981年至今在本院法学研究所工作。1982～1983年和1991年曾在德国科隆大学东方法律研究所、德国慕尼黑大学政治与公法研究所从事研究工作，获德国A.V.洪堡奖学金，1990年应邀赴日本北海道大学法律系讲学。现任中国法学会比较法研究会秘书长，兼任《外国法译评》杂志副主编。

主要代表作有：《中国法学四十年》（合著）、《经济体制改革与法制建设》（合著）、《政治体制改革与法制建设》（合著）、《法律顾问指南》（主编）、《论马克思主义民主观》（论文）等。

信春鹰（女） 1950年10月生，内蒙古通辽人，研究员。主要学术专长是法理学、港台法研究，现从事法理学与港台法研究。1978年毕业于吉林大学法律系，1981年本院研究生院法理学系硕士研究生毕业。1981年至今在本院法学研究所工作，1984～1986年和1991～1992年曾两次作为访问学者出访美国加州大学伯克莱法学院和哈佛大学法学院。现任中国法学会海峡两岸法律研究会理事，中国法学会香港法律研究会理事。

主要代表作有：《政治体制改革与法制建设》（合著）、《权利的时代》（合译）、《台湾民法总论》（合著）、《从国际法看中英关于香港问题的联合声明》（论文）、《民主与宪政——理想的政制》（论文）等。

郝时远 1952年8月生，内蒙古武川人，研究员。主要学术专长是民族理论，现从事民族史及民族理论研究。1981年内蒙古大学历史系硕士研究生毕业。1982年至今在本院民族研究所工作。现任中国民族理论学会副理事长，中国世界民族学会副会长，中国法学会民族法学研究会副会长。

主要代表作有：《中国民族关系史纲要》（合著）、《论社会主义民族关系》（合著）、《当代世界民族问题与民族政策》（主编）、《苏联民族危机与联盟解体》（主编）、《中国的民族与民族问题——论中国共产党解决民族问题的理论与实践》（专著）。

白翠琴（女） 1938年12月生，浙江平阳人，研究员。主要学术专长是西蒙古史及魏晋南北朝民族史，现从事民族史研究。1964年毕业于南开大学历史系，1979年至今在本院民族研究所工作。现任中国蒙古史学会理事。

主要代表作有：《瓦剌史》（专著）、《中国民族关系史纲要》（合著）、《中国民族史》（合著）、《战国风云》（专著）、《中国民族大辞典》(合著)。

任一飞　1938年4月生，山西汾阳人，研究员。主要学术专长是维吾尔族史，现从事民族历史研究。1960年毕业于中央民族学院语文系。1960年至今在本院民族研究所工作。现任中国民族研究团体联合会副秘书长，中国都市人类学会副秘书长。

主要代表作有：《维吾尔族简史》(合著)、《中国维吾尔族脱贫致富的对策》(论文)、《绿洲处处有维吾尔族》(论文)、《中国少数民族语言文字平等政策取得的成就》(论文)、《都市人类学》(副主编)。

王承权(女)　1935年11月生，四川泸州人，研究员。主要学术专长是氏族制度及婚姻家庭，现从事民族学研究。1960年毕业于云南大学。1960年至今在本院民族研究所工作。现任中国民族学学会理事。

主要代表作有：《神秘的女性王国——永宁纳西族的阿注婚及习俗》(合著)、《苗族的采集文化及遗俗》(论文)、《永宁纳西族的对偶婚与对偶家庭》(论文)、《关于母系氏族公社之探讨》(论文)。

李树兰(女)　1933年11月生，天津市人，研究员。主要学术专长是锡伯语及满-通古斯语，现从事语言学研究。1954年北京大学语言专修科毕业。1962年至今在本院民族研究所工作。

主要代表作有：《锡伯语简志》(合著)、《满语大词典》(合著)、《锡伯语话语材料》(论文)、《锡伯语助动词》(论文)。

陈　康　1935年1月生，上海市人，研究员。主要学术专长是历史语言学，现从事彝语、高山语及土家语研究。1957年毕业于中央民族学院语文系。1957年至今在本院民族研究所工作。

主要代表作有：《台湾高山族语言》(专著)、《谈彝语韵尾的脱落》(论文)、《白语促声考》(论文)、《彝语自动词与使动词的形态标志及由来》(论文)、《彝语支调类诠释》(论文)。

徐悉艰(女)　1934年2月生，江苏吴江人，研究员。主要学术专长是景颇语、载瓦语，现从事语言学研究。1956年毕业于中央民族学院语文系。1961年至今在本院民族研究所工作。

主要代表作有：《汉载词典》(合著)、《景颇语语法》(合著)、《景颇族文化史》(专著)、《藏缅语语音和词汇》(合著)、《景颇语的前缀》(论文)。

蔡志纯　1933年5月生，江苏丹阳人，研究员。主要学术专长是蒙古史，现从事民族史研究。1961年毕业于中央民族学院历史系。1961年至今在本院民族研究所工作。现任中国蒙古史学会理事、副秘书长。

主要代表作有：《蒙古族文化》(合著)、《活佛转世》(合著)、《中国民族史人物辞典》(合著)、《中国地名辞典》(合著)、《中国人的姓名·蒙古族》(论文)。

黄　颢　1933年11月生，北京市人，研究员。主要学术专长是藏族历史，现从事藏族史研究。1959年毕业于中央民族学院语文系。1959年至今在本院民族研究所工作。

主要代表作有：《活佛转世》(合著)、《在北京的藏族文物》(专著)、《西藏百题问答》(合著)、《西藏始终是一个“独立国家”吗?》(合著)、《论吐蕃奴隶及其演变》(论文)。

杨雅彬(女)　1939年12月生，吉林海龙人，研究员。主要学术专长是中国社会学史研究，现从事社会学研究。1964年毕业于北京大学历史系，1964～1982年在本院世界宗教研究所、规划联络局工作，1982年后在本院社会学研究所工作。现任北京市社会学会副会长，中国宗教学学会理事，中国教育社会学副会长，中国商业文化研究会理事。

主要代表作有：《中国社会学史》（专著）、《社会学史》（合著）、《简明社会学》（主编）、《文化与宗教》（合译）、《四十年代中国社会学的建设》（论文）等。

张厚义　1940年12月生，安徽无为人，研究员。主要学术专长是农村经济社会问题研究，现从事农村社会学研究。1965年毕业于安徽合肥师范学院政治教育系，1981年本院研究生院毕业获硕士学位。1965～1978年在安徽省委、安徽日报社、巢湖地委工作，1981年后在本院社会学研究所工作。现任中国私营经济研究会常务理事、副秘书长。

主要代表作有：《改革中的农村与农民》（副主编）、《中国国情丛书——香河卷》（主编）、《房干村的变迁》（主编）、《私营经济在中国实践》（合著）、《私营经济：当代中国经济结构的组成部分》（论文）等。

朱庆芳（女）　1933年3月生，江苏武进人，研究员。主要学术专长是统计学，现从事社会学研究。1955年毕业于中国人民大学，1953年3月～1984年12月在国家统计局工作，1984年12月至今在本院社会学所工作。现任中国残疾人联合会康复协会副理事长，社会发展与社会保障研究会副理事长。

主要代表作有：《社会指标的应用》（专著）、《我国社会发展水平到底居世界第几位》（论文）、《30个省市社会发展水平的比较评价》（论文）、《小康社会指标体系及2000年目标的综合评价》（论文）、《社会保障事业与经济社会发展的关系》（论文）。

陈力丹　1951年2月生，江苏南通人，研究员。主要学术专长是研究马克思新闻思想，现从事新闻学研究。1976年毕业于北京大学中文系，1981年本院研究生院毕业，并获文学硕士学位。1976～1978年在《光明日报》社工作，1981年至今在本院新闻研究所工作。

主要论著有：专著《精神交往——马克思恩格斯的传播观》，论文《谈谈我国的新闻消费》、《“五四”时期的中国新闻学》、《中国的现代观念和大众传播媒介》等。

戎殿新　1942年1月生，河北正定人，研究员。主要学术专长是世界经济史及意大利经济，现从事世界经济研究。1964年毕业于北京广播学院。1964年至今在本院世界经济与政治研究所工作，其中1979～1981年在意大利卡拉布里亚大学学习。现任中国经济史学会理事，外国经济史委员会理事兼副秘书长。

主要代表作有：《世界经济史》（合著）、《国际技术经济比较》（合著），主持编纂《各国农业劳动力转移问题研究》等，发表《公有企业对意大利市场经济史研究中的几个问题》等论文数篇。

王鼎咏　1938年7月生，福建南安人，研究员。主要学术专长是国际经济关系，现从事国际经济、日本经济的研究。1964年7月毕业于复旦大学经济系。1964年至今在本院世界经济与政治研究所工作。现任该所国际经济关系室主任，中国国际关系学会常务理事。

主要代表作有：主持编纂《国际市场大观》、《关税及贸易总协定与中国企业》（合著）、《亚太地区的崛起》（合著）。此外，还发表《论关税及贸易总协定》、《西方贸易保护主义的加强对我国外贸的影响》等多篇论文。

叶灼新　1936年2月生，广东台山人，研究员。主要学术专长东欧中亚经济，现从事世界经济研究工作。1960年7月毕业于北京大学经济系，1964年7月在北京大学经济系硕士研究生毕业。1965至今在本院世界经济与政治研究所工作，现任《世界经济调研》副主编。

主要代表作有：院重点项目《资本主义与社会主义纵横谈》中第三章《多样化的社会主义建设道路》，《若干国家农产品购销制度与价格政策》（合著）。此外，发表的论文《对苏联新公布的“所有制法”的分析》被国务院发展研究中心欧亚研究所评为1990年优秀论文。

许木兰（女）　1934年5月生，浙江海盐人，研究员。主要学术专长是前苏联东欧经济，现从事世界经济研究。1956年毕业于波兰华沙中央外交学院，1957～1962年在中国驻波兰大使馆研究室工作，1962～1964年在中国科学院经济研究所工作，1964年至今在本院世界经济与政治研究所工作。

主要代表作有：《东欧诸国政界要人简介》（合著）、《东欧中亚经济贸易实务》（合著），主持译著《现代政治经济学》，发表论文《艰难的波兰工资改革》、《东欧私有化的特点和困难》等。

陈联璧　1937年4月生，江苏沭阳人，研究员。主要学术专长是民族关系研究，现从事中亚政治和经济研究。1964年毕业于南京大学俄罗斯语言文学系。1964～1980年在中联部工作，1980年至今在本院东欧中亚研究所工作。现任中国世界民族研究会常务理事。

主要代表作有：《列宁解决民族问题的基本思路》、《从斯大林到契尔年科时期民族工作中的问题》、《苏联民族关系的几个理论问题》、《关于苏联政治体制中几个理论问题》、《乌兹别克斯坦的经济改革》（论文）。

蔡祖淼　1933年5月生，浙江余姚人，研究员。主要学术专长是阿尔巴尼亚问题综合研究，现从事国际问题研究。1958年毕业于阿尔巴尼亚国立地拉那大学。1958～1966年在中国驻阿尔巴尼亚大使馆工作，1969～1986年在国际广播电台工作，1986年至今在本院东欧中亚研究所工作。现任科学社会主义学会世界社会主义委员会理事。

主要代表作有：《霍查后阿尔巴尼亚——动荡与剧变初析》（专著）、《霍查的“左”及其祸害》（论文）、《战后东欧——改革与危机》（合著）、《东欧概览》（合著）等。

倪孝铨　1941年3月生，天津市人，研究员。主要学术专长是俄罗斯外交、安全政策，现从事国际关系研究。1965年毕业于北京外国语学院。1965～1967年在外交部工作，1967～1973年在中联部工作，1973年至今在本院东欧中亚研究所工作。1983年曾获美国哈佛大学俄国研究中心研究员称号。

主要代表作有：《美苏关系：从对抗到合作》（论文）、《美中苏三角关系》（主编）、《美苏围绕日内瓦军备控制谈判的争斗》（论文）、《美苏首脑会晤和美苏关系前景》（论文）、《布哈林和布尔什维克革命》（译著）等。

李允华　1939年8月生，上海市人，研究员。主要学术专长是国际政治和对外经济研究，现从事东欧问题研究。1964年毕业于上海外国语学院。1964～1980年在中联部工作，1980年至今在本院东欧中亚研究所工作。现任上海国际关系学会理事。

主要代表作有：《苏联是怎样解体的》（合著）、《苏联怎样引进和利用西方资金与技术》（合著）、《苏联对外经贸概览》（专著）、

《苏联七十多年来在对外开放问题上的政策演变及其教训与启示》(论文)、《戈尔巴乔夫当政后苏联国际关系理论的调整、变化及其影响》(论文)等。

简隆德　1935年9月生，广东南海人，编审。重要学术专长是东欧、中亚国家的政治、经济。现从事编辑工作。1960年毕业于北京外国语学院。1960～1962年在中国科学院哲学社会科学学部亚非研究所工作，1962～1972年在中国社会科学院东南亚研究所工作，1972年至今在本院东欧中亚研究所工作，现任编辑部主任，《苏联东欧问题》副主编。

主要代表译作有：《人的创作潜力》(合译)、《苏联民族国家形成史》(合译)。主持编纂《苏联东欧问题》(现改为《东欧中亚研究》杂志共52期)。

王振华　1935年12月生，河南浚县人，研究员。主要学术专长是英国政治、外交，现从事西欧国际关系研究。1961年毕业于莫斯科国际关系学院，1962～1981年在中央广播事业局工作，1981年至今在本院欧洲研究所工作。1983与1990年曾作为访问学者出访英国牛津大学圣安东尼学院、英国伦敦大学英联邦研究所。现任中国欧洲学会英国研究委员会会长，北京外国问题研究会理事。

主要代表作有：《当代英国》(合著)、《英联邦兴衰》(专著)、《撒切尔主义》(主编)、《战后英国外交史》(合著)、《战后英国对华政策中的现实主义因素》(论文)。

杨立华(女)　1947年3月生，河北涿县人，研究员。主要学术专长是南非政治，现从事南部非洲地区研究。1981年本院研究生院毕业获硕士学位，1981年至今在本院西亚非洲研究所工作，1984～1985年赴美国耶鲁大学进修，后到南部非洲考察。现任非洲地区研究室副主任。

主要代表作有：《南非的政治经济发展》(合著)、《非洲民族独立运动简史》(合著)、《制裁之外：重定美国对南部非洲政策的方向》(译著)、《博塔的总体战略和南非政治的趋向》(论文)、《南非走向制宪谈判》(论文)等。

张毓熙　1939年5月生，江苏南通人，研究馆员。主要学术专长图书情报，现从事文献信息管理工作。1960年7月毕业于山东大学中文系。1961年在中科院亚非所图书馆工作，1974～1977年在中联部图书馆工作，1978年至今在本院西亚非洲研究所图书资料室工作，现任图书资料室副主任。

主要成果有：《非洲问题研究中文文献目录》(专著)、《西亚非洲中文论文索引》(专题资料)，发表《当前非洲军政权国家在向民选政府过渡中的类型、成败与前景》、《中国非洲学著作近百年出版情况概析》等论文。

曾昭耀　1937年12月生，湖南洞口人，研究员。主要学术专长是拉美史、拉美政治、拉美教育研究，现从事拉丁美洲学研究。1960年毕业于北京师范大学历史系，1962年北京大学历史系研究生班肄业。1963～1988年在北京师范大学工作，1988年至今在本院拉丁美洲研究所工作。现任北京历史学会理事，中国拉丁美洲学会理事。

主要代表作有：《墨西哥现代化进程中政治制度演变的历史考察》(专著)、《美洲华人史》(合著)、《教育大辞典》(第12卷)、《拉丁美洲史稿》(战后卷)中的墨西哥和中美洲部分，《从战后拉美教育发展史看发展中国家教育危机》(论文)等。

白　凤　1941年1月生，北京市人，译审。主要学术专长是西班牙语翻译。现从事拉美研究和翻译工作。1965年毕业于北京大学西语系。1965～1975年在国际关系学院工作，1975～1978年在河北大学工作，1978年至今在本院拉丁美洲研究所工作，现任编译室副主任。

主要代表译作有：《拉丁美洲的文明与文化》（合译）、《帝国主义与依附》（合译）、《印卡王室述评》（合译）、《社会主义的前途和拉美资本主义的矛盾》（独译）、《拉美的调整进程》（独译）等。

陈舜英（女）　1935年1月生，天津市人，编审。主要学术专长是国际问题研究和编辑，现从事编辑工作。1960年毕业于北京外国语学院俄语系，1960年至今在本院拉丁美洲研究所工作。现任中国拉美学会理事。

主要代表作有：《经济发展与通货膨胀——拉丁美洲的理论和实践》（合著）、《战后拉美农业发展的基本分析》（论文）、《中美洲局势出现和平转机的主要原因》（论文）、《跨入90年代的拉丁美洲》（论文）、《以解决社会问题为重点的改革——谈巴西萨尔内政府的政治经济改革》（编辑）等。

李相文　1934年1月生，黑龙江阿城人，研究员。主要学术专长是朝鲜、韩国政治经济研究，现从事亚太政治经济研究。1958～1975年在中国驻朝鲜大使馆、外交部第二亚洲司工作；1975年在本院世界经济与政治研究所工作；1988年至今在本院亚洲太平洋研究所工作。现任国际贸易学会理事，外国问题研究会理事兼东亚研究中心副主任。

主要代表作有：《2000年中国的国际环境》（合著）、《亚洲四小龙》（合著）、《亚太地区的崛起》（合著）、《2000年亚洲的经济地位》（论文）、《亚太经济的崛起》（合译）等。

宫　静（女）　1935年9月生，天津市人，研究员。主要学术专长是印度宗教哲学，现从事印度宗教哲学研究。1960年毕业于北京大学哲学系，1978年在本院南亚研究所工作，1988年至今在本院亚洲太平洋研究所工作。现任中国南亚学会理事。1986年被本院授予“妇女先进分子”称号。

主要代表作有：《世界哲学家丛书·泰戈尔》（专著）、《世界十大宗教》（合著）、《人生的亲证》（译著）、《论印度教与印度佛教的共性》（论文）、《略论古代印度、中国、希腊的灵魂观》（论文）等。

田　桓　1936年9月生，辽宁鞍山人，研究员。主要学术专长是日本学、中日关系，现从事国际关系研究。1964年毕业于辽宁大学历史系，1979～1990年在本院世界经济与政治研究所、日本研究所、世界历史研究所工作，1990年至今在本院亚洲太平洋研究所工作，1981～1983年在日本东京大学大学院法学政治学研究科留学，1988与1992年曾在日本东京大学法学部、成蹊大学法学部作客座研究。现任中国日本史学会常务理事暨对外交流委员会会长，北京中日关系史学会理事。

主要代表作有：《日本战后体制改革》（专著）、《文明的运势——中日比较》（合著），论文《向困难挑战的政治经济改革》（日文）、《战后改革与日本经济的活力》（日文），《日本政治舞台内幕》（译著）等。

王缉思　1948年11月生，广西博白人，研究员。主要学术专长是国际关系。现从事美国问题研究。1983年毕业于北京大学国际政治系，1983年在北京大学国际政治系任教，1985年在美国加州大学伯克利东亚研究所任客座研究员。1991年5月在美国密执安大学中国文化研究所为客座研究员。1991年至今在本院美国研究所工作，现任副所长。中华美国学会常务理事，中国亚洲太平洋学会常务理事，北京外国问题研究会副会长兼美国研究中心主任。

主要代表作有：完成《冷战时期美国对东亚政策思想的演变》、《关于战争与和平的再思考》、《摩根索理论的现实观与外现实观》、《国际关系理论与中国外交研究》等论文四十余篇，并与他人合作完成《国家间政治》、《国际政治理论》等译著。

朱世达　1940年12月生，安徽泾县人，译审。主要学术专长是美国文化，现从事美国文化研究及翻译工作。1965年毕业于复旦大学英国语言文学系。1965～1992年在新华社任记者、编辑。1992年至今在本院美国研究所工作，现任美国社会文化室主任。

主要译作有：《中国社会科学》、《秦汉时期人口迁移与文化传播》、《世界经济》、《发展中国家经济改革思考》。主持编纂《美国散文选》等，发表《中美文化冲击——回应片论》、《福克纳与莫言》等论文多篇。

高增杰　1944年12月生，北京市人，研究员。主要学术专长是日本文化学科研究，现从事日本问题研究。1965年毕业于中国人民解放军外国语学院，1981年北京大学研究生院毕业，获文学硕士学位。1981年至今在本院日本研究所工作，1984～1985年在日本国立东京大学作客座研究。现任中华日本学会理事，中日文化交流史研究会常务理事，中国中日关系史学会理事。

主要代表作有：《日本文化发展前景——文化因素的变化趋势》（研究报告）、《日本近代文化发展的启示——摄取·选择·日本化》（论文）、《历史的沉思——日本文化发展的轨迹》（论文）、《试论日本文化研究》（论文）、《当代日本的社会发展与政策选择》（研究报告）等。

胡欣欣（女）　1954年1月生，北京市人，研究员。现从事日本经济研究。1975年毕业于北京第二外国语学院。1981年本院研究生院毕业，获硕士学位。1975～1978年在中国国际旅行社北京分社工作，1981年至今在本院日本研究所工作。

主要代表作有：《产业组织及有效竞争》（合著）、《市场经济与宏观政策》（合著）、《中日流通业比较研究》（主编）、《股份公司制度的机能与股票市场的利弊》（论文）、《关于幼小产业保护政策的再思考》（论文）等。

马桐山　1936年9月生，北京市人，编审。主要学术专长是国际关系、日本问题及编辑，现从事编辑工作。1961年毕业于国际关系学院国际关系系。1961～1970年在外交部办公厅机要档案处工作，1973～1984年在电子部第三研究所工作，1984年至今在本院日本研究所工作。现任编辑出版部主任，《日本学刊》副主编，中华日本学会理事。

主要代表作有：《中日关系20年》（主编）、《中日老龄化社会发展与对策》（主编）、《90年代世界全方位预测》（合译）、《日本的高度通信系统——信息网络系统技术》（合译）、《日本的人口》（论文）等。

马福聚　1936年3月生，山东青岛人，译审。主要学术专长语言学及外国文学研究，现从事语言学研究及翻译工作。1962年6月毕业于莫斯科大学俄罗斯语言文学系。1980年2月～1982年3月在南斯拉夫贝尔格莱德大学语文系进修。1982年4月至今在本院文献信息中心工作。北京语言学会会员。

主要代表作有：《俄汉详解大词典》（主编）、《南斯拉夫军事百科全书》（合译）等。几年来，翻译社会科学文献约六十五万字，译文的定稿与审稿近七百万字。

章若男（女） 1934年12月生，北京市人，译审。主要学术专长是俄罗斯语言文学，现从事语言学及翻译工作。1957年7月毕业于哈尔滨外国语学院研究生班。1962年6月～1975年10月在本院语言所外语研究室工作，1975年10月至今在本院文献信息中心工作。

主要代表作有：《国际社会科学大事记》（合编）、《俄汉详解大词典》（合编）、《俄德英汉科学学词典》（合编）、《亚·奥斯特洛夫斯基》（译著）等。1986年以来共完成译文七十余万字，编译一百一十余万字。

王义盛 1935年11月生，辽宁大连人，研究馆员。主要学术专长是经济情报和经济学，现从事社科情报和文献编审工作。1960年8月毕业于辽宁大学经济系。1960年8月～1965年5月在本院经济研究所工作，1965年5月～1984年在本院世界经济研究所工作，1984年至今在本院文献信息中心工作。现任中国社科情报学会理事和中国索引学会理事。

主要代表作有：《我国信息服务业的现状与发展研究》（合著）、《邓小平与中国改革十四年》（副主编）、《英国知识辞典》（主编）、《中国社会科学学术论文文摘》（主编）及《国外经济文献索引》（主编）等。

唐源昌 1938年4月生，上海嘉定人，教授。主要学术专长是马克思主义哲学史，现从事马克思主义哲学史研究及教学。1966年7月毕业于中国人民大学马克思主义哲学系。1986年以来一直承担本院研究生院马克思理论教育的教学任务。

主要代表作有：《列宁思想史》（合著）、《马克思主义哲学史辞典》（合著）、《中国国情与社会主义现代化》（合著）、《思辨之花》（主编）、《马克思列宁主义哲学史教学大纲》（合译）及《呕心沥血的辩证法专著》（评论），《加强新形势下研究生马克思主义理论教育》（论文）等。

李存光 1942年7月生，四川华阳人，教授。主要学术专长是中国现代小说、散文及巴金研究，现从事中国现代文学和当代文学研究及教学。1965年7月毕业于四川大学中文系，1981年7月在本院研究生院文学系毕业，获文学硕士学位。1981年9月至今在本院研究生院工作。现任中国现代文学研究会会员。

主要代表作有：《马宗融专集》（专著）、《巴金全集·集外集》（专著）、《论茅盾、老舍、巴金对现代长篇小说的艺术贡献》（论文）、《〈随想录〉：巴金暮年的伟大完成》（论文）、《马宗融：一个不应该被遗忘的人》（论文）及《论巴金早期诗作及文学观点》（论文）等。

杨德娟（女） 1934年10月生，上海市人，教授。主要学术专长是翻译及外语教学，现从事俄语翻译及教学。1955年7月毕业于上海复旦大学外文系俄罗斯语言文学专业。1978年9月至今在本院研究生院工作。

主要代表作有：《传论大师莫洛亚》（合译）、《三欲望》（合译），《震惊世界的三天——论苏联“八一九”事件》（论文）等。编写俄语教材三册及研究生补充教材一册。

李树琦 1942年10月生，天津武清人，编审。主要学术专长是逻辑学研究，现从事逻辑学研究及编辑工作。1966年9月毕业于河北大学哲学系，1981年9月在本院研究生院哲学系毕业，获硕士学位。1981年9月至今在中国社会科学出版社哲学编辑室工作。现任中国形式逻辑研究会会员及日本哲学研究会会员。

主要代表作有:《现代逻辑学》(专著)、《分析哲学》(译著)及《〈指物论〉新探》(论文)、《简论认识与语言的层次结构》(论文)等。

李存山 1951年5月生,北京市人,编审。主要学术专长是中国哲学史研究,现从事中国哲学史研究。1981年9月毕业于北京大学哲学系,1984年9月在北京大学哲学系获硕士学位。1987年被评为国家级有突出贡献中青年专家。1984年9月至今在本院中国社会科学杂志社工作。

主要代表作有:《中国气论探源与发微》(独著)、《"先知造化"与"先识仁"》(论文)、《仁学现代化需要克服的几个理论问题》(论文)、《罗、王、吴心性思想合说》(论文)、《罗钦舜的儒释之辨》(论文)等。编发论文32篇及书评、学术综述四十余篇。

王 和 1948年7月生,安徽桐城人,编审。主要学术专长是先秦史和史学理论,现从事先秦史和史学理论研究及编辑工作。1983年9月毕业于北京师范大学历史系,1984年获历史学硕士学位。1983年12月至今在本院中国社会科学杂志社工作。现任中国现代文化学会理事和史学理论研究会理事兼副秘书长。

主要代表作有:《商周时期人际关系思想的发展与演变》(论文)、《汉民族"群体本位"文化的内涵与作用》(论文),《〈左传〉材料来源考》(论文)、《关键在于知识更新》(论文)、《中国事典》(主编)及《二十六史大辞典》(副主编)等。

高世瑜(女) 1949年4月生,天津市人,编审。主要学术专长是隋唐史研究,现从事中国古代史研究及编辑工作。1975年10月毕业于天津南开大学历史系。1975年10月至今在本院中国社会科学杂志社工作。中国唐史学会会员。

主要代表作有:《中国传统生育文化与女性》(专著)、《中国古代妇女史》(专著)等。五年来,审阅稿件二百五十余篇,约三百万字,编发稿件五十余篇及复审稿件五十余篇,共约一百六十万字。

杨 炽(女) 1949年11月生,安徽人,译审。主要学术专长是亚述学,现从事亚述学研究及翻译工作。1986年毕业于美国芝加哥大学近东系,获博士学位。1992年至今在本院中国社会科学杂志社英文室工作。现任世界上古史学会西亚北非组组长。

主要代表作有:《汉穆拉比法典》(译著)、《阿卡德王朝的阿达布铭文》(译著)、《谈〈汉穆拉比法典〉结构逻辑性》(论文)及《米盖尔·西雅尔纪念文集》(论文)等。

何秉孟 1944年10月生,湖北汉川人,编审。1969年毕业于中国人民大学中共党史系,1981年本院研究生院经济系毕业,获硕士学位。1972~1978年在《新疆日报》社工作,1981至1987年在本院办公厅从事调研、编辑工作,1987年至今在本院科研局工作,现任局长。

主要代表作有:《论党在土地革命时期的私营工业、商业政策》(论文)、《论民主革命时期党对富农的政策》(论文)、《日本政府为提高行政效率所采取的措施》(论文)、《关于若干重大理论问题讨论述要》(论文)、《中国国情丛书——百县市经济社会调查》(副主编)。

周明俊 1936年11月生,四川成都人,研究员。主要学术专长是经济学、管理科学,现从事经济学及管理科学研究。1962年毕业于北京大学经济系,1964年中国人民大学政治经济学研究生班肄业。1964～1977年在中国科学院哲学社会科学学部研究室工作，1977～1985年在本院办公室工作，1985年至今在本院科研局工作。现任副局级学术秘书，中国区域经济研究会副秘书长，中国民营经济研究会理事，中国县镇经济交流促进会理事。

主要代表作有：《拉萨城市发展史》（合著）、《深圳市南头区工业发展规划》（主持人）、《深圳经济特区90年代经济发展战略》（合著）、《把经济改革和建设作为经济研究工作的主战场》（论文）。

单天伦　1936年11月生，江苏阜宁人，研究员。主要学术专长是历史学和管理学，现从事科学（管理学）和政治社会学研究。1963年毕业于南京大学历史系。1963～1974年在中国科学院哲学社会科学学部学术政策研究室工作，1974至1985年在本院（含哲学社会科学学部）办公室工作，1985～1992年在本院科研局工作，1992年至今在本院人事教育局工作，现任局长，中国国史学会理事，中国军事科学学会理事。

主要代表作有：《中华人民共和国社会科学事业发展历程及其成就》（论文）、《中华人民共和国重视发挥社会科学在社会主义现代化建设中的作用》（论文）、《“双百”方针与社会科学生产力》（论文）、《1992～1993年中国：社会形势分析与预测》（研究报告主编之一）、《苏联剧变研究》（专著，主编之一）。

第 六 编

一九九三年重要规章条例

一　中国社会科学院选拔享受政府特殊津贴人员的暂行办法

（一九九三年三月二十九日）

为了认真执行《中共中央、国务院关于给做出突出贡献的专家、学者、技术人员发放政府特殊津贴的通知》（中发［1991］10号文件）和人事部《一九九三年政府特殊津贴工作方案》，并结合我院具体情况，做好享受政府特殊津贴人员的选拔工作，特制定本暂行办法。

一、选拔范围和重点

1. 享受政府特殊津贴人员的选拔范围和对象按中发［1991］10号文件规定执行。

2. 担任副部级以上领导职务和在党政群机关工作的专家，一般不享受政府特殊津贴。个别贡献特别突出的可享受政府特殊津贴，即（1）中国科学院学部委员；（2）做出突出贡献的工改前一至四级专家；（3）长期从事专业技术工作，学术造诣高，某学科的奠基人或权威，在国内外学术界有很大影响的著名专家、学者。

3. 各研究所担任领导职务的、现仍承担科研或教学任务并取得突出贡献的专家、学者。

4. 国家及院级有突出贡献的中青年专家，及个别做出突出贡献受到重大奖励的优秀人才。

5. 长期从事专业技术工作，做出突出成绩，离退休后仍在进行科研或培养人才等工作，并做出优异成绩的老专家。

6. 个别长期从事研究工作，具备高级专业职务条件因离退休未评定专业职务，确实做出突出贡献的老同志。

7. 选拔享受政府特殊津贴人员的重点放在一线科研人员。要特别注意选拔优秀中青年。

8. 长期旅居国外，或出国逾期不归者，暂不列入选拔范围。

二、选拔条件

享受政府特殊津贴的专家、学者，必须是热爱社会主义祖国，拥护党的基本路线，坚持改革开放方针，在科学研究中坚持马克思主义指导，坚持实事求是的学风，具有副研级以上的专业职务，并同时具备以下条件之一者：

（一）享受每月100元档次政府特殊津贴的条件：

1. 学术造诣高，为某一学科的带头人，其科学研究成果具有重大科学价值，被国内外学者广泛引用，达到国际国内先进水平；

2. 对学科建设、人才培养、科学事业发展做出了重大贡献。其科研成果获得国家奖或部级一等奖；

3. 主持完成国家级重点科研项目并被有关部门采纳和使用，取得了显著的经济效益和社会效益；

4. 担任博士生导师并培养出优秀人才，成绩显著；

5. 获得国家级"有突出贡献的中青年专家"称号的中青年学者；

6. 享受50元档次特贴后又做出新的突出成绩。

（二）享受每月50元档次政府特殊津贴的条件：

1. 学术造诣较高，在科学研究中取得具有较高学术价值的成果，其学术水平处于某一学科前沿；

2. 对学科建设、人才培养、科学事业发展做出了较大贡献，其科研成果获得所级一等奖或部级二、三等奖；

3. 主持院所级重点课题，取得优秀成果；

4. 积极参加科研、教学等工作，取得突出成绩，是科研、教学的骨干，业务考核优秀；

5. 个别成果特别突出，具备副研条件，因某种原因尚未晋升副研职务的优秀青年科研人员，其成果符合选拔条件的也可推荐。

三、选拔程序

1. 院根据各单位高研、已享受特殊津贴等情况，制定并下达各单位推荐名额控制指标数；

2. 各单位根据院分配的推荐名额进行推荐；

3. 人事教育局、科研局对各单位推荐人选进行复审，并向院务会议提出复审报告；

4. 院务会议审定，上报人事部审批。

四、组织领导和工作原则

1. 全院政府特殊津贴人员选拔工作由院党委和院务会议领导；

2. 选拔工作由人事教育局组织实施，科研局协助；

3. 各所（中心、社、研究生院）选拔工作由党委书记、所长（主任、社长、院长）主持，由党委书记、副书记和所长办公会议共同研究遴选推荐；

4. 坚持公正原则，严格条件，择优推荐，宁缺毋滥；

5. 选拔过程中要认真听取专家意见，但不搞层层评选；

6. 40岁以下的优秀青年科研人员，符合条件的要优先选荐。

五、考核与管理

1. 享受政府特殊津贴人员（不含离退休和缓退、返聘的老专家）的考核工作与业务人员年度考核合并进行。

2. 各单位要建立享受政府特殊津贴人才库，将他们新的科研成果和重要贡献及时输入数据库并报人事教育局备案，作为今后提高享受特贴档次及是否继续享受特贴的考核依据，对享受政府津贴的在职人员长期不出成果、不起作用，群众意见很大，经教育仍无改进的，应根据规定停发或取消政府特殊津贴。

对其他业务人员特别是高级专业人员也应建立数据库，以为今后选拔工作打好基础。

3. 停发或取消政府特殊津贴由所提出报告，报主管院长（或院务会议）批准。

六、附　　则

1. 本办法修改权在院务会议；由人事教育局负责解释。

2. 本办法自公布之日起实行。

二　一九九三年中国社会科学院优秀科研成果评奖条例

（一九九三年四月十三日　院务会议通过）

一、总　则

第一条　为奖励建院以来最优秀的科研成果，激发全院科研人员的积极性和创造性，多出高质量的成果，促进社会科学的发展，更好地为我国社会主义现代化建设和精神文明建设服务，特制定本条例。

第二条　奖励名称定为“中国社会科学院优秀科研成果奖”，不划等级，获奖项目应是我院最高水平的科研成果。

第三条　院优秀科研成果奖奖金由院长基金中专项列支。

二、评奖范围和标准

第四条　评奖范围：本院科研人员个人或集体（包括由我院人员主持且完成其大部分成果）的专著、论文、调研报告、学术性普及读物、译著、工具书、学术资料、古籍整理注释、计算机软件、考古新技术。

上述成果均须出版（或发表、上报或应用）一年后并且获得所级一等奖者，方可申报参加院评奖。

第五条　评奖基本标准：

1. 专著、论文

在学术上提出了创造性的见解，对学科建设和发展有较大的贡献，有很高的学术价值，受到学术界的重视和高度评价；或是对国家制定政策有重要理论意义和参考价值，产生了较大的社会效果；或是创立了新的研究方法，对推进哲学社会科学研究工作的发展有重大意义。

2. 调研报告

对某专题、某方面进行了深入的、系统的调查研究，提出了有独到见解的理论观点或政策建议，有相当高的学术价值，受到学术界的高度评价；或成为国家制定某项政策的理论依据，有明显的社会效果。

3. 学术性普及读物

深入浅出地阐述社会科学的理论和知识，产生了广泛和深刻的社会影响，为社会科学的普及、宏扬民族优秀传统文化和对社会主义精神文明建设起了显著作用。

4. 译著

原著具有重大学术价值，翻译难度大，译文精当，对我国哲学社会科学发展产生了深刻的影响。

5. 工具书、学术资料、古籍整理注释

填补了空白，内容系统、全面、翔实、准确，结构合理，对科研工作有重要价值，受到学术界的高度评价。

6. 计算机软件、考古新技术

技术难度大，具有国内先进水平，有实用价值，对社会科学研究手段现代化产生了重要作用。

三、评奖组织、程序和方法

第六条 申报院优秀科研成果奖项目，由研究所学术委员会推荐。

推荐的项目必须符合本条例第五条之规定，并须填写《中国社会科学院优秀科研成果申报书》，由所学术委员会写出书面推荐意见。

第七条 院按若干大学科设立评奖委员会。学科评奖委员会由各主管副院长及其聘请的有关专家组成，副院长为主任。学科评奖委员会接受分管范围内各研究所推荐的请奖项目，并负责评选。

评选采用无记名投票方式表决，以三分之二多数通过。参加表决的人数不得少于学科评奖委员会全体委员的三分之二。

评奖委员会成员在评议本人请奖项目时必须回避，但本人有表决权。

学科评奖委员会如认为必要，可以对某些请奖项目组织同行专家评议。评议意见，供评选时参考。

第八条 学科评奖委员会评选通过的项目，报院务会议审定。院务会议决定授奖名额、项目和金额。

第九条 院评奖组织工作和具体事务由科研局负责，所评奖组织工作和具体事务由科研处负责。

四、奖励办法

第十条 实行精神鼓励和物质奖励相结合的原则。获奖项目，颁发《中国社会科学院优秀科研成果奖证书》和奖金。

第十一条 优秀科研成果获奖者的获奖事迹记入本人档案，作为考核晋升、评定专业职务的重要依据。

五、评奖原则和纪律

第十二条 严格掌握标准，宁缺毋滥。秉公评选，不徇私情。

第十三条　获奖成果中如发现有弄虚作假，剽窃他人成果者，应撤销其奖励，追回证书和奖金，并视情节轻重，给以批评或处分。

六、附　则

第十四条　各所可参照本条例并结合本单位的情况，制定本所评奖办法。

第十五条　本条例由科研局负责解释。

第十六条　本条例自通过之日起施行。

三 一九九三年中国社会科学院优秀科研成果评奖条例实施办法

（一九九三年四月制订）

第一条 为实施《一九九三年中国社会科学院优秀科研成果评奖条例》，特制定本办法。

第二条 1993年我院优秀科研成果的评奖范围是：中国社会科学院在职科研人员和离、退休科研人员自1977年5月至1991年底在本院工作期间出版、发表的符合《一九九三年中国社会科学院优秀科研成果评奖条例》第四条规定的成果。

下列学者的成果不参加此次评奖：

已故学者、已调离学者、出国逾期不归人员。

集体成果，主编虽故去，其他主要合作者仍健在且为我院人员者，仍可参评。

第三条 各研究所（包括文献信息中心、研究生院、中国社会科学出版社、中国社会科学杂志社等）学术委员会从获得所级一等奖的项目中向院推荐院优秀科研成果奖候选项目。

第四条 所优秀科研成果的评奖办法自行决定。

第五条 《中国社会科学院优秀科研成果申报书》由院统一印制。

第六条 院设立经济学、哲学、文学语言、史学、国际问题、法学社会学和翻译七个评奖委员会，由院现已设立的相应的正高级专业职务评审委员会代行其职责。

学科评奖委员会可以对本人未提出申请或未被各研究所推荐的、确有很高学术水平的成果直接进行评选。

文献信息中心、研究生院、中国社会科学出版社、中国社会科学杂志社，以及院直机关的请奖项目，按成果的学科性质分别由上述学科评奖委员会评选。

第七条 丛书和系列成果可以整体参评，也可以单本著作独立参评；

多卷本专著只以整体形式参评；若多卷本中的大多数分卷已经出版，也可以参评。

第八条 参评的院内外合作项目，必须是由我院主持或组织实施的成果。

第九条 获得国家科技进步奖和软科学奖的项目不再参加这次评奖；获得院外其他奖的项目仍可参加。

第十条 获奖项目属集体的，其证书和奖金授予集体。奖金按照项目参加者的贡献大小合理分配，证书由项目主要负责人所在单位存放。为鼓励集体项目承担者，根据实际情况，可在获奖等级规定的奖金数额的基础上适当增加金额。

与院外人员合作的项目，在奖金分配上，院外人员与我院人员同等待遇。

第十一条 各类获奖成果的奖金数额定为：

专著10000元。

研究报告5000元。

论文 3000 元。

译著 7000 元。

学术性通俗读物 4000 元。

工具书、学术资料、古籍整理注释可参照译著奖金标准确定奖金数额；计算机软件、考古新技术视具体情况确定奖金数额。

第十二条　1993 年院优秀科研成果评奖活动的日程安排：

（1）各研究所于 7 月 31 日前将候选项目申报书、推荐意见、成果样本（两套）报送科研局。逾期不报的，按弃权处理。

（2）在各所请奖项目报院后，院将综合考虑建所的历史长短、十年来科研成果的数量、科研人员的多少，以及请奖项目情况，提出评奖数额控制指标下达各学科评奖委员会。

（3）各学科评奖委员会于 8 月评选。

（4）院务会议于 10 月初审定。

（5）12 月下旬召开院优秀科研成果奖授奖大会。届时将举办获奖成果展览。有关展览事宜，由文献信息中心和科研局负责。

四 中国社会科学院青年科研基金条例（试行）

（一九九三年四月二十二日）

第一条 为促进青年科研人员尽快成长，改善其科研条件，院决定自1993年起每年从院重点课题经费中划出30万元，设立“中国社会科学院青年科研基金”，用于资助青年科研人员的研究课题。

第二条 青年科研基金的申请者（包括课题负责人和课题组成员）的年龄，在申请资助的当年以不超过35岁为限。

第三条 青年科研基金资助的课题，应为申请者所在研究所科研计划内课题，并应在两年内形成最终成果。

第四条 不具有高级专业职务或博士学位的青年科研人员申请青年科研基金，须有两名具有高级专业职务的同行专家推荐。

第五条 申请青年科研基金，课题负责人应填写《中国社会科学院青年科研基金申请书》（暂用《中国社会科学院重点研究课题申请书》，填报时须在封面的左上角注明“青年科研基金”），经研究所学术委员会或所务会议审核通过后报送科研局。科研局对申请书进行初选并组织评议，对拟资助的课题，提出资助经费数额意见，然后提交主管副院长审批立项。

第六条 青年科研基金的资助为定额资助，分为五个档次，即2000元、4000元、6000元、8000元、10000元。申请者在填写申请书时须写明申请资助经费的档次。

第七条 青年科研基金的课题资助经费专款专用，开支限于：

（1）调研差旅；

（2）资料复制、文稿打印、使用计算机；

（3）购置少量与本课题有关的图书；

（4）小型学术讨论会、审稿会、成果鉴定会。

第八条 青年科研基金课题的最终成果定稿后，由课题负责人所在研究所组织鉴定。

第九条 通过鉴定的最终成果，凡可以公开出版的，经科研局审核，收入《中国社会科学院青年学者文库》，由院统一组织出版，出版发生亏损的，由院提供资助。

第十条 青年科研基金的申请于每年5月集中受理。

第十一条 本条例由科研局负责解释。

五　中国社会科学院职工“停薪留职”暂行规定

（一九九三年五月十二日　院办公会议通过）

第一条　凡我院职工（本科生、研究生和归国的公派出国留学生需在本院工作满三年以上）本人要求并经批准，可以“停薪留职”。

第二条　“停薪留职”的时间一般为1年，最多不超过2年。“停薪留职”期间，停发工资，保留工职，保留专业职务任职资格，计算工龄，但不保留行政职务和聘任的其他职务，不升级，不享受本院住房分配，不享受各种津贴、补贴和劳保福利待遇。

第三条　“停薪留职”期间，不享受我院的公费医疗，因人为事故致伤致残，基本丧失劳动能力的，我院一律按退职办法处理。

第四条　“停薪留职”期间，从事非法活动，我院一概不负责任，对于符合《国务院关于国家行政机关工作人员的奖惩暂行规定》开除条件的，原单位有权按开除处理。

第五条　享受国家突出贡献津贴、政府特殊津贴的人员，在“停薪留职”期间暂停享受，期满经领导同意回原单位工作一年后，视其情况，由单位党委和所（局）长办公会议共同研究提出是否恢复的报告，报院务会议审议决定。

第六条　职工要求“停薪留职”，需本人提出书面申请，经所（局）长办公会议讨论后，按人事管理权限审批，签定《中国社会科学院职工停薪留职协议书》（由院人事教育局制定），并经公证部门公证后，人事教育局予以备案。

第七条　“停薪留职”人员应向原单位交纳一定费用。其数额为：正研级每人每年为本人基本工资（三项之和）的3～5倍；副研级每人每年为本人基本工资的2～3倍；其他人员每人每年为本人基本工资的1～2倍。“停薪留职”签约前应先交付50%的费用。“停薪留职”期满后本人愿意回原单位工作的，需在期满前一个月向原单位提出申请并交付其余的50%费用。未达“停薪留职”合同期限一半而提前复职的，可不再交纳剩余的50%费用，但不退还已交付的费用；超过合同期限一半提前复职的，原则上也应交付其余的50%的费用，特殊情况经所（局）长办公会议研究同意，可以酌减。

第八条　“停薪留职”期满后，原单位根据合同视工作需要情况重新安排适当的工作，并决定是否重新聘任专业职务，工资待遇原则上按“停薪留职”前的水平确定；本人要求调往其他单位或辞职的，经所（局）长办公会议讨论同意，并按人事管理权限办理审批手续后，可以调出或辞职；本人既未要求回原单位工作，又不办理调出或辞职手续的，原单位有权按自动离职处理。

第九条　各所（局）可根据上述原则，作出具体的规定。

第十条　本规定由人事教育局负责解释。

六 中国社会科学院关于研究所职能机构和研究室管理的暂行规定

（一九九三年六月十二日 院务会议通过）

为了贯彻执行1993年院工作会议关于人事制度改革的精神，使人事制度更加适应科研工作的需要，更有效地促进科研工作的发展，本着简政放权、方便科研的原则，特制定研究所（含相当机构，下同）职能机构和研究室管理的暂行规定。

一、体 制

1. 研究室与行政级别脱钩。研究室作为研究所下设的研究机构，不纳入行政系列，不作为处级单位。

2. 每个研究室必须有5名以上研究人员，其中至少有两名高级研究人员。

研究室的设立、撤销和调整，由研究所根据学科发展和研究工作的需要，征得主管院长同意后决定，报人事教育局、科研局备案。

课题组是临时性的科研组织，不作为一级科研机构对待。

3. 研究所职能机构仍按行政处级单位管理，其设置审批权在院部。职能机构设置原则为：编制在100人以内设办公室，100人至200人设办公室、科研处，200人以上设办公室、科研处、人事处。人事处同时为党委办公室。

二、职数设置和审批程序

1. 研究室主任、副主任的聘任或解聘，由所长办公会议研究提出意见，所党委审批，报人事教育局备案。

2. 办公室主任、科研处长、人事处长和副处长（含不设人事处的单位分管人事的负责人）由所长办公会议研究提出意见，经所党委审议，报人事教育局办理审批手续。办公室和科研处副职由所长办公会议研究提出意见，所党委审批，报人事教育局备案。

3. 单设办公室的设正职1人、副职1～2人；设办公室、科研处的和设办公室、科研处、人事处（党委办公室）的均设正、副职各1人，人事处处长、副处长亦为党委办公室主任、副主任。

4. 超职数、破格提拔和对人选意见有重大分歧的，报人事教育局审议决定。

三、待遇和任职条件

1. 研究室和行政级别脱钩后，研究室正、副主任的待遇按以下办法处理：

(1) 现任研究室主任、副主任凡任职满五年的，保留处级待遇；任职未满五年的研究室主任、副主任，实行本规定后继续任职的，累计任满五年享受处级待遇。本规定实行之后新任职的研究室主任、副主任不再按行政干部定级。

(2) 本规定实行后，各研究所可以根据院关于实行岗位津贴的办法，依据按劳分配的原则，设立研究室主任、副主任岗位津贴。

(3) 不享受处级待遇的研究室主任、副主任的奖金参照行政处长、副处长奖金额执行。中共党员担任研究室主任、副主任的视同党员处级干部听报告、看文件。

2. 研究室主任、副主任任职条件：

(1) 坚持并认真贯彻执行党的“一个中心、两个基本点”的基本路线以及各项方针和政策。作风正派、具有奉献精神。

(2) 熟悉本学科研究状况及发展趋势，能按照院、所科研规划，提出本室的科研计划和课题。

(3) 有较强的研究能力和组织管理能力，能组织本室科研人员团结协作，圆满完成科研任务。

(4) 具有副研究员（含相当）以上专业职务。为有利于优秀中青年干部成长，经人事教育局批准，研究室副主任也可破格由科研成果突出、有培养发展前途的助理研究员担任。

(5) 研究室主任、副主任年龄不得超过六十岁。新聘任的主任和副主任应注意年轻化。

3. 处长、副处长的任职条件：

(1) 坚持并认真贯彻执行党的“一个中心、两个基本点”的基本路线和各项方针、政策，正确地执行上级决定。作风正派，廉洁奉公。

(2) 熟悉本职工作的有关政策和规定，善于总结经验，指导工作，能够办理本处工作范围内的各类公文。

(3) 工作积极，有开拓精神，具有解决复杂问题的实际工作经验和组织领导能力。能科学地管理本处工作，圆满完成工作任务。

(4) 善于团结同志，广泛联系群众，能够主动做好思想工作。

(5) 具有大专以上文化程度；处长一般须有十年以上工作经历，副处长一般须有八年以上工作经历；新提任处级职务的应注意年轻化，对表现优秀的年轻干部，工作特殊需要，经院人事教育局审批，工作经历方面的规定可适当放宽，但一般应具有担任下一级职务两年以上的经历。

四、附　　则

1. 本“规定”的制定和修改权在院务会议；由人事教育局负责解释。

2. 本“规定”自一九九三年六月十二日院务会议通过之日起实行。

七　关于一九九三年度专业技术职务评聘工作的意见

（一九九三年十二月十日）

1993 年度的专业技术职务评聘工作将按期正常进行，有关政策、规定仍按（92）社科人字 63 号文件精神执行。现对几个问题提出以下意见：

一、评审范围与起聘时间

各单位仍按 1991～1993 年院里下达的高级专业职务控制职数聘任，有空岗的可以评聘，无空岗的不再进行评聘。

1993 年达到任职最低年限，年龄不超过 60 周岁的专业人员，经推荐可以参加评审。

聘任后的起算时间为 1993 年 8 月 31 日，晋升人员的工资从 1993 年 9 月起兑现。

二、时间安排

考核评聘工作从 1993 年 12 月中旬开始，1994 年 3 月底完成（尚未完成换届工作的单位待新班子宣布之后即可开始）。

三、考核工作

1993 年度考核工作仍按《中国社会科学院专业人员考核条例》（社科［91］人字 133 号）和《关于对专业技术人员考核的若干规定》（社科［92］人字 49 号）文件执行。考核工作可与年度总结工作结合进行。

各单位应重视非晋升人员的年度考核工作，连续三年年度考核成绩优秀者，应优先考虑推荐晋升专业技术职务。

四、晋升专业技术职务的推荐

晋升专业技术职务不再进行个人申请，均由所领导、人事、科研管理部门根据考核情况和专业技术岗位职数，择优向本单位评审委员会推荐，推荐人数一般采取超过需聘人数三分之一的差额提交评委会评审。

向院非主系列评委会和正高级评委会推荐，须经本单位副高级（或中级）评委会进行初评和推荐（同意票数应超过二分之一方为有效），推荐人数不得超过限额职数。

各单位要严格掌握在核定的专业技术岗位职数内评审，不得突破岗位职数。

五、评审的组织工作

正高级和非主系列的评审工作按系列分别进行。(1) 正高级由人事教育局；(2) 编辑系列由杂志社；(3) 翻译和图资系列由文献信息中心；(4) 档案系列由办公厅具体组织评审。各单位人事部门对参评人员的评审资格严格审定后，将材料（包括推荐意见）报各有关系列评委会评审。

各评委会设立秘书1～2人，在评审期间专职负责该系列评审的有关具体组织工作，秘书由主管单位指定。

六、委托代评

我院无条件组建评委会的医务、工程、幼教等系列及研究馆员、高级会计师的专业技术职务任职资格，须由人事教育局出函委托外单位评审。

财会、经济、审计、计算机软件专业人员中、初级专业职务任职资格，由各单位联系参加北京市统一考试，取得资格后各单位根据岗位职数办理聘任。

外单位委托我院代为评审有关系列专业人员的任职资格，须出具部委级委托函，由人事教育局统一受理，各单位不再自行接受外单位委托代评。

七、破格晋升

近年来我院大批老专家离退休，一批优秀中青年科研人员承担了重要的科研任务，成为科研骨干，要继续克服论资排辈的思想，引进竞争机制，各单位应拿出适当名额优先考虑优秀中青年骨干的破格晋升。

对已获得国家级"有突出贡献优秀中青年专家"称号人员的破格晋升，可不占本单位的岗位职数。

破格晋升人员应参加院人事部门组织的破格晋升考试。

八、对不具备规定学历人员的资格审定

1. 根据人事部的有关规定和（92）社科人字63号文件的精神，自1993年起对不具备规定学历的人员不再评聘中、初级的专业技术职务。

2. 对已取得中级专业技术职务，成果突出，需晋升副高级职务的专业人员，应坚持在大专毕业后工作12年，或在本岗位工作15年以上，并作为课题主要参加者取得院（部）级三等，或所（局）级二等以上科研成果奖，并应参加院人事部门组织的同级破格考试。

九、严格掌握标准，保证评聘质量

目前我院有些学科存在骨干力量断层现象，专业职务的评聘工作，特别是高级职务的评聘，还应把本单位培养晋升与从外面吸引优秀人才结合起来考虑，避免降低标准聘任。

各级评委会在评聘工作之前，应认真组织学习专业职务条例及有关文件，统一认识，严格掌握标准，以保证评聘质量，并将考核、评审的有关步骤和时间安排报人事教育局。

评聘专业职务要重视专业人员的德才条件，对专业水平的审核要特别重视在学术和社会实践中的贡献和作用，避免单纯追求成果字数和篇数，忽视社会效益的现象，确保1993年度专业技术职务的评聘工作取得圆满成功。

提交学科片、非主系列评审报送材料的说明：

1.“中国社会科学院高级专业技术职务一览表”。请按职级分系列分别填写。

2.“高级（中初级）专业技术职务呈报表”。原件一份，复印件6份。

3.“专家推荐意见”。

申请高级专业技术职务须有两名以上专家推荐，推荐意见一式7份。

4.“审读报告”（仅限于编辑系列）。一式7份。

5.“评定高级（中初级）专业职务人员情况简介”。

一律打印，一式30份。表中“主要工作成绩、专业成就及专家评价”由组织审核或填写。

6.主要科研成果材料（样书）。

请提供本人主要代表作3至5篇（册），翻译系列除代表性译文外，还需提供原文本。

第 七 编

一九九三年统计资料

一　一九九三年全院各类人员情况统计

单位：人

项目/人数/单位	合计	专业人员					行政人员	工人
		小计	高级	中级	初级	未定职		
总计	4683	3674	1541	1459	494	180	500	509
1. 经济研究所	194	165	63	73	21	8	11	18
2. 工业经济研究所	117	107	35	54	13	5	3	7
3. 农村发展研究所	103	89	33	42	11	3	10	4
4. 财贸经济研究所	96	87	35	44	5	3	5	4
5. 人口研究所	48	41	11	22	8		5	2
6. 数量经济与技术经济研究所	97	83	31	31	13	8	5	9
7. 考古研究所	194	167	72	67	21	7	11	16
8. 历史研究所	192	174	94	53	18	9	11	7
9. 近代史研究所	209	168	75	75	14	4	14	27
10. 世界历史研究所	116	101	49	42	5	5	8	7
11. 文学研究所	202	181	106	58	12	5	10	11
12. 少数民族文学研究所	46	38	14	21		3	4	4
13. 外国文学研究所	147	132	68	46	12	6	9	6
14. 语言研究所	134	117	49	47	13	8	7	10
15. 哲学研究所	220	197	107	69	13	8	12	11
16. 马列主义毛泽东思想研究所	60	50	24	21	4	1	6	4
17. 世界经济与政治研究所	168	146	65	56	22	3	12	10
18. 美国研究所	49	42	14	17	4	7	5	2
19. 东欧中亚研究所	151	121	61	33	22	5	11	19
20. 日本研究所	50	40	14	18	5	3	7	3

（续表）

单位 \ 人数 \ 项目	合计	专业人员					行政人员	工人
		小计	高级	中级	初级	未定职		
21. 欧洲研究所	48	43	16	16	9	2	2	3
22. 西亚非洲研究所	72	60	22	27	6	5	11	1
23. 拉丁美洲研究所	80	68	32	26	7	3	9	3
24. 亚洲太平洋研究所	68	61	30	23	6	2	3	4
25. 世界宗教研究所	106	98	40	37	15	6	3	5
26. 法学研究所	134	115	48	47	14	6	8	11
27. 政治学研究所	42	33	13	13	7		4	5
28. 民族研究所	227	192	86	57	28	21	22	13
29. 社会学研究所	89	81	28	43	7	3	6	2
30. 新闻研究所	57	45	14	24	4	3	9	3
31. 文献信息中心	155	139	55	53	28	3	7	9
32. 中国社会科学出版社	142	98	23	35	31	9	16	28
33. 中国社会科学杂志社	79	63	28	23	7	5	9	7
34. 研究生院	148	88	29	36	20	3	23	37
35. 郭沫若著作编辑出版委员会	30	17	6	5	4	2	11	2
36. 办公厅	55	15	2	10	2	1	35	5
37. 科研局	26	23	11	9	2	1	3	
38. 人事教育局	32	18	4	13	1		12	2
39. 外事局	47	36	10	18	5	3	8	3
40. 机关事务管理局	45	18	4	9	4	1	25	2
41. 老干部局	19	4	1	2	1		14	1
42. 保卫局	19						19	
43. 党委办公室	25	4	1	2	1		21	
44. 监察室、纪检组	20						20	
45. 中咨公司	7	4	1	3		2	1	

（续表）

单位（人数/项目）	合计	专业人员					行政人员	工人
		小计	高级	中级	初级	未定职		
46. 院领导与待分配人员	23	11	10	1		11	1	
47. 中国人文科学发展公司	16	9	1	6	2		4	3
48. 计算机室	15	4	2	2				11
49. 服务局	264	81	4	30	47		17	166

二　一九九三年

单位名称	预算数（万元）	实际				
		合计	工资	补助工资	职工福利费	离退休人员费用
总计	8046	96474286.15	8253340.57	7670403.76	8482471.6	6923072
1. 经济研究所	243.10	3066751.71	336790.68	345432.52	271124.53	424913.07
2. 工业经济研究所	109.80	1189148.91	206462	154332.4	112267.59	178183.48
3. 农村发展研究所	136.26	1425235.79	198580.18	158625.3	168125.67	180259.40
4. 财贸经济研究所	105.79	1328292.98	184590.00	155326.90	148919.64	170027.58
5. 人口研究所	51.04	617360.93	79831.25	85065.8	56404.34	44043.70
6. 数量经济与技术经济研究所	80.49	1048595.96	165954.00	133516.40	103332.14	39686.55
7. 考古研究所	230.50	3127363.34	383207.00	344252.08	373308.45	223840.24
8. 历史研究所	214.97	2550747.21	389392.95	297260.38	514336.82	356279.18
9. 近代史研究所	221.74	2853683.41	376562.40	338251.05	512033.11	410560.50
10. 世界历史研究所	121.59	1671264.19	227880.80	158450.20	250343.63	181732.78
11. 文学研究所	190.77	2514331.50	404985.41	308186.00	476955.15	290283.58
12. 少数民族文学研究所	45.39	497330.10	99339.93	71303.01	85763.24	57365.80
13. 外国文学研究所	163.80	1762618.79	280444.31	194208.60	223894.84	268992.31
14. 语言研究所	117.62	1586551.83	238230.80	195084.40	206872.40	204575.55
15. 哲学研究所	199.02	2469015.64	370439.7	329402.67	388630.23	333277.07

科学事业经费预决算情况

支出（元）						决算数为预算数的%
公务费	设备购置费	修缮费	业务费	其他	副食补贴	
11418057	13871651	15590829	19797716	3328630.6	898583.5	120
467591.06	641773.52	181115.51	341749.22	19683.6	36578	126
160144.38	94847.61	27151.53	230608.72	7103.2	18048	108
242941.07	82423.81	74727	292163.36	10040	17350	104
212434.52	161214.24	61952.28	217176.55	1026	15625	126
98560.11	79755.23	17801.9	146312.6	3652	5934	122
149603.17	70592.37	13052.53	348487.6	7450.2	16921	130
411130.1	297015.76	15690.86	1019095.9	26920.95	32902	135
274429.03	174131.52	11719.24	482747.29	16542.8	33908	119
453083.83	454914.67	19331.34	232565.86	19967.65	36413	128
215619.6	371486.87	39055.61	199764.6	8214	18716	137
205314.62	430921	35350	265725.94	12689.8	83920	131
68147.8	54782.49	1050	52488.83	145	6944	109
175688.82	314668.31	75783.18	133231.32	10601.1	85106	107
148061.45	400234.39	14350	129098.31	29276.53	20768	134
180933.08	434319.71	22714.5	370407.18	7264.5	31627	124

单位名称	预算数(万元)	实际				
		合计	工资	补助工资	职工福利费	离退休人员费用
16. 马列主义毛泽东思想研究所	30	940028.29	107937	94813	96906.56	69586.71
17. 世界经济与政治研究所	166.97	2091160.96	314204.3	231476.03	213724.39	319921.53
18. 美国研究所	49	586288.98	89327	71482.4	80290.45	84056.76
19. 东欧中亚研究所	190.38	2402144.86	244847.19	276154.21	370632.99	256952.6
20. 日本研究所	56.79	661024.83	85060	88651.95	64326.85	50491.59
21. 欧洲研究所	48.78	822196.28	79234.1	68473.8	52510.77	53104.95
22. 西亚非洲研究所	78.02	1132678.59	116602.5	113118.58	115735.66	130729.91
23. 拉丁美洲研究所	89.65	1215691.44	150374.52	133628	226168.21	125210.03
24. 亚洲太平洋研究所	80.57	902211.93	161519.6	120147.9	131300.19	88335.74
25. 世界宗教研究所	97.62	1324212.19	192367	128240.8	217519.03	116006.95
26. 法学研究所	131.67	1734331.27	229786.4	254043.95	243347.39	242199.54
27. 政治学研究所	30	475368.57	73855.5	69345.88	71940.93	68149.32
28. 民族研究所	236.53	3295795.71	394311.48	382345.78	448009.76	419099.58
29. 社会学研究所	88.56	1123277.36	166070.8	149804.6	205658.07	67229.92
30. 新闻研究所	51.02	691665.63	91488.6	89980.2	147656.55	90092.65
31. 文献信息中心	262.97	3245478.81	283168.82	253233.23	369651.97	268713.6
32. 中国社会科学出版社	100	1394000				
33. 中国社会科学杂志社	149	1759198.41	148321.1	138459.01	174109.24	134396.2
34. 研究生院	280	3370495.7	220071.56	454122.94	126117.14	183927.05

(续表)

支出(元)						决算数为预算数的%
公务费	设备购置费	修缮费	业务费	其他	副食补贴	
91180.56	198676.21	109729.06	160204.19	2516	8479	313
167501.82	624888.74	46091.82	329126.33	15517	26709	125
52080.9	34151.01	3725	155206.46	7855	8114	119
459028.3	494968.44	25434.32	240894.11	10124.7	23108	126
75143.05	53813.67	5388	229938.12	1601.6	6610	116
75032.14	328011.18	52023	100996.34	6288	6522	168
95357.52	399398.65	25180	12498.77	1145	11012	114
86271.65	411373.76	8900	53471.27	7952	12342	134
62798.2	136951.92	11866	177132.38	1420	10740	112
212726.75	222767.44	13750	149496.22	8812	62526	135
178365.79	344831.01	38832.08	174079.11	7206	21640	131
48553.65	88941.78	6815	40072.51	688	7006	158
336650.48	516341.85	42486.19	703320.59	13782	39448	139
154066.83	124432.34	2700	226700.62	13100.2	13514	126
86472.1	132685.1	280	38367.43	1863	12780	135
142421.73	1180891.2	52629.53	665159.17	3263.5	26346	123
	194000			出版补贴 1000000	200000	139
166085.22	265941.61	7910.08	342201.52	368810.43	12964	118
1043849.5	755397.73	98748.85	14289.2	203240.66	31201.5	120

单位名称	预算数(万元)	实际				
		合计	工资	补助工资	职工福利费	离退休人员费用
35. 郭沫若著作编辑出版委员会	30.59	582738.05	51953	69052.75	47466.99	18331.41
36. 院直机关	750 修缮 1500	25563236.96	991427.24	1112522.94	1112849.3	769752.92
37. 保卫局	25	184970.03				
38. 科研局	499	5823023.24				
39. 外事局	400	4190416.63				
40. 财务处(年末结余数)	155	0				
41. 当代中国研究所	225	3016215.19	88611.46	75500	51224.36	2762
42. 计算机室	30	238143.95	30109.99	27108.1	23013.03	

（续表）

支出（元）						决算数为预算数的%
公务费	设备购置费	修缮费	业务费	其他	副食补贴	
112661.03	92308.56	11096.64	172399.67	3034	4434	190
3883181.6	2285339.4	13751406	404106.07	1167560.5	85090	114
20416.53	43427		41105.54	80020.96		74
			5823023.2			116
			4190416.6			105
363769.91	1058026.3	664991.58	683986.35	21495.18	5848	133
40759.76	18904.5		96100.97	757.6	1390	79

三　一九九三年职工工资总额构成

单位：元

单位名称	全年工资总额	包括				
		基础工资与职务工资	各种奖金	各种津贴和补贴	其他	
					年功性津贴	物价补贴
1. 经济研究所	687061	370729	151272	165060	48264	116796
2. 工业经济研究所	380920	187453	73832	119635	28625	68310
3. 农村发展研究所	399945	191062	80103	128780	25880	63663
4. 财贸经济研究所	338000	187219	69420	81361	32977	48384
5. 数量经济与技术经济研究所	297792	152176	69395	76221	22559	48212
6. 人口研究所	167805	77130	38310	52365	10140	5442
7. 考古研究所	812706	325930	169620	317156	57277	93369
8. 历史研究所	754250	354207	141745	258298	54998	128210
9. 近代史研究所	772463	360960	158760	252743	129919	122824
10. 世界历史研究所	440000	198953	84620	156427	31428	74334
11. 文学研究所	719398	300154	175700	243544	90779	83920
12. 少数民族文学研究所	195436	95498	34590	65348	12529	28880
13. 外国文学研究所	537535	263387	121140	153008	37824	60444
14. 语言研究所	418607	208800	100228	109579	32205	77374
15. 哲学研究所	710885	352315	174790	183780	55280	128500
16. 马列主义毛泽东思想研究所	198931	91325	41940	65666	16794	34046
17. 世界经济与政治研究所	586107	270570	112578	202959	43634	98144
18. 美国研究所	175073	83032	36360	55681	11525	26464
19. 东欧中亚研究所	502854	269148	103980	129726	32778	90258

（续表）

单位名称	全年工资总额	包括				
		基础工资与职务工资	各种奖金	各种津贴和补贴	其他	
					年功性津贴	物价补贴
20. 日本研究所	165954	73586	39215	53153	11474	25550
21. 欧洲研究所	150160	68574	33570	48016	10267	26631
22. 西亚非洲研究所	210068	110514	47340	52214	15455	21636
23. 拉丁美洲研究所	260871	130098	59570	71203	21807	39444
24. 亚洲太平洋研究所	221040	129581	59520	31939	18883	13056
25. 世界宗教研究所	379196	169549	80950	128697	27349	63543
26. 法学研究所	525060	231231	118789	175040	34333	5655
27. 政治学研究所	146040	74035	27360	44645	12204	24649
28. 民族研究所	1033338	394312	192417	446609	50250	72608
29. 社会学研究所	328275	166071	73440	88764	22260	53851
30. 新闻研究所	190130	77256	42770	70104	14283	28529
31. 文献信息中心	661851	293440	125780	242631	54774	95040
32. 中国社会科学出版社	547800	191600	83800	272400	32300	72900
33. 中国社会科学杂志社	313354	141983	63185	108186	21458	45749
34. 研究生院	747246	526266	126000	94980	39828	37098
35. 郭沫若著作编辑出版委员会	125439	77042	21770	26627	3561	16051
36. 院直机关	1835904	832469	359000	644435	157695	348754
37. 当代中国研究所	209989	99275	47490	63224	16643	33883
38. 计算机室	55509	29385	8176	17948	2235	1027
合计	17202992	8156315	3548525	5498152	1242444	2423228

四　一九九三年派遣出国人员统计（一）

单位：人次

学科＼主管单位	合计	联络处	欧洲处	亚非处	美大处	国际处	进修处	院局其他
合　计	975	162	182	284	176	106	65	
马克思主义	0	0	0	0	0	0	0	
哲　学	39	11	12	7	1	7	1	
经济学	394	39	46	90	121	75	23	
政治学	33	12	8	7	3	2	1	
法　学	52	4	11	24	6	1	6	
社会学	15	5	2	0	6	2	0	
民族问题	33	1	7	17	1	7	0	
文　学	84	13	13	47	3	1	7	
语言学	5	5	0	0	0	0	0	
史　学	56	32	11	0	0	1	12	
宗教问题	57	3	3	47	3	0	1	
国际问题	101	5	13	38	31	5	9	
新闻学	16	4	4	7	0	0	1	
图书信息	2	0	2	0	0	0	0	
综　合	42	26	12	0	0	4	0	
其　他	46	2	38	0	1	1	4	

一九九三年派遣出国人员统计（二）

单位：人次

主管单位 交流方式	合计	联络处	欧洲处	亚非处	美大处	国际处	进修处	院局其他
合　计	975	162	182	284	176	106	65	
学术访问	347	22	90	129	96	4	6	
合作研究	60	14	9	7	19	11	0	
讲　学	15	3	0	8	3	0	1	
进　修	65	0	2	5	4	0	54	
双边讨论会	125	57	13	41	13	1	0	
国际会议	212	48	17	50	12	85	0	
工作访问	89	16	14	22	28	5	4	
其　他	62	2	37	22	1	0	0	

五　一九九三年邀请来华人员统计（一）

单位：人次

学科＼主管单位	合计	联络处	欧洲处	亚非处	美大处	国际处	进修处	院局其他
合　计	1051	225	98	328	142	258		
马克思主义	0	0	0	0	0	0	0	
哲　学	55	21	12	20	2	0		
经济学	369	59	31	89	29	161		
政治学	26	0	1	17	8	0		
法　学	87	25	7	48	7	0		
社会学	45	32	5	1	7	0		
民族问题	50	28	2	18	2	0		
文　学	119	21	2	39	2	55		
语言学	4	2	2	0	0	0		
史　学	80	3	8	0	27	42		
宗教问题	44	0	4	34	6	0		
国际问题	106	17	6	61	22	0		
新闻学	4	1	1	1	1	0		
图书信息	2	0	2	0	0	0		
综　合	17	16	1	0	0	0		
其　他	43	0	14	0	29	0		

一九九三年邀请来华人员统计（二）

单位：人次

交流方式 \ 主管单位	合计	联络处	欧洲处	亚非处	美大处	国际处	进修处	院局其他
合　计	1051	225	98	328	142	258		
学术访问	452	97	66	205	83	1		
合作研究	21	0	0	10	11	0		
讲　学	21	10	9	2	0	0		
进　修	6	1	1	4	0	0		
双边讨论会	176	113	5	47	11	0		
国际会议	252	1	0	0	2	249		
工作访问	113	3	17	59	26	8		
其　他	10	0	0	1	9	0		

六　中国社会科学院一九九三年藏书情况

单位名称	合计（百册）	新购图书（册）		
		小计	中文	外文
总计	53358			
1. 经济研究所	6730	1936	1679	257
2. 工业经济研究所	275	326	326	
3. 农村发展研究所	137	814	771	43
4. 财贸经济研究所	171	208	208	
5. 人口研究所	76			
6. 数量经济与技术经济研究所	110	572	575	47
7. 考古研究所	1618	1862	1418	444
8. 历史研究所	7026	1311	1296	15
9. 近代史研究所	5773	6575	6396	179
10. 世界历史研究所	1101	1264	390	874
11. 文学研究所	432	3766	3766	
12. 少数民族文学研究所	2326	1101	1085	16
13. 外国文学研究所	2251	1928	961	967
14. 语言研究所	1955	544	428	116
15. 哲学研究所	2288	1960	1347	613
16. 马列主义毛泽东思想研究所	483	496	496	
17. 世界经济与政治研究所	1246	1221	525	696
18. 美国研究所	491	379	346	63
19. 东欧中亚研究所	685			
20. 日本研究所	832	495	302	265

（续表）

单位名称	合计（百册）	新购图书（册）		
		小计	中文	外文
21. 欧洲研究所	273	307	146	161
22. 西亚非洲研究所	306	675	496	206
23. 拉丁美洲研究所	537	249	64	185
24. 亚洲太平洋研究所	255	373	97	276
25. 世界宗教研究所	930	1135	969	166
26. 法学研究所	2379	1683	1531	152
27. 政治学研究所	609	567	421	146
28. 民族研究所	4173	2201	1917	284
29. 社会学研究所	622	1699	1300	399
30. 新闻研究所	563			
31. 文献信息中心	3297	1386	808	578
32. 中国社会科学出版社	425	829	829	
33. 中国社会科学杂志社	1010	375	375	
34. 研究生院	2073	6610	4318	2242

七　中国社会科学出版社一九九三年图书出版情况

门类	出版图书种数（种） 合计	其中新出	总印数（万册）	总印张（千印张）	新出图书排版字数（万字）	定价总金额（万元）
总计	315	240	197.08	29470.98	8260.90	1905.79
马克思主义、列宁主义、毛泽东思想	1	1	0.30	57.18	42.00	3.45
哲学	117	74	47.02	5026.05	1389.40	307.70
社会科学总论	4	3	1.60	215.30	74.60	11.21
文化、科学、教育、体育	10	10	5.16	626.52	324.70	52.10
语言、文字	7	6	3.50	490.50	300.00	31.63
文学	49	42	64.11	8165.96	1306.30	416.90
艺术						
历史、地理	39	32	28.85	4770.99	1312.30	357.41
农业科学						
综合性图书	17	14	7.23	1645.30	939.50	150.61

八　社会科学文献出版社一九九三年图书出版情况

门　　类	出版图书种数（种）		总印数（万册）	总印张（千印张）	新出图书排版字数（万字）	定价总金额（万元）
	合计	其中新出				
总　计	127	127	44.5	7582.81	4812.9	592.23
使用《中国标准书号》部分合计	127	127	44.5	7582.81	4812.9	592.23
马克思主义、列宁主义、毛泽东思想	1	1	0.25	33.21	29.7	1.85
哲　学	10	10	1.64	174.94	245.2	10.07
社会科学总论	7	7	2.30	355.22	238.7	23.96
政治、法律	32	32	17.74	2217.72	1118.9	141.27
军　事						
经　济	19	19	6.40	970.86	519.8	79.00
文化、科学、教育、体育	12	12	6.24	840.32	320.30	65.97
语言、文字	8	8	0.90	109.88	243.80	9.50
文　学	17	17	2.69	452.61	577.00	29.23
艺　术	3	3	1.66	1033.87	499.30	102.14
历史、地理	17	17	4.59	1378.41	990.70	128.32
农业科学						
综合性图书	1	1	0.12	15.77	29.50	0.91

九　经济管理出版社一九九三年图书出版情况

门　　类	出版图书种数（种）		总印数（万册）	总印张（千印张）	新出图书排版字数（万字）	定价总金额（万元）
	合计	其中新出				
总　计	203	203	300.19	42037	9242	3241.37
使用《中国标准书号》部分合计	203	203	300.19	42037	9242	3241.37
马克思主义、列宁主义、毛泽东思想						
哲　学						
社会科学总论						
政治、法律						
军　事						
经　济	203	203	300.19	42037	9242	3241.37
文化、科学、教育、体育						
语文、文字						
文　学						
艺　术						
历史、地理						
农业科学						
综合性图书						

第 八 编

一九九三年大事记

一九九三年大事记

一　月

1.4　我院近代史研究所与中国抗日战争史学会和美国日本侵华研究会、美国南伊诺大学共同举办“第二届近百年中日关系史国际研讨会”。来自中国大陆及台湾、香港、澳门和日本、美国等国家和地区的八十余名学者出席了会议。与会者围绕中日甲午战争、孙中山与日本、中日经济关系，以及从“九一八”到“七七”事变、抗日救亡运动、抗日战争、日本对华谋略、日军侵华暴行、中日关系与国际政治等专题，进行了研讨。汝信同志出席开幕式并讲话。

1.5　胡绳同志设宴招待了参加“第二届近百年中日关系史国际研讨会”的海外学者。

1.9　汝信同志会见美国纽约大学熊玠教授，双方就台湾海峡两岸关系、中美关系以及我院对台学术交流问题进行了交谈。

1.11　我院世界经济与政治研究所同中国国际公关协会、中国国际友联会和平发展研究中心、《瞭望》杂志编辑部、国家教委社科研究中心、外交学院联合召开了“九十年代的世界与中国”学术研讨会。与会专家学者就90年代世界政治和经济发展趋势、主要国家对外战略与政策的变化及我国应采取的对策两大议题发表了不少有深度、有新意的见解。

1.12　我院哲学研究所和新闻研究所为纪念著名哲学家、逻辑学家、原中国科学院哲学社会科学学部副主任潘梓年诞辰100周年，在京联合举行了“潘梓年学术思想讨论会”。刘国光同志出席会议并做了讲话。

1.18　人事教育局主办召开迎新春茶话会，有突出贡献中青年专家、早期回国专家、优秀留学回国人员代表、享受政府特殊津贴代表等共一百二十多人参加会议。院领导胡绳、汝信、江流、吴介民、汪文风等出席了茶话会。胡绳同志代表院党委及院领导向大家拜年，并做了重要讲话。

1.20　汝信同志主持召开我院党外知识分子迎春茶话会。参加会议的有我院民主党派全国政协委员、北京市政协委员，各民主党派、侨联负责人和非党员所局级干部及部分党外知识分子三十多人。吴介民同志出席会议并通报了我院改革的初步方案。

1.21　胡绳同志主持召开院务会议，讨论我院改革方案。

1.27　刘国光同志出席中国太平洋经济合作委员会正副会长会议。刘国光同志为该委员会副会长。

1.30　吴介民同志主持召开院办公会议，龙永枢、杨润时、郭永才同志及院内各职能部门负责人出席了会议。会上审议了“关于对社科出版社专项补贴款的管理使用办法”、“调整派遣临时出国人员和邀请外国人员来华审批权限的办法”以及“离退休人员返聘的若干规定”；会上决定由有关部门对上述文件作出修改补充后，报院审批。

二　月

2. 1　刘国光、汝信、江流同志分别主持由院人事教育局召开的经济、历史、哲学和文学、国际、政法六个学科片正高级专业技术职务评审委员会，对1991和1992年度晋升正高级专业技术职务人员的任职资格进行了评审。

2. 3　院党委召开副处、副研（含离退休）以上党员干部大会。汝信同志传达了中共中央宣传工作座谈会精神，孙景超同志传达了中共中央政治局常委1993年工作要点和江泽民同志在全国政法工作会议上的讲话精神。会议由吴介民同志主持。

2. 4　吴介民同志主持召开部分所党委书记参加的座谈会，讨论我院改革方案。

龙永枢同志主持召开院开发领导小组第六次会议，审核批准了数量经济与技术经济研究所成立“理德经济技术咨询开发公司”、宗教研究所成立“北京华兴宗教文化咨询开发公司”的报告。

2. 5　龙永枢同志主持召开院各所行政副所长和办公室主任会议，讨论我院开发创收和后勤改革方案。郭永才同志在会上做了《关于我院开发创收和后勤工作改革的初步意见》的报告。

2. 8　胡绳同志召开院党委会，欢迎王忍之同志正式到职来我院工作任党委书记。胡绳、中组部副部长武连元和王忍之同志分别在会上讲话。参加会议的同志除院党委委员外，还有院副秘书长、院直机关各单位负责人。

2. 16　王忍之同志主持召开院党委会，讨论了院工作会议的工作报告及会议有关事宜。

2. 18　刘国光同志主持召开会议，就八届人大一次会议的政府工作报告（征求意见稿）提出修改意见。经济片、哲学片、政法社会片和国际片的有关领导以及院直有关部门负责人参加了会议。

2. 23　院工作会议在院学术报告厅隆重开幕。会议由院党委书记王忍之同志主持。中共中央政治局委员、中央书记处书记、中宣部部长丁关根到会祝贺并发表重要讲话，胡绳同志代表院党委、院务会议做工作报告，吴介民同志就我院《深化改革的意见》做了几点说明。院领导刘国光、曲维镇、江流、汝信、龙永枢、汪文风、浦寿昌等和参加工作会议的代表及院属各单位现职局以上干部共一百七十多人参加了会议。中科院副秘书长张玉台，中组部、中宣部有关部门的同志也应邀出席。这次院工作会议的主题是：继续贯彻落实党的十四大精神，深化体制改革；围绕科研工作的主攻方向，部署今年的科研工作，充分调动全院科研人员的积极性，开创我院工作的新局面，以高水平的科研成果，为加快改革开放，加快有中国特色社会主义建设的步伐做出新贡献。

2. 25　院工作会议在胡绳同志主持下隆重闭幕。会上，王忍之同志肯定了院工作会议的效果是好的，并分别就我院的改革及社科院科研工作应有新的进步和发展等问题发表了重要讲话。吴介民同志对传达落实工作会议精神提出了具体要求。胡绳同志最后讲话，他希望院工作会议后，大家团结一致，把我院今年的工作做出更好的成绩来。

院领导刘国光、曲维镇、江流、汝信、龙永枢、汪文风和浦寿昌等出席了会议。

月底，香港《文汇报》社将我院世界历史研究所为该社撰写的文章结集出版，书名为《英国如何撤出殖民地》。此书受到江泽民同志的好评，并推荐给全国人大代表。

三　月

3. 5 我院妇女工作委员会成立大会在院学术报告厅隆重举行。各所党委书记、妇工委员、妇女代表一百八十多人参加了会议。大会由院妇女工作委员会副主任严汝娴主持。吴介民、龙永枢同志及国家机关妇女工作委员会副主任张志林、院机关党委书记孙景超出席了大会。龙永枢同志在会上做了重要讲话。

3. 10 王忍之同志主持院党委会，审议 1992 年度专业技术职务评审工作和关于“拟请中央解决的几个问题”的报告。并听取了关于院属各单位传达贯彻院工作会议精神的汇报。

吴介民同志主持召开院办公会，听取并审议科研局、人事局、管理局、外事局等单位对院工作会议期间提出的各方面意见的答复。吴介民同志说，院工作会议结束后，院各职能部门作了很多工作，对会议期间提出的意见分门别类地进行了研究，并提出了答复意见。各单位要认真吸收今天会上大家提出的意见，抓紧时间进行修改，争取早日召开“新闻发布会”，对于有些意见由于受条件限制目前还无法办到的要向所里解释清楚。

我院党校第四期干部进修班举行开学典礼，吴介民同志出席并讲话。本期进修班有学员 29 人，其中副所长 3 人，研究室副主任、副处长以上干部 26 人。

3. 11 汝信同志向我院副部以上干部传达十四届二中全会精神。王忍之同志到会看望了老同志。

3. 15 王忍之、汝信、江流同志用一天时间听取科研局工作汇报。科研局正、副局长和各学科秘书汇报了科研局的沿革、职能，以及对科研管理体制改革的意见和建议。自即日起，王忍之同志将陆续到院属各单位调查研究。

3. 25 龙永枢同志出席我院 1993 年青年下基层锻炼培训会并做了动员讲话。龙永枢同志说，青年知识分子到基层锻炼是中央的要求。从实践看，这正是青年知识分子成才的必由之路，作为年轻的社会科学工作者，更应该坚定不移地到基层去锻炼。这对于了解国情，了解民情，增长实际工作能力，端正科研方向都是十分重要的。

3. 26 胡绳同志主持院务会议。会上，审议了增补博士生导师名单和有关部门对院工作会议期间提出的意见的答复，还研究、部署了 1993 年政府特殊津贴方面的工作。

3. 27 汝信同志到世界宗教研究所，听取该所领导关于贯彻落实院工作会议精神情况、深化改革设想和今年打算等方面的汇报。

3. 29 胡绳、汝信同志率我院代表团赴越南访问，并签订我院与越南社科院双边交流协议。这次访问是对越南社会科学院院长阮维贵去年率团访华的一次回访。

3. 30 王忍之同志与我院部分青年同志座谈，听取他们对我院科研工作及深化改革的意见。吴介民同志出席了座谈会。此前，王忍之同志还听取了老干部局的工作汇报。

四　月

4.1　吴介民同志主持院办公会议，讨论审议科研局、人事局提出的“1993年中国社会科学院优秀科研成果评奖条例实施办法”、“中国社会科学院青年科研基金条例”等议案。

4.7　吴介民同志主持院办公会议，审议人事局“关于我院职工停薪留职暂行规定”等议案。

4.13　胡绳同志主持召开院务会议，审议并原则通过了科研局的“优秀科研成果评奖条例”、“青年科研基金暂行规定”和人事局“关于停薪留职暂行规定”等议题。

我院召开纪检、监察、审计工作会议。会议由龙永枢同志主持，院属各单位分管纪检监察工作的所局领导和纪委委员、监察员共一百多人参加会议。会议部署了1993年的任务。吴介民同志受王忍之同志委托，代表院党委做了重要讲话。监察部朱德生同志、国家机关工委姚远同志出席会议并发了言。

4.14　汝信同志率我院工作组赴美访问，慰问我院在美留学进修人员。此外还拟访问有关学术和资助机构。工作组成员有人事局局长单天伦和外事局副局长李明德。

4.15　院机关党委举办学习八届人大一次会议精神第二次辅导讲座，请全国政协委员、经济研究所研究员戴园晨做“社会主义市场经济中的宏观管理”的报告。院属各单位的党委委员、党支部书记和科研人员共一百五十多人参加。讲座由院机关党委书记孙景超主持。

4.20　刘国光同志召集经济学科片所长会议，布置和讨论当前经济学科片需要协作进行的几项重大研究项目。

我院《1992～1993年中国：社会形势分析与预测》（社会蓝皮书）首发式暨研讨会召开。会议由江流同志主持。

4.24　胡绳同志主持院务会议，审议我院1993年经费预算和综合计划。

4.25　胡绳同志出席由我院语言研究所与商务印书馆举办的“《现代汉语词典》出版发行20周年学术讨论会”。

我院西欧研究所与中国欧共体研究会、中国国际文化交流中心联合举办“1992年以后的中国与欧共体”国际学术研讨会。刘国光同志出席会议并致开幕词。

4.27　我院亚太研究所召开成立“中国亚洲太平洋学会”大会。吴介民同志出席。中国亚洲太平洋学会的宗旨是，适应国际国内形势发展的需要，通过组织从事亚太地区政治、经济、文化活动的官员、学者和企业界人士以及所有关心亚太问题的同志进行国内和国际的交流活动，加深对亚太地区问题的研究，为加速我国的改革开放和经济建设的步伐，发展我国与亚太国家和地区的政治、经济、文化等各种关系做出贡献。

我院经济研究所举办“东亚经济社会思想与现代化”学术研讨会。参加会议的除国内学者外，还有来自日本和韩国的学者。会议围绕“东亚传统文化与现代化”、“东亚经济文化与现代化”、“东亚社会传统文化与现代化”、“东亚经济思想研究”等专题进行了讨论。

4.30　刘国光同志参加《社会主义市场经济基本知识》一书第一次编委会会议。此书是遵照江泽民同志指示要求，由国务院发展研究中心与我院合作编写的。

本月，王忍之同志同有关院领导先后到东欧中亚研究所、世界经济与政治研究所、农村发展研究所、法学研究所、考古研究所、民族研究所、工业经济研究所调查研究，全面了解所内建设、学科发展及贯彻院工作会议精神的情况。

五　月

5.4　刘国光同志参加"建设社会主义市场经济的理论思考与政策选择"课题组全体会议，这项课题是根据李铁映同志的意见设立的。会议就所有制结构、产权理论和现代企业制度、政府职能和宏观调控体系等分课题提出了研究意见。

我院与美国凯特林基金会代表团联合举办"中美关系双边讨论会"。汝信同志及凯特林基金会国际事务主任、前助理国务卿桑德斯主持会议。双方就国际形势与亚太地区安全、中美经贸关系与最惠国待遇问题、中美国内政治对双边关系的影响进行了讨论，并就改善中美关系交换了意见。

5.10　院机关党委举办第五期申请入党积极分子学习班，我院17个单位的27名同志参加了学习。他们当中，50岁以上的占26%，35岁以下的占22%，中年同志占一半以上。大家感到，参加学习班是"加深对党的认识的一次难得的机会"，要树立正确的入党动机，坚持不懈地努力，以实际行动争取早日加入中国共产党。

5.11　我院举行"《农村经济形势绿皮书（1992～1993年）》研讨会暨首发式"。《1992年中国农村·经济发展年度报告·兼顾1993年发展趋势》，是我院农村发展研究所与国家统计局农村社会统计司合作完成的我国第一本农村经济年度报告集。院领导刘国光、吴介民出席了会议。此书作为当年中国农村经济发展年度报告，兼顾来年发展趋势的一本较详实的著作，以后将每年编辑出版。

5.12　汝信同志主持我院科研工作会议，布置今年优秀科研成果评奖和召开纪念毛泽东同志诞辰100周年学术讨论会征集论文事宜；还就《1993年中国社会科学院优秀科研成果评奖条例》和《1993年中国社会科学院优秀科研成果评奖条例实施办法》进行了说明和解释。王忍之、汝信、吴介民等同志分别在会上做了讲话。

5.13　我院主办全国首次邓小平特区思想研讨会。王忍之同志主持了开幕式，刘国光同志作专题发言。我院领导汝信、江流、吴介民、龙永枢、汪文风等分别出席了开幕式和闭幕式。与会者认为邓小平特区建设思想是建设具有中国特色社会主义理论的重要组成部分，是马克思主义基本原理同中国具体实际相结合的最新成果，并就进一步推动我国特区和沿海、沿江、沿边地区的改革开放等问题进行了研讨。这次会议共收到论文四十多篇，分别论述了邓小平特区建设思想产生的时代背景、基本内涵、重要组成部分、实践效应、与改革开放思想体系的关系、与"一国两制"思想的关系、与建设有中国特色社会主义理论的内在联系及其哲学依据和在马克思主义理论体系中的地位等理论问题。

5.14　王忍之、汝信、吴介民、龙永枢、汪文风等同志出席院团委召开的"优秀青年"和"中国近代史知识竞赛"获奖表彰会。王忍之同志代表院党委和院领导向优秀青年及知识竞赛获奖单位、个人表示祝贺，并向青年同志提出了希望。

5.15 王忍之同志主持院党委会，审议1993年院重点科研项目和关于所局领导班子换届工作的意见，并传达了“三定”、工资改革等有关文件精神。

5.17 刘国光同志应香港中文大学邀请赴港访问。刘国光同志在港期间出席了“中国区域经济发展研讨会”，同时还在香港友好协进会做了有关“中国经济形势”的演讲，会见了香港中文大学校长及香港中国银行集团和新华社香港分社有关负责人。

5.24 新闻出版署以新出音（〔1993〕622号）文复我院，同意社会科学文献出版社配合本版图书出版音像制品。

5.26 汝信、吴介民同志出席我院文学研究所建所40周年纪念大会。胡绳同志以及首都文艺界知名人士为该所题写了贺词。胡绳同志的题词为：“文学工作者在社会主义精神文明建设中能够起重大的作用。这种作用应当充分发挥。”文学所成立四十年来，已出版学术专著329种，工具书和学术性通俗读物46种。

本着管理与服务分开的改革设想，院服务总公司正式成立。为此，院机关事务管理局召开处以上干部会，龙永枢、郭永才同志到会并讲话。

5.27 王忍之和刘国光同志召开经济学科片6个所所长、党委书记和主管科研工作的副所长会议。会上，各所汇报了当前科研工作的概况，并就经济片在当前形势下如何把科研工作搞上去的问题交流了看法。王忍之和刘国光同志分别在会上讲话。王忍之同志还代表院党委宣布建立新的经济学科片领导小组的决定。

5.29 我院召开韩国研究中心成立大会。汝信同志担任理事长并在会上代表我院和院韩国研究中心讲话。我院韩国研究中心是研究韩国政治、经济、社会、文化和对外关系及朝鲜半岛问题的研究机构。其宗旨是联合研究韩国和朝鲜半岛问题的专家和学者，就韩国和朝鲜半岛重大问题进行跟踪研究，提出政策性建议。同时对历史、文化艺术、宗教等问题进行广泛研究。积极开展多种形式的国内外交流，为我国的社会主义建设和加强我国与韩国的经济文化交流和合作服务。

六　月

6.2 吴介民同志主持院办公会，讨论院直机关财务经费实行包干、太阳宫开发及各所研究室与行政机构脱钩实施办法等问题。

6.5 江流同志出席中国社会科学院国情调查研究中心成立大会并讲话。国情调查研究中心是在“百县市经济社会调查”课题组的基础上组建的，挂靠在社会学研究所。邓力群、江流、邢贲思、丁伟志、石磊等同志为该“中心”顾问，陆学艺任中心主任，何秉孟、谢寿光为副主任。聘任院内外38位长期从事县情市情调查并取得突出成绩的专家、学者为中心特约研究员。

6.7 我院世界经济与政治研究所暨中国世界经济学会举办《世界经济与中国》英文版首发式。《世界经济与中国》英文杂志是全国第一本反映世界经济与中国改革开放的英文刊物。汝信、吴介民同志出席会议，汝信同志在会上做了讲话。

根据国务院、中央组织部决定，任命滕藤同志为我院副院长、党委委员，滕藤同志即日到院工作。

6.9 根据国务院、中央组织部决定，任命刘吉同志为我院副院长、党委委员，刘吉同志即日到院工作。

6.12 胡绳同志主持院务会议，审议并原则通过了人事教育局提交的《关于研究所职能机构和研究室管理的暂行规定》、《中国社会科学院关于实行岗位津贴的暂行规定》；同时，听取科研局关于我院第四届学位委员会调整方案和郭永才同志关于开发工作的汇报。经院务会议讨论通过，我院第四届学位委员会的成员为：院领导胡绳、王忍之、刘国光、汝信、滕藤、江流、刘吉；哲学学科片陈筠泉、徐崇温、叶秀山、赵凤岐、孔繁、吕大吉；经济学科片张卓元、李京文、田雪原；文学语言学科片钱中文、陈毓罴、杨义、刘魁立、吴元迈、董衡巽、刘坚、熊正辉；史学片林甘泉、李学勤、王庆成、余绳武、张椿年、廖学盛、王仲殊、任式楠；政法社会民族学科片王家福、刘瀚、郑成思、吴大英、道布、史金波、陆学艺、李培林；国际学科片浦山、李琮、徐葵、张文武、资中筠、冯昭奎、张蕴岭、陈宗德、苏振兴、黄心川及科研局（1人）。

6.14 胡绳同志出席郭沫若故居举行的“郭沫若著、译版本展”开幕式。郁文、刘德有及著名作家、学者林林、周而复、朱子奇、胡厚宣，歌德学院德方院长阿克曼等中外名人和郭沫若生前友好百余人参加了开幕式。展览展出版本400种，展期为一个月。

江流同志赴山东主持科学社会主义学会中青年学者学术座谈会。

6.22 我院财贸研究所举办“中国商品市场发育与完善”国际研讨会。数量经济与技术经济研究所所长李京文代表院领导刘国光宣读了开幕词。此次会议主要围绕财贸研究所与美国加州大学的合作研究课题“中国商品市场发育与完善”的总报告进行讨论。

6.23 吴介民同志主持召开院办公会，讨论并通过了我院《科研和管理人员岗位津贴暂行办法》及《关于增加离退休人员、提前退职人员补贴的办法》。

6.25 胡绳同志主持院务会议，院务会议决定，副院长主管的工作重新分工如下：刘国光同志分管经济学科片；汝信同志分管文学语言学科片、杂志社、出版社、文献信息中心、科研局和全院科研组织领导工作；滕藤同志分管国际学科片、研究生院、外事局和全院的外事工作；江流同志分管史学学科片和民族社会政法学科片（不含新闻所）；刘吉同志分管哲学学科片（哲学所、马列所、世界宗教所）和新闻所。

6.29 刘国光同志会见著名经济学家、前世界计量经济学会会长、哈佛大学教授乔根森。双方就我院与乔根森教授等合作研究“生产率与环境和社会发展”课题等问题交换了看法。

6.30 李铁映同志主持召开社会主义市场经济理论问题座谈会。听取我院经济学科片课题组撰写的研究报告《建立社会主义市场经济的理论思考和对策建议》主要内容的汇报。会上，刘国光同志介绍了课题组研究工作的开展情况。他说，铁映同志要社会科学院组织力量对社会主义市场经济的大思路、大原则和大框架进行研究，提供一个研究报告。社会科学院领导对此很重视，专门组织了这个课题组，现已基本上完成了这一课题的研究。同时，课题组同志还回答了与会同志提出的一些问题。

七　月

7.3　吴介民同志主持全院党员领导干部会议，传达中央1993年8号文件和江泽民同志在华东六省一市经济工作座谈会上的讲话。我院现职正处级以上、副研以上党员五百多人参加了会议。

7.4　刘国光同志应邀出席“毛泽东思想政治工作理论座谈会”并做了讲话。《毛泽东思想政治工作理论》编委会、经济管理出版社联合举办这次会议，宗旨是纪念毛泽东诞辰100周年，继承和发扬我党思想政治工作的优良传统，推动社会主义精神文明建设。

7.6　汝信同志赴香港出席“台湾、香港、东北亚地区经济发展与经济合作”研讨会。

7.8　滕藤同志出席研究生院九三届毕业生毕业典礼。

7.10　吴介民同志出席我院党校第四期干部进修班毕业典礼。

7.12　我院妇女工作研讨会在北戴河干部培训中心举行。院妇工委委员、院属各单位妇工委代表五十多人参加了会议。与会者就妇女权益保障、如何开创我院妇女工作的局面和本单位妇女工作的打算等问题进行了认真的讨论。

7.13　院机关党委召开党外人士情况通报会，孙景超同志主持会议并传达了中央关于加强宏观调控的文件精神。我院党外全国政协委员、各民主党派负责人及党外所局级领导干部参加了会议。与会者就加强和改善国家宏观调控、做好当前经济工作等问题进行了座谈。

7.14　胡绳、江流同志赴内蒙参加纪念毛泽东诞辰100周年暨科学社会主义学会成立10周年学术研讨会。

我院外国文学研究所主办召开《世界文学》杂志创刊40周年纪念会。纪念会上各界人士肯定了《世界文学》办刊40周年间译介一百一十多个国家和地区的优秀文学作品的巨大成就，并希望刊物今后继续努力，促进中华文化交流，为社会主义精神文明建设，为繁荣我国文学事业做出新的贡献。滕藤同志出席了会议。

7.25　胡绳、汝信同志会见韩国国际交流财团理事长孙柱焕一行。汝信同志介绍了我院韩国研究中心正在筹备的学术活动及今后的打算。孙柱焕表示韩国国际交流财团愿意资助我院一些与韩国有关的研究项目。

7.29　刘吉同志率“大陆社会科学学者交流访问团”赴台湾出席“中国现代化研讨会”。这是大陆访台的第一个大型社会科学综合代表团。

八　月

8.1　刘国光同志出席由我院农村发展研究所与农业部举办的“中国县镇经济交流促进会”成立大会暨首届理事会。开幕式上，刘国光同志做了“关于我国宏观经济形势问题”的报告并当选为理事长。

8.5　院机关党委召开全院党员干部会议，传达中共中央政治局常委会对社会治安综合治理工作的重要指示及罗干同志在国务院部分部门纠风专项治理工作座谈会上的讲话等重要文件。我院七百多名副研以上、副处以上党员（含离退休干部）参加了会议。龙永枢同志在会上讲话。

8.11 汝信同志会见以教科大臣李择优为首的荷兰教育代表团。双方签署了《中国社会科学院与荷兰教育科学部1993年到1995年科学合作与交流备忘录》。

8.27 我院召开院开发工作会议，会议对今年院工作会议以来的全院开发工作进行了总结，并通报了有关情况，同时对今后的开发工作做出部署。院属各单位负责人和办公室负责同志约六十人参加了会议。郭永才同志主持会议；龙永枢同志出席会议并做了讲话。

九　月

9.1 以汝信同志为首的我院代表团与以李贤宰为首的韩国精神文化研究院代表团举行工作会谈。

9.2 汝信同志主持了由韩国精神文化研究院院长李贤宰先生做的题为“中韩经济合作”演讲会。

9.3 胡绳同志会见韩国精神文化研究院院长李贤宰并共同签署了《中国社会科学院与韩国精神文化研究院学术交流议定书》。议定书的主要内容是：加强两国学者间交流；互派学者访问；共同举办双方感兴趣的学术研讨会；建立合作研究项目以及互换学术出版物等。

9.6 我院召开处以上干部会，传达贯彻中纪委二次全会和全国组织工作会议精神。王忍之同志出席会议并就我院反腐败问题做了重要讲话。

我院文学研究所主办，法国国家科学研究中心和我国湖北大学等单位协办首届“’93中国古代小说国际研讨会”，这次学术交流活动是我国文学研究领域首次举办以中国古代小说为题的国际研讨会，显示了近年来世界范围内的中国古代小说研究的雄厚实力，已引起海内外学术界高度重视。汝信同志出席了研讨会开幕式。

9.7 院召开党外人士情况通报会，向我院党外全国政协委员、北京市政协委员和各民主党派及侨联负责人、部分党外知识分子通报中共中央关于开展反腐败斗争的部署和江泽民同志在中纪委二次全会上的讲话。与会人士对中央开展反腐败斗争表示拥护和支持，并联系我院实际畅所欲言，提出了一些意见和建议。会议由院机关党委书记孙景超主持。

9.9 刘吉同志会见台湾《中国时报》总编黄肇松先生，就加强海峡两岸的学术交流与合作等问题进行了交谈。

9.16 王忍之同志出席由欧洲研究所组织的瑞典副首相兼卫生与社会事务大臣本特·韦斯特贝里报告会并做了讲话。

9.17 王忍之同志主持召开座谈会，研究在我院成立“建设有中国特色社会主义理论研究中心”事宜。汝信、刘吉等同志出席了会议。

院党校第五期局、处级干部进修班举行开学典礼，本期进修班共有学员24人，其中副局级干部2人。吴介民同志出席典礼并做了讲话。

9. 18　王忍之、刘国光同志陪同江泽民总书记会见出席“市场经济与中国”国际研讨会的外国、国际组织和台湾的代表。

9. 19　汝信同志赴韩国出席“国际新秩序与联合国的作用”国际研讨会。

9. 20　江流同志参加国务院学位委员会学科评议组会议。

9. 23　胡绳同志出席国务院学位委员会学科评议组第五次会议。

9. 24　胡绳同志赴无锡参加中共党史学会、中华人民共和国国史学会举行的纪念毛泽东诞辰100周年学术讨论会。

9. 25　院机关党委召开全院党委书记会议。会上传达了李鹏总理关于“坚持贯彻执行党中央反腐败斗争的决定”的讲话和《国务院关于近期开展反腐败实施意见》。同时，院机关党委书记孙景超通报了我院近期开展反腐败教育和斗争的情况；中央纪律检查委员会驻院纪检组长汪文风同志就我院深入开展反腐败斗争再次做了动员讲话并提出具体要求。与会同志结合实际讨论了我院进一步贯彻落实国务院会议精神的措施，同时对《我院副处级以上领导干部廉洁自律的八项规定》（草案）提出修改意见。最后，院党委副书记、副院长龙永枢同志代表院党委部署了我院今后三个月开展反腐败斗争的工作安排。

十　月

10. 5　我院与中央党史研究室、中央文献研究室、当代中国研究所联合举行胡乔木同志逝世一周年纪念会。胡乔木同志生前选定的文集和诗集《人比月光更美丽》正式与读者见面。我院领导与首都理论、文化、新闻界的上百位专家学者、知名人士参加了缅怀胡乔木同志纪念会。会议由王忍之同志主持。胡绳同志在讲话中评价了胡乔木同志对党的思想理论战线、宣传战线、新闻战线和对中国社会科学院所做出的贡献。他说，胡乔木同志是党在理论和宣传战线上的卓越领导人，同时还是位革命的政治家、学者、百科全书式的马克思主义学者，具有严谨的治学精神和求实作风。党的十一届三中全会以来，胡乔木同志为党和国家做了大量的工作。他一生的工作和思想活动是值得后人景仰、学习和研究的。

10. 7　胡绳、汝信同志出席了我院韩国研究中心召开的“2000年的中国与韩国学术讨论会”开幕式。汝信同志主持会议，胡绳同志致开幕词。会前，胡绳同志会见了韩国学者。晚上，汝信、吴介民、龙永枢等领导同志出席了招待会。

我院社会科学文献出版社与有关部门联合举办了“意大利文化丛书”首发式，我院领导王忍之、意大利驻华大使罗西、中国作协副主席冯牧等三百多人参加了会议。我院外国文学研究所吕同六研究员的两本著作《地中海的灵魂——意大利文学透视》、《多元化、多声部——意大利20世纪文学扫描》作为该丛书的头两种首先出版。

10. 8　我院召开信息工作会议。汝信、龙永枢和中央办公厅、国务院办公厅信息部门负责同志出席会议并讲话。办公厅副主任秦其明通报了今年以来我院信息工作及今后的打算。全院39个所局单位的负责同志参加会议。会议回顾总结了我院近年来信息工作的情况，并就我院今后的信息工作做了部署。同时要求各单位高度重视信息工作，向中央、国务院报送更高水平的社会科学研究成果和对策建议。

10.9 汝信同志会见以日本学术振兴会常务理事堀幸夫为团长的日本学术振兴会工作访问团一行四人。双方表示今后将共同努力，进一步加强学术交流。

10.10 胡绳同志应韩国国际交流财团理事长孙柱焕邀请访问韩国。

刘国光同志会见美国斯坦福大学教授、诺贝尔奖金获得者阿曼夫妇。刘国光同志介绍了我国沿海地区经济发展情况。双方就经济预测问题交换了看法。

10.11 “中国宗教学会西北地区学术讨论会”在银川召开。我院宗教研究所、民族研究所和中央有关党政部门、高等学校、宗教团体以及上海、江苏、宁夏、陕西、新疆、甘肃等地的学者四十余人参加了会议。与会者就宗教工作为经济建设服务的途径、经济活动与宗教观念的相互影响、民族地区宗教问题与经济发展的关系，伊斯兰世界经济格局与我国穆斯林经济发展机遇以及如何开拓宗教研究新方法、新视角等一系列问题进行了讨论。

10.12 我院经济学科片“经济形势分析与预测”课题组召开“经济形势分析与预测 1993 年秋季座谈会”。来自国务院有关部委、有关科研机构、大专院校等单位的学者八十余人参加了会议，刘国光同志出席会议并讲话。与会者对 1993 年的经济形势和 1994 年的经济发展进行了定性与定量相结合的分析与预测，特别就最近中央加强宏观调控的背景与各种可能的前景交换了意见。

10.15 国务委员李铁映听取了我院法学研究所“社会主义市场经济法律体系研究”课题组的汇报。出席汇报会的有中央财经办、中央研究室、国家体改委、国务院研究室、国务院法制局、国务院发展研究中心的有关负责同志。江流同志介绍了社科院接受并完成这项课题的情况。法学研究所所长、课题组负责人王家福就“建立社会主义市场经济法律体系的理论思考和对策建议”问题做了汇报。李铁映同志听取汇报后，充分肯定了这项研究课题。最后，他说，社会科学院在社会主义市场经济体制建设方面做出了贡献，希望今后继续从知识上为建立社会主义市场经济体制做出贡献。

刘国光同志会见美国终身大使、战略与国际问题研究中心高级顾问戴安娜·杜根女士并向客人介绍了我院的有关情况。

10.19 胡绳同志会见瑞典著名进步作家、瑞中友协名誉主席扬·米尔达尔及夫人。

王忍之同志率团出访德国、英国、瑞典三国。

汝信同志会见以瑞士国家科学基金会主席埃施利曼率领的代表团一行。双方相互介绍了有关组织机构和宗旨，并表示今后愿意加强学术交流与合作。

我院少数民族文学研究所与新疆社会科学院、新疆社科联共同召开《福乐智慧》国际学术讨论会。我国与俄罗斯、日本、德国、美国、蒙古、哈萨克斯坦和吉尔吉斯斯坦等国的专家学者参加了会议。汝信同志出席了开幕式。此次会议对于确立《福乐智慧》在中国文学史及中亚文学史中的地位有重要的学术意义，而且在促进民族文化交流、加强民族团结方面具有重要的政治意义。

由我院农村发展研究所主办、国际劳工组织协办的“改革以来中国农村工业化”国际研讨会在京召开。刘国光同志出席开幕式并致词。他说，研究改革以来中国农村工业化问题是一个非常好、也非常有意义的课题，这对促进中国农村工业化的健康发展有重要意义。与会学者围绕“中国农村工业化研究”课题的最终成果进行了评价。

江流同志赴杭州参加“中国政治学会1993年第三届第二次理事会暨转变政府职能、政府和人事制度改革学术研讨会”。此会是由我院政治学研究所与中国政治学会、浙江省政治学会、浙江省行政管理学会、中共浙江省委党校联合举办的。

10.20 我院语言研究所和中国语言学会共同举办庆祝吕叔湘先生90华诞学术讨论会。全国人大常委会副委员长孙起孟与我院领导胡绳、汝信、吴介民出席会议。参加会议的还有北京和其他省市科研单位、出版部门以及高等院校的专家学者、负责同志及在京的新闻单位一百五十余人。胡绳、汝信同志分别做了讲话。与会者对吕叔湘先生在学术上取得的卓越成就表示衷心的祝贺。对吕叔湘先生严格的治学态度、严肃认真的科学精神、理论联系实际的优良作风、甘为人梯的高贵品质给予高度的评价。

我院中国经济技术研究咨询公司与中国社会经济决策咨询中心联合举办“中国金融体制改革研讨会”。院领导王洛林、龙永枢同志分别出席了开幕式与闭幕式。王洛林同志致开幕词。与会人员提交论文150篇，同时围绕我国金融体制改革问题展开了讨论。

10.21 刘国光同志会见英国牛津大学社会学部主席莫里斯教授和英国牛津大学中国中心主任林志仁博士。宾主双方商讨了今后进行的合作项目，对当前中国形势的看法交换了意见。

10.22 我院法学研究所举办“中日民商法与市场经济法律秩序”研讨会。我国与日本的民商法专家学者约五十人参加了会议，刘吉同志出席开幕式并致词。他指出，为了保证中日市场经济健康有序地发展，我们有许多繁重的工作要做。但是，最重要的是尽快在中国建立起与市场经济相适应的法律体系。民商法是市场经济的基本法律，要完善民商法，充分发挥民商法的作用，民商法学家有着独特的优势，是大有作为的。与会学者围绕市场经济与民法、市场经济与商法等专题开展了讨论。

10.23 龙永枢同志出席我院与北京市国讯通信发展公司共同组建“国讯通信集团”签字仪式。当晚，刘国光、龙永枢同志参加了招待会。

10.25 汝信同志会见韩国公报文化交流部部长杨润吉一行。

10.26 我院人口研究所在京召开“中国家庭经济与生育国际学术研讨会”。该会是根据我国政府和联合国人口基金会达成的CPR/90/P06项目协议召开的。院领导王洛林出席了开幕式。与会学者就市场经济条件下，影响生育率变动的孩子成本——效益理论、现状以及寻求利益导向机制的改革思路等问题进行了研讨。

10.29 院办公厅和中国边疆史地研究中心联合召开“新疆稳定与发展问题研讨会”。来自中央办公厅、中央军委办公厅、中宣部办公厅、中国国际友好联络会、国际战略研究基金会、军事科学院、公安部边防局、现代国际关系研究所和我院一些单位的专家学者参加了会议。刘吉同志出席会议并就学术研究与领导决策的关系问题发表了意见。

10.31 我院人口研究所在北京召开“当代中国妇女地位国际学术研讨会”。该会是根据我国政府与联合国人口基金会达成的CPR/90/P06项目协议及在完成中国四省市抽样调查的基础上召开的。来自美国、奥地利、波兰、芬兰、俄罗斯、乌克兰等国家的11位海外学者以及我国的著名人口学家出席了会议。中国计划生育协会会长宋平出席开幕式。我院领导龙永枢、国家计划生育委员会副主任吴景春、全国妇联副主席刘海荣、联合国人口基金会驻华代表处官员、经贸部项目负责人出席了开幕式并讲话。与会者结合调查材料，就妇女地位的现状和变动趋势、妇女地位的理论和评价指标、妇女家庭地位与社会地位、妇女地位与生育的关系以及影响妇女地位的因素与对策等问题展开了讨论。

十 一 月

11.2 刘国光、汝信、滕藤等同志参加中央学习《邓小平文选》报告会。

11.4 我院世界宗教研究所召开“’93中国宗教现状理论研讨会”。国务院宗教局、中央统战部、公安部、上海社科院、中国佛教协会、中国基督教“三自”爱委会、中国天主教爱委会、中国伊斯兰教协会、中国道教协会与宗教研究所学者共四十多人参加了会议。与会者就改革开放新形势下，我国宗教出现的新问题、新情况展开讨论，并就如何进一步搞好全国现状问题的研究进行了磋商。

11.13 院召开各单位党委书记、纪检书记（或纪检委员）和工会主席联席会，吴介民同志主持会议。会上，秦式同志传达了中央国家机关反腐败斗争情况交流会的精神；孙景超同志通报了全国统战工作会议情况；王善维同志传达了中国工会第十二次代表大会的精神。最后，龙永枢同志就贯彻《中央关于学习“邓选”第三卷的决定》和我院反腐败斗争情况发表了讲话，并进行了具体部署和安排。

11.16 胡绳同志出席中国史学会第五届代表大会并做了讲话。

我院国际社科学术交流服务中心与中国未来研究会、中国国际战略研究基金会、日本将来世代国际财团、日本京都论坛共同举办“东亚的合作与发展国际研讨会”。来自中国、日本和韩国的约七十位学者参加了会议。汝信同志出席了开幕式和闭幕式并做了讲话。在开幕式上，汝信同志指出，东亚是世界上经济发展最快的地区，在面向21世纪的时候，中、日、韩三国学者聚集在一起探讨未来发展的新道路，有着重要的意义。与会者围绕东亚历史和思想遗产的发扬光大、东亚科学技术合作的途径，以及建立国际经济新秩序等问题进行了讨论。

11.19 胡绳、汝信、龙永枢、吴介民等领导赴长沙出席由我院和湖南省社会科学院联合主办的、全国社会科学系统派人出席的“纪念毛泽东同志诞辰100周年学术讨论会”。

11.21 刘国光同志应日本亚洲经济研究所邀请赴日本参加学术讨论会，并在会上就中国经济形势及其展望进行了讲演。

11.25 王忍之同志出席国务院反腐败工作座谈会。

滕藤同志会见葡萄牙前财政部长、天主教大学教授、澳门政府顾问洛佩斯，双方就中葡关系、欧共体问题、澳门问题进行了友好交谈。

11.26 王洛林同志会见台湾大学农经系陈希煌教授，双方就感兴趣的问题进行了交谈。

11.30 我院工业经济研究所在京召开“现代企业制度理论与实践”研讨会。会议就现代企业制度的内容，建立现代企业制度的难点与对策，企业进行公司化改造的设计以及国外企业制度的借鉴等问题进行了深入研讨。王洛林、刘国光同志出席了开幕式，刘国光同志在会上做了讲话。

十　二　月

12.1　滕藤同志代表我院与捷克科学院外事委员会主席尼德莱就重新签定两院科学合作协议事宜举行了会谈。

12.3　王忍之同志主持召开院党委民主生活会。会议是根据中组部通字［1993］16号文件《关于开好今年下半年省部级党员领导干部民主生活会的通知》精神召开的。

12.4　王忍之同志主持院党委会，讨论若干所局领导班子换届问题。

12.6　滕藤同志和捷克外事委员会主席尼德莱分别代表两院签署了《中国社会科学院和捷克科学院科学合作协议》和《中国社会科学院和捷克科学院1994～1996年科学合作执行计划》。晚上，汝信、滕藤同志为捷代表团饯行。

12.10　汝信、刘国光同志出席国务院学位委员会第十二次会议。

胡绳同志出席《朱德传》出版发行暨纪念朱德诞辰107周年座谈会。

12.16　我院召开1993年度专业人员考核、评聘工作会议。各所、局人事处、科研处负责同志共八十多人参加了会议，汝信同志出席会议并做了讲话。汝信同志指出，职称评定工作是我院科研人员最关心的一件事，尽管年底工作繁忙，但考核、评聘工作仍要如期进行。他强调指出，职称的评聘一定要和年终考核密切挂钩。要把好质量关，宁缺勿滥。最后，他希望各所局领导重视这项工作，新班子要尽快进入角色，老班子要站好最后一班岗。

12.18　龙永枢同志主持召开院办公会。会议讨论如何着手进行1994年院工作会议的准备工作，并原则通过农村发展研究所的《改革方案实施意见》。

12.19　胡绳同志出席延安精神研究会举办的《毛泽东思想研究丛书》出版暨纪念毛泽东诞辰100周年座谈会并做了讲话。

10.20　胡绳、郭永才同志会见美籍华人、著名历史学家何炳棣及其子天河公司董事长何可约。

龙永枢同志主持召开院工资改革工作会议。

12.24　胡绳、王忍之同志出席范文澜学术研讨会。

12.26　中共中央、全国人大常委会、国务院、中央军委、全国政协联合举行纪念伟大的马克思主义者，中国共产党、中国人民解放军、中华人民共和国的主要缔造者，中国各族人民的伟大领袖毛泽东同志诞辰100周年大会。我院领导胡绳、王忍之、汝信、刘吉等出席了会议。下午，胡绳、王忍之、汝信同志参加毛泽东生平和思想研讨会开幕式。